ULLSTEIN

Die Autorin

Silver wurde im Herzen von Pennsylvania geboren und interessiert sich seit ihrer Kindheit für die magischen Künste. »In York, Cumberland und Lancaster ist die Magie noch lebendig«, sagt sie. »Wenn man als magisch denkender und handelnder Mensch von anderen akzeptiert werden will« – so Silver – »lernt man diese am besten erst einmal gut kennen. Wenn man sich erst kennen gelernt und die gegenseitigen persönlichen Werte und Prinzipien schätzen gelernt hat, dann sind unterschiedliche Einstellungen zur Religion nicht mehr so wichtig. Teilen Sie sich anderen mit – das ist wichtig für Sie selbst und für Ihre Arbeit. Das gilt eigentlich für jedermann.«
Silver wurde am 11. September 1956 geboren und ist eine echte Jungfrau. Sie erstellt liebend gern Listen und bringt Ordnung in ihre Umgebung. Sie ist ganz eindeutig eine Frau des 21. Jahrhunderts und lässt sich nicht gern festlegen. »Ich verbringe viel Zeit mit meinen vier Kindern«, sagt sie. »Sie haben in meinem Leben stets Vorrang – alles andere kann warten.«
Silver lehrt verschiedene magische Wissenschaften und unterrichtet in ganz Amerika. Sie ist eine anerkannte Wicca-Priesterin, Oberhaupt des Black Forest Clans in mehreren US-Bundesstaaten und Älteste der Serphant-Stone-Familie. Außerdem ist sie Direktorin der International Wiccan/Pagan Press Alliance. Im Internet ist sie unter der Adresse *www.silverravenwolf.com* zu erreichen.

Von Silver RavenWolf sind in unserem Hause bereits erschienen:

Die schützende Kraft der Engel im täglichen Leben
Zauberschule der Neuen Hexen: Ritual und Harmonie

Silver RavenWolf

Zauberschule der Neuen Hexen

Ritual & Harmonie

Aus dem Amerikanischen von
Annette von Charpentier

Ullstein

Besuchen Sie uns im Internet:
www.ullstein-taschenbuch.de

Ullstein Esoterik
Herausgegeben von Michael Görden

Aus dem Amerikanischen von Annette von Charpentier
Titel der Originalausgabe
TO LIGHT A SACRED FLAME
Erschienen bei Llewellyn Publications, St. Paul, Minnesota, USA

Umwelthinweis:
Dieses Buch wurde auf chlor- und säurefreiem Papier gedruckt.

Ullstein Verlag
Ullstein ist ein Verlag der Ullstein Buchverlage GmbH.
Neuausgabe
1. Auflage August 2004

Umschlaggestaltung: FranklDesign, München
Titelabbildung: Katlyn Breene/Mermade Magikal Arts
Gesetzt aus der Goudy
Druck und Bindearbeiten: Ebner & Spiegel, Ulm
Printed in Germany
ISBN 3-548-74115-0

Dieses Buch ist Lord Serphant
(verstorben am 21. September 1996) und der
Serphant-Stone-Familie gewidmet
(... und der Bund wird größer und größer)

Ständig wechselnd, ständig drehend,
ständig kreisend, sich ständig öffnend,
Schlange, dein mystischer Tanz
führt uns ins Zentrum,
hinab ins Herz der Dinge
zurück und erneut hinab
in Schlangenwindungen.
Dreimal drei geht unser Tanz.
Streift die Haut ab
und damit alle Angst
und tanzt den Kreiseltanz.
Wir locken das magische Feuer hervor.

»Die Schlangenspirale«
DAVID NORRIS, 1997

Inhalt

Ich bin eine Hexe mit einer langen Ahnenreihe. Ich bin stolz auf die Religion, die ich mir ausgesucht habe. Täglich danke ich dem Großen Geist dafür, dass er mich am göttlichen Weltentanz teilnehmen lässt.

Mit meinem Hexenglauben habe ich mir viele meiner sehnlichsten Wünsche erfüllen können: Mick und ich sind seit achtzehn Jahren glücklich miteinander verheiratet, wir haben vier gesunde, fröhliche Kinder, ich genieße das Leben in vollen Zügen und habe zu mir selbst gefunden.

Ich habe entdeckt, wie stark ich bin. Ich habe gelernt, meine Talente zu nutzen. Ich habe unter dem Vollmond getanzt. Ich freue mich an der Macht des Großen Geistes. Ich bin eins mit dem Universum geworden. Ob ich perfekt bin? Nein, überhaupt nicht, aber dank meines Hexenwissens ist es mir stets gelungen, eine Lösung für meine Probleme zu finden. Statt passiv am Rand zu stehen, nehme ich aktiv am Leben teil.

Wie fühlen Sie sich in diesem Augenblick? Sind Sie glücklich? Haben Sie viele Ihrer Ziele erreicht? Leben Sie in einer glücklichen Beziehung? Sind Sie stolz auf alles, was Sie erreicht haben?

Falls Sie nur eine dieser Fragen mit nein beantworten müssen, ist der Hexenglauben vielleicht auch etwas für Sie ...

Die Autorin

Einführung: Der Leuchtende Pfad

In magischen Ritualen geht es um die Grundlagen unserer Existenz – Erfolg, Gesundheit, Glück, Reichtum und Liebe – und die zahlreichen Probleme im Leben, die uns aus dem Gleichgewicht bringen können.

HERMAN SLATER, *The Magickal Formulary*

Wussten Sie, dass Sie schon in wenigen Minuten einen wirksamen positiven Zauber durchführen können? Nun, ich werde es Ihnen beweisen. Angelique, meine älteste Tochter, wird die Zeit für mich stoppen. Als Erstes sollten Sie, ehe Sie weiterlesen, dieses Buch weglegen und eine weiße Kerze suchen (dauerte bei mir zweiundzwanzig Sekunden – und bei Ihnen?). Halten Sie sie fest in der Hand und stellen Sie sich vor, dass Erfolg und positive Kraft in Ihr Leben treten (dreizehn Sekunden). Zentrieren Sie sich und fokussieren Sie – Sie wissen schon, tun Sie einen tiefen Atemzug, entspannen Sie sich und fühlen Sie, wie Sie sich innerlich stabilisieren. Wenn Sie die Kerze anzünden, sprechen Sie die folgenden Worte:

> *»Große Mutter, hilf mir, meinen eigenen Weg zum Erfolg zu finden. Großer Vater, hilf mir, alle Hindernisse aus dem Weg zu räumen, die sich zwischen mich und meine Ziele stellen. Ich danke euch für euren Schutz und die Gabe der Konzentration. Danke für allen Erfolg, den ich bisher erfahren durfte und den ich sicherlich auch in Zukunft erleben werde. Ich danke euch für alles. Niemandem soll durch mich Leid geschehen. So soll es sein!«*

(Weitere dreizehn Sekunden, aber ich kenne diesen Zauberspruch ja auch auswendig – bei Ihnen darf es also auch ruhig etwas länger dauern.) Dann treten Sie von der Kerze zurück, strecken die Arme vor und heben sie mit nach außen gewendeten Handflächen locker über den Kopf. Stellen Sie sich Überfluss vor und ein weißes Licht, das Sie umgibt (Angelique sagt: »Zwölf Sekunden!«). Falls Sie unruhig werden, sammeln Sie sich wieder durch tiefes Atmen. Bei mir dauerte dieses positive magische und spirituelle Gebet ganze sechzig Sekunden. Angelique ist übrigens nun überzeugt, dass ich verrückt bin. Ich verdrehe die Augen, seufze und schmücke dann den Christbaum mit ihr weiter.

Haben Sie das Gebet mit der Kerze ausprobiert? Nicht lügen! Na? Falls nicht, dann schämen Sie sich. Wie kann ich Ihnen helfen, eine kleine Nachwuchshexe zu werden, wenn Sie sich vor der Arbeit drücken? Wenn Sie hingegen mitgemacht haben, bin ich stolz auf Sie, denn Sie sind bereit, mit mir in die wunderbare Welt der Magie einzutauchen!

Willkommen bei der heiligen Flamme, in der praktischen Hexenkunst für das neue Millennium. Im Laufe dieses Buches werden Sie immer wieder auf kleine Abschnitte stoßen, die mit »Magische Minuten« und »Spirituelle Sekunden« überschrieben sind. Darin finden Sie Anregungen für praktische Magie und Spiritualität, die Sie in Ihr »Erleuchtungsnotizbuch« eintragen können. Vielleicht wollen Sie viele dieser Ideen mit magischen und nicht ganz so magischen Freunden und Verwandten teilen, denn Sie wissen ja: Sobald bekannt wird, dass Sie sich mit Magie befassen, macht man Sie sofort zum Helfer in allen magischen Angelegenheiten. Daher werden sich die Magischen Minuten und Spirituellen Sekunden als hilfreich erweisen, denn wir wissen ja alle, dass niemand von uns sich mit dem Zauberer von Oz messen kann.

Sie finden aber auch längere Anwendungsvorschläge, die Sie

ganz nach Belieben abändern und üben können. Das Hauptanliegen meiner Magiebücher ist, den Leser in die Denkweise einer praktischen Hexe einzuführen, die zwar genügend Zauberjahre auf dem Buckel hat, um Ihnen eine Vorstellung von der metaphysischen Welt zu vermitteln, aber Ihnen den Kopf nicht mit irgendwelchem Hokuspokus verdreht oder Sie mit unerfüllbaren Versprechen vom »rechten« Weg abbringt.

Jeder Tag als magisch denkender Mensch kann sich in eine Goldgrube verwandeln. Das dürfen Sie nie vergessen. Zu jeder Stunde eines jeden Tages haben Sie die Kraft, die liebende Energie des Universums auf sich herabzuziehen. Sie können nicht nur das spirituelle Licht erzeugen, das nötig ist, um diesen Planeten zu einem besseren Ort zu machen, sondern können dieses Licht auch mit Ihrer eigenen Liebe durchdringen und dabei Ihr ganz persönliches Dasein verbessern, indem Sie lernen, praktisch-magisch zu leben. Dann können Sie sich Ihre sehnlichsten Wünsche erfüllen und Ihren Mitmenschen stillschweigend, aber sinnvoll helfen.

Der Leuchtende Pfad

Sind Sie bereit? Dann werden Sie und ich zusammen diesen Weg der Harmonie und des Lichts zum Leuchten bringen. Nicht alle Zauberpraktiken wirken wie ein Schlag auf den Kopf – auch Erleuchtung genannt. Manchmal tritt die göttliche Erkenntnis so langsam und träge in unser Leben wie ein großer Fluss nach einer langen Dürre. Das ist in Ordnung. Wenn wir alles bekämen, was wir wollen, und alles entdeckten, was wir über uns wissen müssen, wären wir vielleicht immer noch nicht besonders glücklich. Wenn wir alle immer nur auf der Terrasse unseres Sommerhauses säßen und eiskalte Getränke schlürften, würde nichts

Wichtiges im Leben jemals erledigt werden. Schließlich müssen Menschen geheilt werden, es gilt, die Umwelt zu schützen und Kinder großzuziehen ... na ja, Sie wissen schon.

Alle magischen Anwendungen in diesem Buch sind von den Mitgliedern des Black Forest Clans und mir selbst unter strengsten Bedingungen geprüft worden. Wenn etwas nicht funktionierte, nicht klappte oder nicht passte, flog es raus. Ich praktiziere ständig Magie und warte nicht, bis in meinem Leben etwas so unangenehm wird, dass ich erst in der allerletzten Minute mein Gehirn und die Magie einschalte (obwohl ich gestehen muss, dass es schon vorgekommen ist – jeder wird eben mal nachlässig). Sie finden auf den folgenden Seiten jede Menge vorbeugende Zauber, aber auch ein paar Last-Minute-Tricks. Wenn Sie wollen, dass in Ihrem Leben alles glatt läuft, dann müssen Sie sich angewöhnen, vorauszuplanen und rasch und zuverlässig zu zaubern, wenn die Situation es erfordert.

Im Laufe der Jahre habe ich von Hunderten von Lesern das Kompliment bekommen, dass ich ihnen nichts verschweige. Ich mache keine zuckersüßen Versprechen und keine heuchlerischen Aussagen darüber, was ich alles für Sie tun kann. In diesem Buch geht es darum, was *Sie selbst* für sich tun können. Wenn Sie meine früheren Bücher gelesen haben, dann wissen Sie, was auf Sie zukommt – eigentlich eine Menge Arbeit. Sie glauben doch nicht etwa, Sie bräuchten nur mit den Fingern zu schnippen, und alles wird besser, oder? Nichts dergleichen. Wir wählen immer den steinigeren Weg. Ich bringe Ihnen genau das bei, was ich gelernt habe. Legen wir gleich los: Wir stellen uns mit unserem magischen Rücken zur Wand und beginnen, diese hässlichen Stolpersteine auf unserem Lebenspfad aus dem Weg zu räumen. Wir stampfen so lange auf den Berg ein, bis er zum Maulwurfshügel geworden ist. Und wir werden es schaffen. Es gibt für jedes Problem eine Lösung. Darauf können Sie wetten. Der Trick ist, die richtige Antwort zu finden.

Ach ja, die Sache mit den Magischen Minuten hatten wir schon. Wenn Ihre Kerze noch brennt, lassen Sie sie ausbrennen. Sie können diese Kerze aber ebenso gut jeden Tag neu anstecken, die entsprechenden Worte sprechen und sie dann wieder löschen. Wenn die Kerze nicht wieder entzündet werden kann, vergraben Sie sie in Ihrem Garten oder irgendwo draußen. Manche Kerzen brennen ab, ohne den kleinsten Rest zu hinterlassen. Auch das ist in Ordnung.

Na, dann mal los auf die magische Reise. Wir machen eine phantastische Fahrt ins Reich der Mutter und ihres Gefährten, wir überqueren die Ströme der Emotionen, erklimmen die Gipfel dessen, was wir werden können, und verbreiten universale Liebe unter unseren Füßen. Kommt, lasst uns beginnen. Wir haben keine Zeit zu verschwenden!

Bist du die Flamme
oder die Glut?
Stehst du aufrecht
oder treibst in der Flut?
Bist du das schwächste Glied
in der Kette aus Stahl?
Bist du Befreiung
oder Teil der Qual?
Denn wir sind Menschenkinder,
und wir haben die Wahl.

Stehst du nur dabei
oder gewährst du der Erde Schutz?
Ist das Land noch heilig
oder ein Haufen Schmutz?
Deine Schwestern und Brüder,
wer hilft ihnen weiter?

Stehst du einfach abseits
oder wirst du zum Leiter?
Denn wir haben die Macht
und machen immer weiter.

Wenn auch heute noch Hexen
wandern in Flammen,
holst du Holz und Zunder
oder Wasser zusammen?
Stehst du einfach herum,
wenn man andere hängt?
Setzt du dich gern ein
oder wirst du bedrängt?
Bist du selbst das Problem
oder der Welt ein Geschenk?
Denn wir sind das Volk,
wir haben die Macht
und ändern die Welt.

»Flamme oder Glut«
DAVID NORRIS, 1997

1 Der Weltenbund wächst

Die Zukunft der Welt liegt in Ihren Händen. Wenn Sie ein praktisch-magisches Leben führen, können Sie sich und anderen Tag für Tag Macht verleihen. Als Mensch muss man aktiv an der Welt teilhaben und anderen und sich selbst so gut helfen, wie man nur kann. Diese Teilnahme gibt uns das Gefühl, erwünscht, geliebt und in Harmonie mit allen Dingen zu sein. Wenn wir unseren Geist begraben, töten wir unsere Seele und berauben uns aller Gelegenheiten, die uns in unserer Geburtsstunde zum Geschenk gemacht werden.

Ich bin eine Hexe mit einer langen Ahnenreihe. Ich bin stolz auf die Religion, die ich mir ausgesucht habe. Täglich danke ich dem Großen Geist dafür, dass er mich am göttlichen Weltentanz teilnehmen lässt.

Mit meinem Hexenglauben habe ich mir viele meiner sehnlichsten Wünsche erfüllen können: Mick und ich sind seit achtzehn Jahren glücklich miteinander verheiratet, wir haben vier gesunde, fröhliche Kinder, ich genieße das Leben in vollen Zügen und habe zu mir selbst gefunden.

Ich habe entdeckt, wie stark ich bin. Ich habe gelernt, meine Talente zu nutzen. Ich habe unter dem Vollmond getanzt. Ich freue mich an der Macht des Großen Geistes. Ich bin eins mit dem Universum geworden. Ob ich perfekt bin? Nein, überhaupt nicht, aber dank meines Hexenwissens ist es mir stets gelungen, eine Lösung für meine Probleme zu finden. Statt passiv am Rand zu stehen, nehme ich aktiv am Leben teil.

Wie fühlen Sie sich in diesem Augenblick? Sind Sie glücklich? Haben Sie viele Ihrer Ziele erreicht? Leben Sie in einer glücklichen Beziehung? Sind Sie stolz auf alles, was Sie erreicht haben?

Falls Sie nur eine dieser Fragen mit nein beantworten müssen, ist der Hexenglauben vielleicht auch etwas für Sie ... Vielleicht aber auch nicht. Eine Religion ist schließlich eine Sache der freien Entscheidung und kann niemandem aufgezwungen werden.

Hexerei verkörpert wie alle anderen Religionen einen Weg zur Göttlichkeit. Es bieten sich Ihnen viele Wege. Bitte glauben Sie ja nicht, es gäbe nur einen einzigen Weg zu Gott, denn dieser Gedanke setzt dem Göttlichen ebenso Grenzen wie Ihnen selbst. Wicca oder Hexerei stellt nur einen einzigen glänzenden Faden im Gewebe Tausender von Religionen dar, das Tausende von Jahren und Tausende von Mythen umspannt. Wenn Sie sich entscheiden, Ihren persönlichen Lebensteppich mit einem Wicca-Faden zu durchziehen, dann müssen Sie wissen, dass Sie damit großen Mut beweisen – denn die Wiccas (Hexen) haben keine Angst vor dem Unbekannten. Sie begrüßen es geradezu. Wenn man erst einmal erkennt, dass man keine Angst mehr hat, dann blüht das Panorama religiöser Erfahrungen vor einem auf wie eine Blüte, die sich der sanften Berührung durch die Sonne öffnet.

Ihr Lebensauftrag

Ich denke, wir alle wünschen uns einen Auftrag, einen Sinn im Leben. Haben Sie jemals allein in einer Sommernacht unter einem sternenübersäten Himmel gesessen und sich gewünscht, die Antworten auf all die uralten Fragen zu wissen? Haben Sie das Kinn in die Hand gestützt und sich mit Leib und Seele dem Universum geöffnet? Haben Sie den Großen Geist gefragt: »Warum bin ich hier? Was suche ich hier? Was soll ich tun?« Ich versichere Ihnen, dass kein Mensch jemals in absolut perfektem Zustand vom Fließband des Lebens gerutscht ist. Wir haben alle zahlreiche Dinge erlebt, die uns entweder halfen, die Zahnrädchen im Getriebe unseres Lebensauftrags zu schmieren, oder Sand ins Getriebe brachten. Ich kann Ihnen nicht versprechen, dass ein praktisch-magisches Leben alle Hindernisse aus dem Weg räumt und Sie in eine Hochleistungsmaschine verwandelt, die ihren persönlichen Auftrag voll und ganz begreift – aber ich kann Ihnen sagen, dass die Hexenreligion genau das bei mir bewirkt hat.

Ich habe gelernt, dass man, um seinen persönlichen Auftrag zu begreifen, danach suchen muss. Gut, Sie haben im Leben womöglich einige, wenn nicht gar Hunderte von Aufträgen abzuarbeiten. Das Leben ist nun einmal ein begrenztes Projekt, und Sie müssen jeder Sekunde, jeder Minute, jeder Gelegenheit das Allerbeste abgewinnen. Ich sage meinen vier Kindern immer: Setzt euch niemals Grenzen; sagt niemals »Das kann ich nicht«; wendet euch niemals ab, wenn sich vielleicht eine perfekte Gelegenheit bietet, einen eurer Aufträge zu erfüllen.

Ich bin in den letzten vier Jahren durch ganz Amerika gereist und habe Seminare abgehalten, Tarotkarten gedeutet und Bücher signiert. Dabei war die am häufigsten gestellte Frage: »Wie geht es weiter?« Wir stehen am Beginn eines neuen Jahrtausends, und mir ist aufgefallen, dass mir immer mehr Menschen diese Frage stellen. Von fünfzig Kartendeutungen, die ich abhalte, will über die Hälfte meiner Klienten wissen, wohin der Weg sie führen wird und was sie tun sollen. Versuchen wir nun, Ihren eigenen gegenwärtigen Auftrag herauszufinden.

MAGISCHE MINUTEN

Zauber für Weisheit und strategisches Denken

1. Sie brauchen dazu ein 5 Zentimeter breites und 15 Zentimeter langes gelbes Band sowie drei Kerzen, zwei weiße und eine gelbe. Reinigen und weihen Sie sie mit Ihrem Lieblingsöl, stellen Sie sie auf und verleihen Sie ihnen Macht. Die Kerzen stehen auf Ihrem Altar oder einem Tisch in einem Dreieck mit der gelben Kerze an der Spitze; die beiden weißen markieren die Grundlinie des Dreiecks.

2. Beschreiben Sie einen magischen Kreis mit dem nach unten gerichteten Zeigefinger, gehen Sie einmal im Uhrzeigersinn im Kreis und sagen Sie dabei:

   »Ich schlage eine Kreishecke zwischen den Welten. Sei du der Gürtel der Göttin und ein Schutz gegen alle negativen Energien.
   Ich rufe die positiven Energien des Nordens an, des Ostens,
   des Südens und des Westens, mir bei dieser Weihe zu helfen.
   Ich winde die Hecke. Ich schaffe einen Bilderbogen der Macht.
   Ich berufe mich auf mein Geburtsrecht. So soll es sein!«

   Dann schlagen Sie mit Hand oder Fuß auf den Boden und sagen:

»Dieser Kreis ist versiegelt.«

3. Öffnen Sie das Südviertel mit den Worten:

   »Heil, Hüter des Südens, Element des Feuers. Ich [Name] *rufe dich an, mir bei diesem Ritual zu helfen und diesen heiligen Ort zu schützen. So soll es sein.«*

4. Auf das gelbe Band schreiben Sie:

   »Weisheit, um meinen Lebensauftrag zu dieser Stunde zu erkennen.« (Unterzeichnen Sie mit Ihrem Namen.)

5. Zünden Sie die drei Kerzen an, beginnend bei der gelben. Sagen Sie dazu:

   »Ich zünde diese Kerzen zu Ehren der heiligen Brigida an, die uns die Weisheit bringt, in ihrer Brust die leidenschaftliche Schöpfungskraft birgt und heilende Energie in Händen hält.«

6. Wenden Sie sich gen Süden und sprechen Sie:

   *»Winde des Südens, tragt die Weisheit, die ich begehre, an mein Ohr. Ich rufe die Geister des Südens an, meine Wünsche zu erfüllen, um die Macht der Lichtengel zu achten und den gewünschten Zauber zu vollziehen. Salamander und alle Feuergeister, leiht mir eure Macht, eure Weisheit und Stärke, wie ich es wünsche. Geister des Jupiter in allen Formen und Gestalten, versammelt euch mit Blitz und Donner, um mir zu dienen. Heilige Brigida, leite die Winde des Südens, die Geister des Jupiter und die Macht des Elements Feuer, mir die Weisheit zu bringen, die ich mir wünsche.«**

---

* Dieser Zauberspruch ist die Abwandlung einer magischen Anrufung in Priscilla Schwei, The Solomon Manual of Divination and Ritual Spells, Llewellyn 1988.

7. Halten Sie das gelbe Band hoch und sprechen Sie:

   »Ich suche die Weisheit, meinen gegenwärtigen Lebensauftrag zu entdecken, und einen Weg, mein Ziel zu erreichen.«

8. Halten Sie das Band mit beiden Händen, schließen Sie die Augen und stellen Sie sich selbst bei dieser Anrufung vor. Stellen Sie sich vor, Sie sprechen mit dem Leiter der Seelen oder dem Ihnen zugewiesenen Schutzengel. Der Seelenleiter oder Schutzengel ist eine freundliche Gestalt, und Sie wissen, dass sie Ihr Bestes will. Wie sieht Ihr gegenwärtiger Lebensplan aus? Bitten Sie den Leiter aller Seelen, so zu Ihnen zu sprechen, dass sie ihn verstehen können.

9. Wenn Sie fertig sind, legen Sie das Band mitten auf den Tisch zwischen die drei Kerzen. Danken Sie dem südlichen Kreisviertel und schließen Sie es. Danken Sie Brigida für ihre Hilfe. Heben Sie den magischen Zirkel auf und lassen Sie die Kerzen ausbrennen.

Die Verstärkung dieses Zaubers

Wochentag: Donnerstag
Mondphase: Vollmond, Neumond oder zunehmender Mond
Engel des Tages: Sachiel
Totemtier: Bär (Selbsterkenntnis), Krähe (Weisheit)

Die Antwort gelangt auf verschiedenen Wegen zu Ihnen. Vielleicht hat der Seelenleiter (oder Ihr Schutzengel) noch während des Rituals zu Ihnen gesprochen, vielleicht erhalten Sie die Antwort in einem Traum, während einer Unterhaltung oder durch einen Artikel oder ein Buch. Versuchen Sie, sich keine Vorstellungen darüber zu machen, wie die Antwort zu Ihnen gelangt. Seien Sie einfach nur bereit, sie zu empfangen.

Wie war diese Unterhaltung mit Ihrem Seelenleiter? Wenn Sie dabei nicht weit kamen, machen Sie sich darüber jetzt keine Sorgen. Unsere unbewussten Wünsche spielen unserem bewussten Willen oft einen Streich. So bilden sich seelische Blockaden. Haben Sie schon einmal gedacht: Jetzt setze ich mich irgendwohin und denke über dieses Problem nach – und als Sie es getan hatten, kamen Ihnen alle möglichen anderen Gedanken in den Sinn? Das passiert mir oft. Es kommt vor, weil man aus irgendeinem Grund – einem vernünftigen oder verrückten – Angst vor der Zukunft hat, und dazu gehören auch die Emotionen dieser Zukunft.

Wenn man bei einer Gruppenzeremonie oder einer Selbstweihe in die Mysterien der Hexerei initiiert wird, vollziehen sich auf jeder Ebene Veränderungen. Wir verlieren allmählich die Angst vor dem Unbekannten. Vielleicht haben Sie diese Art göttliche und mystische Transformation bereits einmal erlebt. Bei dieser Manifestation sind Sie von den Mysterien der Hexentradition umgeben, die Ihr Leben umfangen und es Ihnen ermöglichen, sich spirituell auf einer höheren Stufe zu entwickeln. Ob Sie den Eid bei einer Gruppenzeremonie ablegen oder bei einem Ritual, das Sie für sich selbst entwickelt haben – es stellt Ihren ersten Schritt zum Lernen der Geheimnisse dar, wie man die eigene Kraft durch die Freisetzung von unbewussten Ängsten verstärkt, und dies öffnet den Geist, den Körper und die Seele für die höheren Dinge des Lebens. Ältere Hexen werden Ihnen verraten, dass Sie, wenn Sie die unbewussten Ängste nicht schnell genug ablegen und sich in die Richtung bewegen, in die der Große Geist Sie schicken will, dieser Geist selbst sich einschaltet und die Dinge an Ihrer Stelle bewegt. Das kommt einem göttlichen Klaps auf den Hintern gleich.

Die folgende Geschichte hat mir eine Frau aus New York erzählt, die eine Reise quer durch Amerika plante. Die Windschutzscheibe ihres Autos hatte ein kleines Loch, und langsam zog sich ein Sprung von dort aus über die gesamte Scheibe. Sie sagte sich immer wieder, dass sie vor Reiseantritt die Scheibe reparieren lassen müsse. Doch wie die meisten Menschen schob sie es immer wieder auf: Ich mache es bestimmt morgen; nächste Woche bringe ich das Auto in die Werkstatt. Es verging ein ganzer Monat, die Windschutzscheibe war immer noch nicht repariert, und der Sprung schob sich fröhlich Zoll für Zoll immer weiter vor durch das Glas. An einem stürmischen Abend brach ein Ast vom Baum vor ihrem Haus ab und fiel auf die Windschutzscheibe. Nun hatte sie keine andere Wahl mehr, als den Wagen in die Werkstatt zu bringen. Natürlich dauerte das ein paar Tage, an denen sie mit dem Zug zur Arbeit fahren musste, was sicherlich unbequem war und auch teuer. Hätte sie das Auto in der Werkstatt angemeldet, wäre das Ganze in einer Stunde erledigt gewesen. Stattdessen musste sie aufgrund der eigenen Faulheit Unannehmlichkeiten in Kauf nehmen.

So arbeitet der Geist, wenn man nicht auf seine erste Botschaft hört. Wie oft machen wir uns selbst das Leben schwer, nur weil wir nicht aufmerksam genug sind!

Mysterien, Geheimnisse, Macht

Mysterien – Geheimnisse – Macht: Diese drei Worte verkaufen mehr Werbeanzeigen, als man sich jemals vorstellen kann. Göttlicher Zauber arbeitet nicht mit Verneinungen. Wenn Hexen mit göttlicher Magie arbeiten, dann schwimmen sie in der Tat auf der mysteriösen Unterströmung kostbarer Geheimnisse, während sie den Zauber ungeheurer Mächte ausüben. Diese Geheimnisse, Zaubersprüche und Mächte verstärken die spirituellen Schwingungen der Hexe und ziehen sie oder ihn zum weißen Licht der universalen Liebe. Anders als im Esoterikglauben war das immer schon die Überzeugung der Verborgenen Kinder. So nennt man uns Hexen nämlich auch – ein göttlicher Ausdruck der Großen Mutter. Wir sind ihre leuchtenden Kinder. Wir bewahren ihre Geheimnisse und ihren Zauber in unseren Seelenkörpern.

Mit dem Glauben an den Gott und die Göttin als spirituelle Grundlage brauchen Hexen den göttlichen Kreislauf aus Geburt und Tod nicht länger zu fürchten – ob wir nun vom Ende einer Arbeitsstelle reden oder dem eines Menschen. Angst ist ein Grundgefühl des Menschen. Angst hält uns davon ab, zu dem zu werden, was wir sein könnten. Angst fesselt uns, hemmt unsere Intuition, raubt uns unsere Kraft, lehnt magische Geheimnisse ab und stößt uns blindlings auf dem Pfad ins Unbekannte weiter. Jeder hat wohl schon mit heimlicher, namenloser Angst zu kämpfen gehabt, bei der man nie weiß, wo die Wirklichkeit endet und die Illusion einsetzt. Neue Hexen ringen oft mit der Logik und fürchten, sich auf den Weg der Illusion zu begeben. Sie sorgen sich, dass der Rest der Welt nicht an göttliche Magie glaubt und dass solche Magie daher nicht existiert. Erfahrene Hexen begreifen vielleicht die Kunst und die Wissenschaft der Magie, wenden aber ihre Kenntnisse nicht an. Sie jammern über ihre sinnlose Angst, die Jahre der negativen Konditionierung durch Eltern, Altersgenossen, andere Religionen und Kulturen und bringen genau dasselbe negative Programm in die sonst so wunderbaren magischen Regeln ein, denen sie genau folgen.

Aus diesen Konflikten entstehen seltsame Gedankengebilde, die unsere Fähigkeiten einengen, unsere Großartigkeit verspotten und uns unserer Spiritualität entfremden. Ob wir nun seit zwei oder zwanzig Jahren dem Bund angehören, wir kämpfen alle gegen den gleichen Feind an – unsere selbsterzeugten Ängste. Wir müssen lernen, uns an die Mysterien des Großen Geistes zu wenden, damit er uns hilft, diese Ängste loszuwerden. Ich bin überzeugt, dass – egal, welchen religiösen Gleisen wir folgen – am Ende der Reise immer der Große Geist auf uns wartet.

Magische Minuten

Der Angstmülleimer

Materialien: Ein sauberes leeres Glas mit Schraubdeckel, ein Stück schwarze Pappe, Filz oder Leder, genau auf den Umfang des Glases zurechtgeschnitten, Klebstoff, sieben oder neun kleine Steine, schwarze Acrylfarbe, Bandnudeln (die breitesten, die Sie im Supermarkt finden), schwarzer Markerstift, eine Strähne von Ihrem Haar. Wählen Sie eine dunkle Göttin aus oder nehmen Sie die Göttin aus dem folgenden Beispiel.

Zeitpunkt: Am besten samstags zur Stunde des Saturn, während der Neumondphase, bei abnehmendem Mond oder bei Vollmond (je nach magischem Training).

Kreisviertel: Alle

Element: Luft

Planetenherrscher: Saturn
Planetenstunde: Erste Stunde nach Sonnenauf- oder -untergang
Engel des Tages: Cassiel
Kerzenfarbe: Schwarz
Archetypus: Göttin - Hekate, Hulda, Lillith oder Morrigan
Totemtier: Kaninchen (die Angst erobernd)

1. Bedecken Sie das Glas mit schwarzem Papier, Filz oder Leder. Kleben Sie es fest, lassen Sie es gut trocknen. Schneiden Sie das Bild eines Kaninchens aus und kleben Sie es auf das Glas. Wenn Sie zeichnen können, malen Sie ein Kaninchen - oder Sie schreiben einfach »Kaninchen« auf das Glas.

2. Weihen Sie das Glas im Namen der gewählten Dunklen Göttin. Wir rufen in diesem Beispiel Hekate an, denn sie ist den meisten Zauberschülern bekannt.

3. Bemalen Sie die sieben kleinen Steine mit schwarzer Farbe. Sie können auch sieben schwarze Murmeln nehmen. Lassen Sie die Farbe gut trocknen.

4. Schreiben Sie Ihre ganz persönliche Angst mit dem Marker auf eine der Nudeln (Sie können vorher eine Liste Ihrer Ängste aufstellen). Beschreiben Sie weitere Nudeln mit dem Namen Ihrer Ängste. Es ist egal, wie viele verschiedene Ängste Sie haben, große oder kleine.

5. Legen Sie alle Nudeln ins Glas.

6. Legen Sie die Steine darauf.

7. Fügen Sie Ihre Haarsträhne bei.

8. Schrauben Sie den Deckel zu und sprechen Sie: »Ich versiegle meine Ängste in diesem Glas, wo sie zu Pulver zerrieben werden.«

9. Sammeln und zentrieren Sie sich.

10. Zur angegebenen Zeit malen Sie mit dem Finger ein Pentagramm auf den Boden oder schlagen, wenn Sie wollen, einen magischen Kreis. Stellen Sie sich in das Pentagramm oder den Kreis.

11. Öffnen Sie alle Kreisviertel (wenn Sie den magischen Kreis geschlagen haben). Sprechen Sie:

    »Hekate, Königin der Unterwelt, Mutter der Dunklen Nacht, betrachte meine Ängste.«

    Halten Sie das Glas mit ausgestrecktem Arm vor sich hin und sagen Sie:

    »Dunkle Göttin, nimm diese Ängste von mir. Zerstöre, zerschlage und verbanne sie.«

12. Dann schütteln Sie das Glas langsam und wiederholen dabei den letzten Satz:

    »Zerstöre, zerschlage und verbanne sie.«

    Sie verstärken die Energie, indem Sie das Glas fester schütteln und immer lauter diesen Satz wiederholen, bis Ihre Stimme ebenso laut klingt wie das Schütteln des Glases. Hören Sie erst auf, wenn Sie wissen, dass alle Nudeln in kleine Stückchen zerbrochen und Sie sicher sind, genügend Energie erlangt zu haben, um diese Ängste zu bekämpfen. Anschließend setzen Sie das Glas mit einem lauten Knall auf den Boden, um den Zauber zu brechen, und sagen:

    »Möge dieser Zauber nicht zurückkehren oder mich mit einem Fluch belegen. Niemandem soll Leid geschehen. So soll es sein!«

13. Danken Sie Hekate.

14. Schließen Sie die Kreisviertel und heben Sie den magischen Kreis oder das Pentagramm auf.

15. Tragen Sie das Glas nach draußen zu einer Kreuzung, an der sich vier Straßen treffen.

16. Werfen Sie die Nudeln an dieser Kreuzung fort und sagen Sie:

    »Ich werfe den Inhalt dieses Glases und mit ihm die letzten Reste meiner Angst fort. So soll es sein!«

17. Reinigen Sie das Glas und bewahren Sie es für den nächsten Zauber auf.

Wenn Ihnen die hier vorgeschlagenen Worte nicht gefallen, können Sie sich gern andere ausdenken – aber bitte denken Sie daran, dass das Ganze positiv klingen soll. In diesem Buch geht es darum, negative Erfahrungen in positive zu verwandeln, schlechte Gedanken in Vorstellungen von Größe und wahrhaftes Unglück in geplante Erfolge – alles mit den Praktiken einer Religion, die wir als Hexerei kennen.

Hexengesetze

Wenn sich Interessenten vom Black Forst Clan ausbilden lassen möchten, lernen sie nach der Weihezeremonie als erste Lektion, wie viele Gesetze es für die Anwendung der Hexerei gibt. Von den dreizehn Standardlektionen, die ich für den Clan entwickelt habe, ist die erste am wichtigsten, denn sie fördert am besten die magische Denkweise und ist für den gesamten Ausbildungsprozess bedeutsam. Wenn der Schüler diese Lektion durchsteht, weiß ich, dass er gute Chancen hat, bis zum Ende des Lehrgangs durchzuhalten. Früher stellte ich die Gesetze immer erst später in der Ausbildung vor, musste aber erkennen, dass die Schüler ohne diese wichtige Grundlage unsere Religion nicht voll erfassen konnten. Nach reiflicher Überlegung lehre ich die Gesetze nun zu Anfang der Ausbildung. Diese Informationen mögen vielleicht langweilig wirken, aber ich bin wirklich überzeugt, dass auch Sie diese Informationen für Ihr Lernen brauchen.

Es gibt viele Gesetze, denen sich Hexen unterwerfen können – oder auch nicht. Insgesamt werden diese Regeln als »Ordinaten« bezeichnet. Die meisten von ihnen entstammen den Hexenpraktiken von Gerald Gardner, Alex Saunders, Sybil Leek und Charles Quatrain. Viele Hexer glauben, diese Regeln seien älter als fünfzig Jahre, aber niemand weiß ganz genau, wie alt sie sind und wie wirkungsvoll. In einigen finden sich Elemente der griechisch-mystischen Tradition, in anderen macht sich der Einfluss gnostischer Texte bemerkbar. Es war wohl Doreen Valiente – sie arbeitete mit Gardner zusammen –, die verkündete, Gerald habe viele dieser Regeln erst aufgestellt, als seine Schüler die Dreistigkeit entwickelt hatten, sie zu brechen. Ungeachtet ihres historischen Ursprungs oder der Geheimnisse, die ihre Wurzeln umranken, dienen uns viele Hexengesetze bis auf den heutigen Tag gut.

Die Ordinaten zerfallen in drei Grundkategorien: Spirituelle Gesetze, Praktische Gesetze und Weltliche Gesetze. Die Spirituellen Gesetze existieren entweder innerhalb eines ethischen oder moralischen Regelkodexes und geben dem Anwender die Anleitung für ein spirituelles Leben – unabhängig davon, ob man sich nun entscheidet, allein für sich oder innerhalb einer Gruppe zu arbeiten. Diese Spirituellen Gesetze sind auf alle magischen Personen anzuwenden, und die meisten Magier befolgen diese Gesetze in ihrer Gruppen- wie auch in der Einzelarbeit.

Praktische Gesetze können Sie sich als die Früchte der Erfahrung jener Menschen vorstellen, die vor Ihnen Magie praktiziert haben. Daher sind nicht alle Praktischen Gesetze auf jedermann anwendbar. Stellen Sie sich diese Gesetze als Leitlinien für Ihren eigenen Kodex Praktischer Gesetze vor.

Der dritte Typ Hexengesetze, die Weltlichen Gesetze, beziehen sich auf die Praxis in der Gruppe, sodass die meisten von ihnen auf die einzeln arbeitende Hexe nicht anwendbar sind. Das heißt aber nicht, dass einzeln arbeitende Hexen diese Gesetze völlig ignorieren sollten, denn viele Mitglieder ihrer Gemeinschaft gehören möglicherweise zu einer Art Bund oder Gruppenleitung und praktizieren nach diesen Gesetzen. Viele dieser Weltlichen Gesetze mögen »archaisch« anmuten, aber sie dienen einem bestimmten Zweck und können bei bestimmten Fragen vom Einzelgänger als Leitlinien benutzt werden. Viele Hexen haben Probleme, die Ordinaten zu verstehen, weil sie nicht genau wissen, was zu ihrem jeweiligen Hexereityp passt und was nicht. Sie finden es außerdem schwer, weil ihre Urheber versuchten, sie in archaischen Worten und Strukturen auszudrücken. Für die Ordinaten gibt es keine Erklärungen oder Hilfstexte. Viele Hexen wissen nicht einmal, dass die Ordinaten existieren. Aber Sie wissen es jetzt!

Sie langweilen sich, wie ich sehe. Sie wollen zaubern, damit Ihnen die Welt zu Füßen liegt, um *Macht* zu erlangen, Reichtum, Ruhm, Glück! Sie wollen hier nicht über Gesetze nachdenken!

Die Hexenkunst ist in erster Linie eine Religion. Sicher, es ist eine Religion der Selbstermächtigung, aber dennoch eine Religion. Warum ist hier die Rede von Gesetzen? Beruht die Hexerei nicht auf Freiheit, auf dem Willen, die eigene Zukunft zu erschaffen, auf dem Gedanken, dass die Welt ein Ort der Fülle ist und ich, wenn ich will, mir Zugang zu diesem Überfluss verschaffen kann? Ist die Hexenkunst nicht eine religiöse Philosophie, mit deren Hilfe ich tun und lassen kann, was ich will, solange ich niemandem damit schade?

Ob es Ihnen nun gefällt oder nicht, jede Religion braucht eine Struktur, um zu überleben. Auch Wicca.

Die Spirituellen Gesetze der Hexerei

Das Leben ist nicht perfekt, und unser Weg wird immer Schlaglöcher, dicke Felsbrocken und glitschige Stellen aufweisen, auf denen man bei Nässe leicht ausrutscht.

Wenn wir über die Spirituellen Gesetze nachdenken und sie dann (hoffentlich) aus eigenem Antrieb anwenden, können wir die spirituellen wie weltlichen Umstände verbessern. Die im Folgenden aufgeführten Spirituellen Gesetze sind nicht die einzigen, die ich gefunden habe, aber sie scheinen mir die direktesten zu sein.

1. Hexen wissen, dass es keine absolute Wahrheit gibt. Der Niedergang der Menschheit liegt in Wirklichkeit in dem Glauben begründet, es gäbe für alles eine absolute Wahrheit. Es gibt aber keinen absolut richtigen Weg, wie man die Wirklichkeit deutet, wie man sich benimmt oder lebt. Daher gibt es auch keine korrekte Methode, wie man Magie praktiziert, wie man betet, die Jahreszeiten feiert oder die höchsten Höhen der Spiritualität erreicht. Die Vorstellung, es gäbe auf jede Frage nur eine einzig richtige Antwort, führt zu Fanatismus, Zwang und Verfolgung.

2. Hexen wissen, dass sich das Universum in einem perfekten Gleichgewicht befindet, daher hat alles auch einen Gegenpol – was nicht unbedingt etwas Negatives bedeutet. Männlich und Weiblich zum Beispiel ergänzen sich und bilden zusammen ein Gleichgewicht, wobei das eine ebenso gut ist wie das andere. Weitere offensichtliche Gegensätze sind Licht

und Dunkelheit, Rechts und Links, Oben und Unten, Vorn und Hinten und so weiter.

3. Hexen wissen, dass auf jede Aktion eine Reaktion folgt. Die meisten betrachten dies als das Gesetz des Karmas. Hexen drücken es so aus: »Denk stets an Regel vier: Was du tust, kommt zurück zu dir.« Wenn Sie daher Böses tun, bekommen Sie etwas Böses zurück. Wenn Sie Harmonie erzeugen, erleben Sie die gleiche Harmonie.

4. Hexen wissen, dass wir alle eins sind. Wir sind alle miteinander verbunden. Alles, was wir tun, hat Einfluss auf uns selbst und die anderen. Wir leben nicht vom Rest der Menschheit isoliert, wie wir manchmal denken, daher treffen wir im Allgemeinen auch Entscheidungen für andere, wenn wir für uns selbst etwas beschließen.

5. Hexen begreifen, dass Spiritualität letztlich bedeutet, durch Liebe Positives zu erzeugen. Positive Schöpfungen erzeugen Harmonie, negative Strukturen erzeugen Chaos. Wir sollten so oft wie möglich unsere Energien auf positive Kreativität konzentrieren. Alle Menschen sind im Grunde dazu geboren, durch Liebe etwas zu erschaffen. Das ist unser oberstes Ziel.

6. Hexen wissen, dass die Energie, die durch Anbetung und rituelle Manifestationen entsteht, einen Kreislauf aus positiver Energie in Gang setzt. Wir bekommen zurück, was wir dem Großen Geist geben.

7. Eine Hexe sollte niemals ihren Geist vor Wissen und Erkenntnis verschließen, denn wir steigern unsere persönlichen Schwingungen nur, wenn wir nie aufhören zu lernen.

8. Hexen betrachten den magischen Kreis als die körperliche oder auch nichtkörperliche Darstellung einer Kirche oder eines Tempels auf Erden. Hexen läutern sich geistig, körper-

lich und spirituell, ehe sie den magischen Kreis schlagen oder betreten. Im Kreis selbst befindet man sich an einem heiligen Ort. Streit, Hass und Böses jeglicher Art haben im magischen Kreis keinen Ort.

9. Hexen nutzen die Energien ihrer Umgebung, damit sie ihnen bei der Verstärkung der Macht helfen. Diese Energien manifestieren sich in Form der Elemente (Erde, Luft, Feuer und Wasser) und als der Große Geist. Hexen kondensieren auch ihre eigenen Energien zu Geist. So wird der Körper einer Hexe zum Leiter für göttliche und irdische Energien, die genutzt werden können, um Wünsche und Bedürfnisse zu äußern. Hexen wissen, dass sich die stärksten Energien in Form von Liebe manifestieren.

10. Hexen bedienen sich ihres gesunden Menschenverstands und teilen ihre Geheimnisse nicht mit Narren. Gute Energie sollte niemals an Idioten verschwendet werden.

11. Hexen geben keine anderen Hexen der Öffentlichkeit preis, denn viele unserer Brüder und Schwestern sind immer noch Opfer der Diskriminierung. Wenn eine Hexe direkt für die Diskriminierung einer anderen Hexe verantwortlich ist, ist sie auch direkt für den entstehenden Schaden verantwortlich und muss mit den karmischen Folgen rechnen. Es heißt außerdem, dass Hexen, die wissentlich ein Ordinatengesetz brechen, nicht erlaubt ist, sich auf Erden erneut zu inkarnieren, und stattdessen in die mythische Hölle verbannt werden, die die Weltreligionen ersonnen haben. Das entspricht zumindest ihren Gedanken.

Magische Minuten

Die Harmoniekette

Materialien: Eine Schachtel Büroklammern
Element: Wasser (oder Luft)
Wochentag für den Beginn: Freitag
Planetenherrscher: Venus
Planetenstunde für den Beginn: Die achte Stunde
Engel des Tages: Anaël
Kerzenfarbe: Hellblau
Totemtier: Delphin (Harmonie), Pelikan (Überfluss)

Zur achten Planetenstunde* oder am Ende eines jeden Tages, ehe man zu Bett geht, verbindet man eine Büroklammer mit einer anderen. Jede Büroklammer symbolisiert etwas Harmonisches, das man an diesem Tag für jemand anderen getan hat. Wenn es sechs Anlässe waren, verbinden Sie sechs Büroklammern, bei zehn nimmt man zehn und so weiter. Nach ein paar Wochen hat man (hoffentlich) eine Riesenkette von miteinander verbundenen Büroklammern. Immer wenn man sich traurig, bedrückt oder unglücklich fühlt, nimmt man sich diese Kette aus Büroklammern vor und erkennt daran, dass man etwas Großes in der Welt bewirkt. Die Büroklammern beweisen es!

* Zum besseren Verständnis, wie man Planetenstunden berechnet, siehe Anhang V.

Die Praktischen Hexengesetze

Wie ich bereits erwähnte, entstanden die Praktischen Hexengesetze aus den Erfahrungen anderer Hexen und magisch praktizierender Menschen. Hexen sind in der Tat recht geschickt darin, von anderen entwickelte Konzepte umzuformen und zu verbessern – so funktionieren auch die magischen Anwendungen der Hexe. Wir erkennen dies vor allem bei den Ritualen, bei denen viele Hexen, unter anderem Gerald Gardner, Elemente aus zeremoniellen Praktiken jener, mit denen er damals befreundet war, auf die schamanistischen Methoden der Hexenkunst übertrugen. Das Konzept des Pentagramms (der fünfeckige Stern, der Erde, Luft, Wasser, Feuer und den Geist des Menschen repräsentiert, umgeben vom positiven Kreis des Universums) war ursprünglich ein zeremonielles Muster. Manche meinen, das Pentagramm sei direkt von den astrologischen Bewegungen des Planeten Venus abgeleitet, während andere die Tempelritter für seine Einführung in die Welt der mystischen Mönche verantwortlich machen. Heute ist das Pentagramm so stark assimiliert, dass die meisten Hexen nicht mehr wissen, dass die Wurzeln ihres Ursymbols tief in die zeremonielle Magie reichen. Wie Sie sehen, denken Hexen nicht daran, immer wieder von vorn anzufangen, sondern haben die Angewohnheit, Umstände und Objekte so abzuwandeln, wie es ihren Bedürfnissen entspricht. Ganz schön clever, nicht wahr?

Befassen wir uns nun mit den Praktischen Gesetzen. Ach, meckern Sie doch nicht schon wieder. Beim Weiterlesen werden Sie entdecken, dass die meisten Praktischen Gesetze auf gesundem Menschenverstand und alten Weisheiten beruhen. Vielleicht sind darunter einige, die Ihnen nicht zusagen, und vielleicht haben Sie auch eigene Ideen, denen Sie lieber folgen, die aber hier nicht aufgeführt sind. Das ist auch in Ordnung. Fangen wir an.

1. Arbeiten Sie niemals mit einem magischen Zauber oder System, das Sie nicht ganz begreifen. Deshalb sollten Sie diese Gesetze auch lesen, klar? Ein guter Anwender ist ein informierter Anwender. Das betrifft auch die Anwendung aller magischen Symbole. Wenn Sie das volle Ausmaß dessen nicht kennen, was man damit anruft, dann lassen Sie am besten gleich die Finger davon.

2. Setzen Sie für magische Arbeit keinen Preis fest. Wenn man Geld und Zauberei miteinander verbindet, hat das durchaus Auswirkungen auf die Ergebnisse Ihrer Arbeit. Es ist akzeptabel, die Erstattung der Auslagen und einen angemessenen Stundensatz zu verlangen (wie beim Tarot). Hier noch ein Nachsatz: Nehmen Sie nie Geld an (egal für was), das auf illegale Weise erworben wurde. Für uns ist der Gewinn aus illegalen Unternehmungen »schmutzig«. Der übersinnliche Schmutz auf diesem Geld reicht tiefer, als eine bloße Läuterung und Weihe austreiben können. Am besten akzeptiert man niemals Geld aus solchen Quellen.

3. Brüsten Sie sich niemals mit Ihrer Zauberkraft. Aller Wahrscheinlichkeit nach fällt man damit ziemlich auf die Nase. Der Große Geist zieht uns regelmäßig und mit Vorliebe den Boden unter den Füßen weg, wenn wir zu groß für unsere Zauberschuhe werden. Sie erleben dann vermutlich Ihr blaues Wunder.

4. Magische Bannflüche sind oft ein Fehler – es ist besser, gegen Negativität insgesamt zu arbeiten. Wenn Sie etwas bannen, verschieben Sie die Sache eigentlich nur auf später.

Außerdem riskiert man, selbst mit einem Bann belegt zu werden.

5. Seien Sie sich im Klaren darüber, dass Gedanken Substanz haben, und was man in Gedanken erzeugt, kann sich tatsächlich realisieren.

6. Belügen Sie sich niemals selbst, denn das ist der Gipfel allen Betrugs.

7. Verletzungen, Unfälle, Krankheit und Armut manifestieren sich oft als Folge einer geringen Selbstachtung oder negativen Konditionierung und nicht aufgrund von schlechtem Karma.

8. Die Fähigkeiten einer Hexe wachsen direkt proportional zu ihrem Grad an Weisheit. Falls Ihnen daher jemand mit Zauberei droht, müssen Sie erkennen, dass dieser andere unklug handelt und dumm ist und seine Macht einzig und allein auf Ihrer Furcht gründet.

9. Setzen Sie Ihre persönliche Macht und Ihre Fähigkeiten niemals für böse Zwecke ein; Sie dürfen sich jedoch gegen Angriffe verteidigen und können das Universum bitten, Gerechtigkeit auf eine Weise zu üben, die am besten zu dem Angriff passt. Es ist sogar Ihre Pflicht, sich und andere zu verteidigen. Stecken Sie nicht einfach den Kopf in den Sand in der Hoffnung, dass die bösen Leute von selbst verschwinden.

10. Geben Sie stets Ihr Bestes – was aber nicht heißt, dass Sie ständig die Superhexe spielen müssen. Wenn Sie in einer Sache Ihr Bestes gegeben haben, dann brauchen Sie sich um die Folgen keine Sorgen zu machen.

11. Solange Sie nach positiven Glaubenssätzen handeln, brauchen Sie sich auch keine Gedanken darüber zu machen, was

andere über Sie denken oder was sie über Sie sagen. Negative Bemerkungen verraten eine geringe Selbstachtung der betreffenden Person und ihre Angst. Verschwenden Sie Ihre Energien und Ihre Zeit nicht an solche Leute.

12. Verleihen Sie Ihr *Buch der Schatten* niemals. Sie können anderen gestatten, Ihre Informationen unter Ihrer Anleitung zu kopieren, aber lassen Sie das Buch niemals aus den Augen, denn trotz aller Pentagramme und Hexenbesen könnte es sein, dass es eines Tages nicht zu Ihnen zurückkehrt. Vielleicht hat es sich ja irgendjemand in den Kopf gesetzt, Ihre Arbeit zu zerstören.

13. Das Eigentum von Hexen sollte im weltlichen wie im spirituellen Sinne geschützt werden.

14. Die folgende Regel wurde in den letzten Jahren meines Wissens oft gebrochen, und daher gebe ich den exakten Wortlaut von Lady Galadrials modernisierter Version der Gesetze und Ordinaten wieder, weil ich diese Regel für äußerst wichtig halte. Gesetz Nr. 27 lautet:

> *»Tun Sie nichts, das irgendjemandem in der Zunft schaden oder Sie in Konflikt mit dem Gesetz oder anderen Institutionen bringen könnte. In diesem Sinne ist es niemals erlaubt, bei Streitigkeiten, in die die Zunft verwickelt ist, andere Gesetze als die der Zunft anzuwenden. Ebenso wenig dürfen Tribunale ohne die Hohepriesterin, den Hohen Priester und die Ältesten abgehalten werden.«*

Mit anderen Worten, es ist nicht zulässig, der Hexe von gegenüber das Jugendamt ins Haus zu schicken, nur weil sie andere Praktiken ausübt als Sie, und es ist ebenso inakzeptabel, eine andere Hexe in der Stadt davon abzuhalten, mit ihrer

Gruppe zu praktizieren, indem man ihr die Polizei auf den Hals hetzt. Für mich sind Hexen, die andere solchermaßen in Verruf bringen, nichts weiter als Ratten – Menschen, die sich unter ihrer Würde benehmen und den Namen Hexe nicht verdienen. Das soll nun aber nicht heißen, dass man die Polizei nicht rufen darf, wenn der Mann nebenan seine Frau verprügelt, nur weil er ein Hexer ist. Nein, nein, nein. Wie bei allen Gesetzen sollte man dieses ebenfalls weise und vernünftig anwenden.

15. Man kann die Magie zwar als Wissenschaft bezeichnen, aber man sollte sie auch als heilig betrachten. Zauberei und Magie sind die größten Geschenke, die der Große Geist uns gemacht hat. Als Anfänger sollte man alle Rituale und Zauber innerhalb des magischen Zirkels praktizieren, da man dann noch nicht das volle Ausmaß der Kräfte kennt, mit denen man arbeitet. Der magische Kreis fungiert als »Kirche« der Hexen und lehrt die Novizen die notwendige Ehrfurcht und Konzentration, die sie befähigen, zu einer guten Hexe zu werden.

16. Das folgende Gesetz der Neunziger und des dritten Jahrtausends wurde weder in den Sechzigern, Siebzigern noch den Achtzigern eingehalten: Schlaft nicht mit euren Schülern. Wenn Ihr Schüler Ihr Lebenspartner oder Gatte ist, dann sollte man selbstverständlich tun, was nur natürlich ist, aber unter anderen Umständen ist dies ein großes Tabu in der magischen Gemeinschaft. Früher tauschten einige Lehrer Sex gegen magische Informationen. So etwas macht man heutzutage einfach nicht mehr. Hexen sind stolz auf ihre Sexualität. Aber sie sind reif genug, um zu wissen, dass sie das nicht ständig beweisen müssen.

17. Hexen können andere in Magie unterrichten, wenn (hier verweise ich wieder auf Lady Galadrial) der Ort sicher, der Leh-

rer fähig, der Schüler willig ist und wenn die Informationen öffentlich zugänglich sind und kein Geheimnis der jeweiligen Organisation. Niemand sollte für den Unterricht Geld verlangen, es sei denn, um Raummiete, Bücher und andere Materialien, Verpflegung, Porto, Reisekosten und so weiter zu decken. Dieses Gesetz ist für manche sehr schwierig einzuhalten. Jemandem eine hohe Gebühr abzuknöpfen und am Ende des Sechswochenkurses die Initiation zu versprechen, grenzt für mich an Scharlatanerie. Mir wurde bei meiner Ausbildung beigebracht, dass man nach der Initiation eines Schülers anschließend die Verantwortung für sein Karma übernimmt, zumindest teilweise. Jemanden sechs Wochen lang auszubilden, ihm Geld dafür abzunehmen, ihn zu initiieren und dann fortzuschicken, könnte einem also ein recht schweres Karma aufbürden. Das ist nicht nach meinem Geschmack.

Das sind nur ein paar der Praktischen Gesetze, die mir bei meinen Forschungen auffielen. Ich glaube, ich habe über zweihundert solcher Regeln gesammelt. Sie brauchen den Praktischen Regeln nicht unbedingt zuzustimmen, aber man sollte schon darüber nachdenken. Wenn Sie sich dem einen oder anderen nicht anschließen können, dann sollten Sie gründlicher darüber nachdenken. Gesetz Nr. 6: Sei dir selbst treu. Stellen Sie einem potenziellen Schüler diese Gesetze niemals mit dem Ziel vor, dass er sie auswendig lernt. Er soll sie auch nicht herunterleiern müssen, wenn er eine andere Meinung dazu hat als die anderen in der Gruppe. Die Praktischen Gesetze sollten ihn vielmehr zum Denken anregen.

Wenn Hexen den Eid in einer Gruppe ablegen oder eine Selbstweihe vorgenommen haben, bestätigen sie damit, dass sie sich bemühen werden, zu einem besseren Menschen zu werden und den Rest ihres Lebens lang die Mysterien weiter zu studieren. Dazu gehört auch die Aufstellung und Befolgung der Spirituellen und Praktischen Gesetze. Mit dem Eid stimmen Hexen auch zu, dass sie in Harmonie und Balance mit allen Aspekten ihres Lebens arbeiten, von weltlichen bis hin zu magischen Erfahrungen. In diesem Augenblick des feierlichen Versprechens an den Meister und die Meisterin nimmt die Hexe die Zügel der Zukunft selbst in die Hand und schreitet in Harmonie und mit Erfolg weiter.

Inzwischen werden wohl die meisten Leser festgestellt haben, dass die Ausbildung in den Mysterien ein langsamer und komplizierter Prozess sein kann, der bei jedem anders ausfällt. Keine zwei Menschen können oder sollten die Wicca-Mysterien auf die gleiche Weise verarbeiten. So etwas zu verlangen stünde in direktem Gegensatz zu den Mysterien selbst.

Die Wicca-Mysterien

Die Hauptwurzel der Wicca ist der Große Geist – Frieden, Vertrauen, Schönheit, Liebe. Es ist sehr wichtig, dieses »Zunft-Mysterium« zu begreifen und zu verarbeiten. Wir sind als Hexen verantwortlich, im Einklang mit dem Großen Geist uns selbst und anderen in Liebe zu dienen. Menschen außerhalb unserer Gemeinschaft halten die Hexenkunst oft für bloßen Hokuspokus und Spielerei mit dem Übernatürlichen. Tja ... natürlich befassen wir uns mit dem Übernatürlichen, der natürlichen Weise, zu einem Supermenschen zu werden. Wovor der Rest der Welt als dem Übernatürlichen zurückschreckt, begrüßen wir, weil wir wissen, dass wir – solange wir uns auf den Großen Geist verlassen – neue Höhen erklimmen und uns immer besser auf die Harmonie des Universums einstimmen werden.

Es ist unsere Verantwortung, als magisch denkende und handelnde Menschen diese Aufgabe zu erfüllen. Worin besteht aber die Aufgabe, heißt die nächste Frage. Denken Sie darüber nach, denn wir kommen später darauf zurück.

Zusammenfassung

Wir haben in diesem Kapitel über Ihr Lebensziel gesprochen, über die Mysterien und Geheimnisse der Zunft und über die Gesetze, die unsere Religion regeln.

Wenn Sie mit diesem Buch arbeiten wollen, dann setzen Sie sich jetzt mit Ihrem Notizbuch hin und bedenken einige der Dinge, die Sie gelernt haben. Und selbst wenn Sie schon jahrelang der Zunft angehören, möchten Sie vielleicht Ihre Gedanken über den Bund auffrischen.

Wenn Ihnen das Material völlig neu ist, nehmen Sie sich Zeit und überdenken aufmerksam alle Gesetze noch einmal. Dieses Kapitel ist ein starkes Fundament für zukünftige Unternehmungen und Gedanken.

Für diejenigen, die ernsthaft beabsichtigen, sich tiefer in die Magie einzuarbeiten, habe ich eine Liste von Aufgaben und Fragen zusammengestellt. Denken Sie stets daran, dass es keine falschen Antworten gibt. Ich lege Ihnen diese Fragen nur vor, um Sie zum Nachdenken anzuregen. Die Kontemplation wird Ihnen auf Ihrem spirituellen Pfad weiterhelfen.

1. Schreiben Sie einen Segen für Ihr Studienbuch.
2. Studieren Sie die vorgestellten Wicca-Regeln und -Gesetze. Stimmen Sie mit einigen davon nicht überein? Warum?
3. Gehen Sie die Magischen Minuten in diesem Kapitel durch. Bewahren Sie Ihre Notizen hierzu auf.
4. Warum haben Sie dieses Buch gekauft?

5. Welche Ziele wollen Sie erreichen in
   - einer Woche
   - einem Monat
   - sechs Monaten
   - einem Jahr
   - fünf Jahren?

Nach jeder Angabe beschreiben Sie kurz, wie Sie diese Ziele erreichen wollen.

6. Was ist Ihr Lebensziel?

2 *Das Geheimnis der Selbstermächtigung*

Ehe Sie dieses Kapitel über Macht und Fähigkeiten beginnen, sollten Sie in Ihrem Haushalt zehn Kerzen zusammensuchen. Sie müssen nicht groß sein, zehn Teelichter reichen auch. Bei jedem einzelnen Geheimnis zur Beschwörung Ihrer persönlichen Macht sollten Sie eine Kerze anzünden. Gegen Ende brennen dann zehn Kerzen. Ja, Sie da hinten? Ja, Sie können die Kerzen vorher läutern, weihen und ermächtigen. Und Sie in der ersten Reihe? Weche Kerzenfarbe am angemessensten ist? Das verrate ich nicht. Verlassen Sie sich auf Ihre Intuition.

Okay, Sie haben die zehn Kerzen endlich gefunden? Ja, es ist egal, ob sie verschieden groß sind; es spielt jedenfalls keine große Rolle. Das Wichtigste an dieser Übung ist, dass man sie macht – die Werkzeuge dazu, in diesem Fall die Kerzen, sind nur symbolische Gegenstände. Haben Sie die Kerzen? Gut. Fangen wir an!

Das erste Geheimnis der Selbstermächtigung

Beim ersten Geheimnis zur Beschwörung Ihrer eigenen Macht geht es um das Wicca-Verständnis der Selbstentwicklung. Zünden Sie also Ihre erste Kerze an und sagen Sie: »Ich begrüße meine Selbstentwicklung.« Stellen Sie sich genau vor, wie Sie als künftige Hexe aussehen. Sie sind schon seit zwanzig Jahren Hexe und brauchen diesen Teil nicht mitzumachen? Tun Sie es trotzdem. Ich bin sicher, gerade in diesem Augenblick gibt es etwas in Ihrem Leben, mit dem sie sich herumplagen. Ich glaube, Sie werden eine angenehme Überraschung erleben.

Wenn Sie noch nicht darüber nachgedacht haben, wer Sie sind oder welchen Kurs Sie in letzter Zeit eingeschlagen haben, dann setzen Sie sich doch einfach hin und schreiben ein paar Sätze darüber, wie Sie sein wollen. Mit diesem Nachdenken über sich selbst und wie Sie das fördern wollen, was in Ihnen steckt, können Sie Ihren Individuationsprozess genauer steuern. Schreiben Sie nun hinter den Absatz, in dem Sie vermerkt haben, wer Sie sein wollen, die folgende Frage: Wenn ich jeden Beruf der Welt ausüben könnte, verbunden mit der Garantie für hundertprozentigen Erfolg, welchen würde ich wählen? Denken Sie gründlich über die Antwort nach und verfassen Sie dann eine Stellenbeschreibung.

Ob Sie nun seit sechs Monaten als Hexe praktizieren oder seit dreißig Jahren, man hat immer die Möglichkeit, etwas besser zu machen. Mir ist es egal, ob Sie eine eklektische Hexe sind, eine einsame Hexe, eine Gardnerische oder Alexandrische, ob Sie Strega, Druidentum, Nordwind, Serphant Stone, Dianik, OTO,

Göttinnenbund, der Aquarian Tabernacle Church, dem Black Forest oder den Rosariern angehören – Sie bleiben stets ein spiritueller Körper unter dem religiösen Mäntelchen, das Sie sich ausgesucht haben. Die Arbeit an sich selbst und den Lebensumständen beginnt stets zu Hause, im Geistkörper und im Verstand.

Selbstindividuation bedeutet zuzulassen, dass sich Göttlichkeit in uns manifestiert. Wenn sich Menschen vom inneren göttlichen Funken abwenden – wenn sie keine Göttlichkeit mehr in ihrem Leben empfinden –, verlassen sich viele auf die äußeren Manifestationen oder eine Organisation, die nur einen schwacher Abglanz vom wahren Ruhm der Göttin oder des Gottes darstellen. Echte Hexenkunst ist der Prozess, dies auch zu *leben* und nicht nur dabei zuzusehen. Es gibt keine passiven Hexen! Unser inneres Wissen sollte in göttlicher Erfahrung wurzeln und nicht in dem, was andere uns in Sachen Göttin als richtig oder falsch hinstellen. Wir beginnen in uns selbst und wenden uns nach außen – und erst dann ist es dem Einzelnen möglich, die gesamte Umwelt mit seinen Handlungen positiv zu beeinflussen.

Magische Minuten

Gehen Sie in den nächsten dreißig Tagen mindestens dreimal am Tag allein ins Freie und betrachten Sie die Welt um sich herum. Lauschen Sie auf alles ringsum. Machen Sie sich keine Sorgen, wenn Sie nur Häuser und Straßen sehen – heben Sie den Blick zum Himmel. Ob es regnet oder die Sonne scheint, schneit oder hagelt, verlassen Sie Ihr Haus: Atmen Sie tief durch die Nase ein und durch den Mund wieder aus. Entspannen Sie sich wie in den Armen von Mutter oder Vater. Lassen Sie sich einfach fallen. Falls Ihnen negative Gedanken durch den Kopf gehen, wiederholen Sie mehrmals einen positiven Satz, wie etwa den folgenden:

»Mein Leben ist voller Überfluss und Fülle. Alle meine Wünsche werden erfüllt.«

Wiederholen Sie diesen Satz wie ein Mantra, bis die negativen Gedanken und Sorgen von Ihrer Willenskraft aus dem Weg geräumt sind.

Nach dreißig Tagen sollte dieser kleine Spaziergang zu einer lieben Gewohnheit geworden sein, die Sie freiwillig beibehalten.

Sie müssen in Gedanken Tag für Tag lernen, sich nicht so niedrigen Emotionen wie Hass, Eifersucht oder Gereiztheit hinzugeben. Solche selbstproduzierten Denkweisen bedrücken Sie unweigerlich. Sie müssen lernen, das Gute in anderen Menschen zu achten, ohne sie ständig zu beurteilen – eine sehr weit verbreitete Angewohnheit. Ich spreche hier nicht von rechtskräftigen Urteilen, das ist eine andere Geschichte. Ich meine, wenn eine Frau an der Supermarktkasse ihren Einkaufswagen nicht weiter vorschiebt, sodass Sie Ihre Waren noch nicht aufs Band legen können. Dann gehen Sie vermutlich in Gedanken eine ganze Litanei von Schimpfwörtern durch. Vielleicht aber denkt die Frau gerade an etwas ganz anderes, vielleicht ist ihr etwas Schreckliches zugestoßen – oder Sie haben sogar Recht und sie hat nie gelernt, rücksichtsvoll gegenüber anderen Menschen zu sein. Was es auch sei, Ihr inneres Wüten wird die Persönlichkeitsstruktur dieser Frau nicht ändern. Im Gegenteil, diese negativen Emotionen ziehen Sie auf eine negative Ebene hinunter. Und das ist die Sache nicht wert. Außerdem werden diese negativen Emotionen schließlich Ihnen selbst Schwierigkeiten bereiten, denn sie haben es an sich, anderen Menschen negative Macht zu verleihen.

Wir müssen unserem Verstand beibringen, stets Harmonie zu erzeugen. Eine Methode besteht darin, dass man ständig alle negativen Gedanken im Alltag vertreibt. Wenn Sie sich über etwas aufregen, sagen Sie sich, dass es zwar in Ordnung ist, diese Gefühle zu empfinden, aber dann lassen Sie sie einfach los. Wenn Sie das schwierig finden, denken Sie sich ein Mantra – eine magische Formel – aus, das diese dunklen, wütenden Gefühle überdeckt. Einer meiner Freunde etwa rezitiert dann den Kore-Gesang: »Isis, Astarte, Diana, Hekate, Demeter, Kali, Inanna.« Suchen Sie sich eine passende Affirmation aus und zentrieren Sie sich. Lassen Sie ebenso die Wut anderer Menschen durch Sie hindurchfluten wie eine Welle. Dann können Sie nicht mehr in ihre Negativität hineingesogen werden.

Man kann lernen, die spirituelle Schwingungsfrequenz zu steigern und so die Seele ständig zu erheben, bei Tag und Nacht – nicht nur, wenn Wut die persönlichen Sicherungen durchbrennen lässt. Man braucht weder die korrekte planetarische Stunde noch die perfekte Mondphase oder das entsprechende Element, um in und mit dem Geist zu arbeiten. Man erhöht die Schwingungsfrequenz, indem man negative (oder dumme) Gedanken ausblendet und durch positive, harmonisierende ersetzt. Die alltäglichen Rituale, Andachtsübungen und Gebete vor Ihrem Altar erhöhen zwar ohnehin Ihre Schwingungsfrequenz, aber Sie können zudem lernen, jederzeit und überall Zugang zur Göttlichkeit zu finden. Anbetung lehrt, das spirituelle Selbst zu stärken, Rituale festigen die Macht und ziehen sie an, und Ehrungen bestätigen Ihre Fähigkeit, Macht anzurufen und anzuziehen. Gebete vor einem Schrein helfen ebenfalls, die Schwingungen zu verstärken. Natürlich dienen Anbetungsakte, Rituale, Bitten und Ehrenakte vielen anderen Funktionen in Ihrem religiösen Leben wie auch in Ihrer weltlichen Existenz.

In diesem Augenblick wollen wir nur Ihre Schwingungen verstärken. Das gelingt Ihnen, indem Sie positive Affirmationen aussprechen, die Ihr Leben verbessern sollen, und indem Sie eine aktive Rolle bei der Planung Ihrer Zukunft spielen.

Magische Minuten

Jeden Abend, ehe Sie ins Bett gehen, sollten Sie folgende Affirmation laut aufsagen (dies ist jedoch kein Ersatz für das normale Anbetungsritual):

»Große Mutter, ich danke dir für alles, was du für meine Familie und für mich getan hast. Danke für all meine Erfolge und auch den Erfolg, den ich in Zukunft haben werde. Läutere und segne die Herzen meiner Angehörigen und mein eigenes. Verstärke meine spirituellen Schwingungen, damit ich dir nützen kann und all meinen Handlungen Erfolg beschert ist. Großer Vater, ich danke dir für deinen Schutz und das Geschenk der Konzentration. Danke für alle Erfolge, die ich bisher hatte, und auch für allen Erfolg in der Zukunft.
So soll es sein!«

Nun schließen Sie die Augen und stellen sich vor, dass sich eine ungeheure Kraft von Ihren Ahnen und zahllosen Leben vor Ihnen vereinigt und aus Ihren Handflächen in den Boden unter Ihren Füßen fließt. Richten Sie diese Energie nach außen und visualisieren Sie die Wahrheit dieser Worte. Sie brauchen dazu nicht stundenlang herumzustehen. Ein paar Sekunden reichen schon für den Anfang. Bald schon werden Sie feststellen, dass Sie diese Kraft auch länger abstrahlen können. Benutzen Sie dazu nicht die eigene Energie. Das ist hier nicht angebracht, denn ich versuche Ihnen beizubringen, wie Sie Kraft aus universellen Quellen schöpfen können. Wenn Sie die eigene Energie benutzen, erschöpft Sie das nur, daher nutzen Sie die eigene Energie nur in bestimmten Situationen. Sparen Sie sich diese Kraft auf für wichtigere Dinge. Sie können Ihre eigene Energie immer auf etwas anderes richten – hier hingegen lernen Sie den magischen Unterschied, wie man sie der Welt ringsum abgewinnen kann. Ziehen Sie der Umwelt, der Natur, den Elementen, der Göttlichkeit und so weiter Energie ab – aber nicht anderen Menschen. Das ist ebenfalls ein Tabu. Ziehen Sie Ihre Energie aus Raum und Zeit, aus dem großen Reservoir jener, die vor Ihnen gelebt haben und die Ihnen folgen werden. Halten Sie Ihre Fortschritte in Ihrem Tagebuch fest.

Wenn es Ihnen gelungen ist, Ihre Schwingungen zu verstärken, geschehen mehrere Dinge – manchmal gleichzeitig, manchmal eines nach dem anderen. Man sollte sich aber stets vor Augen halten, dass der Weg zum Göttlichen bei jedem anders verläuft und jeder im Leben bestimmte Aufträge zu erfüllen hat, um dies zu erreichen – keine zwei Lebenswege gleichen einander. Wir marschieren alle im Takt unseres eigenen Trommlers. Dennoch verschmelzen all diese Unterschiede letztlich zu einem einzigen göttlichen Plan. Daher hat jeder Einzelne, ob Hexe oder nicht, einen wichtigen Beitrag in seinem Leben zu leisten. Ob wir uns dafür entscheiden oder nicht, liegt an uns. Wenn wir unsere Schwingungen verstärken, stellt sich Harmonie fast wie von selbst in unserer Seele ein. Vermutlich erkennt man das anfangs nur an Kleinigkeiten. Manchmal aber blüht die Harmonie um uns geradezu auf. Dann wieder vollzieht sich die Manifestation von Harmonie auf langsamere, trägere Weise.

Spirituelle Sekunden

Visualisieren Sie in den nächsten dreißig Tagen zweimal täglich (oder öfter, wenn Sie wollen), wie Sie Energie dem Mond, den Sternen und der Sonne abziehen. Schließen Sie dabei die Augen und stellen Sie sich diese universale Energie als weißes Licht vor, das durch Ihre Schädeldecke in Sie eindringt und dann Ihren gesamten Körper durchflutet. Denken Sie an nichts anderes als an dieses weiße Licht. Schieben Sie alle anderen Gedanken beiseite. Selbst wenn Sie sich nur ein paar Sekunden lang darauf konzentrieren können, reicht das. Allmählich werden diese paar Sekunden zu Minuten werden. Glauben Sie mir, dazu braucht man nur Übung. Diejenigen, die regelmäßig meditieren, haben vermutlich mit dieser Übung keine Probleme. Wenn Sie generell Schwierigkeiten mit dem Meditieren haben, ist diese Übung vermutlich sehr nützlich. Sie ist wie ein Trittbrett zu einer besseren Meditationspraxis. Sobald Sie das weiße Licht in sich halten können, stellen Sie sich vor, dass es die einzigartige Eigenschaft besitzt, etwas positiv zu verändern. *Fühlen* Sie, wie Sie sich ändern. *Erkennen* Sie, dass Sie sich verändern. Visualisieren Sie Ihr drittes Auge (in der Stirnmitte) – wie es sich öffnet und Weisheit und Erkenntnis von der Gottheit annimmt. Egal, welche Magie Sie ausüben, diese einfache kleine Übung wird Ihnen ungeheuer dabei helfen, wenn Sie sie regelmäßig wiederholen.

Wenn es Ihnen gelungen ist, Ihre Schwingungen zu verstärken, stellen Sie an sich selbst ganz neue Eigenschaften fest. Diese Fähigkeiten manifestieren sich in Form von medialen Ereignissen. Sie sind zum Beispiel in der Lage, sich Ihre Wünsche leichter zu erfüllen, können Gedanken lesen, träumen vielleicht besonders lebhaft und prophetisch oder nehmen Energien, Auren, Geistwesen wahr. An dieser Stelle reißen manche Schüler des Okkulten oft die Augen ganz weit auf und brechen anschließend die Ausbildung ab. Und warum? Weil die schlimme alte Angst wieder auftaucht. Sie meinen, dass – weil sich Harmonie manifestiert – sie zu mächtig werden und anderen schaden könnten. Ein kluger Gedanke, aber nicht unbedingt zutreffend. Jeder Mensch entwickelt sich anders. Jedes Individuum erlebt es anders, wie sich die Schwingungsfrequenz verstärkt. Doch gleichgültig, wie sich der Pfad offenbart, man lernt, auch im Alltag Wunder zu erkennen. Und beim Anblick dieser Wunder gewinnt man einen Schlüssel zur Verstärkung der eigenen persönlichen Macht.

Wie schafft man das? Durch Übung. Ob Sie daran arbeiten müssen? Natürlich. Ich verspreche Ihnen aber, diese Arbeit dauert nicht lange und kostet keinen Pfennig. Was kann man mehr verlangen?

Spirituelle Sekunden

Suchen Sie sich ein persönliches Mantra. Schreiben Sie dieses Mantra auf und kleben Sie den Zettel an eine Stelle, an der Sie ihn oft sehen können. Sprechen Sie dieses Mantra, um negative Gedanken abzuwehren und zu vertreiben.

Nun holen Sie tief Luft und betrachten Ihre brennende Kerze. Visualisieren Sie sich selbst als die Hexe, die Sie sein wollen.

Das zweite Geheimnis der Selbstermächtigung

Das zweite Geheimnis der Beschwörung Ihrer persönlichen Macht beruht auf Ihrer Bereitschaft, der Großen Mutter und dem Großen Vater zu vertrauen. Zünden Sie nun die zweite Kerze an und sagen Sie:

> *»Ich vertraue der Mutter und dem Vater. Ich vertraue dem Großen Geist.«*

Für viele Menschen ist Vertrauen in etwas, das sie nicht sehen können, so, als würden sie mit verbundenen Augen auf einem schmalen Steg laufen, der über ein Haifischbecken führt. Natürlich sprechen wir hier nicht von normalen Haien. Wir denken eher an die dicken, hungrigen Biester, deren einziger Zweck im Leben es ist, zu schwimmen, kleine Haie zu zeugen und Sie zum Frühstück zu verspeisen. Wir vertrauen lieber auf Dinge, die wir sehen, hören, fühlen, schmecken oder berühren können. Unser Geld auf dem Konto schenkt uns mehr Sicherheit, als den Mond anzustarren und die Mutter, den Vater und den Großen Geist um Hilfe anzurufen. Ich habe Hexen kennen gelernt, die seit zehn Jahren der Zunft angehören, aber ihrem Aktienhändler mehr trauen als der Großen Mutter. Sie sprechen zwar die Worte des Wicca-Glaubensbekenntnisses nach, aber dann wenden sie sich ab und spielen anderen die gleichen gemeinen Streiche, zu denen die Menschen nun einmal neigen. Diese Leute sind innerlich keine echten Hexen; sie spielen diese Rolle nur. Doch die Große Mutter wird ihre Schauspielerei schließlich leid und gibt ihnen den Laufpass – doch erst, wenn sie ihnen ein paar herzhafte Lektionen verpasst hat: Auf die Große Mutter zu vertrauen ist nicht ganz so leicht, wie es klingt. Hexen müssen lernen, sich mit ihren Problemen an sie zu wenden, wenn das Leben einmal nicht so leicht ist. Ja, sie erwartet von Ihnen, dass Sie erst einmal Ihr Bestes geben, Ihren Zauber ausüben und die Mysterien nutzen; aber sie ist sich auch nicht zu schade, Ihnen zu helfen, wenn Sie es wirklich brauchen. Der Gott, ihr Gefährte, verhält sich ebenso. Er zentriert Ihre Macht und schenkt Ihnen Schutz und Kraft. Eine Hexe, die niemals um Hilfe bittet, wird schließlich Probleme bekommen. Das wichtigste Wicca-Prinzip ist Miteinander und nicht Zivilisation.

Und wenn Sie allein mit der Großen Mutter reden wollen? Das ist in Ordnung. Der Gott wird Ihr Verhalten nicht beleidigend finden. Er schleudert keine Blitze auf Ihr Haupt. Wenn Sie sich privat mit ihm unterhalten wollen, bekommt die Große Mutter auch nicht gleich einen Eifersuchtsanfall. Sie wirft nicht mit Hexenkesseln, Sternschnuppen oder Tornados um sich. Und wenn Sie mit beiden reden wollen, dann ist auch das in Ordnung.

Magische Minuten

Die Mutterkerze

Viele Hexen benutzen eine Mutterkerze, mit der sie ihren Schrein oder Tempelbezirk heiligen und schützen, egal, ob dieser Bereich nun einer Gruppe gehört oder als persönlicher Altar dient. In einigen nordamerikanischen Traditionen hat das Nutzfeuer die gleiche Funktion wie die Mutterkerze; aber die meisten Nutzfeuer brennen im Freien. Die Mutterkerze ermöglicht es Ihnen, dieselbe Energie wie beim Nutzfeuer in Ihr Heim oder Ihren Tempelbereich zu leiten, ohne dass Sie gleich im Wohnzimmer eine riesige Feuergrube ausheben müssten. Das wäre nicht nur dem Partner oder den Eltern schwer begreiflich zu machen – Ihre Kinder würden sicher auch ständig Kekskrümel, leere Joghurtbecher, Spielzeug und schmutzige Bälle hineinwerfen. Keine gute Idee also.

Die Mutterkerze (oder das Nutzfeuer) wird zum Behältnis einer höheren Macht, als Sie selbst es sind. Wenn die Mutterkerze brennt, ist sie das Symbol der ewigen Flamme der Schöpfung und steht für die körperliche Manifestation der Großen Göttin. Diese Kerze ist stets als erste anzuzünden, um die Dunkelheit in diesem Bereich zu vertreiben, und als letzte nach allen Arbeiten, Ritualen oder Meditationen zu löschen. Technisch gesehen steht die Mutterkerze für das weiße Licht des universalen Friedens. Hexen, die schon jahrelang mit der Mutterkerze gearbeitet haben, werden Ihnen bestätigen, dass sie in ihrer Flamme das Gesicht der Großen Mutter sehen können. Ihre Gegenwart manifestiert sich in beruhigender, friedlicher Energie, die den magischen Bereich mit universaler Liebe erfüllt.

Die Mutterkerze besteht aus einer »aufgebauten Kerze«, was bedeutet, dass man kontinuierlich eine Kerze auf die andere setzt. Dazu braucht man kurze, schwarze Stumpenkerzen (nicht höher als sechs, sieben Zentimeter) mit einem Durchmesser von fünf bis acht Zentimetern sowie eine weiße Stumpenkerze mit einem etwas kleineren Durchmesser. Läutern, weihen und ermächtigen Sie diese Kerzen und widmen Sie sie der Großen Mutter. Stellen Sie die schwarze Kerze in einem magischen Zirkel mit geschlossenen Richtungen auf Ihren Altar oder Schrein und sprechen Sie dabei:

»Aus der Leere, aus den Tiefen des Chaos, taucht unsere Mutter auf und gebiert das Heilige Licht. Zu Ehren der Göttlichen Mutter bringe ich Licht in die Leere, wie sie die Seelen ihrer gesegneten Kinder erleuchtet.«

Zünden Sie nun die schwarze Kerze an. Dann singen Sie, summen oder trommeln beim Licht der schwarzen Kerze. Wenn die Wachsränder weich werden, biegen Sie sie vorsichtig um, sodass sie leicht abwärts gerichtet sind. Nehmen Sie die weiße Kerze in die Hand und sprechen Sie:

> *»Diese weiße Kerze steht für die Verkörperung der Mutter in meinem Leben und meinem Heim. Immer wenn ich diese Kerze anzünde, lade ich die Große Mutter ein und bitte sie, mich ihre Gegenwart fühlen zu lassen. Wenn die Flamme aufsteigt, erhebt sich meine Seele. Mein Haus ist sicher und mein Leben von Harmonie erfüllt.«*

Entzünden Sie die weiße Kerze an der schwarzen Kerze. Dann setzen Sie die weiße Kerze fest auf die schwarze Kerze auf, die nun zum Sockel der Mutterkerze wird. Lassen Sie die Kerze brennen, während Sie die Große Mutter in Ihrem Ritualbereich begrüßen. Sie können nun zaubern, meditieren oder einfach den Frieden und die Harmonie des Augenblicks genießen.

Wenn Sie die Kerze löschen, sagen Sie:

> *»Die Flamme verschwindet zwar in der Welt der Formen, aber die ewige Flamme der mütterlichen Liebe brennt weiter in meinem Geist. Jedesmal, wenn ich diese Kerze entzünde, bestätige ich der Großen Mutter meine Ergebenheit und rufe sie in meinen heiligen Bereich. So soll es sein.«*

Vergessen Sie nicht, den magischen Kreis aufzuheben.

Bei jedem weiteren Anbrennen der Mutterkerze sollten Sie die weichen Ränder der weißen Kerze sanft umbiegen. So brennt sie länger, und Sie bereiten sie darauf vor, dass sie zum Sockel für die nächste weiße Kerze werden kann, wenn die erste abgebrannt ist. Zünden Sie die neue Mutterkerze stets an der Flamme der alten an. Im Laufe der Zeit wird die Kerze selbst zum wertvollen Arbeitsinstrument.

Wenn Sie zu Hause mit einem Partner arbeiten, möchten Sie vielleicht eine Mutterkerze und eine Vaterkerze aufstellen. Diese beiden Kerzen können die Grundbeleuchtung für alle Kreisarbeiten und Zauber bilden. Zuerst stellen Sie die Mutterkerze und dann, mit einer roten Kerze als Sockel, die Vaterkerze nach demselben Muster auf und sprechen dabei das Folgende:

»Unsere heilige Mutter gebar ihren Gefährten und Sohn, unseren Vater. Mögen seine Kraft, sein Schutz und seine Weisheit allzeit mit mir sein auf dem Weg der Verborgenen Kinder.«

Zünden Sie die rote Kerze an der Flamme der weißen Mutterkerze an. Lassen Sie sie dann brennen (wie die schwarze zuvor), bis die Ränder weich geworden sind. Dann nehmen Sie eine zweite weiße Kerze (mit einem etwas kleineren Durchmesser als die rote Kerze) und sprechen:

»Unser Vater starb, um wiedergeboren zu werden. Diese weiße Kerze steht für die Verkörperung der Geburt des Vaters in meinem Leben und in meinem Heim. Immer wenn ich diese Kerze anzünde, lade ich den Vater ein und bitte ihn, mich seine Gegenwart spüren zu lassen. Wenn die Flamme emporzüngelt, wird meine Seele gestärkt und mein Heim geschützt, und mein Leben schreitet fort in Gnade und Klarheit. So wie der Eichenkönig dem Stechpalmenkönig weicht und der Stechpalmenkönig gegen den Eichenkönig kämpft, so bezeuge ich seine Wiedergeburt!

Beim Löschen der Vaterkerze sprechen Sie:

»Die Flamme schwindet zwar aus der Welt der Formen, aber die ewige Flamme der Liebe des Vaters brennt weiterhin in meiner Seele. Jedesmal, wenn ich den Docht entzünde, bestätige ich dem Vater meine Ergebenheit und rufe ihn in meinen heiligen Raum. So soll es sein.«

Wenn man bei einer Zeremonie beide Kerzen benutzt, so entzündet die Wicca normalerweise die Mutterkerze zuerst und dann die Vaterkerze. Wenn die Flammen verlöscht werden, deckt man zuerst die Vaterkerze ab, dann die Mutterkerze.

Wenn Sie diesen Brauch in einem Bund ausüben wollen, können Sie die Mutterkerze als Mittelpunkt eines Rituals benutzen, bei dem jedes Mitglied eine eigene Kerze an der Mutterkerze entzündet. Dies gestattet es der Gruppenenergie, in die einzelnen Kerzen zu fließen, die anschließend mit nach Hause genommen werden.

Spirituelle Sekunden

Lernen Sie, mit der Gottheit zu sprechen. Sicher, wir kommunizieren bei allen Zaubersprüchen, Anbetungen und Ritualen mit ihr, aber was ist mit anderen Anlässen? Waren Sie jemals in einer kniffligen Situation und haben leise die Göttin angerufen oder ein stummes Stoßgebet zum Himmel geschickt? Eine meiner üblichen Anrufungen lautet folgendermaßen:

»Bitte, Göttin, lass die rechten Worte aus meinem Mund kommen.«

Oder:

»Bitte, Mutter, hilf mir hier heraus, ohne dass ich das Gesicht verliere.«

Wenn Sie etwas Ähnliches sagen, ist es auch gut. Machen Sie so weiter. Versuchen Sie es ruhig öfter.

Falls Sie so etwas noch nie getan haben, können Sie nun lernen, wie man täglich und immer, wenn es nötig ist, mit der Gottheit kommuniziert. Notieren Sie unbedingt alle bedeutsamen Erfahrungen in diesem Zusammenhang in Ihrem Tagebuch.

Betrachten Sie noch einmal die zweite Kerze, die das zweite Geheimnis zu Ihrer Selbstermächtigung darstellt. Wie fühlen Sie sich nun?

Das dritte Geheimnis der Selbstermächtigung

Das dritte Geheimnis Ihrer persönlichen Macht konzentriert sich darauf, wie Sie Ihre Ahnen beschwören können. Zünden Sie die dritte Kerze an und sprechen Sie:

> *»Liebe Ahnen, ich verbinde mich mit eurer positiven Energie. Helft mir bei meiner Arbeit und beim Lernen.«*

Meiner Überzeugung nach brauchen die meisten modernen Hexen mehr Übung darin, ihre persönlichen Vorfahren anzurufen. Ob Sie es glauben oder nicht, Sie besitzen bereits die Fähigkeit, durch die Zeit zu wandern. Einer der leichtesten Wege durch die Zeit bedeutet, sich an die Ahnen zu wenden.

Aber was meine ich mit »Ahnen«? Damit meine ich nicht den Massenmörder in Ihrem Familienstammbaum, der 1827 vom wütenden Mob gelyncht wurde. Wir suchen vielmehr nach den positiven Energiemustern jener Menschen, mit denen wir durch das Blut und im Geiste verbunden sind. Die Eigenschaften, auf die Sie sich konzentrieren sollten, sind Ehre, Tapferkeit, Mitgefühl, Entschlusskraft, Stärke, Weisheit, bedingungslose Liebe und so weiter. Es ist durchaus in Ordnung, diese Energie in Ihre Zeit und an Ihren Ort zu rufen.

Ich höre Sie schon fragen: »Und wie geht das, bitte schön?« Das ist leicht: Gehen Sie ins Freie, öffnen Sie den Mund und beginnen Sie zu sprechen. Sie können einen Kreis schlagen, einen heiligen Raum schaffen oder einfach auf der Veranda sitzen und den Vollmond betrachten, der über den fernen Hügeln schwebt. Mir ist völlig egal, wie Sie es tun, nur tun müssen Sie es.

Als Mick und ich das französische Viertel in New Orleans besuchten, lernten wir, wie man sich Zugang zu den Energien der Toten verschafft. Wir hatten nicht mit diesem einzigartigen Geschenk gerechnet, aber da war es. Einer Methode zufolge soll man auf einen Friedhof gehen. Da dort alle möglichen seltsamen Wesen herumwuseln (lebendige und tote), sollte man um Schutz bitten, ehe man den Fuß über die Schwelle zwischen dem Reich der Lebenden und der Toten setzt. Ein Geschenk, egal ob es Rum ist oder Tabak, ist ebenfalls immer willkommen.

Auf dem Friedhof tritt man zu einem Grabmal oder Grabstein. Legen Sie ein weiteres Geschenk darauf, vielleicht eine Blume, eine Glasperle, ein Schmuckstück, Geld oder etwas anderes. Dann klopfen Sie dreimal auf den Grabstein. Das ist das Zeichen für die Toten, dass Sie mit ihnen reden wollen. Holen Sie tief Luft und lassen Sie die Hand auf dem Grabmal oder -stein ruhen. Sie können laut sprechen, flüstern oder stumm Zwiesprache halten, falls andere Menschen in der Nähe sind. Lassen Sie Ihre Hand die ganze Zeit über auf dem Grabmal ruhen. Wenn Sie fertig sind, pochen Sie einmal, um zu zeigen, dass Sie Ihr Gebet beendet haben. Dann markieren Sie das Grab mit abwaschbarer Kreide (nicht mit einem Kugelschreiber oder anderen Stiften, weil das verboten ist) mit drei gleicharmigen Kreuzen oder einem »X«. Vergessen Sie nicht, sich vor dem Abschied zu bedanken.

Wenn Sie Antworten auf bestimmte Fragen suchen, können Sie auch in Ihrem heiligen Raum mit Ahnenenergien arbeiten. Die verschiedenen magischen Religionen und Traditionen vertreten auch verschiedene Ansichten, wie man Kontakt zu seinen Ahnen findet. Wenn Sie wollen, können Sie auch die folgende Technik ausprobieren. Dazu brauchen Sie eine weiße Kerze, ein Glas Wasser und eine Glocke.

Magische Minuten

Mit den Toten reden

Schlagen Sie einen magischen Zirkel mit dem Zeigefinger ihres stärkeren Arms, gehen Sie einmal im Uhrzeigersinn um ihn herum und sprechen Sie dabei:

> *»Ich schlage eine Kreishecke zwischen den Welten. Sei du der Gürtel der Göttin und ein Schutz gegen alle negativen Energien. Ich rufe die positiven Energien des Nordens an, des Ostens, des Südens und des Westens, mir bei dieser Weihe zu helfen. Ich winde die Hecke. Ich schaffe einen Bilderbogen der Macht. Ich berufe mich auf mein Geburtsrecht. So soll es sein!«*

Dann schlagen Sie mit Hand oder Fuß auf den Boden und sagen:

> *»Der Kreis ist versiegelt.«*

Nun können Sie die Richtungsenergien anrufen oder auch nicht – es bleibt Ihnen überlassen.

Im Kreis selbst ermächtigen Sie eine »Ahnenkerze« (Kerzenfarbe oder -größe sind egal, aber manche Wiccas bevorzugen weiße Kerzen zu diesem Zweck). Sie salben sie mit Öl oder heißem Wasser von oben bis zur Mitte und von unten zur Mitte, halten sie fest umklammert und visualisieren eine Verbindung zwischen Ihnen selbst und den Energien Ihrer Ahnen. Setzen Sie die Kerze auf Ihren Altar (oder einen Tisch, wenn Sie keinen Altar haben). Zünden Sie die Kerze an und konzentrieren Sie sich auf Ihre Ahnenenergien, mit denen Sie in Kontakt treten wollen. Dann läuten Sie die Glocke neunmal* und sprechen dabei:

---

* Traditionellerweise symbolisiert das neunmalige Schlagen einer Glocke das Beschwören von Weisheit.

»Große Ahnen, ich lade euch in meinen magischen Zirkel.
Ich bitte um Weisheit und Rat.«

Setzen Sie sich nun nieder und meditieren Sie still über Ihre Frage; Sie können die Frage oder das Problem aber auch laut aussprechen. Bald werden Sie die Antwort geistig »hören«. Wenn Sie fertig sind, lassen Sie das Glas Wasser auf dem Altar oder Tisch als Geschenk für die Ahnen zurück. Wenn Sie die Kreisviertel angerufen haben, müssen Sie sie nun wieder entlassen. Sie können den Zirkel in die Hand nehmen, indem Sie ihn einmal gegen den Uhrzeigersinn umrunden und dann sagen:

»Der Kreis ist offen, aber nicht gebrochen.«

Wenn Sie mit anderen zusammenarbeiten, können Sie hinzufügen:

»Fröhliches Treffen und fröhlicher Abschied bis zum fröhlichen Wiedersehen.«

Ray Malbrough brachte mir folgenden hübschen Zauber bei: Mick und ich reisen häufig mit dem Flugzeug, was bedeutet, dass ich nicht viele magische Werkzeuge und Instrumente mitnehmen kann. Wenn wir in ein Hotelzimmer treten, fülle ich daher ein Glas halb mit Wasser. Dann läutere, weihe und ermächtige ich dieses Wasser. Ich halte es hoch und bitte meine Ahnen, den Raum und alles, was darin ist, während unseres Aufenthaltes zu beschützen. Solange wir dort wohnen, wechsle ich das Wasser jeden Abend. Wenn wir abfahren, danke ich den Ahnen für ihren Beistand und schütte das Wasser weg.

Spirituelle Sekunden

Konzentrieren Sie sich in den nächsten dreißig Tagen darauf, die positiven Energien Ihrer Ahnen zu beschwören und in Ihr Leben zu integrieren. Spüren Sie, wie diese starken, erregenden Energien Sie umgeben, vor Ihnen herschweben und Ihnen folgen. Berühren Sie im Geiste die liebevollen Eigenschaften jener, die vor Ihnen lebten. Schreiben Sie alle ungewöhnlichen Vorfälle in Ihr Tagebuch. Eine Warnung: Wenn man einmal den Geist verstorbener Ahnen kontaktiert hat, stellt man vermutlich fest, dass sie viel und gern reden. Vorsicht also, wenn Sie mit einem ganz bestimmten Ahnen in Kontakt treten wollen.

Das vierte Geheimnis der Selbstermächtigung

Von allen Lektionen hat für gewöhnlich die über Totemtiere die stärkste Wirkung auf meine Schüler. Diese Lektion, die sich mit den fünf Punkten des Kreises und den fünf Totemtieren unseres Clans beschäftigt, vermittelt auf wunderbare Weise zwischen der Tierwelt und der Welt des Schülers. Zünden Sie Ihre vierte Kerze an und sprechen Sie:

»Tiergeister, Totemenergien, ich lade euch in mein Leben ein.«

Echte Schamanen haben immer schon mit der natürlichen Ordnung des Universums gearbeitet, auch mit den Elementen und allem irdischen Leben. Hexen arbeiten ebenfalls mit dieser natürlichen Ordnung, egal welcher Richtung sie angehören; dabei nehmen Totemtiere einen wichtigen Platz in Wissenschaft, Kunst und Religion des Hexenlebens ein.

In unserer Gesellschaft glaubt man heute allgemein, dass Totemtiere der Tradition der nordamerikanischen Ureinwohner entstammen. Viele Menschen, auch Hexen, können es manchmal nicht verstehen, dass die Ureinwohner unseres Landes nicht das alleinige Recht darauf haben, mit totemistischen Energien zu arbeiten, sie zu ehren und zu nutzen. Seitdem die Urkelten in Europa auftauchten, wandten unsere Schamanen totemistische Praktiken an.

In diversen Untersuchungen haben wir vom Black Forest Clan Beziehungen von Totemtieren zu archetypischen Energien und den Elementen festgestellt (bis auf eine Ausnahme, denn keine Gottheit oder kein Element ist mit dem Feuerstellen-Totem verbunden). Man kann totemistische Energien benutzen, die bereits eingeführt sind, oder neue entwickeln, die besser zur eigenen Persönlichkeit passen. Natürlich muss man sich vorher gut informieren, damit man den Verbindungen mit den gewählten totemistischen Energien etwas abgewinnen kann. Totemistische Arbeit fällt in den Bereich der Urenergien, durch die man praktisch die Seele eines Tiergeistes berühren und die Totalität des Daseins erkennen kann.

Folgende Liste soll Ihnen helfen, die eigenen totemistischen Energien zu bestimmen:

Tiergeist	*Energien*
Adler	Kraft, Heilen, Stärke, Erleuchtung
Alligator	Überleben, Heimlichkeit, Kraft
Ameise	Teamarbeit, Organisation, Gemeinschsaft, Verwandtschaft
Antilope	Schnelligkeit, Anmut
Bär	Stärke, Innenschau, Heilen, Selbsterkenntnis
Biber	Bauen, Formen, Beginnen neuer Projekte
Biene	Dienstfertigkeit, Kräuterkunde, Gemeinschaft
Büffel	Überfluss, Heilen, Glück
Dachs	Ordnungsliebe, Hartnäckigkeit
Delphin	Freude, Harmonie, Kontakt zum Selbst, Kommunikation
Eichhörnchen	Vertrauen, Sparsamkeit
Eidechse	Loslassen, Unbestimmbarkeit
Eistaucher	Kommunikation, Gelassenheit
Elch	Unberechenbarkeit, Spontaneität
Eule	Weisheit, Vision, Einsicht
Fasan	Warnung, Heimlichkeit
Fledermaus	Einsicht, Intuition

Tiergeist	*Energien*
Frosch	Läuterung, Frieden, emotionale Heilung
Fuchs	Klugheit, Scharfsinnigkeit, Diskretion
Gans	Sichere Heimkehr, Liebe zum Heim
Glühwürmchen	Kommunikation, Erleuchtung
Gürteltier	Schutz, Sicherheit
Habicht	Achtsamkeit, Wahrheit
Hund	Loyalität, Begleitung
Igel	Selbstschutz
Kaninchen	Angstüberwindung, Sicherheit
Karibu	Reisen, Beweglichkeit
Kolibri	Schönheit, Wunder, Agilität
Koyote	Humor, List, wechselndes Glück
Krähe	Rat, Weisheit, Findigkeit, Magie
Kranich	Ausgewogenheit, Majestät
Lachs	Entschlusskraft, Hartnäckigkeit
Libelle	Geschicklichkeit, Kultiviertheit, Unnachgiebigkeit, Kreativität
Marienkäfer	Entzücken, Vertrauen
Maus	Illusion, Charme
Otter	Freude, Lachen, Leichtigkeit
Pelikan	Überfluss, Fülle
Pfau	Erkenntnis, Selbstsicherheit
Pferd	Freiheit, Macht, sichere Bewegung, Verwandlung, Gestaltwechsel
Puma	Ausgewogenheit, Führung
Rabe	Heimlichkeit, Erforschung des Unbekannten
Regenpfeifer	Schnelligkeit, Nahrungssuche, Plündern
Reh	Sanftheit, Sensibilität, Frieden, Weisheit
Schildkröte	Liebe, Schutz, Heilen, Wissen
Schlange	Macht, Lebenskraft, sexuelle Stärke
Schmetterling	Verwandlung, Balance, Anmut

Tiergeist	*Energien*
Schnecke	Hartnäckigkeit, Entschlusskraft
Schwan	Eleganz, Fürsorglichkeit
Seehund	Zufriedenheit
Seemöwe	Sorglosigkeit, Vielseitigkeit, Freiheit
Seepferdchen	Nahrung, Väterlichkeit
Skorpion	Verteidigung, Selbstschutz
Specht	Veränderung, Wechsel
Spinne	Verbundenheit, Fleiß
Stachelschwein	Unschuld, Bescheidenheit
Stinktier	Vorsicht, Warnung
Vogel	Einigkeit, Freiheit, Gemeinschaft
Wachtel	Schutz, Gruppenharmonie
Wal	Kreativität, Intuition
Wapiti	Stolz, Macht, Majestät
Waschbär	Neugier, Forscherdrang
Widder	Stärke, Entschlusskraft
Wolf	Lehre, Loyalität, gegenseitige Abhängigkeit
Ziege	Hartnäckigkeit, Fleiß

Wenn man in den vier Kreisvierteln Norden, Osten, Süden und Westen mit totemistischen Energien arbeitet, ist es angebracht, die Darstellung des Tiers im jeweiligen Kreisviertel neben etwas zu platzieren, das diese Richtung vertritt. Beim Schließen dieses Kreisviertels hinterlässt man vielleicht ein Geschenk – besonders dann, wenn man nur eine einzige Richtung geöffnet und sich auf die herbeigerufenen Energien verlassen hat. Das Geschenk sollte etwas sein, das die Richtung symbolisiert, oder aber einfach eine Kleinigkeit, etwa eine Haarsträhne, ein Stück Brot, eine hübsche Perle – egal was. Die gute Absicht allein zählt schon.

Magische Minuten

Stellen Sie sich vor, dass Sie in einem großen Kessel verschiedene Zutaten miteinander vermischen. Das Ergebnis dieses geistigen Gebräus soll Sie in den Menschentypen verwandeln, der sie am liebsten wären. Bringen Sie Wasser in einem Topf auf dem Herd zum Kochen; es kann auch auf einer Grill- oder Feuerstelle im Garten geschehen. Warten Sie, bis es zu brodeln und kochen beginnt. Wenn es soweit ist, stellen Sie sich vor, dass die Dinge, die Sie für sich selbst wünschen, auch eintreten. Lassen Sie den Topf abkühlen, tragen Sie ihn dann in einen heiligen Raum oder rituellen Zirkel in alle Richtungen und rufen Sie die Energien und Totemassoziationen jedes Kreisviertels ins Wasser. Bitten Sie höflich, dass jede Zutat gesegnet werde. Stellen Sie den Topf tagsüber in den Kühlschrank und trinken Sie dann jeden Abend vor dem Schlafengehen einen kleinen Becher von dem Wasser. Dabei stellen Sie sich vor, dass Sie gerade den Zaubertrank zu sich nehmen, der Sie zu dem Menschen macht, der Sie sein wollen.Verzeichnen Sie jeden Tag, was in Ihrem Leben geschieht. Haben sich erwünschte Änderungen eingestellt? Machen Sie damit weiter, bis der Topf geleert ist.

Wählen Sie ein Totemtier für sich aus und suchen Sie die ihm entsprechende Richtung. Das kann eine Weile dauern, weil man genauer nachforschen muss. Arbeiten Sie ganz konkret mit dem Totemtier, wenn Sie die Richtungen anrufen, bei allgemeinen Ritualen und bei Zaubersprüchen.

Das fünfte Geheimnis der Selbstermächtigung

Das fünfte Geheimnis, wie man seine persönliche Macht besser steuern kann, befasst sich mit dem Wicca-Mysterium der Reinkarnation oder mit anderen Worten mit Ihren verschiedenen Leben. Zünden Sie die fünfte Kerze an und sprechen Sie:

> *»Ich finde Zugang zu meinen anderen Leben in Vergangenheit und Zukunft. Dies hilft mir, spirituell zu reifen.«*

Sollte es Ihnen gelungen sein, durch Hypnose und Meditation alte Erinnerungen freizulegen, so ist das wunderbar. Geben Sie nicht auf, wenn Sie es noch nicht geschafft haben. Alles im Leben, das etwas wert ist, dauert seine Zeit. Erinnerungen an vergangene Leben lassen Sie nicht nur staunen und sich wundern, Sie dienen auch einer bestimmten Funktion. Wenn Sie sich schließlich erinnern, wird das sicherlich für Sie von Nutzen sein. Selbst wenn es keine bestimmten Einzelheiten sind, sollten Sie sich klarmachen, dass diese Erinnerungen ein Teil von Ihnen sind – egal, ob sie für die Gegenwart eine Rolle spielen oder nicht.

Jedes Leben, das Sie erlebt haben (oder erleben werden), ist mit bestimmten Fähigkeiten und Talenten verknüpft. Einige dieser Begabungen nehmen wir durch alle weiteren Leben mit, während wir über andere nur ein oder zwei verschiedene Leben lang verfügen. Jedes Leben erweitert unseren Geist und gibt uns die Chance, körperlich und seelisch zu reifen und zu gesunden. Ob wir diese Fähigkeiten und Lektionen nun beachten oder ignorieren, liegt völlig an uns selbst. Wenn wir uns an vergangene (oder zukünftige) Talente und Fähigkeiten erinnern, können wir diese Energien in unser gegenwärtiges Leben einbringen, falls sie gebraucht werden. Da wir nicht unbedingt alle Fähigkeiten und Talente kennen, mögen Sie vielleicht denken, dass Ihnen auch der Zugang zu ihnen verwehrt ist. Aber das ist nicht der Fall.

Ich muss allerdings zu bedenken geben, dass der Vorgang des Erinnerns nicht Ihr gesamtes Bewusstsein mit Beschlag belegen sollte – was bedeutet, dass Sie sich nicht total in die Erinnerung an vergangene Leben zu versenken brauchen. Aus diesem Grund nennt man sie nämlich vergangene Leben: Sie sind vorbei, vergangen, finito. Es geht nicht darum, schmerzlichen Seelenmüll wieder an die Oberfläche zu ziehen, sondern die gegenwärtig reifende Spiritualität zu stärken. Glauben Sie mir, alte Lebenserinnerungen sind entsetzlich langweilig. Ich selbst habe zum Beispiel eine lange Phase durchgemacht, bis ich herausfand, dass ich einmal ein Leben als Näherin verbracht habe. Ich war eine unattraktive, unverheiratete Näherin, die von morgens bis abends feine Kleider für die reichen Damen jener Epoche nähte. Exotisch, was? Ich bediene mich dieser Fähigkeit heute, wenn ich meinen Kindern Kleider nähe – Sie sollten die Kostüme sehen, die ich ihnen für Karneval schneidere. Aber damit hat es sich auch. Ich verbringe doch nicht mein ganzes Leben mit dieser Begabung!

Da wir gerade dabei sind: Vielleicht gehören Sie zu jenen Menschen, die einfach keinen Zugang zu ihren vergangenen Leben erhalten. Stimmt vielleicht etwas mit Ihnen nicht? Nein, ganz und gar nicht. Es könnte sehr gut sein, dass Sie diese Informationen nicht brauchen. Sie können keine vergangenen Lebenserfahrungen anzapfen, weil Sie sich auf dieses jetzige Leben konzentrieren müssen und auf das, was gerade mit Ihnen geschieht.

Magische Minuten

Setzen Sie sich in den nächsten sechs Monaten immer an Neumond allein an Ihren Lieblingsplatz. Das kann ihr Ritualraum sein, ein Ort im Freien oder Ihr Schlafzimmer. Es ist egal, wo Sie sich aufhalten – wichtig ist nur, was Sie dabei planen. Sorgen Sie dafür, dass Sie mindestens zehn Minuten ungestört sind. Zünden Sie eine weiße Kerze an und rufen Sie die Große Mutter um Hilfe an. Dann lehnen Sie sich zurück und schließen die Augen. Zu Beginn atmen Sie mehrere Male tief durch die Nase ein und durch den Mund wieder aus, bis Sie merken, dass Sie sich entspannen. Lassen Sie zu, dass die Ruhe der Göttin Sie überkommt und durchdringt. Stellen Sie sich vor, dass Sie von einer weißen Lichtwolke umgeben sind. Lassen Sie los und fühlen Sie sich eins mit dem Universum. Wenn Sie allen Alltagskram aus Ihren Gedanken verbannt haben, stellen Sie sich vor, Sie seien ein riesiger Monolith. Erkennen Sie vor dem inneren Auge die positiven Lektionen, Fähigkeiten und Talente Ihrer vergangenen Leben wie leuchtende Lichtkörper. Einer nach dem anderen bewegen sich diese Lichtkörper in den Monolithen hinein (also in Sie selbst). Dabei sagen Sie bei sich:

»Ich gewinne Zugang zu meinen Fähigkeiten und Talenten aus vergangenen und künftigen Leben, die am besten zu meiner jetzigen Situation passen. Ich ziehe diese positiven Kräfte in dieses Leben herein. Diese Fähigkeiten und Talente werden mein Leben verbessern, und ich werde zum besseren Menschen für mich selbst und andere.«

Wenn Sie alle Lichtkörper in den Monolithen hineingezogen haben, danken Sie der Gottheit, dass sie Ihnen bei dieser Aufgabe geholfen hat. Zählen Sie still bis fünf und öffnen Sie die Augen. Falls möglich, lassen Sie die Kerze für den Rest des Abends als visuelles Zentrum und als Zeugnis für das weiterbrennen, was Sie vollzogen haben.

Wenn Sie die Kerze nicht weiterbrennen lassen können, löschen Sie die Flamme (blasen Sie niemals eine Kerze aus, denn Sie hauchen damit heiligen Atem aus und töten das Element) und sparen Sie sie fürs nächste Mal auf. Wenn ein Kerzenstumpf übrig geblieben ist, vergraben Sie ihn in Ihrem Garten oder anderswo im Freien.

Das sechste Geheimnis der Selbstermächtigung

Das sechste Geheimnis zur Beschwörung Ihrer persönlichen Macht befasst sich mit der Kunst der Offenbarung und ihrer Übertragbarkeit auf Ihr Leben. Zünden Sie die sechste Kerze an und sprechen Sie dabei:

> *»Ich bin in der Lage, meine persönlichen Kraftzentren zu beschwören, immer wenn ich sie brauche – um offenbar werden zu lassen, was immer ich brauche, und ohne irgendjemandem, mich selbst eingeschlossen, zu schaden.«*

Man hört immer wieder sagen, dass es im Leben keine Zufälle gebe. Sinnvolle Zufälle verraten uns, dass es eine höhere Ordnung in allen Dingen gibt, dass diese verborgene Organisation unser Universum zusammenhält und alle Lebewesen, auch die Menschen, miteinander verbindet. Als magisch denkende und handelnde Menschen müssen wir lernen, diese verborgene Organisation zu erreichen, diesen unterirdischen Strom universaler Ganzheit, und uns zu holen, was wir für uns und unsere Umwelt brauchen.

Wie fangen wir das nur an? Als Erstes halten Sie die Augen offen und den Verstand wach und schulen sich darin, die Synchronizitäten des Lebens zu erkennen – vertrauen Sie darauf, dass stets das Richtige geschieht, auch wenn wir nicht unbedingt begreifen, warum sich die Dinge so entwickeln. Das soll nicht bedeuten, dass wir uns Katastrophen völlig hilflos ausliefern sollen – nein, ganz und gar nicht –, aber wenn man alle Ereignisse als integrale Bestandteile eines Ganzen betrachtet, hilft einem das, bessere Entscheidungen zu treffen. Lernen Sie, Ihr Leben und Ihre magischen Praktiken zu gestalten, indem Sie ausdrücklich darum bitten, dass sich stets das Beste für alle Beteiligten manifestiert. Diese Praxis wird Hexen dann zur zweiten Natur, wenn sie schließlich erkennen, dass es Zufälle eigentlich nicht gibt. Dann erkennen sie die synchronistischen Zusammenhänge, wenn etwas geschieht. Wenn man für alle das Beste erwünscht, beweist das, dass man sich Mühe gegeben hat, alles im Zusammenhang von Gleichgewicht und Harmonie zu sehen. Ich glaube, perfekte Liebe und perfektes Vertrauen passen sehr gut zu diesem Zustand.

Zweitens müssen Sie als Magier begreifen, dass wir sind, wie wir uns offenbaren. Sie sind die Summe Ihres weltlichen Lebens und der Zauber, die Sie um dieses Leben herumwinden. Wenn wir im magischen Zirkel singen »Wir sind die Flut, wir sind die Ebbe, wir sind die Weber und das Netz«, dann geht es nicht nur um Gruppenmagie, sondern auch um unsere individuellen Offenbarungen. Wenn Sie negative Zauber anzetteln, haben Sie sich in einen negativen Menschen verwandelt. Wenn Sie positive Zauber ins Werk setzen, haben Sie einen glänzenden Bilderbogen gewebt, der sich in einer positiven Person manifestiert. Jede Hexe wird nämlich zur lebenslangen Manifestation der Magie, die sie praktiziert, und dessen, was sie in ihrem normalen Leben tut. Mit anderen Worten: Wenn Sie positive Magie bewirken und positiv leben, werden Sie zu einem ganzheitlichen Menschen. Wenn Sie negative Magie praktizieren und negativ leben, werden Sie zu einem trüben Teich, den man lieber meidet. Wenn Sie negative Zauber anzetteln, aber positiv leben, brauchen Sie entweder einen Psychiater oder einen Exorzisten – Sie haben die Wahl.

Wenn sich bei Ihnen die Kunst der Offenbarung von der Fähigkeit, Dinge zu erwerben, in die Fähigkeit verwandelt, Ihr Selbst positiv zu verändern, gehören Sie in Ihrer Esoterik-Buchhandlung nicht mehr ins 08/15-Wicca-Regal. In diesem Stadium haben Sie bereits einen langen Weg hinter sich und sind in der Wicca-Welt einen Stufe höher geklettert. Machen Sie sich eine Tasse Kräutertee und klopfen Sie sich auf die Schulter: Sie haben die erste Stufe wahrer Hexenkunst gemeistert. Das heißt aber nicht, dass physische Manifestationen nicht ein wichtiger Teil Ihres Selbst bleiben – sie sind nur nicht mehr der Hauptgrund, Magie zu betreiben.

Spirituelle Sekunden

Lernen Sie, Zufälle zu entdecken, wenn sie sich ereignen. Halten Sie die Augen und den Verstand für alle Möglichkeiten offen. Vertreiben Sie negative, herablassende Gedanken, wenn Sie auf einen Zufall stoßen.

Magische Minuten

Arbeiten Sie nicht nur daran, Geld zu manifestieren, das Auto, das Sie so gern hätten, oder den letzten Schrei, den alle anderen auch haben. Klar, es ist schön, wenn man sich etwas leisten kann, aber vergessen Sie nicht, auch an sich selbst zu arbeiten. Suchen Sie einen kleinen Charakterfehler bei sich und sprechen Sie einen Zauber darauf. Bedienen Sie sich dazu der Visualisierung, Affirmationen, positiven Denkens, Ihrer Lieblingshexeninstrumente, der Mondphasen, astrologischer Korrespondenzen – egal was. Nur tun müssen Sie es. Wenn Sie den kleineren Fehler beseitigt haben, sodass Ihre Mutter vor Freude ganz aus dem Häuschen ist, gehen Sie zu anderen Dingen über, auf die Sie Ihre Zauber wirken lassen können. Toll, was?

Magische Minuten

Lernen Sie, Dinge bereits im Geiste zu tun, noch ehe Sie Hand an sie legen.

Wenn Sie beispielsweise ein Glas wegräumen wollen, stellen Sie sich vor, dieses Glas bewege sich von selbst an die Stelle, an der Sie es haben wollen, ehe Sie es tatsächlich in die Hand nehmen. Zu dieser Technik gehört der schlichte Prozess des »im Kopf Manifestierens«, ehe man die Bewegung motorisch tatsächlich vollzieht. Es ist leicht, mit Visualisierungstechniken zu arbeiten, ohne die Augen dabei zu schließen. Wenn Sie denken »Ich will etwas zu trinken« schickt dies ein unmittelbares Signal an die Hand. Unbewusst bewegt sich die Hand, und die Handlung ist vollzogen, noch ehe das Bewusstsein den Gedanken erkennt. Normalerweise braucht man diesen Gedankenprozess nicht zu verlängern.

Beim Magietraining jedoch sollte man versuchen, diese Gedankenverknüpfung aufzuspalten, was den gedanklichen Visualisierungsprozess stärkt und Ihre Fähigkeit verbessert, fokussiert zu beten oder Zauber auszuüben. Fügen Sie die Erinnerung an ein Gefühl hinzu, und dem Ritt auf Ihrem Hexenbesen steht nichts mehr im Wege!

Alle Hinweise zur Selbstermächtigung, die ich bislang beschrieben habe, konzentrieren sich auf die Stärkung Ihrer geistigen Beweglichkeit und lehren Sie, Zugang zu Ihrem Willen zu haben wie auch zum Willen des Göttlichen. Nach einigen Jahren geistiger, spiritueller und physischer Praxis habe ich festgestellt, dass das wertvollste Instrument im Leben, um zu Erfolg und Harmonie zu gelangen, in den eigenen Gehirnwindungen zu finden ist.

Ich kann Sie nicht zu einer großartigen Hexe machen, nicht einmal zu einem anständigen Menschen. Das können nur Sie. Nur Sie haben den Antrieb und die Entschlusskraft, Ihr Leben so zu gestalten, wie Sie wollen. Sie können sich nicht darauf verlassen, dass andere Sie dorthin bringen, wo Sie hinmöchten, noch können Sie anderen die Schuld daran geben, wenn Sie nicht an Ihr Ziel gelangen. Ihr persönlicher Erfolg wurzelt in Ihnen selbst.

Das siebte Geheimnis der Selbstermächtigung

Das siebte Geheimnis der persönlichen Ermächtigung kann sehr schwierig zu händeln sein, ich warne Sie. Das siebte Geheimnis lehrt, wie man Dinge aus seinem Leben verbannt – auch Menschen, Gewohnheiten, Krankheiten und allgemeine Negativität. Grundsätzlich ist alles und jeder gemeint, wodurch Sie hinuntergezogen werden. Zünden Sie also die siebte Kerze an und sprechen Sie:

> *»Mit dem Rat des Herrn und der Herrin verbanne ich alle Dinge aus meinem Leben, die spirituell nicht gut für mich sind.«*

Manchmal heißt das einfach, die Kunst des Delegierens zu lernen, manchmal auch, einen bestimmten Menschen, Gegenstand oder Gedanken loszulassen. Ich bekam beispielsweise einmal eine E-Mail von jemandem, der sechs Monate zuvor einen offenen Magiezirkel gegründet hatte. Die meisten Mitglieder kamen gut miteinander aus, aber ein Bursche begann, sich recht bizarr zu benehmen. Er spazierte zum Beispiel nachts durch den Wald und schrie komisches Zeug. Er erzählte allen Leuten, er sei ein höheres Wesen – ein Verhalten, das nicht gerade zur spirituellen Entwicklung beiträgt, das kann ich Ihnen sagen. Diese Art von verrücktem Benehmen gehört in keinen Wicca-Zirkel.

Die Person, die mich kontaktierte, wollte wissen, wie der Zirkel diesem Freund helfen könnte. Sie wollten sein Benehmen in ihre gemeinsame Arbeit einbinden. Großartig, dachte ich, binde einen Verrückten an dich – was für ein entzückender Mühlstein um den Hals! Ich schlug vor, die betreffende Person aus dem Zirkel zu verbannen, und fügte hinzu, man könne ihm ja auch eine Therapie oder Beratung nahelegen. Mein E-Mail-Partner war völlig entrüstet: Das sei ein Bruder, sagte er. Sie könnten ihn doch nicht allein lassen; er könnte sich Schaden zufügen, dann seien sie dafür verantwortlich.

Alles Quatsch. Wenn keiner in der Gruppe die entsprechende therapeutische Ausbildung hat, dann sollte auch keiner versuchen, das Problem zu lösen. Wenn Sie dem Individuum erlauben, weiterhin an der Gruppe teilzunehmen, wird es die gesamte Gruppenharmonie zerstören und schließlich auch die Gruppe selbst. Die Göttin und der Gott haben für solche Selbstaufopferung nur wenig Verständnis. Erkennen Sie, dass selbst Hexen nicht alles wieder geradebiegen können. Manchmal ist etwas tatsächlich zerbrochen, wenn es krumm aussieht. Und wenn etwas völlig zerbrochen ist, sollte man sich davon trennen.

Hier ein weiteres Beispiel: Sagen wir, Ihre Freundin sei Alkoholikerin. Sie haben alles versucht, ihr zu helfen und ihr eine entsprechende Therapie zu vermitteln – Alkoholismus fällt ja in die Kategorie der Krankheiten und muss behandelt werden. Ihre Freundin leugnet ihren Zustand und findet, ihre Trinkerei sei kein Problem. Sie sehen mit an, wie sie sich immer seltsamer verhält, bis auch Ihr Leben negativ davon betroffen wird. Was sollen Sie tun? Dieser Freundin beistehen, bis auch Sie sich viel unglücklicher fühlen als alle anderen in Ihrer Umgebung, oder sich lösen, in der Erkenntnis, dass Ihre seelische Gesundheit ebenso wichtig ist wie die Ihrer Freundin?

Wenn Sie das Konzept der Verbannung akzeptieren, befreien Sie sich von dem Druck, eine Lösung zu erzwingen, was weder gut für Sie ist noch für andere. Das gibt Ihnen die Freiheit, die Hexe zu sein, die Sie sein wollen, nicht eine Hexe, die durch die Taten, Meinungen und Fehler anderer mühsam konstruiert wird. Ich will damit nicht sagen, dass Sie Menschen in Not ignorieren oder dass Sie Ihre Weisheit nicht mit jenen teilen sollten, denen es nützt. Ich meine: »Weihe keinen Narren in die Mysterien ein«, weil Sie damit Ihre Zeit verschwenden. Wenn Sie diese Verbannungs- und Ablösungsenergie in Ihr Leben holen, lassen Sie trotzdem das Tor offen für spontane und stabile Lösungen für andere Probleme, die anstehen – Ihre eigenen Probleme und nicht die anderer.

Das heißt natürlich nicht, dass Sie ab heute herumrennen und alles aus Ihrem Leben verbannen. Lernen Sie nur, negative Dinge aus Ihrem Leben zu lösen, weil sie Ihr spirituelles Wachstum hemmen. Setzen Sie sich hin und konzentrieren Sie sich darauf, welche Energien in Ihr Leben hinein- und aus ihm herausfließen. Dann erkennen Sie instinktiv, welche Energien gut für Sie sind und welche nicht. Hexen sollten stets auf ihren gesunden Menschenverstand achten. Und wenn Sie keinen haben, dann sorgen Sie dafür, dass Sie ihn bekommen!

Umwelt und Schwingungsfrequenz

Beachten Sie, dass das erste und das siebte Geheimnis Hand in Hand gehen, weil alle Mysterien persönlicher Macht durch Ihr Leben zu fließen beginnen, wenn Sie sich darauf konzentrieren. Diese beiden Geheimnisse passen jedoch gut zusammen, besonders, wenn wir über die persönliche Schwingung und die Verbannung negativer Energien aus Ihrem Leben reden, was Einfluss auf Ihre Schwingungsfrequenz hat.

Die Menschen, mit denen Sie Ihre Zeit verbringen, sind Teil Ihrer Schwingungen. Wenn Sie sich beispielsweise ständig mit negativen Menschen umgeben, stellen Sie vermutlich fest, dass Sie ebenfalls negativ denken und reden, ohne es eigentlich zu wollen. Andere Menschen üben mehr Druck auf uns aus, als uns lieb sein kann – besonders, wenn es uns gelingt, die Schwingungsfrequenz zu erhöhen, sodass wir damit den Rest der Welt hinter uns lassen. Ich weiß, es gibt Phasen im Leben, wenn es notwendig wird, solche Beziehungen völlig abzubrechen, auch wenn es eine größere Veränderung bedeutet und viele Bereiche Ihres Lebens betrifft. Spirituelle Reife ist wie ein fahrender Bus. Ab und zu hält er an einer Haltestelle, aber wenn man ernsthaft an der Offenbarung des inneren Lichts arbeitet, geht es immer weiter. Gemeint ist möglicherweise ein bestimmter Freundeskreis oder der beeinträchtigte Energieaustausch mit Eltern, Geschwistern oder sogar dem Partner. Ihre Arbeit und die Kollegen strömen Energien aus, und manchmal wird diese Energie recht unangenehm. Wenn Sie alle anderen Möglichkeiten ausgelotet haben, ist eine klare Entscheidung nötig und der Mut weiterzugehen. Manchmal redet ein Freund oder ein Verwandter mit uns Klartext und hilft uns; ein andermal wieder haben wir nicht so viel Glück: Dann müssen wir erst lernen, selbst die Zügel in die Hand zu nehmen.

Ihre Umgebung, ob zu Hause oder bei der Arbeit, sagt eine Menge über Sie aus – auch, was Sie denken, wie Sie auf bestimmte Situationen reagieren und welche Vorteile Sie davon haben. Manchmal können Veränderungen in diesen beiden Bereichen – Zuhause und Arbeit – am allerschwersten sein. Der spirituelle Bus wartet aber auf Sie. Lassen Sie nur den Motor nicht zu lange leer laufen.

Spirituelle Sekunden

Stellen Sie eine Liste von den Dingen auf, die Sie aus Ihrem Leben verbannen wollen. Fangen Sie an, indem Sie den Großen Geist um Beistand bitten. Dann befassen Sie sich mit alten Problemen, unbequemen Beziehungen und schlechten Angewohnheiten.

Das achte Geheimnis der Selbstermächtigung

Das achte Geheimnis Ihrer persönlichen Macht liegt in Ihrer Fähigkeit, den Zyklus der Jahreszeiten zu begreifen und seine Funktion für Ihr persönliches Leben. Ja ja, ich weiß, dass Sie über die Grundkonzepte von Frühling, Sommer, Herbst und Winter Bescheid wissen. Auch ich erinnere mich an die Puppen zum Ausschneiden, denen man je nach Jahreszeit wechselnde Pappkleider anheften konnte. Ich glaube, mir wurde der Einfluss der Zunft auf mein Leben erst richtig klar, als ich entdeckte, dass die Ereignisse in meinem Leben mit den jeweiligen Jahreszeiten korrespondierten. Zünden Sie nun Kerze Nummer acht an und sprechen Sie:

»Ich lebe in Harmonie mit den Jahreszeiten.«

Okay, aber was bedeutet das? Wenn Sie darauf achten, erkennen Sie rasch, dass sich die gesamte Menschheit mit dem Jahreszeitenzyklus bewegt, ob sie das nun weiß oder nicht. Um den Maitag, Beltane, herum wimmelt es von neuen Dingen. Manchmal sind diese neuen Erfahrungen die Folge einer unvermuteten Veränderung, einer aufregenden Einsicht oder einem Angebot, oder sie manifestieren sich als Folge sorgfältiger Planung, und nun macht sich die neue Erfahrung breit. Das Gegenteil von Beltane ist Samhain, die Jahreszeit von Tod und Wandel. Wenn sich das Jahr dem Ende zuneigt, vergehen viele der alten Dinge, und die guten Dinge im Leben schenken uns eine reiche Ernte, wenn sich die Zeit der Vorsicht nähert.

Ihre Aufgabe als magischer Anwender ist, zu nutzen, was die

Jahreszeiten zu bieten haben. Lernen Sie, Ihre Magie *mit* den vorhandenen Energiemustern zu weben anstatt gegen sie. Eine Methode für die Arbeit mit den Jahreszeiten besteht darin, auf acht Karteikarten die heidnischen Festtage zu verzeichnen. Vorn auf jede Karte schreiben Sie, was dieser Festtag für Sie bedeutet und welche Art Energie in dieser Jahreszeit Vorrang hat. Beispielsweise:

Frühling	Lichtmess Frühlings-Tagundnachtgleiche Beltane
Sommer	Sommersonnenwende
Herbst	Lammas Herbst-Tagundnachtgleiche Samhain
Winter	Jul

Sehen Sie, dass die Jahreszeiten, die man mit der Göttin verbindet (Frühling und Herbst) mehr heidnische Festtage haben als die anderen dem Gott geweihten? Das heißt aber nicht, dass wir die eine Gottheit lieber haben als die andere. Frühling und Herbst bewegen sich langsam, mit sanften Energien, die eine auf die Geburt zu, die andere auf den Tod hin, während die Jahreszeiten des Gottes starke, lebendige, robuste Energien aufweisen. Frühling und Herbst sind die sanften Vorboten für den Sommer und den Winter und gleichen das Jahr aus. So arbeiten wir vom Black Forest Clan mit den Jahreszeiten – dies nur als Beispiel, Sie können es natürlich anders handhaben.

Auf die Rückseite der Karteikarten schreiben Sie die Zauber auf, die Sie in der jeweiligen Jahreszeit und an den entsprechenden Festtagen veranstalten können, und passen so die Jahreszeiten Ihren Bedürfnissen an. Legen Sie die Karten in Ihren Schrein oder auf Ihren Altar und lesen Sie während der Jahreszeit gelegentlich nach. Prüfen Sie, welche Zauber Sie vollzogen haben. Am Ende der Jahreszeit schreiben Sie auf einer anderen Karte das Wichtigste, was in Ihrem Leben in diesem Zeitraum passiert ist, und heften es an die erste Karte. Dann legen Sie die Karten ab, bis Sie sie im nächsten Jahr wieder brauchen.

Spirituelle Sekunden

Stimmen Sie sich auf die Jahreszeiten ein, indem Sie Meditationsübungen machen, die die jeweils aktuelle Jahreszeit zum Thema haben. Konzentrieren Sie sich auf die Energien dieser Jahreszeit.

Andere Vorschläge

Machen Sie die oben geschilderte jahreszeitliche Übung und schreiben Sie Ihre Ergebnisse auf. Bewahren Sie die Karten für das nächste Jahr auf und überprüfen Sie dann daran, ob Sie inzwischen weitergekommen sind.

Das neunte Geheimnis der Selbstermächtigung

Das neunte Geheimnis der persönlichen Ermächtigung behandelt Ihre Einstellung zu anderen. Zünden Sie nun die neunte Kerze an und sagen Sie:

> *»Ich strebe danach, die Bedürfnisse anderer zu erfüllen, ohne mir selbst dabei zu schaden.«*

Ebenso, wie Ihr Verhalten andere beeinflusst, hat das Verhalten anderer auch Einfluss auf Ihr Leben, in positiver wie in negativer Hinsicht. Sie können lernen, Ihre Reaktionen auf das Verhalten der anderen zu kontrollieren und zu steuern, aber auch deren Reaktionen auf Ihr Verhalten.

Ich habe im letzten Jahr zwei wichtige Dinge gelernt. Beide Erfahrungen haben tiefe Spuren in meiner Seele hinterlassen, und heute gebe ich nach jeder Initiation dritten Grades oder einer Ältestenzeremonie, an denen ich teilnehme, diese Erfahrungen weiter. Nach reiflichem Überlegen meine ich, dass auch Sie dies wissen sollten.

Vor ein paar Sommern wurde ich von Lord Serphant von der Serphant Stone Family in den Rat der Ältesten aufgenommen. Serphant ist meiner Meinung nach einer der interessantesten Zunftältesten, denen ich je begegnet bin. Hoch gewachsen, mit langem Haar und langem Bart, erinnerte er mich stark an einen mächtigen Zauberer. Das soll nicht heißen, dass er nicht menschlich war und auch mal Fehler machte. Er hätte stets als Erster zugegeben, dass wir alle fehlbar sind. Er liebte derbe Witze, trank schwarzen Kaffee und rauchte – aber wenn er es sich in den Kopf gesetzt hatte, vermochte er einem innerhalb einer halben Sekunde direkt in die Seele zu blicken, und man konnte nichts, absolut nichts dagegen tun. Und dann sagte er einem, was man hören musste.

Im darauf folgenden Herbst erhielt ich die Einladung, einen anderen prominenten Zunftältesten zu besuchen. Damals waren Mick und ich schon mehrere Monate lang auf Vortragsreise. Wir diskutierten eine ganze Woche lang, ob wir wirklich die lange Reise auf uns nehmen wollten. Zu Hause war es hektisch genug, unsere Vortragsreise war noch nicht vorbei, und wir wussten: Was wir wirklich brauchten, war eine Ruhepause und nicht noch eine lange Reise. Für diese Fahrt musste ich meine Tagesarbeit gegen eine lange Nachtschicht eintauschen. Da ich selbst keine Entscheidung treffen konnte, bat ich den Großen Geist, uns den Weg zu ebnen, falls Mick und ich beschließen würden zu fahren.

Die ganze Fahrt über war ich unruhig, sehr, sehr unruhig. Was würde dieser Mensch von mir denken? Konnte er mir vielleicht spirituell helfen? Das war vielleicht eine Möglichkeit ... dieser Mensch war ja ein Ältester. Als wir ankamen, waren meine Emotionen äußerlich recht scharf umrissen, aber innerlich recht verschwommen. Ich stellte mir vor, dass ich das Haus dieses Menschen mit völlig neuen Perspektiven verlassen würde. Mein Geist würde fliegen, meine Kräfte würden exponenziell zunehmen, und meine Energien würden den Titel »Älteste« noch übertreffen.

Na ja, nichts von alledem trat ein. Eigentlich geschah überhaupt nichts. Absolut überhaupt nichts. Auf dem Heimweg hielten wir bei einem Restaurant, und dort ging ich auf die Toilette. Sie wissen ja, dass einem an den unspirituellsten Orten oft die interessantesten Einsichten kommen. Ich merkte, dass der Große Geist mir in der Tat ein Geschenk gemacht hatte, als er mich in das Haus dieses Zunftältesten lud. Ich hatte gelernt, dass alle nur mit Wasser kochen, auch die Zunftältesten. Noch wichtiger aber war die Erkenntnis, dass ich als Zunftälteste niemals zulassen sollte, dass jemand mein Haus verließ, ohne dort etwas gewonnen zu haben. Ich lernte, dass alle Hexen Gnade im Herzen, in der Seele und in ihren Worten zeigen sollten. Wenn man sich nicht so verhält, missachtet man unsere Herrin und unseren Herrn.

Ich brauche Ihnen hierfür keine Übungen zu geben. Ich bin sicher, Sie werden die Lektion auch so begreifen. Betrachten Sie die neunte Kerze, die Sie entzündet haben, und denken Sie darüber nach, wie ein Zunftältester sein sollte. Dann streben Sie danach, Ihr Verhalten diesen Vorstellungen anzugleichen.

Das zehnte Geheimnis der Selbstermächtigung

Das zehnte Geheimnis, wie man seine persönliche Macht besser nützt, ist viel schwerer zu erarbeiten als die anderen neun. Dazu gehört, dass man die Kunst der Selbsthypnopse lernt. Zünden Sie nun Ihre zehnte Kerze an und sprechen Sie:

> *»Ich werde meinen Geist so ausbilden, dass er meine Spiritualität unterstützt.«*

Selbsthypnose und die Hypnose durch andere existiert schon seit Unzeiten in der magischen Gemeinschaft. Sie wollen es auch lernen, nicht wahr? Wie haben das unsere Ahnen wohl bewerkstelligt?

Und was ist mit der praktischen Magie, die ich Ihnen versprochen habe? Zuerst müssen wir unsere magische Flamme entzünden. Erinnern Sie sich an die Kerze, die Sie in den ersten Magischen Minuten anzünden sollten – diejenige, bei der Angelique die Zeit stoppte? Nun, sie steht für Ihre Flucht aus der selbst auferlegten Dunkelheit ins spirituelle Licht. Die zehn Kerzen der pesönlichen Ermächtigung in diesem Kapitel symbolisieren Ihre Bereitschaft, die nötige Arbeit zu leisten. Während die Kerzen brennen, ziehen die Flammen die Macht an, Ihre Wünsche wahr werden zu lassen. Sie können die Kerzen ganz abbrennen, Sie können sie aber auch löschen und jeden Abend eine kurze Zeitspanne lang neu entzünden, bis sie heruntergebrannt sind. Vergraben Sie eventuelle Kerzenstümpfe in Ihrem Garten oder im Freien.

Nun ist es Zeit, Ihre eigene Flamme zu entzünden – und lassen Sie sie brennen!

3 *Die Lösung liegt in Ihnen*

Was ist Ihrer Meinung nach das wichtigste Werkzeug einer Hexe? Der Athame, der Zeremonialdolch? Oder vielleicht der Kessel? Die Rituale? Und was ist mit dem *Buch der Schatten*? All dies fällt zwar unter die Kategorie »Werkzeug« und unterstützt die Hexe in ihrer Magie, aber das mächtigste Instrument einer Hexe ist schließlich immer noch sie selbst. Körper, Geist und Seele werden zur Power-Dreiheit, sofern man sie richtig einzusetzen lernt. Lord Serphant verließ eines Abends mit leeren Händen einen Ritualzirkel von mehr als dreihundert Personen, warf mir einen verlegenen Blick zu und sagte: »Silver, weißt du was, ich habe meine Instrumente vergessen!« Für jeden Zauber oder Bann lernt man, das wichtigste Werkzeug von allen zu benutzen – sich selbst. Sie selbst sind das größte Geschenk an die Gemeinschaft.

Vor ein paar Jahren erfüllte mich plötzlich der brennende Wunsch, die Technik der Hypnotherapie zu lernen. Damals wusste ich noch nicht, dass die heute gängigen Methoden genau den Techniken entsprechen, deren sich schon unsere magischen Ahnen beim Zaubern bedient hatten. Damals nannten Hexen diese sehr wichtige Disziplin »Magische Innenschau«. Unter dieser Bezeichnung wandten sie Selbsthypnosetechniken an, noch ehe man die Hypnose unter diesem Namen kannte. Ob Sie sich Ihren Verstand nun als wilden Dschungel oder als Hightech-Computer vorstellen, die Technik der mentalen Innenschau wird auch für Sie von Nutzen sein. Den Dschungel-Verstand muss man trainieren, den Hightech-Verstand programmieren – es ist also fast dasselbe. Viele moderne Hexen nennen diesen Prozess auch »Fokussieren«.

Der Zauberslinky

Zu meinen Lieblingsspielzeugen als Kind zählte der Slinky; ich konnte mich stundenlang damit beschäftigen. Meine älteste Tochter ging irgendwann einmal mit ihrer Freundin einkaufen und brachte einen bunten Slinky in Mondform mit nach Hause. Ich stürzte mich auf das Ding und fing sofort an, damit zu spielen (wir sind ja im Herzen wohl alle noch Kinder, oder?). Während sie fröhlich plappernd von ihrem Nachmittag berichtete, hatte ich nur Augen für den Slinky. Nach einer Weile sagte sie: »Du hast mir überhaupt nicht zugehört. Was machst du da eigentlich?« Ich wurde aus meiner Versenkung gerissen und antwortete: »Oh, ich spiele ein bisschen!« Von da an wurde es zum Standardwitz in unserer Familie, ja den Slinky vor Mum zu verstecken.

Ein paar Monate später kam ein Freund aus der Zunft zum Essen zu uns. Nach dem Essen wurden die Gespräche immer tief schürfender, doch dann brachte meine Tochter plötzlich ihren Slinky an und hielt ihn mir vor die Nase.Unbewusst begann ich, damit zu spielen. Ich war indes nicht die Einzige, die fasziniert war. Auch mein Gast war ganz in den Bann geschlagen. Wir lachten zwar beide darüber, aber mir kamen zwei Erkenntnisse: Erstens, dass Slinkys immer noch produziert werden, weil sie bei Kindern den Alphazustand hervorrufen und sie völlig entspannen (und welche Mutter wünscht sich nicht ab und zu ein paar Augenblicke Ruhe), und zweitens, dass man den Slinky in magischen und hypnotischen Situationen einsetzen kann.

Nachdem mein Gast an jenem Abend gegangen war, ließ ich mich mit dem Slinky nieder, suchte mir ein Ziel, an dem ich arbeiten wollte, und begann mit dem Slinky zu spielen und mich gleichzeitig auf dieses Ziel zu konzentrieren. Am folgenden Tag erreichte ich zu meinem Glück dieses Wunschziel.

Die Kunst der Innenschau

Mentale Innenschau, oft auch Trance genannt, bildet die Grundlage für die zehn Wege zur Macht. Diese Wege sind

- Meditation
- Aspektierung (eine Art Besitznehmen) und Anrufung
- Trance und Astralprojektion
- Tränke (aus Kräutern, Weihrauch und Wein)
- Tanzen und Trommeln (Rasseln eingeschlossen)
- Blutkontrolle (wie bei Biofeedback-Techniken)
- die Arbeit mit stellaren, irdischen, solaren und astrologischen Energien
- Gesänge und Heiliges Atmen
- Zauber(sprüche)
- Sex.

Diese zehn Wege zur Macht können auch gleichzeitig beschritten werden. Man kann beispielsweise über einer Kerzenflamme meditieren, anschließend trommeln, die Rasseln schwingen, singen und einen Trank zu sich nehmen, und das alles in fokussierter Arbeit für ein bestimmtes Ziel. Andererseits kann man auch nur einen einzigen Weg einschlagen, um das gewünschte Ziel zu erreichen – zum Beispiel jeden Tag meditieren, um eine persönliche Begabung zu verstärken. Egal, in welcher Kombination oder auf welchem Einzelweg der Macht Sie Ihre Wünsche manifestieren wollen, die Grundlage solcher Arbeit ist die Kunst der Innenschau. Alle Zauber, Anbetungen, Rituale, Bitten oder Lösungen beruhen auf Ihrer Fähigkeit, diese Technik auch angemessen anzuwenden.

Was bedeutet nun »Innenschau«? Wenn der Blick nach innen gerichtet ist, bedeutet dies grundsätzlich, dass die Gedanken in den Alphazustand geraten. Andere in Trance zu versetzen ist ein weiteres Kapitel im Buch der Innenschau. Sprechen wir zunächst einmal von der Selbsttrance. Dazu müssen Sie einiges über die verschiedenen Denkebenen wissen. Alpha ist der wissenschaftliche Ausdruck für eine bestimmte Anzahl an Gehirnwellen pro Minute. Alphawellen stellen einen entspannten geistigen Wachzustand dar – man taumelt aber nicht mit glasigem Blick durch die Gegend, wenn man im Alphazustand ist. Sie erleben Alpha oft, wenn Sie fernsehen, essen, Auto fahren, lesen, unter Stress stehen, eine monotone Arbeit erledigen, kurz vor dem Einschlafen oder wenn Sie tagträumen; neuere Hirnuntersuchungen haben ergeben, dass schon allein das Schließen der Augen uns in einen leichten Alphazustand versetzt. Alpha zu erlangen ist daher nicht schwer und stellt einen natürlichen, normalen Geisteszustand dar. Jeder fällt irgendwann in Alpha. Wir müssen nur unseren Geist üben, um jederzeit und so lange wir wollen den Alphazustand zu erleben. Eine Innenschau ist also eine erworbene Fähigkeit, im Alphazustand die Gedanken zu zentrieren – und zwar über einen von uns selbst bestimmten Zeitraum. Auch beim Meditieren befinden wir uns in einem bewusst herbeigeführten Alpha- oder Thetazustand.

Um den Alphazustand richtig einordnen zu können, betrachten wir kurz andere Arten von Gehirnwellen. Beta ist der allgemeine Wachzustand. Dann gehen wir zu Alpha über, was bereits beschrieben wurde. Von dort aus taucht unser Geist nach Theta ab. Im Thetazustand erleben viele Menschen spirituelle Offenbarungen, sehen göttliche Wesen und Engel und erleben astrale Projektionen. Von Theta geht der Geist zu Delta über, dem Tiefschlaf.

Hinzu kommt, dass jeder Gehirnwellenzustand (Beta, Alpha,

Theta und Delta) verschiedene Stufen umschließt, was bedeutet, dass man irgendwann nicht nur im Alphazustand ist, sondern auch auf einer bestimmten Alphastufe, nicht nur in Beta, sondern auf einer bestimmten Betaebene. Für die meisten Zwecke der magischen und religiösen Arbeit sind alle Alphastufen nützlich, obwohl es umso besser ist, je tiefer man sich versenken kann. Man braucht aber nicht zum Zombie zu werden, um die Kunst der Innenschau auszuüben.

Das führt uns zu einer Fehlinterpretation dieser Kunst, auf die man am häufigsten stößt. Es gibt keinen einzigen Menschen auf diesem Planeten, der nicht in der Lage ist, seinen Geist in den Alphazustand zu versetzen. Das bedeutet, dass Leute, die behaupten, sie könnten nicht hypnotisiert werden oder keinen Zustand der Innenschau herbeiführen, in Wirklichkeit alles können, was sie wollen – besonders natürlich praktizierende Hexen! Immerhin stellt die Innenschau die Grundlage unserer Kunst dar. Solche Leute glauben eigentlich, dass sie – weil sie nicht beabsichtigen, ihre Kontrolle an andere abzugeben – zu eigensinnig sind, um in den Alphazustand zu fallen, wenn ein Hypnotherapeut sie darum bittet. Gewöhnliche Hypnosetests erfüllen zwei Funktionen: das Verhalten eines Individuums zu steuern und dieses Verhalten im Zusammenhang mit der Technik des Hypnotherapeuten zu erkunden, sowie um festzustellen, ob das Objekt dem Gegenüber vertraut oder nicht. Diese Tests stellen keine Beurteilung dar, sie überprüfen lediglich, ob das Hypnoseobjekt und der Therapeut zueinander passen.

Wenn wir die Kunst der Selbsthypnose oder Selbsttrance lernen, übergehen wir den Mittler und verlassen uns einzig und allein auf uns selbst. Da ich förmlich die entrüsteten Zwischenrufe einiger Hypnotherapeuten höre, füge ich daher rasch hinzu: Man kann nicht alle Probleme im Leben allein bewältigen. Manchmal ist es am besten, sich an einen Schulmediziner zu wenden oder an einen zugelassenen Hypnotherapeuten. Wenn es Ihnen allein nicht gelingt, geben Sie nicht gleich auf. Suchen Sie sich Hilfe.

Aber zurück zum Thema: Der Alphazustand ist also leicht erreichbar. Ihre Gedanken fallen mehrmals täglich von selbst in diesen Zustand. Jetzt brauchen Sie sie nur noch so zu konditionieren, dass Sie in Alpha fallen, wann immer und wie tief Sie es wünschen.

Es gibt bestimmte magische wie auch ein paar religiöse Gruppen, die abstreiten, wie nützlich die Arbeit mit medialen Künsten wie Hypnotherapie und Selbsthypnose ist. Dabei geht es ehrlich gesagt immer nur um Kontrolle. Wir wissen, dass der Einsatz von Innenschau und Hypnotherapie das Individuum befähigt, durchschnittlich etwa zweiundneunzig Prozent der sonst ungenutzten Gehirnwellen zu erreichen. Wir wissen auch, dass die meisten Formen menschlichen Fehlverhaltens die Folge einer ungeeigneten Programmierung des Selbst sind, dass schätzungsweise achtzig Prozent aller Krankheiten psychosomatischen Ursprungs sind und alle gut auf Hypnotherapie reagieren. Ich bin immer schon der Meinung, dass die Erfolgschancen bei allen möglichen Therapien drastisch ansteigen würden, wenn wir Trancetechniken mit magischen Praktiken verbänden.

Ob wir Magie oder Hypnotherapietechniken einsetzen, der Betreffende muss den starken, motivierenden Wunsch haben, etwas zu ändern. Wenn diese Kraft nachlässt oder nicht vorhanden ist, dann klappt es auch mit der Innenschautechnik nicht. Die Trance oder Innenschau umgeht den kritischen, bewussten Verstand und konzentriert sich auf die emotionale, unbewusste Ebene. Alles, was jemand hört, sieht, riecht, liest, berührt, schmeckt oder erlebt (wie etwa eine langweilige Verabredung oder einen aufregenden Sportwettbewerb), kann auf positive Weise heilend und zielprogrammierend wirken – vorausgesetzt, man durchbricht selbst auferlegte Blockaden.

Weder Hexen noch Hypnotherapeuten sind autorisiert, eine Krankheit zu diagnostizieren, noch können sie eine medizinische Behandlung verschreiben oder die Einnahme von Medikamenten verordnen. Ich muss daher einige deutliche Warnungen aussprechen. Wenn Sie zum Beispiel Herzprobleme haben, verschreibungspflichtige psychotrope Medikamente einnehmen oder irgendwann einmal eine Kopfverletzung hatten, sollten Sie Ihren Arzt vorher fragen, ob Meditation und Innenschau für Sie geeignet sind. Sie sind selbst dafür verantwortlich, sich nicht achtlos in die geistigen Künste zu stürzen, wenn dies für Sie gefährlich werden könnte. Ihr Arzt wird Ihnen raten können, welche Techniken für Sie sicher und unbedenklich sind. Viele psychotrope – das heißt auf die Psyche einwirkende – Medikamente vertragen sich beispielsweise nicht mit Hypnose und Selbsthypnose.

Wenn Sie Zauberei praktiziert haben, haben Sie sich bereits auf natürliche Weise in den Alphazustand begeben. Der Alphazustand setzt sich zusammen aus einer körperlichen und seelischen Entspannung, einer herabgesetzten Aufmerksamkeit, einer reduzierten Wahrnehmung der äußeren Umgebung und von Alltagssorgen sowie einem geschärften Bewusstsein der eigenen Empfindungen. Als Hexe bitten Sie Ihre Schüler daher darum, sich bei der Arbeit mit Ritualen und Zaubern Zeit an einem Ort zu nehmen, wo sie ungestört sind. Wir bestehen oft auch auf einer Reihe von Meditationsübungen. Man kann nicht im Alphazustand verweilen, wenn das Telefon klingelt, die Kinder durch das Zimmer toben, Ihre Katze mit Ihnen spielen will oder Ihre bessere Hälfte Sie drängt, mit ihr fernzusehen, weil sie oder er sich einsam fühlt (es klappt vielleicht trotzdem, wenn Sie bereits perfekt sind, aber nicht, wenn Sie die Technik gerade erst lernen).

Wenn man genug geübt hat, kann man sich fast jederzeit in den Alphazustand versetzen – doch wenn man versucht, sich auf diesen Zustand zu konzentrieren und ihn für einen Zauber oder ein Ritual in die Länge zu ziehen, während der Rest der Welt einem auf der Nase herumtanzt, kommt man leicht aus dem Tritt, und sämtliche Alphawellen verabschieden sich in den Betazustand. Daher ist es besser, einen gewissen Zeitraum fix zum Üben einzuplanen, anstatt die ganze Welt dafür zu hassen, dass sie einen bei seinem Vorhaben stört. Seien wir doch einmal ehrlich: Es ist nicht die Welt, die Sie hemmt, sondern Ihr eigener Ärger, der Sie blockiert. Ehe wir daher mit Zaubern und zahlreichen anderen Lösungen für Ihr Problem herumspielen, bringe ich Ihnen lieber bei, wie Sie zum Innenschauexperten werden.

Magische Minuten

Geistige Blockaden beseitigen

Materialien: Neun Zuckerwürfel, eine Tasse Quellwasser, eine weiße Kerze, eine kleine Glasschale, ein Stück weißes Pergament, einen roten Marker
Mondphase: Vollmond, abnehmender Mond oder Neumond
Wochentag: Samstag
Planetenstunde: Saturn
Planetenherrscher: Saturn
Runensymbol: Cen
Archetypus: Hekate
Totem: Vogel oder Pferd (beide stehen für Freiheit)

1. Läutern, weihen und ermächtigen Sie alle Materialien mit dem Ziel, Hindernisse auf Ihrem Weg zu einem bestimmten Ziel auszuräumen, ob Sie es nun schon kennen oder nicht.

2. Definieren Sie das Ziel.

3. Füllen Sie die Schale mit Wasser und zeichnen Sie die Cen-Rune auf das Pergament. Cen öffnet magisch alle Wege vor uns und er-

leuchtet die Dunkelheit. Legen Sie das Pergament mit dem Symbol unter die Schale, sodass Sie es durch das Wasser hindurch sehen können.

4. Legen Sie die Zuckerwürfel in eine Reihe. Zählen Sie von neun bis eins, wobei Sie jeden Zuckerwürfel berühren.

5. Nun werfen Sie die Zuckerwürfel einen nach dem anderen in die Schale mit Wasser und sprechen:

   »Neun Zuckerwürfel aufgereiht. Ich spreche einen Zauber, meine Magie ist bereit. Bei Nummer neun sei das Ziel mein!«

   Rühren Sie das Wasser neunmal gegen den Uhrzeigersinn um und wiederholen Sie dabei das Wort »neun«.

   »Bei Nummer acht ist mein Schicksal vollbracht.«

   Rühren Sie das Wasser neunmal gegen den Uhrzeigersinn um und wiederholen Sie dabei das Wort »acht«.

   »Bei Nummer sieben wird die Himmelskönigin herbeigetrieben.«

   Rühren Sie das Wasser neunmal gegen den Uhrzeigersinn um und wiederholen Sie dabei das Wort »sieben«.

   »Bei Nummer sechs mein Ziel ich behex'.«

   Rühren Sie das Wasser neunmal gegen den Uhrzeigersinn um und wiederholen Sie dabei das Wort »sechs«.

   »Bei Nummer fünf wird mein Ziel gemünzt.«

   Rühren Sie das Wasser neunmal gegen den Uhrzeigersinn um und wiederholen Sie dabei das Wort »fünf«.

   »Bei Nummer vier öffnet sich die Tür.«

   Rühren Sie das Wasser neunmal gegen den Uhrzeigersinn um und wiederholen Sie dabei das Wort »vier«.

»Bei Nummer drei ist der Weg frei.«

Rühren Sie das Wasser neunmal gegen den Uhrzeigersinn um und wiederholen Sie dabei das Wort »drei«.

»Bei Nummer zwei ist mein Wunsch dabei.«

Rühren Sie das Wasser neunmal gegen den Uhrzeigersinn um und wiederholen Sie dabei das Wort »zwei«.

»Nummer eins gemacht, ist der Zauber vollbracht.«

Rühren Sie das Wasser neunmal gegen den Uhrzeigersinn um und wiederholen Sie dabei das Wort »eins«.

6. Halten Sie die Schale nun hoch und sagen Sie:

   »Geist des Saturn in allen Formen und Gestalten, eile herbei, um meinen magischen Zielen zu dienen. Engel des Tages, Element Wasser, verleih mir die Macht, um mein Ziel zu erreichen. Hekate, Große Mutter von Geburt und Tod, leite meine Gedanken, meine Magie und meine Worte, um meine Wünsche zu erfüllen. Gib mir die Macht, mein magisches Ziel zu erreichen.«

7. Setzen Sie die Schale ab, halten Sie die Hände über das Wasser und sprechen Sie:

   »Möge dieser Zauber nicht umgekehrt werden und mir zum Fluch werden. Wenn ich niemandem schade, wird mein Wille geschehen. Mögen alle astrologischen Konstellationen für diesen Zauber zusammenwirken.«

8. Wenn sich die Zuckerstücke aufgelöst haben, schütten Sie das Wasser um Mitternacht entweder an einer Straßenkreuzung aus oder in ein fließendes Gewässer. Vergessen Sie nicht, den Archetypen zu danken, die Sie um Beistand angerufen haben.

Zahlenzauber wie diese verdeutlichen die Anwendung von magischer Trance. Mit Zahlen und Reimen lenkt man seine Gedanken in den Alphazustand hinein, und dies ebnet den Weg für die Gedanken hinaus ins Universum. Dort nehmen sie Gestalt an und erfüllen sich. Indem man zweimal von neun bis eins zählt (zuerst, wenn man die Zuckerstückchen in eine Reihe legt, und dann während des Reims), gestattet man seinen Gedanken, im Verein mit Ihrem Willen fokussiert zu arbeiten.

Sicher haben Sie schon die Knoten und Schnurzauber gesehen, die Hexen schon vor Jahrhunderten entweder Ruhm oder den Flammentod einbrachten. Diese einfachen, aber mächtigen Zauber sind ebenfalls Übungen in magischer Innenschau.

Wegweiser zum Alphazustand

Wie bereits erwähnt, muss jede Innenschaumethode zu den folgenden Resultaten führen: zu körperlicher und seelischer Entspannung, herabgesetzter Aufmerksamkeit, reduzierter Wahrnehmung der äußeren Umgebung und von Alltagssorgen und zu einem geschärften Bewusstsein der Empfindungen. Wenn wir den Mechanismus der Innenschauinduktion lernen, können wir auch bessere Zauber bewirken. Nehmen wir uns die Folgen der Trance eine nach der anderen vor, damit wir sie besser begreifen.

Entspannung von Körper und Seele bedeutet, dass Ihr Körper und Ihr Geist völlige Entspannung erleben. Der beste Ort dafür wäre natürlich ein Sessel, das Sofa oder eine Bodenmatte. Die Sitzhaltung sollte Ihnen angenehm sein, Sie müssen sich wohl fühlen. Ihre Gedanken sollen nicht wütend herumtoben. Wenn Sie friedlich und gelassen sind, fühlen Sie sich auch wohl und spüren keinen Stress – und das wiederum ist Entspannung von

Körper und Geist. Sie atmen nun langsamer, und Ihr Blutdruck sinkt. Auch wenn Sie es nicht glauben, aber Sie können die gleiche Entspannung von Körper und Geist auch spüren, wenn Sie aufrecht stehen. Dazu braucht man ein bisschen Übung, aber es geht. Bei der Selbsttrance habe ich immer eine Decke dabei, damit ich mich auf den Boden setzen und für eine Sitzung vorbereiten kann. Bei Selbsthypnose wird mir nämlich leicht kalt, weil mein Blutdruck sinkt; wenn ich mich körperlich aber nicht wohl fühle, achte ich auch nicht auf den Prozess. Meine Wolldecke ist dafür die beste Lösung. Viele legen sich deshalb nicht hin, weil dies dem Unbewussten signalisieren könnte, dass man schlafen möchte. Wir wollen uns mit unseren Innenschautechniken aber nicht in den Deltazustand begeben.

Herabgesetzte Aufmerksamkeit bedeutet, dass Ihre Gedanken nicht wie sonst zwischen Menschen, Ereignissen und Gefühlen hin- und herspringen. Ihre Aufmerksamkeit konzentriert sich nur auf eine Sache – einen Gegenstand oder eine Sequenz von Gedanken, wie etwa bei der Visionssuche, oder auf eine Sequenz von geistigen Ereignissen wie bei einer Meditation.

Reduzierte Wahrnehmung der äußeren Umgebung und von Alltagssorgen bedeutet, dass – selbst wenn man im Zimmer nebenan das Telefon klingeln hört – dem nicht die geringste Aufmerksamkeit schenkt. Nichts könnte Sie weniger stören. Je tiefer die Alphaebene, umso weniger hören Sie das Telefon nebenan, den Verkehr draußen oder den Fernseher, der nebenan läuft. Ihr Gehirn registriert diese Geräusche irgendwo, aber Sie achten einfach nicht auf sie, und daher treten sie in den Hintergrund.

Geschärftes Bewusstsein für Empfindungen heißt, dass Sie sich stärker Ihrer eigenen Bedürfnisse, Ihrer selbst und Ihrer Gefühle bewusst werden, anstatt sich auf die Welt ringsum zu konzentrieren und auf das zu achten, was hinter anderen Gesichtern oder hinter der nächsten Hausecke lauern mag. Sie können sich mit geschlossenen Augen auf das konzentrieren, was am besten für Sie funktioniert, ohne auch nur einen Gedanken an die Umgebung zu verschwenden. Daher brauchen Sie einen Ort, an dem die neugierigeren Mitglieder Ihres Haushalts Sie nicht aufspüren können, wenn Sie meditieren und Zauber und Rituale praktizieren. Um mit dem inneren Selbst Kontakt aufzunehmen, brauchen Sie Ruhe und Frieden.

Sie fragen, ob es neben dem Zählen von neun bis eins auch andere Techniken gibt, um Ihre Gedanken nach innen zu lenken? Ja, in der Tat! Ein stereotypes Geräusch wie das Ticken einer Uhr, das Surren eines Ventilators oder das monotone Klacken eines Metronoms hilft, die Gedanken zu beruhigen. Auch einfache Trommelschläge können Sie in die entsprechende Trance versetzen. Sie brauchen nicht zum Meisterdrummer zu werden – eine simple Schlagabfolge reicht. Ebenso gut können Sie auch ein Tamburin benutzen.

Innenschau und Zauberei

Vor ein paar Jahren gingen zwei Freunde und ich in das Schlaflabor unseres hiesigen College, um testen zu lassen, wie rasch wir die tieferen Ebenen des Alphazustands und anschließend den Thetazustand erreichten. Wir hatten jahrelang meditiert und tauchten nach knapp einer halben Minute in die Alphawellen ein. Wir stellten fest, dass man im Alphazustand den Körper langsam und schnell bewegen kann, aber ruckartige Bewegungen wie das Zucken eines Arms bringen einen sofort wieder zurück nach Beta.

Wissenschaftlich gesehen funktioniert Magie schneller und besser, wenn man die Gedanken in den Alphazustand bringen kann, während man gleichzeitig äußere Energien manipuliert oder die eigene Energie verstärkt. Wir erkannten auch, dass jemand, der sich im Alphazustand entspannt, schneller genesen kann, wenn Magie mit im Spiel ist, als wenn der Patient im normalen Betazustand bleibt und magische Anwendungen akzeptiert. Und schließlich fanden wir heraus, dass sich die meisten religiösen Erfahrungen, lebhaften Visionen oder Offenbarungen ereignen, wenn sich das Individuum im Thetazustand befindet. Indem man sich darauf polt, bei praktischer Magie in den Alphazustand zu fallen, hat man bessere Erfolgschancen, als wenn man weder Meditation noch andere ähnliche Übungen betreibt.

Meisterhexen kannten sich immer schon in der Innenschau und Trance aus, ob es nun um sie selbst oder um andere dabei ging. Mentale Magie sollte ein wichtiger Bestandteil unseres magischen Handwerkszeugs sein, daher betone ich dieses Thema hier so stark. Wenn man erst die Kontrolle über die eigenen Gedanken gewonnen hat und die Gedanken über einen längeren Zeitraum hinweg in eine bestimmte Richtung lenken kann, stellt man fest, dass die magischen Anwendungen schneller und besser funktionieren als vorher. Die Innenschau ist also der erste Schritt beim Üben der zaubrischen Fähigkeiten.

Magische Minuten

Der Magische Früchtekranz:
Ein Zauber für mehr Chancen und Wohlstand

Mondphase: Vollmond oder zunehmender Mond
Element: Feuer oder Erde
Wochentag: Sonntag oder Donnerstag

Planetenherrscher: Sonne oder Jupiter
Planetengeist: Sonne oder Jupiter
Rune: Feoh (Reichtum)
Archetypus: Rosemerta
Totemtier: Pelikan
Magischer Kreis: Nicht nötig
Kreisviertel: Nicht nötig

1. Besorgen Sie sich eine Auswahl an kleinen Früchten, wie Erdbeeren, Heidelbeeren, kleine Bananen, Kirschtomaten, Weintrauben und so weiter. Beim Einkaufen stellen Sie sich vor, dass Sie gerade neue Möglichkeiten für Ihr Leben wählen.
2. Waschen Sie die Früchte zu Hause sorgfältig in geweihtem Wasser. Sie können das Wasser auch mit dem Ziel Wohlstand ermächtigen.
3. Nehmen Sie einen dicken Wachsfaden und fertigen Sie eine Girlande, indem Sie die Früchte nacheinander daran aufreihen. Arbeiten Sie ohne Eile, schreien Sie dabei nicht die Kinder an und bleiben Sie ruhig sitzen. Arbeiten Sie sich langsam durch den Zauber. Beim Auffädeln der Früchte zählen sie von fünfzig bis eins. Bei jeder Frucht, die Sie aufnehmen, sagen Sie etwas wie:

   »Wie dieser Kranz wächst, so wachsen Überfluss und Reichtum in meinem Leben.«
4. Wenn Sie fertig sind, bitten Sie die Göttin Rosemerta um ihren Segen für die Früchte sowie um Fülle und Reichtum für Ihr Leben. Binden Sie die Girlande zu einem Kranz zusammen und legen Sie ihn auf einen großen Teller. Schütten Sie ein wenig Zucker in die Mitte. Dann malen Sie mit dem Finger die Rune Feoh in den Zucker, stellen das Ganze in den Kühlschrank und setzen später das Obst Ihrer Familie als Nachtisch vor. Jeder, der von diesem Kranz isst, lässt Reichtum und Überfluss in sein Leben.

Die einfache magische Innenschau ist nicht dasselbe wie ein Ritual. Aber man kann sie auch in Zaubern, Riten und Ritualen benutzen. Die beiden ersten Übungen in diesem Kapitel befassen sich mit einfachen Zaubern ohne einen magischen Zirkel oder ein Ritual.

Techniken zum Herbeiführen des Alphazustands

Man kann mehrere verschiedene Methoden anwenden, um die Gedanken in den Alpha-/Thetazustand zu bringen. Nicht alle Techniken eignen sich für die Einzelarbeit – doch ich denke, dass Sie diese Information benötigen, um die Kunst der Innenschau in vollem Umfang zu begreifen. Denken Sie daran, dass wir auch bei ganz normalen täglichen Aktivitäten oft in den Alphazustand verfallen. Mit Hilfe der Techniken für die Induktion des Alphazustands bringen wir eine normale Körperfunktion bewusst unter Kontrolle, statt uns auf das Unbewusste zu verlassen, um den gewünschten Seinszustand herbeizuführen.

Die Fixierung

Diese Induktion richtet unsere Aufmerksamkeit auf einen begrenzten Punkt, etwa eine Kerzenflamme, ein schwingendes Pendel oder ein Metronom. Das Objekt zieht unsere Aufmerksamkeit vom Raum, von anderen Menschen um uns herum und von unserer Umgebung im Allgemeinen ab und ermöglicht uns, uns auf eine einzige, wiederholte Bewegung zu konzentrieren. Wie bereits erwähnt, fällt Trommeltrance auch in diese Kategorie, ebenso Singen, weil man auch Geräusche fixieren kann. Je mehr man mit Fixierung arbeitet, umso schneller fällt man in den Alpha- und den sich anschließenden Thetazustand. Wenn man zum Beispiel das erste Mal den Fixierungsvorgang durchgeht, dauert es vielleicht eine halbe Stunde, um das Gehirn auch nur leicht zu beruhigen; doch bei den folgenden Versuchen kann man diesen Zeitrahmen auf sagenhafte dreißig Sekunden herabschrauben, wie bei meinem Beispiel aus dem Schlaflabor.

Oft höre ich Klagen von Lesern und Schülern, sie brächten die nötige Geduld nicht auf. Sicher, es dauert eine Weile und man braucht Übung, um fokussiertes Alpha zu erreichen. Aber seien Sie nicht zu hart zu sich: Entspannen Sie sich einfach und lassen Sie alles auf sich zukommen. Vielleicht dauert es eine ganze Woche, vielleicht aber auch dreißig Wochen, bis der Erfolg sich einstellt.

Wie aber »wissen« Sie, ob Sie den Punkt erreicht haben, an dem der Zauber beginnt? Er lässt sich am besten als leichtes Gefühl von Abgelöstheit von der Realität erklären, begleitet von einem angenehmen, harmonischen Gefühl der Verbundenheit mit dem Universum. Manche Hexen nennen dies den »Ruhepunkt«.

Hokus Fokus (erste Übung): *Ein Fixierungszauber*

Diese Übung ist mit einem Kerzenzauber verbunden. Sicher haben Sie diese Technik schon einmal beobachtet, doch wir wollen den Zauber hier ein wenig abändern.

Zunächst brauchen Sie eine weiße Kerze – klein oder groß, das ist egal – sowie ein Stück Papier (manche Magier bestehen auf frischem Pergament) und ein hautfreundliches Öl, das etwas mit dem gewählten Ziel zu tun hat. Falls Sie kein Geld für ein besonderes Öl haben, nehmen Sie ein wenig Parfüm, Aftershave oder Ihre Lieblingskörperlotion. Wählen Sie etwas aus Ihrem Leben, das Sie gern manifestieren möchten. Schreiben Sie Ihr Bedürfnis auf eine Karteikarte oder ein Stück Papier. Nein, mehr als ein Bedürfnis dürfen Sie nicht aufschreiben. Falls Sie glauben, schon ein fortgeschrittener Schüler zu sein, der sich im magischen Alphabet auskennt, können Sie Ihre Bitte in diesem Alphabet aufschreiben. Wählen Sie ein geistiges Bild (wirklich nur ein einziges), das für Sie in Verbindung mit der Erfüllung Ihres Wunsches steht. Das geistige Bild sollte mit einer positiven Manifestation zu tun haben.

Salben Sie die Kerzen mit Ihrem Lieblingsöl oder einer Substanz, die Sie eigens für diesen Zweck ausgesucht haben. Denken Sie daran: von der Mitte nach außen, wenn Sie etwas fort von sich bringen wollen, und von der Mitte der Kerze auf Sie zu, falls Sie etwas herbeiwünschen. Halten Sie die Kerze in Richtung Norden für körperliche Manifestationen und vergessen Sie nicht, bei diesem Zauber um den Segen des Nordens zu bitten. Halten Sie das geistige Bild fest vor Ihrem inneren Auge. Wenn Sie eine Transformation Ihrer selbst wünschen, halten Sie die Kerze in Richtung Westen und bitten Sie beim Zaubern um den Segen des Westens. Vergessen Sie nicht das innere Bild. Wenn Sie etwas ernten, einen Vorgang beschleunigen oder eine Sache hinter sich lassen wollen, bitten Sie um den Segen des Südens. Und falls sich Ihre Arbeit um geistige Angelegenheiten dreht, wie mediale Kräfte, geistige Wachheit oder Ähnliches, dann bitten Sie um den Segen des Ostens. Falls Sie etwas verbannen wollen, halten Sie die Kerze hoch und bitten den Großen Geist, Ihren Zauber zu segnen.

Halten Sie die Kerze in den Händen. Schließen Sie die Augen und atmen Sie dreimal tief und gleichmäßig ein und aus. Nehmen Sie sich dazu Zeit. Entspannen Sie sich und schlüpfen Sie sich in die Kerze – vergessen Sie Ihre Umgebung und denken Sie nur noch an die Kerze und daran, wofür sie steht. Öffnen Sie die Augen und konzentrieren Sie sich auf das innere Bild, das Sie mit ihrem Bedürfnis verbunden haben (bitte unbedingt die Visualisierung positiv halten). Verbinden Sie das Bild mit der Kerze und bewegen Sie das Bild in die Kerzenflamme. Angeblich hallt beim Abbrennen der ersten Hälfte der Kerze der Wunsch im Himmel wider, und die Manifestation vollzieht sich während der zweiten Hälfte auf Erden.

Setzen Sie die Kerze in einen Leuchter, schließen Sie die Augen und atmen Sie den Duft des Öls an Ihren Händen ein. Halten Sie das gleiche Bild vor dem inneren Auge fest, während Sie den Duft einatmen. Nun verbinden Sie Ihr Ziel mit dem Duft. Öffnen Sie die Augen und legen Sie das Stück Papier mit Ihrem Wunsch unter die Kerze. Zünden Sie die Kerze an, halten Sie sie hoch und sprechen Sie dabei:

> *»Element Feuer, mein Zauber ist mein Befreier.*
> *Heilige Mutter* [oder eine entsprechende Göttin oder ein Gott], *lass deinen Willen in spirituellem Feuer wirken. Segne diesen Moment und den Zauber, den ich bewirken werde. Ich danke dir für alle Erfolge, die du mir vergönnt hast, und alle künftigen Erfolge. Mein besonderer Wunsch heute ist ...* [Wunsch]. *Niemandem soll ein Leid geschehen. So soll es sein.«*

Projizieren Sie Ihr inneres Bild in die Flamme, während Sie die Kerze hochhalten. Dann nehmen Sie die Kerze herunter.

Entspannen Sie sich und blicken Sie in die Flamme. Kneifen Sie dabei weder die Augen zusammen, noch sollte die Flamme tanzen, sprühen oder wirbeln. Achten Sie nicht auf Botschaften, die Ihnen die Kerze anfangs zu schicken versucht. Das kommt alles erst später. Atmen Sie tief und gleichmäßig ein und sehen Sie zu, wie die Kerze den Zauber bewirkt. Denken Sie ausschließlich an die Kerze. Denken Sie nur an die Flamme. Wenn Ihnen dabei die Augen zufallen, ist das in Ordnung. Denken Sie an Ihre Verbindung zur Kerze, an das, wofür sie steht, und an das geistige Bild Ihres Bedürfnisses. Wehren Sie Erregung, Ärger oder Besorgnis ab, dass Sie vielleicht etwas falsch machen. Lassen Sie keine Zweifel aufkommen. Sie selbst haben schließlich all dies initiiert. Denken Sie nur an die Kerze, Ihr Bedürfnis und Ihr geistiges Bild. Bekommen Sie nicht gleich einen Herzinfarkt, wenn Ihre Gedanken abschweifen. Lenken Sie sie sanft zurück, indem Sie an Ihren Händen riechen, die noch nach dem Öl duften, welches Sie geistig mit Ihrem Ziel verbunden haben. Nun erleben Sie das Gefühl, etwas erreicht zu haben, das das tatsächliche Erreichen Ihres Ziels begleiten wird.

Schauen Sie in die Flamme. Konzentrieren Sie sich auf Ihr Bedürfnis. Versetzen Sie Ihr geistiges Bild in die Flamme. Am wichtigsten aber ist, dass Sie die Übung nicht mit einem negativen Gefühl beenden. Sie müssen lernen, Negatives in Positives umzuwandeln, nicht wahr? Bei Zweifeln bitten Sie die Große Mutter um neue Energie und Beistand. Wenn Sie fertig sind, löschen Sie die Kerze und danken dem Element Feuer und der Großen Mutter für ihren Beistand.

Üben Sie diese Technik sieben Tage lang mit dem gleichen Ziel. Tag für Tag, ehe Sie beginnen, halten Sie eine nicht brennende Kerze in der Hand, projizieren das Bild eines Ziels in die Flamme und beginnen den gleichen Prozess wie vorher (abgesehen vom Salben der Kerze). Vergessen Sie nicht das Erfolgsgefühl zu genießen. Geben Sie ein wenig Öl oder Parfüm auf Ihre Hand, um den Duft falls nötig als Schlüsselreiz benutzen zu können. Am Ende einer jeden Sitzung schreiben Sie alles auf, was Sie erfahren haben, sowie andere wichtige Informationen, die Ihnen in den Sinn kommen. Am siebten Tag schreiben Sie auf die Rückseite des Papiers oder der Karteikarte die Worte: »Fixierungszauber vollendet«. Legen Sie die Kerze mit der Karte an einen sicheren Ort, bis sich Ihr Wunsch manifestiert hat.

Bei dieser Übung haben wir nicht auf die Mondphasen, die Planetenstunde, Archetypen, Totems, Geister oder bestimmte Wochentage geachtet. Momentan lernen Sie nur, Ihre Gedanken auf eine bestimmte Manifestation zu fixieren. Sie konzentrieren sich darauf zu lernen, wie man fokussiert. Je öfter Sie dies üben, umso schneller können Sie bald in entspanntem Zustand fokussieren. Die Hauptfunktion dieser Methode konzentriert sich darauf, Ihnen beizubringen, wie man die Gedanken von äußeren Bildern und Geräuschen ablenkt, die den Verstand vernebeln können. Dies ermöglicht Ihnen, den gewählten Fokus immer länger beizubehalten. Wenn sich Ihr Wunsch manifestiert hat, verbrennen Sie die Karte oder das Papier und werfen die Kerze fort.

Am achten Tag suchen Sie sich ein neues Ziel und arbeiten weiter an der zweiten Übung.

Die Entspannung

Der zweite Typus der Selbstinnenschau konzentriert sich darauf, sämtlichen Stress loszuwerden, der an Körper und Seele haftet. Hierbei entspannen wir systematisch alle Muskeln des Körpers. Sie beginnen an der Stirn und arbeiten sich abwärts vor, oder aber Sie beginnen bei den Zehen und arbeiten sich aufwärts vor. Ich arbeite lieber vom Kopf nach unten und richte alle negative Energien in den Boden, wo sie sich verwandeln können (mittels Visualisierung). Beachten Sie, dass diese Technik Ähnlichkeiten mit dem Erden von Energien hat, sodass wir unbehindert von selbst erzeugten Sorgen arbeiten können.

Hokus Fokus (zweite Übung): *Ein Entspannungszauber*

Halten Sie sich an die Anweisungen aus der ersten Übung (und vergessen Sie das Öl nicht). Schließen Sie aber diesmal die Augen, sobald Sie die angezündete Kerze abgesetzt haben. Ja ja, ich weiß, man sieht die Flamme dann nicht ... wie dumm. Stellen Sie sich vor, dass sich die Flamme in Ihnen als weißes Licht manifestiert, das sich von der Stirn bis zu den Zehen ergießt (oder in umgekehrter Richtung). Stellen Sie sich vor, dass dieses weiße

Licht jeden Teil Ihres Körpers entspannt, den es berührt. Sie brauchen sich nicht auf jeden einzelnen Muskel zu konzentrieren – spüren Sie einfach nur, wie das weiße Licht in Ihrem Körper nach oben (oder unten) wandert. Spüren Sie, wie sich Ihr Körper und Ihre Seele entspannen und Sie immer gelassener werden. Sagen Sie bei sich:

> *»Nun entspannt sich meine Stirn. Nun entspannen sich die Muskeln um meine Augen. Nun entspannen sich die Muskeln um meinen Mund. Meine Halsmuskeln entspannen sich. Meine Schultern lockern sich. Meine Wirbelsäule entspannt sich. Nun entspannen sich meine Hüften. Meine Beine lockern sich. Nun entspannen sich meine Füße und meine Zehen.«*

Bei dieser Methode genügt es, pro Körperpartie nur einen einzigen Satz zu sagen, also »meine Beine« statt »meine Schenkel, meine Knie, meine Waden, meine Füße, meine Knöchel, meine Zehen«. Kümmern Sie sich nicht darum, wenn diese Muskeln sich nicht entspannt »anfühlen«. Beim weiteren Arbeiten mit dieser Methode geben die Muskeln automatisch nach und lockern sich. Und je öfter Sie damit arbeiten, umso schneller wird sich die Wirkung dieser Technik einstellen. Diese Prozedur nennt man ebenfalls Entspannungsinduktion. Wenn man sich von der Stirn zu den Zehen vorgearbeitet hat, kann man sich geistig auf das Bild konzentrieren, das man manifestieren will. Wenn Ihre Gedanken abschweifen, lenken Sie sie sanft auf den Prozess zurück. Dies wiederholen Sie sieben Tage lang.

Schreiben Sie am Ende jeder Sitzung auf, was Sie erlebt haben und welche weiteren wichtigen Informationen Ihnen in den Sinn gekommen sind. Am siebten Tag schreiben Sie auf die Rückseite des Papiers oder der Karteikarte die Worte: »Es ist vollbracht.« Legen Sie die Karte und die Kerze an einen sicheren Ort, bis sich Ihr

Wunsch manifestiert hat. Dann verfahren Sie mit Karte und Kerze wie zuvor.

Fortgeschrittene Entspannung

Wie bei der ersten Entspannungsübung mindert diese Prozedur systematisch jeglichen Stress in Ihrem Körper. Sie können wiederum an der Stirn oder bei den Zehen anfangen. Während die einfache Entspannung nur mit wenigen Sätzen arbeitet, geht die Fortgeschrittenenübung mehr ins Detail. Halten Sie zwischen den einzelnen Stadien der Entspannung inne und lassen Sie die Informationen tief in sich einsinken, um Ihrem Körper Zeit zu geben, auf die Sätze zu reagieren. Ich sage zum Beispiel: »Meine Schenkel entspannen sich ... sie sind locker und schlaff ... meine Knie entspannen sich ... meine Waden entspannen sich ... nun meine Füße« und so weiter. Die fortgeschrittene Entspannungsinduktion können Sie mehrfach hintereinander üben (Kopf bis Fuß, Kopf bis Fuß und so weiter). Je öfter Sie diese Induktion üben, umso besser wird Ihre Gesundheit. Dabei fallen Ihnen vielleicht Bilder aus dem kollektiven Unbewussten ein, die mit Ihrem Selbst zu tun haben. Schreiben Sie alles, was Ihnen in den Sinn kommt, anschließend genau auf.

Hokus Fokus (dritte Übung):
Ein fortgeschrittener Entspannungszauber

Suchen Sie sich ein anderes Ziel. Folgen Sie den schon beschriebenen Schritten, nur befehlen Sie nach dem Schließen der Augen jedem einzelnen Körperteil, sich zu entspannen, und zwischen den einzelnen Sätzen sagen Sie entweder »schlaff und locker« oder »sicher und fest«. Oder Sie machen einfach eine Pause. Beispiel: »Meine Zehen entspannen sich. Meine Knöchel entspannen sich. Meine Waden fühlen sich schlaff und locker an. Meine Knie entspannen sich. Ich fühle mich sicher und fest« und so weiter. So gehen Sie Ihren gesamten Körper durch. Nun konzentrieren Sie sich auf Ihren Wunsch. Achten Sie genau auf alle Einzelheiten Ihrer Erfahrung. Am siebten Tag schreiben Sie auf die Rückseite Ihres Papiers oder der Karteikarte die Worte: »Innenschau vollendet«. Legen Sie die Karte mit der Kerze an einen sicheren Ort, bis der Wunsch Wirklichkeit geworden ist. Literarisch geschulte Leser werden bemerkt haben, dass bei den Entspannungssätzen alle Passivformen verschwunden sind. Bei dieser Prozedur wird nur die Aktivform benutzt. Wenn sich der Wunsch erfüllt hat, verbrennen Sie das Papier und werfen die Kerze fort.

Die indirekte Induktion

Bei dieser Technik benutzt man Analogien und Metaphern anstelle von bestimmten Induktionsaussagen. Viele Vision-Quest-Meditationen bedienen sich dieser Technik. Sie fallen in einen Trance- oder Alphazustand, während Sie einer Geschichte lauschen, die Sie in genau diesen Zustand bringen soll. Sie hören vielleicht die Anweisung, einem Pfad zu folgen und immer *tiefer* in den Wald zu gehen. Manche Meditationen kombinieren die Entspannungsinduktion mit der indirekten Induktion.

Für die literarisch Interessierten unter Ihnen: Die Sätze fließen besser und haben größere Wirkung, wenn man lernt, alle passiven Konstruktionen zu entfernen und die Sätze so oft wie möglich aktiv zu konstruieren. Versuchen Sie auch, niemals von »ihm«, »ihr« oder »es« zu reden. Sagen Sie immer genau, worum es sich handelt. Wenn Sie von einem Wasserfall sprechen, sagen Sie »Wasserfall«, anstatt sich mit »er« darauf zu beziehen. Diese Art Induktion eignet sich wunderbar zum Heilen oder zur Verstärkung der persönlichen Schwingungsrate.

Hokus Fokus (vierte Übung):
Ihr heiliger innerer Raum – ein indirekter Zauber
Nun wird es ein bisschen komplizierter. Nehmen Sie eine Trommel, ein Tamburin oder ein anderes Perkussionsinstrument. Holen Sie dreimal tief Luft und stellen Sie sich im Geist einen heiligen Ort vor. Erweitern Sie diesen heiligen Raum so, wie Sie es als angenehm empfinden. Wenn Sie diesen heiligen Platz fest in sich verankert haben, trommeln Sie einen leisen Rhythmus. Konzentrieren Sie sich auf Ihren Wunsch. Beim Erlernen dieser Technik trommeln Sie so lange, bis Sie den Fokus aus den Augen verlieren. Erden Sie sich wieder. Mit einiger Übung steigern Sie die Lautstärke bis zum Forte. Dann erden und zentrieren Sie sich wieder. Wie bei den anderen Übungen wiederholen Sie dies sieben Tage lang mit dem gleichen Ziel. Dann schreiben Sie auf die Rückseite Ihres Papiers oder Ihrer Karteikarte »Innenschau vollendet« und legen die Karte ab.

Die schnelle Induktion

Die schnelle Induktion, die Sie rasch in Trance zu versetzen imstande ist, besteht aus kurzen, schnellen Kommandos oder bestimmten Körperbewegungen. Diese Art Induktion wurde von Powwow-Künstlern in Pennsylvania, Vaudeville, bei Zelttreffen und Illusionen benutzt. Man kann Schnellinduktionen immer noch in einigen Zaubershows und -vorstellungen in Las Vegas und New York erleben. Gute Redner bedienen sich ebenfalls der Schnellinduktion, aber ich glaube nicht, dass sie damit eine bewusste Wirkung erzielen wollen. Je erfahrener Sie in Ihrer Arbeit werden, umso schneller werden Sie eine Schnellinduktion erkennen.

Die Verwirrungsinduktion

Der letzte Typ Induktion ist die Verwirrung: Sie gilt unter Hypnotherapeuten als letztes Mittel, wenn sie sich an einem Klienten die Zähne ausbeißen, dessen analytischer Verstand auf hieb- und stichfesten Beweisen besteht und alles zerpflückt, was ihm gesagt wird. Während der Klient von fünfzig oder fünfundzwanzig rückwärts bis eins zählt, zählt der Therapeut laut in umgekehrter Richtung (eins, zwei, drei ...).

Sie sollten allerdings wissen, dass die Scharlatane unter den Hypnotherapeuten sich die Verwirrung und Fixierung zunutze machen, um Sie besser in den Griff zu bekommen. In Pennsylvania gibt es eine Gruppe von Leuten, vor denen alle Ladenbesitzer eine Heidenangst haben. Sie gehen immer in Dreiergrüppchen – oft zwei Männer und eine Frau – an die Kasse und tun so, als wollten sie einen Zwanziger wechseln lassen, noch während der Kassierer das Wechselgeld des letzten Kunden abzählt. Die falschen Kunden sprechen sehr schnell, gestikulieren heftig und versuchen den Blick des Kassierers von der Kasse abzulenken. Oft wiederholen sie, was der Kassierer sagt, als Entgegnung und geben sich sehr ungeduldig; ja, häufig werden sie geradezu unverschämt und machen zynische Bemerkungen. Wenn die Gruppe den Laden verlassen hat, stellt der Kassierer oft einen höheren Fehlbetrag fest.

Diese letzte Übung bedient sich der freien Assoziation. Unsere Gedanken hängen oft Dingen nach, die wir gern täten, Reisen, die wir gern unternähmen, oder der Person, die wir sein wollen, wenn wir »groß« sind – auch wenn wir schon achtzig sind. Verwandeln Sie mit der folgenden Übung Ihre Tagträume in Zauberträume.

Hokus Fokus (fünfte Übung): *Der Zaubertraum*

Der Zaubertraum besteht aus sechs Bildern, die gleichsam als Film vor unserem geistigen Auge ablaufen. Zunächst arbeiten wir mit Standfotos – Bildern, die sich nicht bewegen, ähnlich »Schnappschüssen« eines neuen Selbst. Denken Sie an Ihr eigentliches Ziel und schreiben Sie es auf. Darunter ziehen Sie sechs Linien. Auf jeder Zeile beschreiben Sie ein Bild von sich selbst (wenn Sie Erfahrung mit Meditation haben, können Sie so viele Bilder wählen, wie Sie verarbeiten können) – entweder wie Sie auf Ihr Ziel zugehen oder was Sie erreichen wollen, wenn sich Ihr Ziel manifestiert hat. Sie können auch ins Detail gehen, wenn Sie möchten.

Lesen Sie die erste Beschreibung, dann schließen Sie die Augen und entwickeln im Kopf ein Standfoto. Öffnen Sie die Augen und fassen Sie das Bild in einem Satz zusammen. Schließen Sie die Augen wieder und sehen Sie erneut das innere Bild. Öffnen Sie die Augen. Üben Sie diese Visualisierung, bis sich das Bild fest in Ihrem Kopf verankert hat.

Gehen Sie zur nächsten Zeile und denken Sie an dieses neue Bild. Verfahren Sie wie zuvor. Nun schließen Sie die Augen und stellen sich das erste Bild vor. Üben Sie das, bis Sie zwei Bilder halten können, eines nach dem anderen.

Lesen Sie nun die dritte Zeile und erzeugen Sie das nächste Bild. Folgen Sie wieder den Anweisungen. Wenn Sie das dritte Bild fest im Kopf haben, schließen Sie die Augen und lassen die drei Bilder nacheinander aufblitzen. Wiederholen Sie dies auch mit den folgenden drei oder mehr Bildern.

Jeden Abend vor dem Zubettgehen oder in Ihren Tagträumen betrachten Sie Ihre geistigen Bilder nacheinander. Üben Sie diesen Zaubertraum, bis sich Ihr Wunsch erfüllt hat. Denken Sie daran, alles immer mit positiven Gefühlen zu verbinden.

Wenn Ihnen die Zauberträume sehr gut gelingen, können Sie die Standfotos in einen richtigen Film verwandeln, bei dem ein Bild in das andere übergeht und Bewegungen und Ton hinzukommen.

Man kann einen Zaubertraum auch auslösen, indem man echte Fotos von sich macht und auf Magazinseiten oder Zeichnungen von Ihnen klebt. Bitten Sie einen Freund, mit einer 35-Millimeter-Kamera Aufnahmen von Ihnen zu machen. Es funktioniert auch mit einer Videokamera, samt Kulisse und Hintergrund. Betrachten Sie den Film oder die Bilder mindestens einmal täglich in Verbindung mit Ihrer Zaubertraumübung. Diese Technik funktioniert auch gut mit Trommeltrance.

Praktische Lebensweise

Manche Schüler fragen: »Kann ich mit allen fünf Techniken der Hokus-Fokus-Übungen an demselben Ziel arbeiten, oder muss ich bei jeder Übung ein neues Ziel bestimmen?«

Natürlich können Sie an demselben Ziel arbeiten, wenn Sie wollen. Gehen Sie Ihre Aufzeichnungen durch. Bei welcher Innenschau fühlten Sie sich am wohlsten? Welche klappte bei Ihnen am besten? Wenn Sie anderen diese Hokus-Fokus-Übungen beibringen, sollen sie sich immer auf das gleiche Ziel konzentrieren, denn dann kann man das Ganze an einem Abend durchnehmen.

Einer der wichtigsten Aspekte der Hexenzunft ist, immer zu wissen, was man tut und warum man es tut. Die Mysterien der Zunft wurden nicht entwickelt, um ein Geheimnis für den Ausübenden zu bleiben, sondern für Außenstehende. Daher nennen wir alle Praktiken Mysterien. Wir kennen innerhalb der Zunft zwei verschiedene Arten von Mysterien – die magische Anwendung und die Seelenentwicklung. Im Moment konzentrieren wir uns nur auf die magischen Anwendungen, die in Seelenentwicklung übergehen, wenn Sie dabei die Prinzipien der Ehre und Integrität berücksichtigen. Wir können natürlich jahrelang blindlings Zauber ausüben, ohne unsere Fähigkeiten durch geistige Künste zu schärfen; doch unsere Magie verbessert sich nur durch das umfassende Verständnis der Mechanismen der benutzten Techniken und durch die sich daraus entwickelnde Fähigkeit, in die unbekannten Bereiche unseres Gehirns vorzustoßen. Überlegen Sie in diesem Zusammenhang, wie die drei Induktionstypen (Fixierung, Entspannung und fortgeschrittene Entspannung) in Ihre gegenwärtigen Zauber zu integrieren sind. Können Sie Ihre gegenwärtigen Magietechniken verbessern? Bringt das gewachsene Know-how schneller Ergebnisse? Gehen wir noch einen Schitt weiter: Wie kann man die Kunst der magischen Innenschau in den Alltag einbringen?

Die erste Technik, die wir anwendeten – die Konzentration auf die Kerzenflamme –, sollte Sie in einen leichten Alphazustand versetzen. Diese Prozedur nennen wir Fixierungsinnenschau. Um dies in die Sprache der Magie zu übersetzen, nannten wir diese Technik einen Fixierungszauber. Dabei entspannt sich der Körper, Atmung und Puls verlangsamen sich, und man spürt einen Rückzug des Selbst – Ihre Aufmerksamkeit konzentriert sich auf eine einzige Aktivität, Ihren Wunsch.

Die zweite Technik wurde mit geschlossenen Augen eingeleitet. Hier verloren Sie das Bewusstsein für die Umgebung, während sich gleichzeitig das Bewusstsein für Ihre inneren Empfindungen und Ihre Atmung verstärkte. Visualisierungen gelingen dann leichter. In Zaubersprache nannten wir diese Prozedur den Entspannungszauber.

Die dritte Technik sollte die Atmung weiter reduzieren und die Entspannung vertiefen. Diese Technik bekam die Bezeichnung »fortgeschrittener Entspannungszauber«. Sie spüren, wie Ihre Gliedmaßen schlaff werden, wie sich Ihre Aufmerksamkeit verringert, die Beeinflussbarkeit sich vertieft, die Aufnahmefähigkeit für akustische Reize abnimmt und das Bewusstsein für die Umgebung als höhere Stufe der Visualisierungsfähigkeit erlebt wird. Der kreative Prozess wird intensiver.

Schließlich experimentierten wir mit dem indirekten Zauber, wie man sich auf eine andere, geistige heilige Ebene begibt und von dort aus zaubert. Hier erlebten wir eine verringerte Aufmerksamkeit, verstärkte Beeinflussbarkeit und geringes äußeres Bewusstsein, aber wir konnten immer noch zu einer rhythmischen Geräuschkulisse arbeiten.

Der Sinn dieser vier Übungen bewies (hoffentlich), dass Ihr Zauber und Ihr Geist eindrucksvolle Ergebnisse zeitigen können, wenn man sie aneinander koppelt, und dass diese Verbindung es Ihnen viel leichter macht, Sie mit dem Göttlichen zu verbinden und dennoch ein Gleichgewicht zu bewahren – sofern Sie sich die Zeit nehmen, die Kunst der Innenschau zu erlernen. Man kann diese Techniken bei jeder magischen Übung anwenden – von Knoten und Schnurzaubern bis zum Studium und der Anwendung von Kräutern. Nehmen Sie sich Zeit und überlegen Sie, in welchen der verschiedenen Bereiche Sie mit den vier Zaubertechniken aus diesem Kapitel arbeiten möchten. Dann stellen Sie eine Liste mit zwei Spalten auf – Vollmond und Neumond – und schreiben jeden Ihrer Wünsche in die jeweilige Mondkategorie. Arbeiten Sie in den kommenden Monaten an diesen Wünschen.

Sechs Suggestionsarten für die Trance

Falls Sie gedacht haben, wir hätten das Thema nun hinter uns gebracht ... mitnichten. Wenn Sie die Kunst erlernt haben, die verschiedenen Induktionstypen zu benutzen, und auch die Induktionen gefunden haben, die Ihnen mühelos gelingen, ist es an der Zeit, sich die Suggestionstypen anzusehen, mit denen Sie Ihr Zauberprogramm oder Ihre Programmierungstechniken erweitern können. Insgesamt gibt es sechs Arten von Suggestionen, die man im Trancezustand anwenden kann.

Entspannungssuggestion

Dieser Typ eignet sich gut für Personen, die in ihrem täglichen Leben großem Stress unterworfen sind. Man kann zusätzliche Entspannungssuggestionen zur Zielprogrammierung und Magiearbeit benutzen, um das Leben zu harmonisieren. Manchmal erleben wir bei der Zielprogrammierung ungewöhnlich starke Spannungen. Zusätzliche Entspannungssuggestionen können uns dagegen besänftigen und in einen empfangsbereiten Geisteszustand versetzen.

Vertiefende Suggestion

Diese Suggestionen dienen verschiedenen Zwecken – vom Versetzen in tiefere Trance mithilfe einer Tätigkeit, bei der Sie sich nur auf eine einzige Sache konzentrieren, bis hin zur Intensivierung Ihrer Trance. Bei einer normalen Innenschausitzung zur Zielprogrammierung würde man zunächst Induktionstechniken anwenden und dann zusätzliche Entspannungssuggestionen, falls nötig, um dann zur vertiefenden Suggestion überzugehen. Vertiefende Suggestionen werden entsprechend dem beabsichtigten Ziel formuliert:

> *»Jedes Mal, wenn ich die Trommeln höre, falle ich tiefer und tiefer in Trance.«*

Direkte Suggestion

Nun sind wir von der Induktion über die Entspannungssuggestion (falls es nötig war) zur vertiefenden Suggestion vorgestoßen (falls wir es für angemessen hielten). Von hier aus schreiten wir fort zur direkten Suggestion, dem Kern unseres Zaubers beziehungsweise der Zielprogrammierungssitzung. Direkte Suggestionen leiten uns und zeigen uns, was wir manifestieren wollen. Bei den vorigen Übungen bezogen sich die direkten Suggestionen auf die aufgeschriebenen Ziele. Wie schon der Name sagt, sollten die Aussagen einfach und direkt sowie stets in der Gegenwartsform abgefasst sein, sofern möglich. Beispiel: »Ich bin eine weise und mächtige Hexe.« Manche Hypnotherapeuten verbinden zwar keine Bilder mit den einfachen, direkten Aussagen, ich aber schon. Ich bin der Überzeugung, dass der Geist sehr wohl auf die Kombination von direkter Suggestion und Visualisierung (mithilfe des nächsten Suggestionstyps, der bildhaften Suggestion) reagiert. Sie werden vielleicht denken, dass ich das Pferd beim Schwanze aufzäume, aber so arbeite ich nun einmal mit der Innenschau. Sie mögen anderer Meinung sein.

In diesem Beispiel sprechen Sie die Worte nur im Kopf aus. Wenn Sie kein entsprechendes Bild vor Augen haben, sehen Sie sich einfach von weißem Licht umgeben. Vielleicht sehen Sie sich selbst auch wie eine andere Person von außen. Mir persönlich ist es egal, wie Ihre Visualisierung aussieht, solange sie so einfach für Sie bleibt, dass Sie sie problemlos abrufen können – und solange sie positiv ist. Wieder verbinden wir eine direkte Suggestion (Ihr Ziel) mit etwas Fassbarem – dem Duft von Parfüm, Öl oder Aftershave, als Reizverstärkung, nachdem Sie in den Wachzustand zurückgekehrt sind. Dann verbinden Sie das Ganze mit einem positiven Gefühl. Fassen Sie die direkten Suggestionen nicht zu lang, weil das den Geist verwirrt (obwohl es an die posthypnotische Suggestion grenzt, aber davon später). Eine direkte Suggestion ist mit etwas verbunden, das Sie in diesem Augenblick wollen. Andere Anwendungen von direkter Suggestion sind von Showeinlagen und Bühnenauftritten bekannt, wie bereits erwähnt wurde. Ein wichtiger Aspekt ist, negative Aussagen in direkten Suggestionen unbedingt zu vermeiden. Wendungen wie »nicht«, »kann nicht« oder »sollte nicht« verursachen eine Vollbremsung im Gehirn. Formulieren Sie alles positiv: »Ich bin eine weise Frau« statt »Ich bin nicht mehr dumm«.

Bildhafte Suggestion

Bildhafte Suggestionen verstärken direkte Suggestionen. Doch wir können sie auch noch viel weiter führen. Wir können uns ein vollständiges geistiges Bild ausmalen, mit zwitschernden Vögeln, Wolken, dem Gurgeln eines Baches, dichtem Gebüsch und einem Tempelchen in der Mitte. Dies stellt das innere Bild eines heiligen Ortes dar, wie bei unserer vierten Hokus-Fokus-Übung. Wir können im Kopf ein vollständiges Ritual erzeugen, ohne ein einziges fassbares Instrument, und das Ziel stellt sich dennoch ebenso ein wie ein Ziel in der körperlichen Welt. Dazu braucht man allerdings viel Übung. Die Schaffung eines inneren heiligen Raums ist für Meditationsanfänger extrem wichtig – auch, wenn man für sich und andere an Heilungstechniken arbeitet. Wir können uns selbst sehen, wie wir uns morgen, nächsten Monat, im nächsten Jahr oder in fünf Jahren sehen wollen. Ich benutze diese Technik ziemlich oft, etwa wenn ich ein Seminar für den kommenden Tag plane oder überlege, wo ich mich beruflich in fünf Jahren befinden will. Wir erzeugen geistige Bilder, die einen bestimmten Zweck haben (um Schmerzen zu lindern, können wir uns etwa ein riesiges Ungeheuer vorstellen, das schrumpft, während wir von zehn bis eins zählen) oder als Muster für ein neu zu erlernendes Verhalten dienen (man sieht sich als liebevoller Partner, statt den anderen ständig nur anzubrüllen). Dazu kann man alle möglichen positiven Metaphern benutzen.

Wie, Sie sind jetzt völlig verwirrt? Na gut, stellen wir uns zur Klärung eine fiktive Situation vor: Tina geht in die unterste Klasse der Highschool und will zu den Cheerleadern, die bei Sportveranstaltungen immer zu dröhnender Musik mit den Pompons wirbeln, um das Schulteam anzufeuern. Tina hat die Cheerleader im letzten Jahr genau beobachtet und findet es aufregend, wenn die Mädchen sich zusammen im Takt bewegen, ihre Pompons schwenken und dabei noch ziemlich attraktiv aussehen. Wenn die Musik einsetzt und die Menge zu jubeln beginnt, spürt Tina die Energie dieses Augenblicks in der Seele. Ihr Blut singt, ihre Arme kribbeln, und die Stimmung steigt ihr zu Kopf. Es gibt nur ein Problem. Tina erstarrt meistens zur Salzsäule, wenn sie etwas vor anderen Leuten zeigen soll. Das ist natürlich nicht gerade förderlich, wenn sie diesem Trupp beitreten will.

Unsere Tina steht als Hexe erst am Anfang, aber sie hat schon genug gelernt, um zu wissen, dass die Grundlagen aller Zauberei auf der so genannten »Hexenpyramide« beruhen – zu wissen, zu wagen, zu wollen und zu schweigen. Wenn sie daher nun darüber nachdenkt, wie sie sich auf magischem Wege fit für die Vorführungen machen will, gibt sie sich große Mühe und hält den Mund über alle Zauber, die sie vielleicht anwendet. Tina könnte eine Reihe verschiedener Dinge versuchen, was die Zauberei angeht, aber für unser Beispiel hier ist nur die magische Trance relevant.

Tina hat drei Monate Vorbereitungszeit, ehe die Trainer sich nach neuen Cheerleadern umsehen, aber sie wartet nicht bis zum letzten Drücker, sondern fängt gleich an – erstens, indem sie alle Schritte fleißig übt, und zweitens, indem sie zaubert. Ja, Tina, wir sollten immer so früh wie möglich anfangen. Tina hat bereits die Hokus-Fokus-Übungen hinter sich gebracht, daher hat sie eine recht gute Vorstellung davon, wie alles funktioniert. Nun wird sie diese Einzelschritte zu einem einzigen Zauber zusammenfügen.

Als Erstes setzt sich Tina hin und schreibt genau auf, was sie erreichen will. In diesem Fall braucht sie sich nicht um Schutz zu kümmern, aber sonst würde sie das hinzufügen. In Tinas Schule kann theoretisch jede den Cheerleadern beitreten, solange sie bereit ist, am Training teilzunehmen und hart zu arbeiten. Tina will beides. Andererseits möchte sie alles auch nicht zu kompliziert machen, weil sie außerdem für die Schule arbeiten muss, nachmittags einen Job in der Stadt hat und ab und zu auch noch mit ihrem Freund ausgeht. Außerdem ist sie mit einem kleinen Bruder gesegnet beziehungsweise geschlagen, der einen geradezu unheimlichen sechsten Sinn für ihre Geheimnisse hat. Ihre Zeitplanung für Schule und Job sowie für private Unternehmungen ist für sie ebenso wichtig wie für einen Erwachsenen (schau mich nicht so finster an, Tina, ich weiß, du bist schon fast erwachsen, nur keine Eile). Dann sieht Tina ihre Liste der Induktionen und Suggestionen durch und sucht sich die aus, die für ihren Fall geeignet sind.

Nun schreibt Tina ihr oberstes Ziel auf: »Ich will meine Angst vor öffentlichen Vorführungen verlieren.« Tina mag Kerzen gern, und so sucht sie sich für den Anfang eine weiße aus. Später wählt sie vielleicht eine andere Farbe, aber im Moment ist weiß gerade richtig. Ihre Eltern sagen immer wieder, dass brennende Kerzen gefährlich sind, daher benutzt sie lieber die Duftkerzen in kleinen Glasbehältern, die man in jedem Supermarkt kaufen kann. Ihre Eltern finden diese Kerzen »für Teenager okay«. Zu meiner Zeit besorgten wir uns eine dickbauchige Flasche von Freunden, steckten eine bunte Tropfenkerze hinein (weil wir dachten, die hätten besonderen Zauber), zündeten sie an und legten los. Seufz. Aber zurück zu Tina.

Tina überprüft ihre Ausgangsvision: Sie sieht sich, wie sie selbstbewusst und entspannt die Pompons mit den anderen Cheerleadern herumwirbelt. Dann fügt sie eine Geräuschkulisse hinzu (den Rhythmus des Marsches) und ein breites Lächeln (das Lächeln ist sehr wichtig). Sie denkt daran, wie gut sie sich fühlen wird, wenn sie erst einmal in die Truppe aufgenommen ist. Ihre erste Affirmation lautet: »Ich bin eine gute und selbstbewusste Tänzerin.« Die fortgeschrittene Entspannungsinduktion ist für Tina zu lang, weil sie nach Schule und Arbeit müde ist, daher sucht sie sich die Fixierung aus. Sie fokussiert die weiße Kerze, schließt die Augen, zählt von zehn bis eins, begibt sich an ihren geistigen heiligen Ort und versetzt sich in ihre Affirmation, begleitet von der Visualisierung. Manchmal bedient sie sich auch der fortgeschrittenen Entspannungsinduktion oder der vertiefenden Suggestion, wenn sie Zeit oder aber Schwierigkeiten hat, sich zu konzentrieren. Sie hat vor, diese geistige Programmierung jeden Abend zu wiederholen, falls sie kann. Sie weiß, dass es für jede Technik gut ist, wenn man sie achtundzwanzig Tage hintereinander übt, aber das Leben geht auch weiter, und an manchen Abenden schläft sie eben einfach ein und vergisst das Zaubern. Das ist auch in Ordnung. Dann denkt sie am nächsten Abend wieder daran. Sie weiß ja, dass, wenn sie zu wenig übt, alles nutzlos wird. Tina übt weiter, während wir über andere Dinge reden, die Sie wissen müssen.

Indirekte Suggestion

Es gibt zwei Arten von indirekter Suggestion: jene, die einen erwünschten emotionalen Zustand zum Ziel hat, und jene, die Metaphern und Analogien benutzt, um die Erfahrungen eines Menschen zu beeinflussen. Mit »erwünschtem emotionalen Zustand« ist beispielsweise gemeint, wie Tina sich bei einer öffentlichen Vorstellung fühlen könnte; oder wir beleuchten eine alte Erinnerung, die wir aus welchem Grund auch immer neu durchleben müssen, um eine Art Heilung zu erzielen. Wenn Tina sich beispielsweise bei einer Gymnastikübung als Siebenjährige den Rücken verletzte oder einfach während einer Vorstellung stürzte und sich dafür schämte, dann könnten diese Erlebnisse aus der Vergangenheit der unmittelbare Grund für ihre Angst vor öffentlichen Auftritten sein. In diesem Fall müsste sie in der Zeit zurückgehen und den Vorfall noch einmal durchleben, um sich positiv zu bestätigen, dass es ihr heute gut geht oder die Scham ihrer Seele keinen so großen Schaden zugefügt hat, wie sie es nun einmal glaubt. Vielleicht hat Tina sogar die Verletzung und die

Peinlichkeit völlig vergessen, und nur ihr Unbewusstes hat diese Erinnerung gespeichert.

Ein weiterer erwünschter emotionaler Zustand für Tina wäre die Konzentration auf ein Schlüssel- oder Reizwort. Wir benutzen solche Auslöser entweder bei einer ganz normalen Suggestion oder bei einer posthypnotischen Suggestion (dazu kommen wir gleich). Ein Schlüsselwort oder -laut braucht keine direkte Verbindung mit dem erwünschten Ziel zu haben. Wenn ich beispielsweise Hypnotherapie und Heiltechniken kombiniert einsetze, sage ich meinen Klienten, ihr Schlüsselwort sei »Blüte«. Jedesmal, wenn sie dann eine Blüte sehen oder riechen oder wenn sie das Wort aussprechen, beschleunigt sich ihre Heilung, je nach Klient zehn- oder hundertmal schneller als vorher. Schlüsselworte haben eine erstaunliche Wirkung, aber man muss sie in Maßen anwenden und darauf achten, was man aus welchem Grund miteinander verbindet. Ich habe in den Wintermonaten auch schon das Wort »Schnee« benutzt, da man nur wenige Blumen sieht, aber jede Menge von diesem weißen Zeug.

Zurück zu Tina: Wir erfahren, dass sie das Schlüsselwort »Fahne« benutzt, denn damit wird sie als Cheerleader arbeiten müssen. Um dieses Schlüsselwort zu bestätigen, hat sie eine große Fahne über ihrem Bett an die Wand gehängt. Immer, wenn sie sich in ihrem Zimmer aufhält, wird sie ihr Ziel verbal bekräftigen. Wenn sie die Fahne ansieht, fühlt sie sich stets selbstbewusst und stark. Daher hat Tina ihrer Innenschau eine weitere direkte Aussage angefügt: »Jedesmal, wenn ich eine Fahne sehe oder berühre oder wenn ich das Wort Fahne höre, fühle ich mich selbstbewusst und stark.« Danke, Tina.

Posthypnotische Suggestion

Diese Suggestion soll das Verhalten über die Sitzung hinaus unterstützen. Tinas Schlüsselwort und der Nachsatz zu ihrer direkten Aussage stellen daher eine posthypnotische Suggestion dar. Man kann noch andere Sätze hinzufügen, wie etwa: »Wenn ich die Augen öffne, fühle ich mich großartig« oder »Wenn ich die Augen öffne, fühle ich mich ausgeruht und sicher«. Posthypnotische Suggestionen dienen auch als Gegenmittel gegen schlechte Angewohnheiten.

Die verschiedenen Spielarten der Innenschau

Wie so oft in der Magie und anderen Geisteskünsten greift man auch bei der Innenschau immer wieder auf kleine Tricks zurück. Der Hauptzweck der in diesem Buch vorgestellten Innenschau ist zwar darauf gerichtet, wie man sein Leben besser gestaltet, aber man sollte auch wissen, dass bei Gruppenarbeit die Innenschau direkt oder indirekt auch auf andere einwirkt. Ich habe Ihnen bereits einen Missbrauch geschildert (Sie erinnern sich, die Sache mit dem Kassierer). Zur Sache:

Direkte Strukturierung bezeichnet das, was eine Lehrhexe für ihre Schüler tun sollte. Der Schüler bittet den Lehrer um Hilfe und nimmt an Übungssitzungen teil – und er ist sich völlig bewusst darüber, was auf ihn zukommt. Die Sitzungen behandeln Innenschautechniken, verbunden mit Informationen über die Zunftregeln, Zauberpraktiken, Rituale und so weiter.

Indirekte Strukturierung, kürzer als eine Innenschaulektion, wird angewandt, um die Flut eines emotionalen Ausbruchs zu hemmen oder um einen Gegner oder Freund zu überzeugen, sich mit einer bestimmten Denkweise zu befassen. Ein modernerer Ausdruck dafür ist »Pushing«. Ob der so Angeleitete sich nach der empfohlenen Denkart richtet oder nicht, hängt völlig vom Unbewussten des Beeinflussten ab; denn er hält nach wie vor die Zügel des freien Willens fest in der Hand. In den praktischen Zunftregeln sind nur drei Situationen vorgesehen, in denen der Anwender die Kunst der indirekten Strukturierung anwenden sollte:

1. Wenn die Hexe (oder diejenigen, für die sie sich verantwortlich fühlt) körperlich oder seelisch angegriffen wird. Dann handelt man aus Notwehr.

2. Wenn eine Hexe versucht, etwas zu kaufen, aber niemand will an sie verkaufen (die Einschränkung zu dieser Regel lautet, dass die Hexe alle Beteiligten fair behandeln muss; machen Sie nicht mich dafür verantwortlich – ich habe diese Regel nicht aufgestellt).

3. Wenn eine Hexe Harmonie fördern will, sei es nun in einem Kreis aus Fremden oder Freunden. Ich habe da eine ganz besondere Technik, die den freien Willen anderer unberührt lässt. Ich nenne sie die Engelstrance und werde diese Technik später noch erläutern.

Bei der direkten Strukturierung arbeitet der Magielehrer mit im Voraus von ihm oder anderen verfassten Texten. Früher schrieben Magielehrer diese Texte nicht auf, erstens, weil Trance als Geheimtechnik galt, und zweitens, weil die Hexen sicherlich zum Tod auf dem Scheiterhaufen verurteilt oderer am nächsten Baum aufgehängt worden wären, falls man solche Verfahrensweisen in schriftlicher Form gefunden hätte. Im Mittelalter galt die Ausübung von Trancetechniken als eines der schlimmsten Verbrechen. Es gab jedoch in der Geschichte eine Reihe von Epochen – besonders die der antiken Mysterientradition –, in denen Innenschau als probates Lehrmittel gebilligt wurde. Und drittens: Nicht jede Hexe konnte schreiben.

Nichtsdestotrotz birgt die Vermittlung der Wicca-Lehre durch schriftliche Strukturierung große Vorteile für die Schüler: Themen, die sich gut für diese Art der Lehre eignen, sind der Eid, die Anrufung der Göttin, die Anrufung des Gottes, die Ordinaten, die Gebote, die Prinzipien ... Sie sehen, die Liste ist ansehnlich.

Ehe wir fortschreiten, möchte ich Sie daran erinnern, dass Sie weder bei direkten noch indirekten Strukturierungen jemanden dazu veranlassen können, etwas gegen seine moralischen Überzeugungen zu tun. Damit meine ich nicht, dass Sie dies nicht dürfen, sondern dass kein Mensch Suggestionen akzeptieren wird, die gegen seine persönliche Moral oder Prinzipien verstoßen. Die Innenschau gelingt dann einfach nicht. Wenn jemand nun etwas tut, das man als grundfalsch erkennt, und Sie arbeiten indirekt mit ihm, dann wird er vermutlich abbrechen – sofern er unbewusst von Anfang an glaubt, sich falsch zu verhalten.

Meiner Erfahrung nach setzen in einigen nordamerikanischen Traditionen die Ältesten durchaus die Kunst der direkten Strukturierung beim Unterrichten ein. Manche benutzen diese Technik schon seit über zwanzig Jahren. In den letzten beiden Jahren habe ich die direkte Trancestrukturierung auch bei meinen Schülern eingesetzt und finde diese Technik sehr lohnenswert. Ob die angewandte Methode nun unter die Rubrik direkte oder indirekte Strukturierung fällt – es gehören immer folgende gleich bleibende Verfahrensweisen dazu:

Atmung: Atmen Sie tief durch, ehe Sie anfangen. Regelmäßige, fließende Atemzüge bei einer Hypnosesitzung sind wichtig, ob man mit anderen arbeitet oder allein.

Stimme: Die Stimme sollte vorwiegend beruhigend, gelassen und distanziert klingen. Sprechen Sie rhythmischer, wenn sich die Ebene ändert und Sie mit sanfter, singender Stimme ins Unbewusste vordringen. Anfangs sprechen Sie mit normaler Stimme, dann werden Sie immer monotoner. Reden Sie nur bei Kommandos lauter. Diese sollten jedoch nur sparsam und in größeren

Abständen eingesetzt werden. Wenn Sie eine Sitzung für jemanden auf Tonband aufnehmen, können Sie mit einer liebevollen Stimme sprechen, sodass der andere Sie praktisch lächeln hören kann. Normalerweise reicht eine einzige Aussage. Kommandos sind für Sie selbst in Ordnung, erreichen ihren Zweck aber vermutlich nicht bei anderen, denn nur wenige Menschen lassen gern zu, dass andere über sie bestimmen. Entzerren Sie Worte, indem Sie die einzelnen Silben dehnen. Verbinden Sie mehrere Sätze mit »und« oder »wenn«. Ein solcher Redestrom kann ein Objekt mental in die Fixierungssequenz ziehen. Rhythmisches Sprechen bei Ritualen oder Zaubertechniken ist einer der wirkungsvollsten Aspekte der Hexerei. Wir gehen später im Zusammenhang mit Gesängen noch ausführlicher auf diese Technik ein.

Pausen: Lernen Sie, bei dem Trancesprechen in regelmäßigen Abständen zu pausieren. Dies ermöglicht dem anderen entweder, den Anweisungen zu folgen, oder gibt ihm genügend Zeit für eine Reaktion. Diese Pausen sind bei direkter und indirekter Strukturierung gleich wichtig, obwohl man bei indirekten Innenschautechniken weniger pausiert.

Sprache: Auch die Sprache spielt eine besondere Rolle. Bei Meditation und Vision Quest sollte man bewusst Synonyme einsetzen (Worte mit der gleichen Bedeutung). Bei längeren Texttrancen haben bestimmte Satzmuster eine gute Wirkung. Diese Sätze und Phrasen gehen mit wiederholten Suggestionen einher, die das Verstehen und Begreifen verstärken und dazu beitragen, dass der Inhalt sich verankern kann. Beginnen Sie mit einem vollständigen Satz. Dann wiederholen Sie die letzte Hälfte und fügen weitere Worte hinzu. Nun beginnen Sie erneut mit der letzten Hälfte des Satzes und fügen Weiteres hinzu. Diese Aufbautechnik verstärkt die Innenschau. In der Sprache der Hypnotherapie nennt man solche Sätze paraphrasierte Suggestionen.

Bei direkter wie indirekter Innenschau ist auch die Zeitangabe sehr wichtig. Beispiel: »In ein paar Augenblicken werden Sie vollständig entspannt sein« oder »Am Ende der Stunde hören Sie mit dem Lernen auf«. Diese Technik findet sich ebenfalls bei Gesangszaubern.

Hypnotherapeuten und Magielehrer wenden zwei Arten von Innenschauhilfen an: autoritäre und tolerante. Bei der autoritären wird der Schüler, wie Sie sich vielleicht schon denken können, durch Kommandos und Befehle angeleitet. Diese Technik verändert das Verhalten durch mit fester Stimme wiederholte Kommandos. Autoritäre Trance gelingt nicht immer, besonders nicht bei Gruppen – es sei denn, die »Autoritätsperson« verfügt über eine gewisse Macht, entweder aufgrund einer anerkannten Hierarchie oder Berufserfahrung oder weil man ihr besonderes Vertrauen schenkt. Die autoritäre Technik versagt vor allem bei Menschen, die Probleme mit Autorität haben, direkte Anweisungen nicht leiden können oder meinen, dass die ganze Menschheit gegen sie ist. Auch Menschen mit misstrauischem Naturell verarbeiten die Anweisungen eines autoritären Hypnotherapeuten nicht. Frauen, die gegen männliche Dominanz rebellieren, nehmen die autoritäre Technik von männlichen Anwendern nicht an. Dennoch sollte man sich der autoritären Innenschauhilfe bei einer Regression in vergangene Leben bedienen, um dem Regredierten ein Gefühl der Sicherheit zu geben. Meiner Erfahrung nach muss ich als Therapeut bei einer solchen Regressionssequenz der Boss sein.

Die tolerante Technik, die ich am häufigsten benutze und die mir wohl auch am meisten liegt, geht mit einer weicheren Stimme einher, um das Objekt zu beruhigen und zu entspannen – ob man das nun selbst ist oder jemand anderer. Grundsätzlich kommt die tolerante Technik einem Verführungsprozess gleich – Hypnotherapeut und Objekt begegnen sich als gleichwertige Partner, besonders, wenn lebendige, kreative Bilder die Sitzung bestimmen.Die tolerante Technik funktioniert besonders gut in Gruppen und ruft die besten Reaktionen bei phantasiebegabten, kreativen Menschen hervor, die einen Autoritätskomplex haben. Die Technik eignet sich gut zur Zielbestimmung, zur positiven Verhaltensänderung, aber auch für Rituale, Bitten, Anbetungen und Zauber.

Risiken der Innenschau

Ich habe in den letzten Jahren gelernt, meine eigenen Hypnosetonbänder aufzunehmen. Ich benutze sie, um meine magischen Fähigkeiten zu schärfen, zur Zielprogrammierung, für Visionsreisen, Meditationsvertiefung und um schlechte Angewohnheiten loszuwerden (»Du sollst andere nicht immer so kritisch beurteilen!«). Wenn Sie ebenfalls planen, Ihre eigenen Hypnosetonbänder zu besprechen, sollten Sie einige der dargestellten Verfahrensweisen anwenden. Hexen waren schon immer bekannt dafür, andere mit ihrem Blick und ihrer magischen Stimme in den Bann ziehen zu können. Wie schafften sie das nur? Jedenfalls bestimmt nicht, indem sie jemanden anstarrten und dabei sagten: »Sie gehorchen nun allem, was ich sage.« Das kommt nur im Kino vor und ist ein jämmerliches Beispiel. Wenn man andere dazu bringen möchte, zu tun, was man will, kann es durchaus glücken – aber in den Augen mancher Hexen bewegt sich diese Technik auf einem sehr schmalen moralischen Grat, und auch ich bin der Meinung, dass indirekte Strukturierung oft in negative Magie mündet (denken Sie an die Ordinaten).

Man kann indirekte Strukturierungen nicht anwenden, wenn man nicht weiß, wie man selbst in den Alphazustand gelangt. Ich habe zudem festgestellt, indem ich anderen Hypnotherapeuten bei der Arbeit zusah, dass auch sie in Alpha überwechseln, wenn sie direkte Suggestionen bei anderen anwenden – wie etwa bei einer Hypnose und auch besonders bei längeren Sitzungen. Dieser Typ indirekte Strukturierung ist in Ordnung, weil die Teilnehmer bereits ihre Einwilligung gegeben haben, an der Innenschau mitzuarbeiten. Ehe ich mit einem Text arbeite, den ich für andere geschrieben habe, probiere ich ihn immer wochenlang bei mir selbst aus, um Schwachstellen zu eliminieren. Ich werde nie vergessen, wie ich einmal mit einer Frau arbeitete und das Schlüsselwort sprach, um sie in einen sehr tiefen Alphazustand zu versetzen – aber selbst ein paar Minuten später aufwachte, um zu merken, dass ich mich selbst hypnotisiert hatte! Ich war so an die sanften Befehle meiner eigenen Stimme gewöhnt, als ich das Tonband ausprobierte, dass ich ihnen gehorchte und mich direkt in ein Alphatief versetzte. Beim Üben der indirekten Strukturierung muss man fähig sein, in den Alphazustand zu gelangen und die andere Person ebenfalls hinübergeleiten. Wenn das geschieht, werden Ihre Seelen sich auf einer höheren Ebene schneller und erfolgreicher miteinander verbinden.

Ehe ich fortfahre, möchte ich Sie noch einmal davor warnen, indirekte Strukturierungen außerhalb einer Trainings- oder Heilsitzung auszuprobieren. Man spielt nicht mit den Seelen anderer Menschen. Wenn wir nicht ehrlich arbeiten, holt uns das irgendwann ein. Denken Sie stets an die Regel: Was wir austeilen, kommt zu uns zurück. Bei der folgenden Engelstrance bedienen wir uns der indirekten Strukturierung, um unsere Umgebung mit harmonischer, liebevoller Energie positiv aufzuladen; sie beeinflusst aufgrund der von uns erzeugten Schwingungen die meisten Menschen, mit denen wir in Kontakt treten. Ohne Sie verwirren zu wollen, muss ich hinzufügen, dass die Engelstrance Sie selbst direkt strukturiert, aber von anderen als indirekte Form wahrgenommen wird. Daher beruht das, was Sie wirklich tun, auf der Veränderung *Ihrer* Energiemuster durch einen Willensakt Ihrerseits und nicht auf den veränderten Energiemustern der anderen, denen Sie Ihren Willen *aufzwingen*.

Sie sollten übrigens wissen, dass viele nichtmagische Menschen die indirekte Strukturierung praktizieren, ohne sich überhaupt dessen bewusst zu sein. Viele kaufen Bücher über Hypnose, ohne Mitglieder der Zunft zu sein. Viele Schüler und Anwender der Hypnotherapie oder Trance sind zwar ehrliche Leute, aber unsere Gesellschaft ist nicht perfekt, und es gibt immer wieder Menschen, die die indirekte Strukturierung einsetzen, um etwas zu erreichen – bewusst oder unbewusst. Solche Leute bedienen sich natürlich indirekter Innenschau. Oft merken sie nicht, dass sie diese Technik anwenden, obwohl sie sie tagtäglich im Alltag benutzen.

Wie können Sie nun feststellen, ob eine Person an Ihnen die indirekte Trance ausprobiert? Das ist ganz einfach. Erstens wird sie Ihnen beim Sprechen nicht direkt in die Augen blicken (es sei denn, sie ist sehr dumm), sondern auf jenen Punkt, an dem die Nasenwurzel in die Stirn übergeht. Das wirkt so, als würde Ihnen ihr Gegenüber direkt in die Augen blicken – aber das stimmt nicht. Ihr Blick verschwimmt möglicherweise, und ihr Atem geht flacher. Schließlich verrät sie ihre Stimmlage: Wenn Ihr Gegenüber monoton und sanft klingt, ohne die normale lebendige Satzmelodie, könnte diese Person gerade dabei sein, eine Trancetechnik anzuwenden.

Warum wendet man wohl eine indirekte Strukturierung an, wenn es doch so leicht zu einer moralischen Gratwanderung wird? Nun, manchmal geschehen eben dumme Dinge. Ein anderer Schüler meines Hypnoselehrers besuchte eines Abends eine Bar. Dort brach ein Streit zwischen zwei jungen Burschen aus – natürlich ging es um eine Frau (wie zeitlos und zuverlässig die Struktur der menschlichen Psyche doch ist). Der Hypnotherapiestudent hatte rasch festgestellt, welcher der beiden jungen Männer wohl eher auf die indirekte Strukturierung ansprechen würde. Er trat vor den Burschen, sprach leise auf ihn ein, blickte ihm zwischen die Augen auf den Punkt, wo die Nase in die Stirn übergeht, und stellte sich vor, dass der junge Mann langsam zurückwich und die Bar verließ. Das Adrenalin rauschte nur so durch seine Adern, aber er schluckte, überwand seine Furcht und sprach weiter, ohne das innere Bild loszulassen. Nach ein paar Minuten wich der junge Mann tatsächlich zurück und verließ die Bar – zum großen Erstaunen des Hypnoseschülers.

Die Anwendung der indirekten Form

Ein wirksamer Trick, um rasch den Alphazustand zu erreichen, ist es, den Blick verschwimmen zu lassen. Sie wissen ja, wenn man etwas nur lange genug anstarrt, sieht man plötzlich doppelt. Ich meine damit nicht Schielen, auch wenn man dabei auch doppelt sieht, aber das wäre schlecht für Ihre Augen. Außerdem sieht das ziemlich albern aus, falls jemand vorbeikommt. Wenn Sie den Blick verschwimmen lassen, scheint ein ruhendes Objekt in einem Abstand von 15 Zentimetern bis hin zu mehreren Metern sich in zwei Objekte aufzuspalten. Um das zu lernen, kann man in vielen Esoterikläden spezielle Poster kaufen, die es einem ermöglichen, ein Muster innerhalb eines anderen zu sehen, statt zwei Bilder bewusst wahrzunehmen. Diese Bilder scheinen aus dicken Punkten zu bestehen, und wenn man sich darauf konzentriert, taucht ein dreidimensionales Gebilde zwischen ihnen auf. Die Theorie lautet, dass, je schneller man sich auf das verborgene Objekt konzentrieren kann, umso rascher die Gedanken in den Alphazustand fallen. Diese so genannte Defokussierungstechnik ist bei Zaubern, Ritualen, Bitten und Anbetungen höchst nützlich.

Bei indirekten Formen dauert es normalerweise höchstens 15 Sekunden vom Erreichen des Alphazustands bis zur Vollendung des Prozesses. Der nächste Schritt, nachdem man in Alpha versunken ist, ist, beim Gegenüber auf die Stelle zu blicken, wo die Nase in die Stirn übergeht, wie es auch der Hypnoseschüler tat. Bei ihm dauerte der Prozess länger als die normalen 15 Sekunden, weil er Angst hatte und der Prozess neu für ihn war. Gleichzeitig müssen Sie visualisieren, was Sie erreichen wollen.

Wie viel Übung braucht man, bis man die Kunst der indirekten Innenschau meistert? Wenn Sie mehrere Monate lang zuverlässig meditiert oder eine bestimmte Art Selbsthypnose oder magische Praktiken praktiziert haben, die den Alphazustand voraussetzen, sollten Sie schon in der Lage sein, eine wenn auch noch wackelige indirekte Innenschau auszüben. Mit ein bisschen Übung wird es rasch besser. Aus diesem Grund habe ich die Hokus-Fokus-Übungen aufgeführt. Wenn Sie im Alphazustand den Geist nicht auf Kommando beherrschen können, dauert es vielleicht ein paar Monate, bis Sie das indirekte Format erfolgreich praktizieren können. Wie stellen Sie es nun an, ohne dass sich moralische Probleme stellen? Das ist eine schwierige Frage. Ich mache mir das indirekte Format ausschließlich zum Schutz oder wenn jemand nicht versteht, was ich sage, zunutze, weil er nicht wirklich auf meine gesprochenen Worte hört.

Wenn Sie Ihre Auserwählte dazu überreden wollen, mit Ihnen zu schlafen, und Sie haben alles getan, um sie zu sich in die Wohnung zu locken, haben gelogen, betrogen und Versprechen gemacht, die Sie niemals zu erfüllen gedenken, dann wäre das indirekte Format ein Betrug, und der alte Karmastiefel wird sie in den Allerwertesten treffen, wenn Sie am wenigsten damit rechnen. Fragen Sie die Dame doch einfach, um Himmels willen! Wenn Sie einen Streit schlichten müssen wie bei der Geschichte mit dem Hypnoseschüler, wäre es gerade noch akzeptabel. Benutzen Sie das indirekte Format niemals zum Scherz, aus Langeweile oder weil Sie etwas von anderen wollen. Beschränken Sie sich auf Ihren gesunden Menschenverstand und Ihre Moral. In jedem Fall gilt hier die Dreierregel sowie das Hexenmotto: »Tu, was du willst, aber schade niemandem.«

Ich könnte mich hier auch über westlichen Okkultismus verbreiten, Magnetismus diskutieren und den bösen Blick, aber da wir nun die wisenschaftlichen Grundlagen für die Kunst der Innenschau kennen, brauchen wir uns nicht auf jedes Ammenmärchen zu stürzen, um zu überzeugen. In jedem Ammenmärchen aber liegt ein Körnchen Wahrheit. Vergessen Sie das nie.

Die Engelstrance

Ich setze die Engelstrance oft ein. Ich habe festgestellt, dass die Energien von Engeln eine sichere Umgebung schaffen, mir ein Wohlgefühl vermitteln und anderen in einer Notlage helfen können, ohne Wicca-Regeln zu brechen, die Sie vielleicht verinnerlicht haben.

Engelsenergie kennt man schon seit jenen Zeiten, als die Menschen merkten, dass zu ihrem Leben auch Dinge gehörten, die sie mit den Augen nicht sehen konnten. Wir sprechen hier also von Glauben und Praktiken, die man schon vor der Entstehung von Weltreligionen wie dem Christentum anwandte. Denn Engel gehören zu keiner bestimmten religiösen Philosophie, ihre Energien manifestieren sich allumfassend. Ich betrachte sie als Brücken zu allen möglichen Glaubensformen. Wenn Sie das im Hinterkopf behalten, möchten Sie vielleicht eine der drei Variationen der folgenden Engelstrance praktizieren. Der Vorgang dauert nur wenige Minuten.

1. Suchen Sie sich einen Ort, an dem Sie etwa zehn Minuten lang ungestört sein können. Vielleicht dämpfen Sie das Licht und stellen leise Musik an oder zünden eine Kerze an. Sie können die Übung mit offenen oder geschlossenen Augen vornehmen, aber mit genügend Übung sollten Sie diesen Zauber auch mit offenen Augen vollziehen können.

2. Holen Sie tief Luft und entspannen Sie sich. Erden Sie sich, indem Sie sich Ihre Beine als die Wurzeln eines Baumes vorstellen. Holen Sie noch einmal tief Luft und dann noch einmal.

3. Stellen Sie sich vor, ein Engel der perfekten Liebe und des perfekten Friedens zu sein. Sehen Sie sich ganz in Weiß gekleidet. Spüren Sie die Flügel auf dem Rücken. Stellen Sie sich vor, dass eine weiße Flamme Ihren Kopf krönt. Halten Sie diese Visualisierung so lange wie möglich. Versuchen Sie, zu einem Engel zu werden. Sie können dazu auch eine Trommel schlagen oder eine Melodie summen.

4. Holen Sie tief Luft und erden Sie sich. Stellen Sie sich nun vor, Sie seien der Engel der himmlischen Mächte. Sehen Sie sich in Gold gekleidet. Spüren Sie die goldenen Flügel auf dem Rücken. Zerteilen Sie die Luft mit Ihrem Flügelschlag. Stellen Sie sich eine goldene Flamme über ihrem Kopf vor. Bewahren Sie diese Visualisierung so lange wie möglich. Versuchen Sie, zum Engel der himmlischen Mächte zu werden.

5. Holen Sie tief Luft und erden Sie sich. Stellen Sie sich vor, Sie seien ein Schutzengel. Visualisieren Sie sich in Lila gekleidet. Spüren Sie Ihre schwarzen Flügel auf dem Rücken und stellen Sie sich eine blutrote Flamme auf Ihrem Kopf vor. Halten Sie diese Visualisierung so lange wie möglich.

6. Erden und zentrieren Sie sich. Dann läutern Sie Ihre Aura, indem Sie sich von weißem Licht umgeben vorstellen.

7. Wiederholen Sie die Visualisierung vom Friedensengel und stellen Sie sich eine Suggestion vor, wie Sie es in diesem Kapitel gelernt haben; dann zählen Sie von fünf rückwärts bis eins und öffnen die Augen. Atmen Sie tief ein. Erden und zentrieren Sie sich.

Zauberbanne

Die Engelstrance fällt in die Kategorie der Zauberbanne. Beim Verhängen eines Zauberbanns kann Folgendes geschehen:

1. Farbe, Dichte und Umfang Ihrer Aura verändern sich.
2. Ihre Persönlichkeit verändert sich vorübergehend.
3. Die elektrische Strömung in Ihrem Körper ändert sich.

Gehen wir diese drei Manifestationen in der Übung durch. Die erste geht mit dem Engelslicht einher, konzentriert sich auf allumfassende Liebe und völligen Frieden und manifestiert sich in einer Haltung gänzlich ohne Drohung. Menschen, die im Einklang mit sich leben, nehmen Sie als freundlich, stark und großzügig wahr. Menschen, die Gewalt leben, nehmen diesen Zauberbann jedoch vielleicht als Schwäche wahr, daher sollten Sie beim Einsatz des Lichtengels vorsichtig sein. Die zweite Phase, der Engel der Inspiration und Kreativität, strahlt eine lebendige, erregende Atmosphäre aus. Die Menschen in Ihrer Umgebung fühlen sich dabei oft glücklich, zuversichtlich und begierig darauf, neue Projekte in ihrem Leben zu beginnen. Menschen mit harmonischer Lebensweise versuchen womöglich, Ihnen aus dem Weg zu gehen. Menschen, die Gewalt leben, wirken verwirrt. Dieser Verwirrungszustand ist vielleicht nur vorübergehend, aber er schenkt Ihnen genügend Zeit, sich zu entfernen (Ihren Hexenbesen können Sie ein andermal benutzen).

Ich entwickelte diese Zauberbanne, nachdem ich ein Jahr lang im Kundendienst gearbeitet hatte. Tagtäglich begegnete ich Hunderten von Leuten und stellte fest, dass man für den Umgang mit schwierigen Individuen mehr Qualitäten braucht, als die Stellenbeschreibung vorsah. Nach mehreren Albträumen und viel Stress (meinerseits) merkte ich, dass die Techniken, die ich normalerweise nur in der Zunft anwandte, keinen Erfolg hatten. Mir fiel auch auf, dass, je anstrengender der Tag war; ich umso weniger daran dachte, mich zu erden und zu zentrieren.

Nachdem ich ein paar Monate lang mit diesen Zauberbannen gearbeitet hatte, bat ich verschiedene Angehörige des Black Forest Clans um ein paar Augenblicke Zeit. Jeder Mensch verarbeitet den »Anblick« von Energie anders. Manche spüren Energieschwankungen, andere erkennen Farbwechsel in der Aura, wiederum andere sehen das Objekt irgendwie verschwommen und so weiter. Zunächst ging ich ohne Blickkontakt (ich bedeckte meine Augen) die drei Engelsbannmanifestationen durch und bat die anderen um ihre Meinung. Ich fragte nicht alle gleichzeitig, weil man dabei oft die Gedanken und Intuitionen der anderen auffängt. Insgesamt spürten zwei von 15 Befragten die Manifestation des Flügelschlagens. Einer erkannte die Flamme auf dem Kopf. 14 von 15 fühlten oder sahen die Energiewechsel und die Schwankungen der Auradichte in allen drei Typen des Zauberbanns. Bei der Manifestation des Friedens- und Liebesengels fühlten sie Liebe, Sanftmut und Sicherheit. Beim zweiten Bann empfanden sie Bewegung, Erregung oder intensive Aktivität. Beim dritten Zauberbann erlebten sie Kraft, Stärke und ein paar auch ... Angst.

Beim nächsten Experiment ließ ich meine Augen unbedeckt und steuerte die Energie, die ich durch die Visualisierungen entwickelt hatte, erst durch mein drittes Auge und dann durch meine »normalen« Augen. Der Eindruck meiner Beobachter war überwiegend gleich, aber beträchtlich intensiver.

Beim Umgang mit schwierigen Kunden benutzte ich nun entweder den ersten oder den dritten Zauberbann. Den dritten sparte ich für die Kunden auf, die ihre Schimpftiraden über mich oder meine Kollegen ergießen wollten. Das geschah Gott sei Dank nicht oft, aber ich war lange nicht mehr so gestresst bei solchem Verhalten. In einem Fall musste ich sogar laut lachen. Die Frau drehte sich beleidigt auf dem Absatz um, und ich sah sie nie wieder. Der Zauberbann lässt nicht allen Stress aus Ihrem Leben verschwinden, aber die Übung hilft Ihnen, den Stress zu begrenzen, der sich in Ihrem Körper manifestiert.

Können Sie sich für einen Zauberbann auch andere Bilder aussuchen? Ja, sicher, aber ich schlage vor, Sie begeben sich nur mit Vorsicht in den Manifestationsprozess, denn was Sie sich vorstellen, werden Sie vielleicht sogar in Wirklichkeit. Bei Gruppenritualen funktionieren Ihre Hohepriesterin und Ihr Hohepriester vielleicht auf einer von zwei Ebenen. Er oder sie erlauben vielleicht tatsächlich dem Herrn oder der Herrin, ihren Körper zu betreten (das nennt man göttliche Besessenheit), oder sie benutzen einen Zauberbann, um die erwünschte Energie zu manifestieren. Wenn sie den Vorgang gut kontrollieren können, merken Sie den Unterschied zwischen göttlicher Besessenheit und einem Zauberbann gar nicht. Denken Sie jedoch immer daran, dass ein Zauberbann sich in göttliche Besessenheit verwandeln kann oder – wenn Sie nicht vorsichtig sind – in eine einfache Besitznahme. Daher habe ich mich für Engelsenergien statt andere Manifestationen wie Tiere oder Elemente entschieden.

Zauberbanne sind praktisch, wenn man sich auf bestimmte Weise darstellen muss. Wenn Sie sich beispielsweise auf ein Vorstellungsgespräch konzentrieren: Wie soll Ihr Interviewpartner

Sie wahrnehmen? Um eine bestimmte Wirkung zu erzielen, suchen Sie bestimmte Kleidung aus (Frauen beispielsweise achten auch auf ihr Make-up) und bezaubern alles, was Sie tragen. Kurz bevor Sie das Büro betreten, sprechen Sie einen Zauberbann aus. Ist das unehrlich? Ja, falls Sie nicht beabsichtigen, dem gewünschten Image auch zu entsprechen. Nein, es ist nicht unehrlich, wenn Sie in der Arbeitsstelle und Ihrem Leben den Zauberbann realisieren wollen, den Sie an den Tag legen. Wenn Sie aber mogeln, müssen Sie dafür bezahlen ... vielleicht zu teuer.

In welchen Fällen sollten Sie nie mit einem Zauberbann arbeiten? Benutzen Sie keine Banne, wenn Sie unter dem Einfluss von psychotropen Drogen stehen. Der Einfluss von Alkohol kann ebenfalls harmlose Energiemanifestationen gefährlich werden lassen. Haben Sie jemals einen wütenden Betrunkenen gesehen? Alkohol stört die geistigen und seelischen Energiemuster (ganz zu schweigen von dem Chaos, den er in Ihrem Körper verursacht). Alkohol kann einen Zauberbann auch negativ verstärken. Ein wütender Betrunkener wird selbst zur gewaltsamen Energie, weil der Alkohol die Hemmschwelle herabsenkt und der Energiekörper des Betrunkenen wie ein Magnet negativen Müll anzieht. Denken Sie daran. Schlagen Sie auch niemals einen Zauberbann, wenn Sie Wut in Ihrem persönlichen Hexenkessel aufsteigen spüren. Ich weiß, wie schwer das ist. Versuchen Sie zuerst, Ihre Emotionen unter Kontrolle zu bringen oder zumindest sie positiv zu kanalisieren. Wenn jemand anders einen Zauberbann benutzt, der andere negativ beeinflusst, haben Sie das Recht, den Bann zu lösen. Rufen Sie nach weißem Licht in Form von Wasser – das wird alle rasch wieder abkühlen. Man kann sich auch vorstellen, wie Honig von allen herabtropft. Das klappt immer.

Wie lange dauert es, bis man lernt, einen Zauberbann zu manifestieren? Das hängt von Ihrer Hartnäckigkeit und Ihrer persönlichen Ausbildung ab. Vielleicht dauert es ein, zwei Wochen oder aber ein, zwei Jahre, bis der Zauberbann richtig funktioniert. Zur Übung gehören auch Experimente, genaue Aufzeichnungen und Hingabe. Zauberbanne bedeuten harte Arbeit. Welchen Menschen gelingt es am leichtesten, Zauberbanne auszuüben? Künstler, Musiker und Schriftsteller, denn solche Leute sind ständig damit beschäftigt, geistige Bilder zu gestalten.

Menschengruppen üben einen ganz natürlichen Zauberbann auf andere Menschen aus. Filmstars, Prominente und Politiker werden von ihren Fans mit Zauberbannen an ihre Aura gebunden. Diese öffentlichen Zauberbanne manifestieren sich bei Personen mit großem Selbstwertgefühl, die die »Überlebensgröße« akzeptieren, mit denen die Fans sie ausstatten. Wie ein Star diesen Zauberbann verinnerlicht, kann seinen Durchbruch beim Publikum steuern. Oft zerstört umgekehrt eine bekannte Persönlichkeit ihren Ruf aufgrund eines »öffentlichen Zauberbanns«. Die Hektik der Selbstdarstellung und die Energie des Zauberbanns der Fans verbrennen ihr spirituelles Selbst, wenn sie nicht vorsichtig damit umgeht. Schwierig, was? Dasselbe geschieht auch auf niedrigerer Ebene, ob wir nun von Firmenfesten oder Wohltätigkeitsbasaren reden. Um es präziser auszudrücken: Ein Zauberbann ist ein mächtiger Zauber, der von verantwortungsbewussten Menschen sorgfältig ausgeübt werden sollte. Gehören Sie zu diesem Personenkreis?

Wie lange kann ein Mensch einen Zauberbann halten? Wenn man über einen gewissen Zeitraum hinweg an einem bestimmten Zauberbann arbeitet, vertieft sich auch die Fähigkeit, ihn zu halten. Aber seien Sie vorsichtig: Sie können den Schutzengel-Zauberbann zwar ausbauen, aber übertreiben Sie es nicht mit dieser Energie – es sei denn, Sie wollen, dass Ihre Welt zusammenbricht. Dasselbe geschieht bei der Arbeit mit Dunklen Göttinnen. Ein Zuviel bei magischen Anwendungen wendet sich am Ende immer gegen einen selbst. Bei häufiger Arbeit mit Dunklen Göttinnen sollte man darauf achten, immer auch mit Lichtgöttinnen zu arbeiten. Zu viel dunkle Energie manifestiert sich als Armut, schlechte Gesundheit und so weiter. Lernen Sie, stets ausgewogen zu arbeiten.

Sie haben in diesem Kapitel die Kunst der Innenschau erlernt und wie dieser Fokussiertyp Ihre Zauber verbessern kann. Wenn Sie in diesem Bereich zum Meister werden wollen, müssen Sie natürlich weiterlernen. Vielleicht besorgen Sie sich Bücher über Hypnose, machen einen Kurs oder lassen sich von einem Hypnotherapeuten in die Lehre nehmen.

Sie haben auch eine Menge über einfache Trancen gelernt, die nur einen Augenblick dauern, wie auch über komplexe Trancen, die eine mindestens halbstündige Sitzung in Anspruch nehmen. Und schließlich haben Sie Bekanntschaft mit der alten Kunst des Zauberbanns gemacht. Wenden Sie diese Kunst klug an.

Ich habe Informationen über die Innenschau in dieses Buch aufgenommen, weil ich glaube, dass bestimmte Gedankenebenen unauflösbar mit unserer Magie und unserer Religion verbunden sind. Wenn man diese Ebenen begreift, kann man wirksam damit arbeiten. Lesen Sie dieses Kapitel nun noch einmal durch und machen Sie die Übungen. Mit der Zeit werden Sie über Ihren eigenen Fortschritt erstaunt sein.

4 *Umwelt und Harmonie*

Ihr Heim sollte ein erleuchteter Ort sein, harmonisch und sicher. Wenn Ihr Heim Ihren spirituellen Erwartungen nicht entspricht, ist der Zeitpunkt gekommen, etwas zu unternehmen, um die angestauten negativen Energien umzuwandeln. Denn Häuser können genau wie Menschen negative Energie in sich ansammeln. Um ein harmonisches magisches Leben zu führen, halten viele Menschen es für notwendig, das Haus praktisch und spirituell mindestens alle vier Monate lang gründlich zu reinigen. Wenn jemand bei Ihnen wohnt, der Wut, Trauer, Hass und andere negative Energien in sich aufgesaugt hat, müssen Sie Ihr Haus spirituell öfter reinigen, bis dieser Mensch entweder auszieht oder sich aus dem negativen Zustand wieder herausarbeitet. Beim magischen Hausputz gibt es kein »Ein für allemal« – genau wie beim ganz normalen Putzen muss man immer wieder von vorn anfangen.

Die Kunst lehrt uns, das spirituelle Heim (Körper und Geist) mit jeder Übung, jedem Zauber und jedem Ritual, das Sie vollziehen, auf eine höhere Stufe anzuheben. Die Kunst weist uns zudem an, wie man einen heiligen Raum für die Seelenarbeit schafft. Ich beschreibe in diesem Kapitel, wie Sie Ihr Heim in einen heiligen und sicheren Ort verwandeln können, ob Sie nun in einer Hollywoodvilla leben oder irgendwo zur Untermiete. Sie können der spirituellste Mensch der ganzen Welt sein: Aber wenn Sie in Ihrem Zuhause ständig von negativer Energie bombardiert werden – egal, ob diese sich nun einfach angesammelt hat oder von jemandem ausgestrahlt wird –, schränkt dies unweigerlich Ihre Spiritualität ein.

Praktischer Hausputz

Fangen wir an mit einem anständigen Hausputz. Stellen Sie Ihre Lieblingsmusik an, schnappen Sie sich ein paar Müllsäcke und fangen Sie an. Falls Sie das Gefühl haben, die Sache könnte Ihnen über den Kopf wachsen, so nehmen Sie sich einfach ein Zimmer nach dem anderen vor. Werfen Sie alles fort, was kaputt ist. Trennen Sie sich von allen welken Zimmerpflanzen. Sortieren Sie die Schubladen aus, in denen sich der unmöglichste Kram haufenweise angesammelt hat, und werfen Sie den ganzen Schnickschnack fort. In den Müllsack gehört auch alles, was Ihnen auf Sie negativ wirkende Menschen jemals geschenkt haben. Das ist kein Scherz. Wenn Ihre Schwägerin Ihnen eine wunderbare Kristallschale verehrt hat, Sie die Frau aber nicht ausstehen können und das Ding nie benutzen, warum sollten Sie die Schüssel behalten? Was? Weil sie ziemlich teuer war? Sie belieben zu scherzen! Wenn Sie diese Dinge nicht fortwerfen können, verschenken oder geben Sie sie einer Wohlfahrtsorganisation.

Trennen Sie sich von allen zerrissenen oder fleckigen Kleidungsstücken, von allem, in das Sie nie wieder hineinpassen werden, und von Sachen, in denen Sie so furchtbar aussehen, dass Sie sie ohnehin nie tragen. Nehmen Sie die Bilder von der Wand, die Ihnen nicht mehr gefallen. Geben Sie alte Projekte auf, die Sie nie zu Ende gebracht haben, wie den halbfertigen Strickpullover für das Baby von Cousin Alfred, das gestern sechsundzwanzig wurde. Wenn Sie es sich leisten können, renovieren Sie. Falls nicht, waschen Sie die Wände mit heiligem Wasser und einem Spritzer Zitronensaft ab. Entfernen Sie negative Andenken. Der Freund, der Sie am 10. August 1972 mit einer anderen betrogen hat? Warum bewahren Sie immer noch die Fotos von Ihrem gemeinsamen Urlaub auf, ein Jahr vorher in Disneyland? Werfen Sie diesen Mist doch einfach weg!

Nun schauen Sie sich um. Entfernen Sie allen sichtbaren Schnickschnack. Schnappen Sie sich Ihren Müllsack und beginnen Sie an einem Ende des Hauses oder der Wohnung. Gehen Sie langsam durch jedes Zimmer und entsorgen Sie alles, was Sie können; den Rest, von dem Sie sich noch nicht trennen können, räumen Sie auf. Dieser Krempel stört den Energiefluss in Ihrem Haus.

Auch wenn Sie nicht mit anderen Menschen zusammen wohnen, die sich für magische Reinigungsrituale erwärmen können, gibt es wohl niemanden, der so dumm ist, einen kostenlosen Putzdienst abzulehnen. Reinigen, weihen und ermächtigen Sie alle Putzmaterialien. Halten Sie die Flasche mit dem Glasreiniger hoch und füllen Sie sie im Geiste mit weißem Licht. Bitten Sie die Große Mutter, Ihnen zu helfen, alle negativen Energien aus Ihrem Haus zu entfernen. Dasselbe gilt für Ihr Staubtuch und den Staubsauger. Lassen Sie bei der Arbeit eine weiße Kerze brennen und bitten Sie den Herrn und die Herrin um Kraft beim Putzen. Es ist übrigens schon eine ganze Weile her, seit ich es das letzte Mal getan habe. Bis dann also ...

Dieses Chaos! Man merkt nie, was für ein Mist sich um einen herum ansammelt. Ich habe 15 Müllsäcke voll Schund hier stehen, und das alles allein aus meinem Schlafzimmer! Wenn ich diesen Hausputz hinter mir habe (ich lege nur Pausen ein, um mit Ihnen weiterzuarbeiten), werde ich ein rituelles Bad nehmen und den Herrn und die Herrin bitten, meinen Körper und meine Seele zu läutern, ehe ich mein Haus weiter spirituell reinige. Vermutlich dauert es mehr als einen Tag, bis ich damit durch bin. Das ist aber in Ordnung. Ich nehme das rituelle Bad heute Abend, wenn ich die erste Schlacht hinter mir habe, und ein weiteres morgen, wenn ich mit allem fertig bin.

Magische Minuten

Ermächtigung der Reinigungsmaterialien

Materialien: Goldband, Basilikum, Petersilie, Weidenblätter, Fliederöl, ein Mörser, eine goldene Kerze

Mondphase: Neumond oder zunehmender Mond

Wochentag: Sonntag

Element: Feuer

Planetenherrscher: Sonne oder Jupiter

Engel des Tages: Michael

Kerzenfarbe: Orange

Kreisviertel: Süden

Planetengeist: Astaroth

Archetypus: Lugh

Totemtier: Büffel (Überfluss und Glück)

1. Stellen Sie die Materalien auf Ihrem Altar oder Schrein zusammen. Falls Sie keines von beidem haben, benutzen Sie einen Tisch.

2. Binden Sie an jedes Putzmittel ein Goldband. Zerstoßen Sie im Mörser das Basilikum (für Mitgefühl), Petersilie (für Wohlstand) und die Weidenblätter (für universale Liebe und Überfluss). Halten Sie den Mörser mit beiden Händen hoch und bitten Sie Lugh, die Kräuter zu ermächtigen sowie Erfolg und universale Liebe in Ihr Heim zu bringen. Fügen Sie einen Tropfen Fliederöl für Exorzismus und Schutz hinzu. Geben Sie ein wenig von der Mischung in die Reinigungsmittel. Ein paar Blättchen gehören auch in den frischen Staubsaugerbeutel.

3. Weihen und ermächtigen Sie die Goldkerze mit Fliederöl im Namen von Lugh und Erfolg. Zünden Sie sie an und halten Sie

sie hoch. Bitten Sie Lugh, Ihr Heim und die Putzmaterialien mit Erfolg und universaler Liebe zu segnen.

4. Schneiden Sie mit der rechten Hand weitere 20 Zentimeter von dem Goldband ab. Halten Sie das Band vor sich hin und bitten Sie Lugh, Ihr Heim zu segnen und Erfolg in Ihr Leben zu bringen. Stellen Sie sich das Band umgeben vom goldenen Licht des Erfolgs vor. Binden Sie das Band um Ihr Handgelenk und sprechen Sie:

   »Jedes Mal, wenn ich das Band berühre, bringe ich Erfolg und universale Liebe in mein Leben.«

5. Strecken Sie beide Arme aus und projizieren Sie Erfolg und universale Liebe in Ihre Putzmaterialien (vergessen Sie den Staubsauger nicht).

6. Lassen Sie die goldene Kerze völlig abbrennen. Falls ein Stumpf übrig bleibt, vergraben Sie ihn im Garten, im Hof oder in einem Blumentopf. Berühren Sie beim Putzen öfter das Goldband und wiederholen Sie die Affirmation:

   »Im Namen Lughs bringe ich Erfolg und universale Liebe in mein Heim.«

Spiritueller Hausputz

Ihr Heim sollte Ihnen Schutz und Sicherheit bieten. Es ist jetzt sauber und ordentlich, und so wollen wir über die Energien reden, die geduldig in den Ecken lauern, sich unter dem Sofa verstecken oder einfach in der Luft herumschweben. Ihr Heim sollte der Sammelpunkt Ihrer Energie sein, ganz einfach, weil Sie dort leben, denken, weinen, lieben ... die Liste ließe sich endlos fortsetzen, aber Sie wissen schon, was ich meine. Ihr Heim sollte Ihnen helfen, Ihre Wünsche zu manifestieren, und nicht, deren Erfüllung zu verhindern. Wenn Sie dieses Kapitel durchgearbeitet haben, wird Ihr Heim vor positiver Energie geradezu pulsieren.

Ihr Heim ist nicht nur ein Ort, an dem Sie leben, sondern es hat ein eigenes Bewusstsein. Niemand außer Ihnen sollte darüber bestimmen, wie dieses Bewusstsein schwingt. Durch Ihr Zuhause wabern unzählige Formen verschiedener Energien. Vom Boden, auf dem Ihr Haus oder Ihre Wohnung errichtet ist, bis zum Dachfirst ist Ihr Haus mit einer Vielzahl von Energiefeldern verbunden. Ob Sie das glauben oder nicht, Ihr Bewusstsein ist eng mit dem Ort verbunden, an dem Sie leben.

Ihr Haus oder Ihre Wohnung haben genau wie Sie eine Aura. Was Sie innerhalb Ihres Heims tun oder lassen (oder was andere tun) beeinflusst diese Aura in positiver oder negativer Weise. Wenn Sie Ihr Haus aufräumen (was bereits geschafft ist), geben Sie gleichzeitig dem Universum gegenüber zu, dass Sie es nicht zulassen, von unnützen Dingen überflutet zu werden. Sie sind bereit, auf bessere, größere Dinge zuzugehen. Wenn Sie abgetragene und nicht mehr funktionstüchtige Dinge wegwerfen, machen Sie dem Universum klar, dass Sie bereit sind, allen Müll aus Ihrem Leben zu entfernen. Denn indem Sie Ihr Haus geistig und spirituell aufräumen, reinigen Sie auch Ihr Leben geistig und spirituell.

Meine Argumente für einen praktischen und seelischen Hausputz unterscheiden sich vielleicht von den Ihren. Wenn ich beispielsweise Hausputz mache, konzentriere ich mich darauf, mein Heim zu einem sicheren Ort für andere und mich selbst zu machen. Ich beabsichtige auch, Macht aufzubauen, um meinen spirituellen Erfolg zu schützen und zu verstärken. Und außerdem bekomme ich immer einen Putzfimmel, wenn ich das Gefühl habe, mein Leben versinke im Chaos – und wenn ich dann aufräume und wieder Ordnung herrscht, glaube ich zumindest, besser denken zu können. Ich habe auch schon Häuser und Wohnungen aufgeräumt und geputzt, wenn die Besitzer gerade eine Scheidung, eine Pechsträhne oder eine langwierige Krankheit hinter sich hatten. Sie können das Hausputzritual genau auf sich und die anderen Mitbewohner zuschneiden. Wenn Sie Ihr Heim praktisch und spirituell gereinigt haben, bewirken Sie einen Energieumschwung in Ihrer Umgebung. Je mehr Müll sie fortschaffen, umso besser, denn Müll birgt eine Menge negative Energie.

Vergessen Sie nie die Magie in Ihrem Leben

Sagen wir, Sie übten nun seit zwei Jahren Magie aus. Sie haben verschiedene Stadien durchgearbeitet und eine Menge magische Geräte, Gewänder, Werkzeuge und so weiter angesammelt. In letzter Zeit verstaubt aber das meiste davon in Ihrem Schrank. Sie benutzen vieles einfach nicht mehr. Was bedeutet das? Sind Sie eine schlechtere Hexe geworden?

Mitnichten! Sie reifen und wachsen nur, und genau das hatten Sie ja immer vor. Also, was fangen Sie mit all dem Zeug an? Recyceln Sie es doch.

Gehen Sie die Dinge durch und entscheiden Sie, was Sie behalten wollen (ein oder zwei Gegenstände dürfen Sie aus sentimentalen Gründen behalten), was Sie für andere Zwecke benutzen können (ha, neue Projekte!), was Sie verschenken wollen und was Sie fortwerfen. Wenn Sie planen, etwas wegzuwerfen, sollten Sie es in einer kleinen Zeremonie »entmagisieren«, ehe Sie sich davon trennen.

Ich habe eine Freundin in der Zunft, die sich alle sechs Monate mit ihren Bundschwestern trifft und einen magischen Trödelmarkt veranstaltet. Alle bringen die magischen Gegenstände, die sie nicht mehr brauchen, mit und tauschen sie untereinander. Die eine Hexe hat vielleicht Unmengen von Kerzenleuchtern angesammelt, sich aber nie eine Duftlampe gekauft.

Diese Hexe tauscht dann ein paar Leuchter gegen eine Lampe, die für eine andere Hexe überflüssig geworden ist (weil sie noch zwölf weitere davon hat). Wenn diese Idee Ihnen nicht gefällt oder Sie nicht besonders viele Freunde in der Zunft haben, wollen Sie die Gegenstände vielleicht lieber verschenken. In jedem Fall sollen Sie die Gegenstände rituell reinigen, damit Sie keine negativen Energien verschenken oder Energien, mit denen andere nicht umgehen können.

Mir macht es immer Spaß zu überlegen, was ich wem geben kann.

Der Hausputz in neuem Licht

Wenn Sie einen Zauber ausüben oder ein Ritual vollziehen, steht die genaue Beschreibung und Zielsetzung des Objekts zuoberst auf Ihrer Liste. Dasselbe gilt für den spirituellen Hausputz. Des Weiteren brauchen Sie für dieses Projekt ein paar Karteikarten – eine, auf der Sie die Zielsetzung Ihres Vorhabens festhalten, und eine für jedes Zimmer Ihres Hauses, auch für den Dachboden, den Keller und größere Abstellkammern (die als kleine Zimmer für sich gezählt werden). Oben auf die erste Karte schreiben Sie »Allgemeines«, und darunter notieren Sie genau, welche Energien Sie in Ihrem Haus manifestieren wollen. Sie können sich auch mehrere Energien wünschen, aber es sollte nicht ausufern. Frieden und Wohlstand etwa vertragen sich gut, daher werde ich beide für mein Beispiel wählen. Unter diese Begriffe schreiben Sie,

1. wie sich diese Energie anfühlen würde, falls Sie sie berühren könnten: beispielsweise »weich«, »warm«, »liebevoll« und so weiter;
2. an welche Farbe Sie bei dieser Energie denken;
3. welche Gottheiten diesem Energietypus entsprechen (in Ihrer eigenen Vorstellung, nicht der anderer);
4. welches magische Symbol Sie mit dieser Energie verbinden;
5. welches Totemtier dieser Energie entspricht;
6. welches Element Ihrem Gefühl nach diese Energie verkörpert.

Ihre Karten sehen dann so aus:

Hausputz: Allgemeines

1. *Energien:* Frieden und Wohlstand
2. *Farben:* Weiß und Grün
3. *Gottheit:* Rosemerta, keltische Göttin des Überflusses
4. *Magisches Symbol:* das Göttinnensymbol
5. *Totemtier:* Taube
6. *Element:* Geist

Wohnzimmer: Hausputz

1. *Energien:* Kreativität und Harmonie
2. *Farben:* Weiß und Orange
3. *Gottheit:* Brigida
4. *Magisches Symbol:* die heilige Spirale
5. *Totemtier:* Tarvos der Stier
6. *Elemente:* alle

Nun legen Sie die Karten nach demselben Muster für alle anderen Räume an.

Badezimmer: Hausputz

1. *Energien:* Spirituelle und körperliche Reinigung
2. *Farben:* Weiß und Blau
3. *Gottheit:* Epona
4. *Magisches Symbol:* Lagu (Rune für Fließen)
5. *Totemtier:* Pferd
6. *Element:* Wasser

Wie aber habe ich meine Entsprechungen gefunden? Ich habe einfach darüber nachgedacht. Ich schreibe meine Bücher auf einem Computer im Wohnzimmer, daher ist mein Wohnzimmer für mich das Zentrum meiner kreativen Energien. Ich möchte außerdem in Harmonie arbeiten, und da die ganze Familie in diesem Zimmer fernsieht, wünsche ich auch für sie Harmonie. Die Farbe Orange bedeutet für mich Kreativität, Weiß Harmonie. Für Sie haben Farben vielleicht eine andere Bedeutung: Sie sehen Kreativität vielleicht in Rosa, Grün, Rot oder irgendeiner anderen Farbe. Als Göttin habe ich Brigida gewählt, weil sie für mich die Göttin der Kreativität und der Heilung ist. Und Tarvos den Stier benutzen wir bei unseren Black-Forest-Ritualen als den Repräsentanten des Südens, wo Kreativität und Leidenschaft herrschen. Für mich ist das die logische Wahl, aber sie entspricht vielleicht nicht Ihrem Geschmack. Ich brauchte eine ganze Weile, um die Elemente zu bestimmen, und entschied mich schließlich für alle – Luft für Intellekt und gute Ideen, Wasser für den ständigen Ideenfluss, Erde für Wohlstand und Stabilität in meiner Arbeit und Feuer für dauerhafte Leidenschaft und Kreativität.

Wir wollen noch das Bad durchspielen, um sicherzugehen, dass Sie diese Übung auch im Griff haben: Erkennen Sie, wie ich hier meine Entsprechungen gefunden habe? Für mich ist das Bad der Raum im Haus, in dem ich mich körperlich reinige und oft spirituelle Läuterungen durch heilige Bäder und natürlich meine Lieblingsbeschäftigung, heilige Duschen, vornehme. Die Farben Weiß und Blau stehen für mich für Sauberkeit. Ich wählte Lagu, das Runensymbol für Wasser und Fließen. Als Gottheit suchte ich Epona aus. Für den Black Forest Clan steht sie für das süße Wasser des Westens. Historische Zeugnisse assoziieren das Pferd mit Epona, daher war die Wahl des Totemtiers leicht. Und das Element Wasser passt doch wohl eindeutig zu einem Badezimmer – oder?

Der Ablauf des spirituellen Hausputzes

Der spirituelle Hausputz gliedert sich in fünf Teile: die Ausräumung aller negativen Energiefelder, die Erfüllung des Hauses oder der Wohnung mit positiver Energie, die Anrufung göttlicher Energien, um einen bestimmten Wunsch zu erfüllen, die Ausrichtung der elementaren Energien, damit sie zu Ihren Bedürfnissen passen, und die Anbindung positiver Energien. Behalten Sie diese fünf Teile bei unserem magischen Hausputz stets im Auge.

Astrologische Korrespondenzen für den spirituellen Hausputz

Um bei unserem spirituellen Hausputz die beste Wirkung zu erzielen, planen Sie diese Aktivität besser, wenn die astrologischen Bedingungen günstig sind – besonders, wenn Sie eine ganz bestimmte Absicht damit verfolgen. Ich habe ein paar Kombinationen aufgeführt, die Ihnen bei der Planung helfen sollen. Sie sollten allerdings zu beurteilen lernen, was zu Ihren Plänen passt und was nicht. Vielleicht haben Sie instinktiv den Wunsch, den Hausputz noch diese Woche zu veranstalten: Dann sollten Sie sich eher auf die Tage konzentrieren und erst später auf die Planetenstunden, statt sich über die Mondphase und andere Korrespondenzen allzu sehr Gedanken zu machen. Wenn Sie langfristig planen können, dann warten Sie auf so viele Übereinstimmungen wie möglich. Vielleicht notieren Sie ein paar dieser Informationen auf Ihren Karteikarten.

Allgemeiner Hausputz

Mondphase: Vollmond oder Neumond
Der Mond in: Stier (für Neuanfang), Löwe (für Kraft), Jungfrau (für Praktikabilität)
Wochentag: Sonntag, Montag, Freitag oder Mittwoch
Planetenstunden: Sonne, Mond, Merkur, Venus
Asteroid: Ceres oder Pallas stehen im Stier, Jungfrau oder Steinbock
Wicca-Feste: Beltane, Samhain, Sommersonnenwende oder Julfest
Reguläre Feiertage: Tag vor dem Erntedankfest oder Weihnachten
Kerzenfarbe: Weiß
Engelseinfluss: Erzengel Michael, Raffael, Gabriel, Uriel
Geist: Marchosais (Kraft), Alloces (Weisheit)
Gottheit: Hertha, Vesta, Danu, Dagda
Kräutersud: Glyzinie, Geißblatt*
Totemtier: Frosch (Schutz), Gans (Liebe zum Heim)
Element: Alle
Kreisviertel: Alle
Rune: Odal (mein Haus ist meine Burg) oder Dagaz (Verwandlung)
Magisches Pulver: Muskat, Veilchenwurzel, Rosmarin, Myrrhe, Benzoeharz, Patschuli, Piment, Kamille, Lorbeer, Zimt, Nelken, Orangenschale, Eisenkraut (um Ana oder Gaia zu ermächtigen)
Affirmation: Ich bringe göttliche Heiligkeit in mein Heim.

---

* In Amerika gibt es alten Bräuchen zufolge mehrere Rezepte für heiliges Wasser, das man auch dem Putzwasser beifügen kann. Diese Mischungen werden mit einem Schuss Alkohol und dem Kräutersud versetzt und allgemein zur Reinigung von negativen Einflüssen gebraucht. Man versprengt solch heiliges Putzwasser auch, um Negativität zu vertreiben oder Menschen, Orte und Dinge zu heilen. Das Grundrezept lautet: 250 Milliliter Wasser, zehn Milliliter reiner Alkohol und Kräuter je nach magischen Eigenschaften.

Schlechte Einflüsse bannen

Mondphase: Neumond, Vollmond oder abnehmender Mond
Der Mond in: Skorpion, Waage
Wochentag: Samstag (am besten), Sonntag
Planetenstunden: Saturn (am besten), Sonne
Asteroid: Vesta in Stier, Löwe oder Schütze
Wicca-Feste: Samhain oder Herbst-Tagundnachtgleiche
Reguläre Feiertage: Halloween oder Silvester
Andere Ereignisse: Mondfinsternis
Kerzenfarbe: Schwarz oder Dunkellila
Engelseinfluss: Michael oder Uriel, Saturnengel, Dunkelmondengel
Geist: Vassago (Schutz)
Gottheit: Cerridwen, Hekate
Kräutersud: Engelwurz, Nelken
Totemtier: Wachtel, Panther, Sau (Totem der Cerridwen), Hund (Hekate), Alligator (Überleben)
Element: Wasser
Kreisviertel: Westen
Rune: Algiz
Energiebewegung: Gegen den Uhrzeigersinn
Magisches Pulver: Nelken, Rosmarin, Engelwurz, Raukraut, Basilikum, Stechpalme, Efeu, Ringelblume, Mispel, Salbei, Salomonssiegel, Eisenkraut, Gelbwurz (alle zusammen oder eine Kombination von drei, sieben oder neun Kräutern – um Hekate, Cerridwen oder die Morrigan zu ermächtigen).
Affirmation: Ich verbanne alle Negativität!

Kreativität

Mondphase: Neumond oder zunehmender Mond
Der Mond in: Stier, Zwillinge, Schütze
Wochentag: Sonntag, Montag, Mittwoch oder Freitag
Planetenstunden: Sonne, Mond, Merkur, Venus
Asteroid: Pallas oder Vesta in allen Sternzeichen
Wicca-Feste: Lichtmess, Beltane, Frühlings-Tagundnachtgleiche
Kerzenfarbe: Orange, Gold oder Orangerot
Engelseinfluss: Uriel, Vesta-Engel, Vollmondengel
Geist: Astaroth (Erfolg)
Gottheit: Brigida
Kräutersud: Weihrauch, Myrrhe, Zimt
Totemtier: Wal (Kreativität)
Element: Feuer
Kreisviertel: Süden
Rune: Cen
Energiebewegung: Im Uhrzeigersinn
Magisches Pulver: Lavendel, Ysop, Patschuli (im Namen von Brigida gesegnet)
Affirmation: Ich bin ein einzigartiger und kreativer Mensch.

Wohlstand

Mondphase: Neumond, zunehmender Mond oder Vollmond
Der Mond in: Stier, Krebs, Schütze
Wochentag: Sonntag oder Donnerstag
Planetenstunden: Sonne oder Jupiter
Asteroid: Vesta
Wicca-Feste: Lichtmess, Beltane, Frühlings-Tagundnachtgleiche, Sommersonnenwende

Reguläre Feiertage: Silvester, Neujahr
Kerzenfarbe: Grün und Orange
Engelseinfluss: Barbelo (weiblich – Güte, Treue, Integrität, Erfolg)
Geist: Bune
Gottheit: Dagda (wenn man ausgewogen arbeiten will, auch Dagda und Danu)
Kräutersud: Zimt und Petersilie
Totemtier: Büffel (Überfluss)
Element: Erde
Kreisviertel: Norden
Rune: Feoh
Energiebewegung: Im Uhrzeigersinn
Magisches Pulver: Piment, Patschuli, Myrrhe, Zimt, Sandelholz, Veilchenwurzel, Orangenschale (kann wahlweise als Räucherpulver, Öl, Badezusatz oder Putzmittelbeigabe verwendet werden)
Affirmation: Mein Leben ist erfüllt von Wohlstand, und alle meine Bedürfnisse werden gestillt.

Heilung

Mondphase: Dunkler Mond zum Bannen von Krankheiten, Neumond für Gesundheit
Der Mond in: Skorpion zum Bannen von Krankheiten, Löwe für Kraft
Wochentag: Sonntag oder Freitag (Samstag, um Krankheiten zu bannen)
Planetenstunden: Sonne oder Venus (Saturn, um Krankheiten zu vertreiben)
Asteroid: Ceres im Zeichen des Löwen (Gesundheit)
Wicca-Feste: Samhain zum Bannen von Krankheiten, Beltane für Gesundheit

Reguläre Feiertage: Halloween zum Bannen von Krankheiten, Weihnachten oder Neujahr für Gesundheit
Kerzenfarbe: Grün (für Heilkraft), Schwarz (um Krankheiten zu bannen)
Engelseinfluss: Gabriel, Anael, Tugenden (für Wunder)
Geist: Buer
Gottheit: Ana, Sulis, Argante
Kräutersud: Eukalyptus, Fichte und Orangenschale
Totemtier: Adler, Bulle
Element: Wasser und Erde
Kreisviertel: Westen und Norden
Rune: Uruz, Birca
Energiebewegung: Im Uhrzeigersinn, um Heilung zu fördern, gegen den Uhrzeigersinn, um Krankheiten zu bannen
Heilpulver: Nelke, Rose, Gardenie, Engelwurz, Beinwell, Kamille, Fingerkraut, Andorn, Lorbeer, Mistel, Beifuß und Eisenkraut (im Namen der Heligen Mutter ermächtigt)
Affirmation: Mein Immunsystem arbeitet jede Sekunde des Tages perfekt für meinen Körper. Um Krankheiten zu bannen: Ich verbanne alle Krankheit aus meinem Körper.

Liebe

Mondphase: Vollmond
Der Mond in: Fische
Wochentag: Sonntag, Freitag
Planetenstunden: Sonne, Venus
Asteroid: Juno (Beziehungen)
Wicca-Feste: Beltane, Sommersonnenwende
Reguläre Feiertage: Valentinstag, Weihnachten

Kerzenfarbe: Rot (für Leidenschaft), Rosa (für wahre Liebe), Pink (für gute Kameradschaft)
Engelseinfluss: Gabriel, Venusengel, Vollmondengel
Geist: Sallos (Liebe), Beleth (Leidenschaft)
Gottheit: Venus, Pan, Branwyn
Kräutersud: Jasmin, Rose und Lavendel
Totemtier: Schildkröte (Heilung)
Element: Wasser (für den Anfang), Feuer (für Reife), Erde (zur Bestätigung)
Kreisviertel: Westen (für den Anfang), Süden (für Wachstum), Norden (zur Bewahrung)
Rune: Birca (für Wachstum), Gyfu (für Partnerschaft)
Energiebewegung: Im Uhrzeigersinn
Magisches Pulver: Patschuli, Lavendel, Veilchenwurzel, Zitronenschale, Lorbeer, Moschus (von Venus ermächtigt)
Affirmation: Ich ziehe die richtige Person an, die meine Bedürfnisse positiv erfüllt.

Natürlich wenden Sie nicht alle hier aufgeführten Kombinationen an. Die Informationen unter jeder Rubrik stellen nur eine Auswahl an allgemeinen Energien dar, die man beeinflussen kann. Was Sie auswählen oder wie Sie beschließen, diese Energien zu beeinflussen, hängt allein von Ihnen ab. Woher ich diese Informationen habe? Indem ich stapelweise Bücher gelesen und verschiedene Magiere gefragt habe, welche Energien ihrer Meinung nach nützlich für ein bestimmtes Ziel seien.

Wenn Sie in einer Wohnung leben

Nicht jeder nennt ein Haus sein Eigen: Viele Hexen leben in Wohnungen, und in zahlreichen Häusern wohnen mehrere Familien unter einem Dach. Auch wenn man seinen Wohnbereich oft spirituell reinigt und weiht, bleiben der Rest des Gebäudes – andere Menschen und Energien, die Sie weder geschaffen noch herbeigerufen haben. Was tun?

Zunächst empfehle ich Ihnen, dieses Kapitel ganz durchzuarbeiten und zu lernen, wie man seinen Wohnbereich reinigt, um dann einige oder alle der im Folgenden aufgeführten Ideen auszuprobieren:

1. Malen Sie auf Ihre Haustür aus Nelkenöl oder geheiligtem Wasser ein Pentagramm. Das tun sie am besten jeden Sonntag (am besten während der Sonnenstunde).* Wenn Sie in einem Stadtteil mit hoher Kriminalitätsrate leben oder aus irgendeinem Grund Probleme mit den Nachbarn haben, malen Sie Ihr Zeichen jeden Tag neu auf die Tür.

2. Sprengen Sie heiliges Wasser, Basilikum oder Salz (oder alle drei) in den Eingang Ihres Mehrfamilienhauses, vor die Fahrstuhltüren oder auf die oberste Treppenstufe vor Ihrer Wohnung.

3. Überlegen Sie, ob Sie einen Elementargeist schaffen wollen, der den Eingang zu Ihrer Wohnung bewacht (siehe Seite 285).

---

* Siehe Anhang V.

4. Gehen Sie einmal im Monat um Ihr Wohngebäude herum und besprengen Sie den Weg davor mit heiligem Wasser, Salz oder Engelwurz (wenn Sie es sich in die Tasche stecken, merkt niemand etwas).

5. Werfen Sie Knoblauchzehen aus Ihrem Fenster auf den Boden und vor alle Eingangstüren.

6. Hängen Sie einen kleinen Spiegel an Ihre Haustür, um negative Energien abzulenken.

Magische Menschen, die in Mehrfamilienhäusern wohnen, halten es vermutlich für nötig, einmal im Monat ihren Wohnbereich gründlich zu reinigen, statt alle vier bis sechs Monate, weil um sie her viel mehr Aktivität stattfindet. Wenn Sie mit einem unangenehmen Nachbarn eine Wand teilen, streuen Sie eine Mischung aus Basilikum und Engelwurz an der Fußleiste entlang, um negative Energien abzuwehren (Engelwurz) und um Harmonie zu fördern (Basilikum). Bewegen Sie schwierige Nachbarn lieber mit Freundlichkeit denn mit Hass zum Wegziehen. Dazu vermischen Sie Cayennepfeffer, schwarzen Pfeffer, Gelbwurz, Brennnessel und Engelwurz zu einem feinen Pulver. Bitten Sie bei der Ermächtigung des Pulvers das Universum, ein neues Heim für den Störenfried zu suchen, wo er Liebe und Unterstützung findet und sich zu einer höheren spirituellen Existenz entwickeln kann. Streuen Sie zur dunkelsten Stunde des Mondes oder an einem Samstag zur Stunde der Venus das Pulver auf die Schwelle des Nachbarn. Zugleich sollten Sie das Universum bitten, Ihnen Nachbarn zu schicken, die liebevoll, offen, tolerant und höflich sind. Seien Sie aber nicht überrascht, wenn das Universum die alten Nachbarn bleiben lässt und Sie selbst in ein besseres Haus schickt.

Negative Energiefelder aufspüren

Ehe Sie mit einer Glocke, einem Buch und einer Kerze durch das Haus schleichen, sollten Sie mit Ihren Karteikarten und einem Stift das Haus durchforsten. Erspüren Sie mit der ausgestreckten rechten oder linken Hand die Energiemuster Ihres Heims. Suchen Sie nach klebrigen, hellen oder schweren, weichen, kalten, harten und heißen Stellen. Notieren Sie diese Bereiche auf Ihren Karteikarten. Machen Sie sich keine Gedanken darum, ob Sie vielleicht gut genug sind, um Energien aufzuspüren, weil Ihr höheres Selbst das sehr wohl kann. Sie müssen nur das streitlustige, negative Geplapper Ihres logischen Verstandes ausblenden. Je mehr sie das üben, umso besser werden Sie.

Kalte Bereiche deuten auf emotionale Leere hin. Heiße Bereiche stehen für stark aufgeladene Energiefelder – gewöhnlich, weil hier gute oder schlechte emotionale Rückstände vorherrschen. Ein schweres, klebriges Gefühl kann vielleicht ein Hinweis auf einen Energiestau sein. Weiche oder helle Energie kommt oft in ganz besonderen Räumen vor, wie in Ihrem persönlichen, heiligen Raum oder um Ihren Altar oder Schrein herum. Wenn Sie den spirituellen Hausputz hinter sich gebracht haben, sollte Ihr ganzes Heim diese weiche oder leicht verfeinerte Energie enthalten.

MAGISCHE MINUTEN

Ihr persönliches magisches Pulver

Im Hexenfüllhorn der Zauberei können magische Kräuter ganz unterschiedlich angewandt werden. Alle richtig zubereiteten Pulver aus

Kräutern und anderen Zutaten können in die Luft geblasen, auf den Körper gestreut, auf ein Objekt geworfen oder direkt jemandem auf den Weg gestreut werden. Magische Pulver dürfen niemals eingenommen werden; außerdem müssen alle Kräuter vor der Verwendung gründlich getrocknet werden. Es gibt zwar eine Reihe erprobter und zuverlässiger Rezepte, aber ein magisch denkender und handelnder Mensch sollte sich bei der Mischung eines Individualpulvers auch auf seine Intuition verlassen und Zutaten benutzen, die typisch für ihn sind. Für eine Individualmischung muss man sich in magischer Kräuterkunde und magischen Kombinationen gut auskennen und gern experimentieren.

Sie brauchen für die Mischung Ihres Pulvers Zutaten Ihrer Wahl – entweder drei, sieben, neun oder elf –, Mörser und Stößel, eine typische Zutat oder Chemikalie (wie etwa Glitzerpulver, Silber- und Goldflitter und so weiter). Ein Bindemittel wie Benzoe, Mastix oder Veilchenwurzel, festen Glauben an die gewählte Gottheit, einen kleinen Glasbehälter für das Pulver, eine Kerze in beliebiger Farbe und eine Glocke.

Ein Tipp: Zauberpulver, das man während eines Sturms mischt, scheint stärker zu wirken. In Anhang I fnden Sie eine Liste gebräuchlicher Kräuter, die Ihnen bei der Auswahl helfen wird.

1. Stellen Sie die entsprechenden Zutaten zusammen. Schlagen Sie einen magischen Zirkel. Rufen Sie die Kreisviertel an, falls Sie das wünschen, oder lassen Sie sie geschlossen, ganz nach Ihrer Gewohnheit.

2. Segnen und ermächtigen Sie alle Kräuter und anderen Zutaten. Sie können die folgende Beschwörung praktizieren. Halten Sie die Hände über die Kräuter und sprechen Sie:

   »Ich beschwöre dich, o Wesen der Erdmutter, im Namen von Cerridwen und Cernunnos, auf dass du die Kraft, Macht

und Tugenden erhalten mögest, gute Energien anzuziehen und die entsprechenden Geister alle Negativität in dir verbannten. Mögen diese Energien und Geister alle feindlichen Wesen vertreiben.«

Dann klingeln Sie dreimal mit der Glocke.

3. Mischen Sie Ihr Pulver, indem Sie die einzelnen Zutaten nur langsam und nach und nach in den Mörser geben. Zerstoßen Sie alles zu einem feinen Pulver. Bei jeder Zutat sprechen Sie laut aus, worum es sich dabei handelt (Beispiel: »Ich füge Nelken hinzu für Sicherheit.«). Arbeiten Sie mit dem Uhrzeigersinn, um Aufbau, Wachstum und liebevolle Energien zu fördern. Für bannende Aktivitäten rühren Sie gegen den Uhrzeigersinn.

4. Wenn Sie fertig sind, zünden Sie die Kerze an und rufen Ihre Gottheit, Ihren Archetypen, Engel oder die allgemeine positive Universalenergie an. Halten Sie die Hände über den Mörser mit dem Pulver und sprechen Sie:

   »Im Namen von … [Ihre gewählte Gottheit] *und mit der Hilfe meiner Vorfahren rufe ich die uralte Macht des Universums an, die von Anfang an und bis in alle Zeiten ewig weiblich und männlich ist, eins im Geist, der Urbeginn aller Dinge, alles Wissen, alle Liebe, allumfassend, allmächtig, unverändert, formlos, licht, ewig, perfekt. Im Namen der Herrin des Mondes und des Herrn von Tod und Auferstehung, im Namen von …* [Ihr Archetypus], *Herrscher der Elemente, Verbreiter der Weisheit, oben wie unten, ermächtige ich euch nun, an diesem Ort und zu dieser Zeit …* [gewünschtes Ziel]. *Dies entspricht meinem freien Willen, niemandem zu schaden. Mögen die Energien dieses Pulvers sich nicht umkehren oder mir einen Fluch auferlegen. So soll es sein!«*

5. Danken Sie den angerufenen Energien. Heben Sie den Kreis auf und bewahren Sie das Pulver auf, bis Sie es brauchen. Wenn Sie das Pulver einsetzen, sollten Sie wiederum die gewählte Gottheit anrufen, das Runenrad über dem Pulver drehen (damit es sicher an das beabsichtigte Ziel gelangt) und es dann mit den Worten verstreuen:

   »Engel der Luft, verstreut dieses Pulver und verstärkt seine Macht hundertfach, damit sich mein Wunsch manifestiert ... [gewünschtes Ziel], *ohne jemandem zu schaden.*
   Fort mit euch, folgt meinem Befehl!«

   Dann werfen Sie das Pulver in die Luft oder verstreuen es.

Negative Energiefelder ausmerzen

Der nächste Schritt Ihres spirituellen Hausputzes beginnt im Keller oder im Erdgeschoss (falls Ihr Haus keinen Keller hat). Mit Instrumenten wie Trommeln, Rasseln, Glocken, Triangeln oder Glasharfen läutert man einen Raum rasch von allen negativen Energien. Wenn Sie kein Rasselinstrument haben, tun es auch eine Hand voll trockener Bohnen in einer leeren Konservendose (diese aber bitte vorher auswaschen und weihen). Ferner brauchen Sie für die Reinigung Ihres Hauses (besonders, wenn es das erste Mal ist) eine weiße Kerze, heiliges Wasser, eine Sprühflasche (oder eine gründlich gesäuberte leere Putzmittelflasche), Salz, Räucherstäbchen (mit einem Staubwedel, um den Duft zu verteilen), einen Gegenstand, den Sie speziell für diesen Raum ausgewählt haben, und Nelkenöl.

Ich stelle immer alles auf einem Tablett zusammen, das ich dann leicht von einem Zimmer ins andere tragen kann. Außerdem wähle ich stets einen bestimmten Gegenstand aus, den ich ins Zentrum des Hauses stelle, um die Gesamtenergie zu beschwören, die ich mir herbeiwünsche. Das kann eine heilige Statuette sein, ein Gemälde, ein geläuterter Kristall, ein schlichter Kieselstein aus einem Bach, eine Pflanze, ein Zimmerbrunnen oder anderes. Diese Objekte brauchen nicht heilig auszusehen, um heilig zu wirken.

Bei unserem anstehenden Hausputz werde ich eine Rassel und die Trommel benutzen – aber das bedeutet nicht, dass Sie nicht ein anderes Instrument aus der oben aufgeführten Liste auswählen könnten, etwa Glocken, Glockenspiele, Panflöte, Blockflöte und Ähnliches. Ich benutze gern die Trommel, weil Trommelschläge bedrückende und stark aufgeladene emotionale Energien gut lösen. Ich wohne mit sechs Menschen zusammen, von denen vier Teenager sind, was bedeutet, dass mein Haus stets voller emotionaler Energie steckt. Trommeln und Rasseln wirken auf die Gehirnwellen und verschieben ihre Frequenz von Beta zu Alpha. Glöckchen, Gongs und Windgeläute wirken gut in Bereichen, in denen man nicht ständig emotionalen Angriffen ausgesetzt ist. Wenn Sie zum Beispiel allein wohnen und Ihr Leben einen relativ ruhigen Gang geht, klagen Sie vermutlich kaum über Ecken mit bedrückender emotionaler Energie – es sei denn, Ihre manisch-verrückte Schwester war gerade wochenlang zu Besuch oder der Nachbarsjunge blieb über Nacht und hatte einen furchtbaren Albtraum im Gästezimmer. Mal abgesehen vom Besuch der ausgeflippten Schwester oder dem verängstigten Kind werden Glocken, Glockenspiel und ähnliche zarte Geräusche wirksam die Energie in Ihrem Haus läutern.

Fangen wir an: Wir öffnen alle Türen und Fenster im Raum. Wir legen Trommel und Rassel in der Mitte auf den Boden und segnen sie. Dann gehen wir von der Raummitte aus gegen den Uhrzeigersinn in einem Spiralmuster nach außen bis zu den Wänden und schlagen dabei die Trommel. Ihre Absicht dabei sollte sein, die negative und schale Energie mit den Trommelschlägen zu vertreiben. Der Rhythmus ist völlig egal. Lassen Sie den Raum bestimmen, welchen Takt er braucht, und lassen Sie diesen Rhythmus durch Ihre Hände in die Trommel fließen. Schamanen nennen dies Trommeltrance. Geben Sie sich einfach dem Rhythmus hin, Sie spielen ja nicht vor einem Publikum. Vielleicht fangen Sie mit einem Zweivierteltakt an (wie der Herzschlag) und lassen dann Trommel und Raum ihr Zusammenspiel finden. Manche Zimmer bevorzugen einen schnellen Takt, andere einen langsameren. Denken Sie an die unsicheren Bereiche, die Sie auf Ihrer Karteikarte verzeichnet haben? Achten Sie besonders auf diese Bereiche und visualisieren Sie, wie Sie die negative oder schale Energie dort lösen. Wenn Ihnen das hilft, können Sie sich die negative Energie auch als dunklen Nebel vorstellen; verabschieden Sie sich langsam von dieser Vorstellung, während Sie mit der Trommel oder Rassel weiterarbeiten.

Vergessen Sie die Schränke nicht. Manchmal spüren Sie auch das Bedürfnis, zurück in die Raummitte zu gehen und eine Weile dort weiterzutrommeln, dann wieder verlangt es Sie, wenn Sie an der Außenseite angekommen sind, das Trommeln mit einem lauten Schrei zu beenden. Im Black Forest Clan beschließen wir das Trommeln bei unseren Zeremonien immer mit einem Aufheulen und zeigen damit an, dass die Trommel, der Mensch und die Laute eins sind. Das Heulen ermöglicht es uns auch, uns zu erden und die überschüssige Energie, die wir aufgestört haben, zu zentrieren. Außerdem ist es ein Dank an das Totemtier unseres Clans, den Wolf.

Magische Minuten

Trommelrhythmen

Mick und ich haben auf verschiedenen Festivals ein paar einfache Rhythmen aufgeschnappt, die für Anfänger leicht nachzuahmen sind. Die Silbe »Ka« meint einen Schlag auf das Zentrum der Trommel, die Silbe »Tak« einen Schlag auf den Außenrand. Bei jedem Laut ist angemerkt, mit welcher Hand der Schlag ausgeführt werden soll.

(A) Ka-Tak (Pause) Ka-Tak
rechts-links (Pause) rechts-links
(Klingt wie der eigene Herzschlag.)

(B) Ka-Ka (Pause) Tak-Tak-Tak
rechts-rechts (Pause) rechts-links-rechts

(Beginnen Sie diesen Rhythmus langsam. Steigern Sie die Energie, indem Sie den Takt erhöhen. Es ist ein anregender Rhythmus, der einem erlaubt, dazu zu tanzen oder sich dazu zu wiegen.)

(C) Ka-Ka Ka-Ka Tak-Tak Tak-Tak
rechts-links rechts-links rechts-links rechts-links
(Diesen Rhythmus nennen wir den »Ruf«. Wenn man ihn lange genug spielt, versammeln sich automatisch andere Menschen um einen. Ein Kollege nannte ihn den »Mama-und-Baby-Elefantentakt« oder »Marschrhythmus«. Es ist ein ausgezeichneter Rhythmus, um die Kreisviertel anzurufen, die Hintergrundmusik, um Mond oder Sonne herabzuholen, oder für Initiationen, wenn der Kandidat den Kreis umschreitet.)

(D) Ka-Tak-Tak-Ka-Tak-Tak-Ka-Tak-Tak-Ka
rechts-links-rechts-links-rechts-links-rechts-links-rechts-links
(Diesen Rhythmus muss man ein wenig üben; er wird bei Ritualen im Orient oft benutzt, wenn ununterbrochenes Trommeln das Ereignis bestimmt. Man kann mit verschärftem Tempo auch eine zu ruhige Energie »entfesseln«.)

Es gibt Trommeln in allen möglichen Preislagen. Wenn Sie sich nun keine teure leisten können? Dann drehen Sie einfach einen Metall- oder Plastikeimer um und benutzen den. Das funktioniert genauso gut wie eine Trommel.

Aber zurück zu unserem rituellen Hausputz! Treten Sie wieder in die Raummitte. Dann nehmen Sie die Rassel und vollziehen denselben Vorgang noch einmal. Mit raschen Schüttelbewegungen erzielen Sie einen Rhythmus, der gut zur Raumläuterung passt. Genau wie bei der Trommel stellen Sie vielleicht fest, dass verschiedene Räume unterschiedliche Rhythmen zu brauchen scheinen. Vielleicht wählt auch das Haus insgesamt einen Takt zu Anfang und wechselt gegen Ende in einen anderen Rhythmus über. Probieren Sie die obigen Trommelrhythmen einfach aus und übertragen Sie sie auf die Rassel. Lassen Sie sich stets vom Haus helfen.

Nun treten Sie wieder in die Raummitte und nehmen das Salz. Salz steht für die Erdenergien. Halten Sie es in der Hand, schließen Sie die Augen und »werden« Sie gleichsam zum Salz. Werden Sie zur Erdmutter. Atmen Sie tief ein und nehmen Sie die Erdmutter in sich auf. Immer wenn Sie mit einem Element arbeiten, sollten Sie zu diesem Element werden, ob bei der Hausläuterung, bei der Anrufung der Kreisviertel oder im magischen Kreis.

Nun müssen Sie sich entscheiden. Manche Hexen bewegen sich mit dem Salz gegen den Uhrzeigersinn, andere gehen lieber in die andere Richtung. Folgen Sie Ihrem Gefühl. Gehen Sie wieder in einer Spirale von der Raummitte nach außen und verstreuen Sie dabei die Salzkörner, während Sie sich auf Ihre Absicht konzentrieren. Streuen Sie dabei nicht zu viel Salz auf den Boden, sonst knirscht es bis zum nächsten Putztag unter Ihren Füßen. Eine kleine Prise reicht völlig. Stellen Sie sich vor, wie das Salz die negativen Energien auflöst und diese den Raum verlassen. Arbeiten Sie sich bis zu den Wänden vor. Und wenn es Ihnen lieber ist, in die andere Richtung zu gehen, um alles mit dem Salz zu verbannen, ist das auch in Ordnung. Folgen Sie Ihren Instinkten. Und vergessen Sie niemals, das zu tun, was Ihnen richtig erscheint.

Treten Sie wieder in die Raummitte. Zünden Sie ein Räucherstäbchen an und wiederholen Sie den Vorgang. Weihrauch steht bei den Wiccas für das Element Luft. Atmen Sie den Duft tief ein und werden Sie zur Luft. Schließen Sie die Augen und werden Sie eins mit dem Element. Sie sind der Wind, eine sanfte Brise, das Heben und Senken der Lungen der Welt.

Wiederholen Sie den Vorgang nochmals mit einer brennenden Kerze. Werden Sie eins mit dem Feuer. Sehen Sie sich selbst als Phönix, der aus der Asche emporsteigt, die schöpferische Kraft und Ekstase der Flamme. Sie sind Fülle und Kraft des Feuers. Seien Sie Feuer, wenn Sie durch den Raum wandeln.

Dann füllen Sie das heilige Wasser in die Sprühflasche. Je feiner der Wassernebel, umso besser. Werden Sie eins mit dem Element Wasser. Seien Sie die Verwandlung, der Kessel der Transformation, die Schale des Überflusses. Seien Sie das leise Geräusch eines Springbrunnens, der reinigende Schwall eines Wasserfalls. Seien Sie Wasser, wenn Sie den Raum durchschreiten. Versprühen Sie das Wasser im Raum wie zuvor das Salz, den Räucherduft und das Feuer. Sie brauchen ja nicht alles zu durchweichen. Ein feiner Sprühnebel hier und da reicht völlig. Sie wollen ja nicht, dass Ihre Mutter, Ihr Partner oder Ihre Mitbewohner nach Hause kommen und sich fragen, ob es eine Springflut gegeben hat.

Um den Raum vollends einzustimmen, können Sie noch einen Rundgang mit einer Glocke machen, mit einem Windspiel oder einem Blasinstrument.

Nehmen Sie den Raum in Besitz

Schließen Sie nun alle Fenster und Türen. Treten Sie wieder in die Raummitte und weiten Sie langsam Ihr Energiefeld aus. Spüren Sie, wie Ihre Energie mit jedem Atemzug vom Körper nach außen abstrahlt. Setzen Sie dies so lange fort, bis Ihre Energie die Außenwände des Raums erreicht. Spüren Sie den Raum in sich und sich selbst im Raum. Verbinden Sie Ihr ureigenstes Wesen mit dem Raum und öffnen Sie die Augen. Konzentrieren Sie sich darauf, was in diesem Raum geschieht. Wird das Zimmer als ein Raum der Läuterung wirken, als ein Raum der Kreativität, ein Raum der Liebe? Denken Sie daran, welche Energien Sie in diesem Raum manifestieren wollen. Holen Sie tief Luft, erden und zentrieren Sie sich, und dann schließen Sie die Augen und visualisieren ein strahlend weißes Licht, das den ganzen Raum erfüllt. Nehmen Sie sich dazu Zeit. Nur keine Hast. Manche Menschen benutzen hierzu auch die Trommel, andere konzentrieren sich lieber schweigend und still.

Dann spüren Sie dem Raum mit den Händen nach und überprüfen die Energie in allen Bereichen. Wenn Sie der Meinung sind, dass die negative Energie verschwunden ist, gehen Sie zum nächsten Schritt über. Falls Sie noch nicht zufrieden mit dem Ergebnis sind, benutzen Sie erneut die Rassel oder Trommel: Wenn Sie Ihr Haus noch nie oder schon seit längerem nicht mehr geläutert haben, müssen Sie sich mehr Mühe geben, um die Energien zu klären. Zum Abschluss benutzen Sie wieder die Glocke, ein Windspiel oder eine Glasharfe.

Göttlichkeit in jeden Raum rufen

Nun wollen wir die Göttlichkeit in den Raum rufen und Ihre ursprüngliche Absicht bekräftigen. Möchten Sie den Herrn und die Herrin um Frieden, Harmonie und Schutz bitten? Möchten Sie eine bestimmte Göttin anrufen, wie Rosemerta, die Göttin des Überflusses? Für ein Kinderzimmer wollen Sie vielleicht Diana beschwören, die Beschützerin der Kinder, oder die Lichtengel. Für den Hobbyraum Ihres Mannes oder das Büro wählen Sie vermutlich lieber den Grünen Mann, Cernunnos, Herne oder andere. Es bleibt die Grundfrage: Wen wollen Sie rufen? Und wozu?

Wenn Sie mit dem traditionellen Götterhimmel arbeiten, müssen Sie vorsichtig sein. Aus verschiedenen Götterwelten auszuwählen ist vielleicht nicht immer das Richtige. Kuan Yin in dem einen Zimmer kommt vielleicht nicht so gut mit Hekate nebenan aus. Statt Harmonie zu fördern, entfesseln Sie vielleicht ein Zauberchaos. Wenn Sie bereits mit einem bestimmten Pantheon arbeiten, bleiben Sie dabei – es sei denn, darin seien ausschließlich Dunkle Göttinnen vertreten. Ich spreche hier nicht von schwarzer Magie oder bösen Dingen, sondern nur über die Energie der Greisin, des Kriegers oder Ähnliches. Ein Haus voller Dunkler Göttinnenenergie fördert in der Regel kaum Wohlstand und Freude. Wie bei allen anderen Dingen im Zusammenhang mit der Zunft sollte man auch bei dieser Aufgabe an Ausgewogenheit denken. Wählen Sie daher die Archetypen sehr, sehr sorgfältig aus. Auch wenn ein Großteil Ihrer Arbeit sich um die Dunklen Göttinnen dreht, sollten Sie Ihr Haus lieber mit hellen Energien füllen. Falls Ihnen jedoch mehr an eklektischen Praktiken liegt, befassen Sie sich vorher mit den Gottheiten, die Sie in Ihre Räume rufen wollen. Um kein Risiko einzugehen, rufen Sie einfach den Herrn und die Herrin an. Und wenn Sie ganz auf Nummer sicher gehen wollen, dann wenden Sie sich an die Engel.

Ehe wir fortfahren, seien einige Mysterientraditionen erwähnt, die lehren, dass keine göttliche Energie jemals angerufen werden sollte, wenn der Anwender nicht innerhalb der Grenzen eines magischen Zirkels arbeitet. Andere Traditionen besagen, dass man göttliche Energie auch außerhalb des Zirkels anrufen kann, niemals aber innerhalb (dies ist in der Zunft nicht weit verbreitet, kommt jedoch vor). Und schließlich lehren einige Mysterientraditionen, dass man jederzeit und überall Göttlichkeit beschwören kann, und zwar mit und ohne die Hilfe des magischen Zirkels. Da es also keinen allein selig machenden Weg gibt, um mit Göttlichkeit zu arbeiten, muss man selbst entscheiden, was einem am meisten liegt, und weiterhin davon ausgehen. Ich arbeite ständig mit dem Großen Geist, daher trifft die Regel des magischen Kreises auf mich nicht zu. Ich respektiere aber alle anderen Meinungen.

Warum sollten wir aber Engel über den Herrn und die Herrin stellen? Wenn Sie in einem Heim leben, in dem Sie dem einen Glauben anhängen, Ihre Eltern, Schwiegereltern, Geschwister oder Partner aber einem anderen und Ihr Glaubenssystem strikt ablehnen, dann schafft das unbewusst jedes Mal negative Energie, wenn Sie die psychischen Schwingungen eines anderen Glaubens spüren. Wenn das auf Ihre Situation zutrifft, dann passt die Engelsenergie sehr gut. Die Engel verhalten sich gelassen und neutral und bieten Schutz für alle religiösen Überzeugungen, ohne anderen auf die Füße zu treten.

Aber zurück zur Götterbeschwörung. Wie stellen wir sie nun an? Wenn Sie mit einer bestimmten weiblichen Gottheit arbeiten, nehmen Sie die so genannte Göttinnenposition ein; für einen männlichen Gott begeben Sie sich in die Gottesposition. Beginnen Sie aber stets in der Göttinnenposition – nicht weil das weibliche Prinzip besser wäre, sondern weil Sie eine Energielinie im Körper haben: Indem Sie die Arme mit nach außen gerichteten Handflächen erheben und die Beine leicht spreizen, wird der Fluss Ihrer eigenen Energie ohne Brüche und Lücken gefördert.

Man kann die Gottheit mit einem Gebet, Gesang oder einer Visualisierung anrufen. Die Entscheidung liegt bei Ihnen und Ihren magischen Instinkten. Ich beginne in meinem Haus immer, indem ich sieben Mal eine Glocke läute, weil die Zahl Sieben die Anrufung von Weisheit bedeutet. Hier ein Beispiel für eine einfache Anrufung:

»Rosemerta, Königin der Fülle und Freude, zu sanft, um menschlich zu sein, zu mächtig, um elementar zu sein.
Du hältst in deinen Armen das Füllhorn des Lebens.
Erfülle diesen Raum mit deinem Licht, deiner Liebe und deinem Lachen. Komm herab in dieses Haus und bring allen Wohlstand und Überfluss. So soll es sein.«

Man kann es auch mit einem beliebten heidnischen Gesang, »Die Zaubermühle«, von einem unbekannten Verfasser versuchen:

»Feuer flamme, Feuer brenn,
lass die Zaubermühle sich drehn.
Gib mir alles mit einem Dreh.
Jo Dia Ha He He Yeah!

Luft zum Atmen, Luft zum Gehn,
lass die Zaubermühle sich drehn.
Gib mir alles mit einem Dreh.
Jo Dia Ha He He Yeah!

Wasser sei warm oder mag erkalten,
lass die Zaubermühle walten.
Gib uns alles mit einem Dreh.
Jo Dia Ha He He Yeah!

Erde unten, Erde oben,
lasst uns die Zaubermühle loben.
Gib uns alles mit einem Dreh.
Jo Dia Ha He He Yeah!

Versiegeln Sie alle Türen und Fenster mit heiligem Wasser oder Nelkenöl. Ein Mischung von beidem wirkt ebenfalls sehr gut. Man kann entweder die Ecken von Fenstern und Türen damit betupfen oder mit der Flüssigkeit ein Pentagramm malen. Manche Anwender versiegeln Türen und Fenster oben mit einem Fünfeck und tupfen dann das Öl auf die Türklinke, darüber und darunter; damit versinnbildlichen sie den alten Grundsatz: »Wie oben, so unten.« Andere versiegeln Türen und Fenster mit leisen Lauten ihrer Rassel, Trommel oder dem Tamburin.

Halten Sie auf Ihrer Karteikarte fest, welche Farben, magischen Symbole, Totemtiere und Elemente Sie für diesen Raum gewählt haben. Sie stellen sich in die Raummitte und malen sich Folgendes aus:

1. Der Raum füllt sich mit der von Ihnen ausgewählten Farbenergie.
2. Stellen Sie sich das magische Symbol an der Decke, den Wänden oder auf dem Boden (oder überall) vor.
3. Rufen Sie das Totemtier in den Raum.
4. Erfüllen Sie den Raum mit der elementaren Energie Ihrer Wahl. In diesem Fall stellen Sie sich das Element nicht als ein »Wesen« vor, sondern als reine, geläuterte Energie, die universale Konzepte wie Liebe, Kreativität, Heilen, Vertrauen, Frieden und so weiter vertritt.

Der Abschluss des spirituellen Hausputzes

Vollziehen Sie die beschriebenen Verfahren in jedem Raum des Hauses. Wenn Sie fertig sind, gehen Sie in das Zimmer, das am ehesten das Zentrum Ihres Hauses darstellt. Nehmen Sie die Göttinnenhaltung ein und strahlen Sie Ihr Energiefeld vom Zentrum, wo Sie sich befinden, in alle Ecken des Hauses aus: Stellen Sie sich vor, dass sich das gesamte Haus mit reinem weißem Licht füllt. Halten Sie diese Visualisierung fest, so lange Sie können.

Dann sprechen Sie dies oder Ähnliches:

> *»Vom Fundament bis zum Dach, von Beton zu Holz*
> *erkläre ich dieses Haus für gereinigt, geweiht und gesegnet.*
> *Im Namen von ... mögen alle, die hier leben und aus*
> *und ein gehen, dieses Haus als einen heiligen Schutzraum*
> *der Liebe, der Harmonie und des Friedens vorfinden.*
> *Hier sollen Geduld, Wohlstand und Sicherheit herrschen.*
> *So soll es sein!«*

Schauen Sie auf Ihrer Karteikarte unter der Rubrik »Allgemeines« nach und rufen die dort notierten Energien herbei. Nehmen Sie wahr, wie sie sich in Ihrer Vorstellung im ganzen Haus ausbreiten.

Woran erkennen Sie, dass Ihr spiritueller Hausputz gewirkt hat? Sie fühlen sich einfach besser. Die Farben in Ihrem Heim wirken bunter, Geräusche werden angenehmer, es atmet sich irgendwie leichter. Die emotionale Stabilität der anderen Mitbewohner dürfte sich ebenfalls verbessern.

Der spirituelle Hausputz für andere

Man kann das Heim eines anderen Menschen nicht mit dem eigenen gleichsetzen. Jedes Heim ist anders, wie jedes Individuum auch. Wenn Sie für einen Freund einen spirituellen Hausputz planen, bedenken Sie bitte die Bedürfnisse dieser Person. Diskutieren Sie die Absicht, die sie in ihrem Haus verwirklicht sehen will. Richten Sie sich nach dieser Absicht. Sie können Vorschläge machen, aber wenn der Zeitpunkt der Zeremonie kommt, befolgen Sie die Wünsche Ihres Freundes. Sagen wir, Susi mag keine Engel. Dann wäre es unangemessen, Engel beim spirituellen Hausputz einzusetzen. Vielleicht hat Ihr katholischer Freund Probleme mit Ihrer alternativen Religion. Er meint, die »andere« Religion sei zwar für Sie in Ordnung, aber er selbst würde niemals daran denken, dies ebenfalls zu praktizieren. In dem Fall würden Sie fragen, ob er gern Engel bei sich hätte, Maria, Jesus oder eine andere göttliche Figur seiner Wahl. Es wäre ziemlich schrecklich, wenn Sie ihm eine Morrigan in den Wandschrank riefen. Totemtiere, magische Symbole und Ähnliches wären ebenfalls unangemessen für Freunde, die nicht an diese Energien glauben. Als magisch denkende Menschen müssen wir die Bedürfnisse und Wünsche unserer Freunde immer in den Vordergrund stellen.

Wenn im Haus Ihres Freundes viele Menschen ein und aus gehen, etwa anlässlich häufiger Partys, dann haben Sie sich eine schwierige Aufgabe ausgesucht. Sie können das Haus am Morgen reinigen, aber abends könnte schon wieder jede Menge astrales »Ungeziefer« dort herumschwärmen. In diesem Fall können Sie ein psychisches Energienetz schaffen, um die unerwünschte Energie aufzufangen, und Ihrem Freund verraten, wie er dieses Netz zusammenziehen kann. Man kann ein solches Netz um ein gewähltes Objekt ziehen oder einfach eine Raumecke aussuchen, um es dort zu platzieren. Ihr Freund sollte die Ecke aufräumen, wenn alle Gäste gegangen sind. Außerdem versiegle ich die Türen in einem solchen Heim immer von beiden Seiten, innen und außen, auch die Schranktüren. So bleibt alles, was hineingeht, dort stecken und ermöglicht es einem, diesen Bereich rasch wieder zu reinigen.

Haben Sie keine Angst vor einem solchen psychischen Hausputz. Ich reinigte einmal das Haus einer Freundin und begann ganz unten, in ihrem Ritualbereich. Anfangs lief alles ziemlich gut. Doch als ich fast fertig war, öffnete sich die Tür zu einer Betonnische neben der Rumpelkammer ganz von allein und mit einem Quietschen. Dann schloss sie sich wieder ... und öffnete sich wieder. Hmmm. Irgendetwas, das sich in diesem Haus niedergelassen hatte, war nicht sonderlich glücklich über meine Tätigkeit und ließ mich das damit wissen. Ich versiegelte die Tür des Raumes, in dem ich mich befand, doppelt, und rief mir ins Gedächtnis, dass Angst alle guten Absichten behindert. Ich holte tief Luft, ging zu der Tür und sagte: »Husch!« Da spürte ich, wie das, was sich da herumtrieb, überrascht zurückwich, als habe es so etwas nicht erwartet. Ich machte weiter, unter besonderer Berücksichtigung der Nische auf der anderen Raumseite, in der sich die Negativität zu sammeln schien. Als ich mit dem Raum fertig war, kam meine Freundin. »Wie fühlt es sich für dich an?«, fragte ich. Sie ging eine Weile umher und antwortete dann: »Ruhig. Und viel besser.«

»An der Wand da drüben trieb sich etwas herum«, sagte ich und zeigte in Richtung der Nische. »Ach ja«, meinte sie, »mir hat vor ein paar Monaten eine Hellseherin gesagt, dass beim Bau dieses Hauses einer der Arbeiter eine Menge an Wut und Negativität mit sich herumschleppte. Sie hat mir verraten, dass diese Wut in einer der Wände hause. Vermutlich war es genau die Wand da.« – »Nun ist es verschwunden.« – »Gut. Meine Katze hätte diesen Raum niemals betreten, nicht für Geld noch gute Worte. Vielleicht fühlt sie sich jetzt sicherer.« In diesem Augenblick schlich sich die Katze an uns vorbei, schnüffelte am Türrahmen und huschte dann in die Nische.

Wenn Sie das Haus eines Freundes oder Verwandten reinigen, arbeiten Sie nicht vor Publikum. Andere Leute würden Sie nicht nur ablenken, ihre Skepsis würde auch Ihren Erfolg einschränken. Als ich das Haus meiner Freundin läuterte, kam zum Beispiel ihr Sohn zu Besuch, der eine Menge Wut in sich trägt. Ich war gerade dabei, die Küche zu reinigen, als er mir ständig über den Weg lief. Es kam so weit, dass ich wie eine erboste Mutter ständig mit dem heiligen Wasser hinter ihm herrannte. Das war ziemlich peinlich. Dann kam ihre Tochter mit ihrem Baby, beide ebenfalls auf direktem Weg in die Küche. Als ich mit dem Haus fertig war, sagte ich zu meiner Freundin, ich müsse mir die Küche noch einmal vornehmen, weil ich damit noch nicht zufrieden war.

Wenn Sie die Häuser anderer Leute reinigen, arbeiten Sie allein. Bitten Sie sie, an einem bestimmten Teil des Rituals teilzunehmen, um den Raum in Besitz zu nehmen. Dabei sollten Sie selbst diesen Raum verlassen. Wenn andere sich einen Raum zu Eigen machen, sollten Ihre Energien dort nicht anwesend sein.

Schließlich dürfen Sie Ihren Freunden und Verwandten zeigen, wie sie selbst einen vollständigen spirituellen Hausputz und schnelle Zwischenreinigungen vornehmen können.

Spirituelle Sekunden

Nehmen Sie ein großes Blatt Papier und schreiben Sie Ihren magischen Lieblingsleitsatz darauf, beispielsweise: »Dieses Haus wird von Lichtwesen bewohnt.« Schreiben Sie alle dreißig Tage einen neuen Leitsatz auf. Um diesen Leitgedanken mit anderen zu teilen, können Sie ihn auch auf Ihren Anrufbeantworter sprechen.

Schnellreinigung

Sie haben nun Ihr Haus wunderbar geläutert und mit den Energien erfüllt, die Sie sich wünschen. Wie können Sie angesichts der ständigen Aufs und Abs in Ihrem Leben diesen Standard beibehalten? Ich kenne mehrere Methoden für die Schnellreinigung – aber vergessen Sie dabei nicht, dass sie nur vorübergehend wirken. Solche Schnellreinigungen dehnen die Phasen zwischen den gründlichen Hausputztagen nur aus, ersetzen diese aber nicht. Vergessen Sie nicht, auch bei den Schnellmethoden stets Ihre Absicht zu bekräftigen:

- Bestreichen Sie die Türen mit Salbei.
- Versprühen Sie heiliges Wasser.
- Kochen Sie einen Kräutersud.
- Zünden Sie ein tragbares Rauchfass in der Raummitte an.
- Räuchern Sie einen befallenen Bereich mit Weihrauch aus.
- Zünden Sie eine ermächtigte weiße Kerze in der Hausmitte oder in dem betroffenen Raum an und streuen Sie Meersalz um die Kerze.
- Verstreuen Sie eine Mischung aus gestoßenem Meersalz, Basilikum und Rosmarin oder eines der Zauberpulver, die Sie selbst hergestellt haben.
- Erzeugen Sie Geräusche mit Trommeln, Glocken, Rasseln, Windspielen, Glasharfen und so weiter.
- Singen Sie.

Es gibt darüber hinaus noch eine ganze Fülle weiterer Ideen, um das Haus von negativer Energie zu befreien:

- Nach einem besonders schlechten Tag nehmen Sie ein rituelles Bad (oder eine ebensolche Dusche) und benetzen Ihre Kleidung mit Duftöl.
- Stellen Sie ein Fläschchen mit heiligem Wasser oder Öl an der Wohnungstür auf, damit man es beim Heimkommen gleich benutzen kann – besonders vor Festtagen, wenn man viel einkaufen geht. Ich habe eine Freundin, die sich jeden Abend nach dem Heimkommen noch in der Garage mit Zauberöl betupft, damit sie die negativen Schwingungen gar nicht erst ins Haus trägt (sie ist Börsenmaklerin – mehr brauche ich wohl nicht zu sagen).
- Geben Sie Salz auf die Zunge, um in Wut keine negativen Gedanken in die Welt zu schleudern. Das Salz löst die Negativität auf.
- Erhitzen Sie Meersalz in einer Pfanne, bis es nicht mehr springt. Angeblich brennt man so den Schweif astraler Bösewichter ab. Benutzen Sie dafür die groben Salzkristalle, nicht das fein zerstoßene Salz.
- Stellen Sie ein Zauberpulver für Notsituationen her.
- Ermächtigen Sie alles, was Sie trinken, damit Ihr Körper im Gleichgewicht mit dem Großen Geist bleibt.
- Segnen Sie Ihre Nahrung vor jeder Mahlzeit.

Magische Minuten

Unterschiede im Energiefluss

Üben Sie, die Unterschiede im Energiefluss wahrzunehmen. Wie fühlen sich beispielsweise die Energien an verschiedenen Stellen Ihres Arbeitsplatzes an, im Einkaufszentrum oder in Ihrem Lieblingsrestaurant? Nehmen Sie ein kleines Notizbuch mit und schreiben Sie Ihre Eindrücke auf. Bald werden Sie ein Muster erkennen, wie Sie verschiedene Enegieformen wahrnehmen.

Segnung aller Geräte in Ihrem Haus

Wir haben einen vollständigen, praktischen und spirituellen Hausputz hinter uns und sollten uns nun bestimmten Aspekten in Ihrem Haus zuwenden, die Ihr Wohlbefinden beeinflussen. Das sind Ihr Herd (die Zentralheizung), die Wasserheizung, die Wasserrohre und der Stromkreis. Menschen in heißem Klima sollten auch an ihre Klimaanlage denken. Ich zähle auch das Telefon zu dieser Kategorie, und wenn Sie einen Computer mit Internetzugang haben, schließe ich den auch mit ein.

Ihre Heizung vertritt das heilige Feuer in Ihrem Haus. Jeden Herbst kommt vermutlich ein Handwerker und wartet den Boiler. Dabei dreht er den Haupthahn ab. Bitten Sie ihn, es Ihnen zu überlassen, wenn der Brenner wieder eingeschaltet wird. Idealerweise sollten Sie für eine offene Zündflamme eine Kerze vom Altar benutzen. Falls das nicht möglich ist, zentrieren und erden Sie sich, wenn Sie die Flamme entzünden, und verbinden sich mit der Heiligkeit des Feuers.

Sie können eine laute Anrufung sprechen oder die Worte in Gedanken sagen (falls Ihnen das vor dem Handwerker sonst zu peinlich wäre):

> *»Geister des Feuers, ich weihe diese heilige Flamme der Vesta. Möge sie Frieden und Wohlstand in mein Heim bringen. Wenn diese heilige Flamme zu ihren Ehren brennt, soll mein Haus in den kommenden Monaten warm und sicher sein.«*

Wenn Sie in einem Wohnblock leben, aus anderen Gründen die Zündflamme nicht selbst anzünden können oder wenn Sie ohnehin elektrisch heizen, müssen Sie eine andere Methode anwenden. Sie können zum Beispiel am ersten Tag im Herbst, wenn die Heizung wieder angestellt wird, die Wärme segnen. Bei einer Elektroheizung reinigen Sie die Schaltuhr und segnen sie anschließend.

Wenn im Frühling die Heizung für die warme Jahreszeit abgestellt wird, können Sie den Feuergeistern für die Wärme danken und dafür, dass sie Ihr Haus in der kalten Jahreszeit beschützt haben. Bitten Sie sie, auszuruhen, um mit neuer Kraft im Herbst wieder für Sie da zu sein.

Die meisten Heißwasserbereiter sind dieser Tage wohl elektrisch. Bei diesen Geräten haben Sie es mit zwei Elementen zu tun, Feuer und Wasser. Daher sollten Sie beide segnen und alle Negativität von dem Gerät verbannen. Ein Wasseranruf lautet etwa so:

> *»Geister des Wassers, ich rufe die Essenz des Segens*
> *und der Umwandlungen an und weihe euren Fluss und*
> *Inhalt Epona. Möge sie Harmonie und Frieden*
> *in mein Heim bringen.«*

Stellen Sie fest, wo die Hauptwasserleitung ins Haus führt, und segnen Sie diesen Bereich ebenfalls. Sie können dies mit der gleichen Anrufung wie oben tun oder sich eine andere ausdenken. Denken Sie daran, die negative Energie in diesem Bereich zu verbannen mit Rasseln, Trommeln, Windspiel oder indem Sie Salbeitropfen verspritzen. Sie haben die Wahl. Vergessen Sie die Wasserhähne in Bad und Küche nicht. Aber Sie sind ja inzwischen zum wahren Putzexperten geworden.

Ihr Telefon verbindet Sie mit der Außenwelt und Ihr Haus mit dem Universum. Daher sollten Sie beim Säubern des Telefons und der Leitung besonders vorsichtig sein. Ihr Ziel ist es, negative Energie zu verbannen und unerwünschte Anrufe abzuwehren. Natürlich hilft hier der gute alte Anrufbeantworter, aber Sie sollten sich auch mit den Energien befassen, die durch diese Leitung in Ihr Heim fließen. Wäre es nicht wunderbar, wenn Ihr Telefon ein Instrument der Weisheit wäre? Sie können Ihr Telefon auf folgende Weise ermächtigen:

> *»Geister der Luft, ich weihe dieses Telefon und die Leitung den Energien von Weisheit und Harmonie. Möge dieses Telefon als ein Gefäß der Liebe und des Lichts wirken, und mögen alle Worte, die ich spreche, voll Klarheit und Weisheit sein. Schwäche und banne alle negativen Energien, die versuchten, von der Außenwelt zu mir zu gelangen. So soll es sein.«*

Ihr Computer ist ebenfalls ein Kommunikationsmittel zur Außenwelt und eine Art Behälter für das geschriebene Wort, Software und Spiele. Ein Übersprühen oder Betupfen des Computers und aller Zusatzgeräte würde ihnen nicht unbedingt guttun; am besten eignen sich da noch Geräusche, um eine etwa vorhandene Negativität an Ihrem Arbeitsplatz und Computer aufzubrechen. Ich habe mich zur Weihung und Ermächtigung von Telefon und Computer für die Gnadenengel (oder Gnadengeister, wenn Sie wollen) entschieden. Jedesmal, wenn Sie etwas Neues für den Computer kaufen, wie Disketten, Papier, Toner, sollten Sie sie von der Negativität befreien, die diese Dinge aus Fabrik und Fachgeschäft mitbringen. Schreiben Sie einen Computersegen und speichern Sie ihn in Ihrem Gerät. Wenn Sie ein Computerexperte sind, können Sie auch eine läuternde Grafik entwickeln, die jedesmal beim Anstellen erscheint. Vergessen Sie nicht, auch den Spannungsmesser zu segnen.

Die Elektrizität in Ihrem Haus steht in Verbindung mit dem Element Feuer. Segnen und weihen Sie daher den Sicherungskasten und alle Lampen. Weihen, reinigen und ermächtigen Sie alle Glühbirnen beim Wechseln. Werden Sie selbst zu Elektrizität!

Größere Anschaffungen für Ihr Zuhause

Ehe Sie mit Kreditkarte und Scheckbuch aus dem Haus stürzen, treten Sie vor Ihren Schutzschrein (oder Ihren Altar) und bitten die Hausgeister um Hilfe, um die richtigen Gegenstände für Ihr Heim auszuwählen, die Ihnen und Ihren Mitbewohnern auch nützen und Harmonie und Frieden in Ihr Reich bringen. Bitten Sie um den günstigsten Preis und die beste Qualität, die Sie sich leisten können. Wenn Sie die Anschaffung nach Hause bringen, weihen, läutern und segnen Sie sie. Achten Sie auch darauf, den neuen Gegenstand sofort rituell in Besitz zu nehmen.

Wenn größere Haushaltsgegenstände den »Geist« aufgeben, treten Sie ebenfalls vor Ihren Altar oder Hausschrein und bitten die Hausgeister, Ihnen zu helfen, den richtigen Reparaturdienst zu finden, der das Problem rasch und preiswert löst. Wenn Sie den Gegenstand fortwerfen müssen, danken Sie für den erwiesenen Dienst (denken Sie daran, dass alles ein Bewusstsein hat). Entzaubern Sie den Gegenstand. Entfernen Sie Ihre Essenz, ehe Sie ihn auf den Müll werfen.

Die Segnung von Kamin oder Holzofen

Zünden Sie am ersten kühlen Tag des Jahres im Morgengrauen ein Feuer an, um das Haus zu wärmen. Ihr Kamin muss vorher gründlich gesäubert und die Mechanik des Holzofens auf Funktionsfähigkeit überprüft werden. Außerdem sollten Sie den Schornstein fegen lassen. Ein Maurer sollte auch den Schornstein und den Aufsatz nach Ritzen und Fugen überprüfen. Die entsprechenden Handwerker finden Sie im Branchenverzeichnis. Eine alte Regel besagt, dass man neun verschiedene Holzsorten im Kamin verbrennen kann, und lässt sich auch auf das erste magische Feuer anwenden. Falls Sie tatsächlich neun verschiedene Holzsorten auftreiben können, wäre das großartig – falls nicht, begnügen Sie sich eben mit den vorhandenen. Verbrennen Sie nur ja niemals Holunder, denn dieses Holz ist der Herrin heilig.

Dies sind die neun verschiedenen Holzsorten und ihre Assoziationen:

Apfelbaum	Liebe
Haselbusch	Weisheit, Wahrsagung
Esche	Heilung
Birke	Reinigung
Ulme	Anrufung, Beschwörung
Eiche	Sonnenarbeit, Kraft
Eibe	Transformation
Weide	Zauberei
Weißdorn	Fruchtbarkeit, Glück

Ehe Sie das Feuer aufschichten, ziehen Sie jedes Scheit (auch den Zunder, die Anzünder und das Papier) durch Salz und Weihrauch. Schlagen Sie die Rassel oder Trommel, um eine möglicherweise vorhandene Negativität aus dem Holz zu treiben. Dabei sprechen Sie Worte wie diese:

> *»O Wesen aus Holz, seid in meinem Heim willkommen.*
> *Im Namen der unsterblichen Herrin und des Gehörnten*
> *Herrn segne und befreie ich euch von aller Negativität.*
> *Arbeitet mit mir vereint auf dieser Erde. Helft mir, Liebe,*
> *Frieden und Harmonie in meinem Heim zu erzielen,*
> *die nach außen ins Universum abstrahlen.«*

Beim Aufschichten achten Sie darauf, einen Energiekanal in der Mitte freizulassen. Dieses Feuer hat dieselbe Funktion wie die alten Nutzfeuer. Achten Sie darauf, genau die richtige Energie in die Arbeit einfließen zu lassen. Wenn Sie sich gerade über jemanden geärgert haben, hören Sie auf, reinigen sich rituell und setzen Ihre Arbeit dann fort. Machen Sie niemals Feuer, wenn Sie sich emotional labil fühlen, denn diese Energie fließt in das Holz ein. Ein guter Gesang hierbei wäre:

> *»Mit Weisheit, Liebe und Macht.«*

Ehe Sie das Feuer anzünden, streuen Sie ein wenig Weihrauch und Myrrhe auf die Scheite, um reine, spirituelle Energien zu beschwören; ferner getrocknete Minze (oder Fünffingerkraut) für Wohlstand, Rosmarin für Schutz, Eisenkraut, damit die Kräuter auch »arbeiten«, Drachenblut, um Energie in Ihr Leben zu bringen, und Basilikum für das harmonische Zusammenleben mit Ihren Mitbewohnern. Geben Sie auch einen Fingerhut voll Rum als Opfergabe hinein. Natürlich können Sie auch andere Kräuter Ihrer Wahl benutzen – die hier aufgeführten sind lediglich Vorschläge. Beim Einstreuen der Kräuter bestätigen Sie erneut Ihre Absicht.

Statt dieses Feuer nun mit einem Kaminstreichholz oder einem Gasanzünder in Brand zu stecken, könnten Sie es auch mit der heiligen Kerze von Ihrem Altar oder Schrein versuchen: Tragen Sie die Kerze langsam durchs Haus zum Kamin oder zum Ofen. Beim Anzünden rufen Sie die Feuergeister an. Vielleicht wollen Sie auch Zauberpulver darüber streuen, das ganz speziell Ihr Haus segen soll. Eine ausgezeichnete Göttin für Ihren Kamin oder Holzofen wäre Vesta, die römische Göttin des Herdes, der die griechische Göttin Hestia entspricht. Diese Göttin wird nicht als Statue verehrt, sondern in Gestalt des heiligen Feuers.

Alljährlich am ersten März erneuerten die Vestalinnen, die Jungfrauen Vestas, die Feuer der Göttin. Vesta war auch die Göttin aller Opferfeuer, ob zu Hause oder im Tempel. Sie wurde zusammen mit Janus verehrt. Ein Lobgesang auf diesen eröffnete den Gottesdienst, während Vesta zum Abschluss gefeiert wurde. Das Fest der Vesta wurde stets am 9. Juni abgehalten.

Hestia, ihr griechisches Gegenstück, gehörte zu den olympischen Göttern und war besonders als Göttin von Heim und Herd und als die Schwester Demeters bekannt. Hier eine Anrufung für Vesta-Hestia:

> »*Mit der aufgehenden Sonne, dem Heraufziehen der Dämmerung und dem Nahen des Frühlings rufe ich euch an, o Feuergeister, auf dass ihr mein Heim reinigt, weiht und segnet. Vesta, Schutzherrin des Herdfeuers, ergieße dich über den strahlenden Himmel und das Licht der länger werdenden Tage. Dieses Nutzfeuer erfüllt mein Heim mit den positiven, magischen Energien des Universums. Segne mein Heim im kommenden Jahr. Erfülle unsere Herzen und Seelen mit Überfluss, Schutz und Reichtum.* [Refrain:] *Liebe, Freude, Frieden und Schönheit, kehrt zu mir zurück.*«

(Dazu passt der Zweitakt-Trommelschlag Tap-Bum, Tap-Bum, Tap-Bum – genau wie der Pulsschlag.)

Wenn Sie keinen Kamin haben (und mir ist klar, dass nicht viele Menschen sich einen solchen Luxus leisten können), können Sie auch einen Zauberkessel zu diesem Zweck benutzen. Legen Sie neun verschiedene Holzscheite hinein und vermischen Ihre Lieblingskräuter mit einem Schuss Alkohol, ehe Sie die Zeremonie beginnen. Benutzen Sie aus Sicherheitsgründen niemals einen Holzkohlengrill im Haus. Es ist jedoch in Ordnung, für derartige Zeremonien einen Grill auf der Terrasse zu benutzen.

Segnung und Gebrauch von Hausgeräten bei magischen Praktiken

Sie können Ihre Haushaltsgeräte nicht nur segnen, damit sie im Einklang mit Ihrem Heim und der gewählten Umgebung funktionieren, sondern sie auch selbst einsetzen, um Zauber zu bewirken. Jawohl, Ihre Waschmaschine kann Ihnen auch als Zaubergerät wertvolle Dienste leisten! Mit Haushaltsgeräten meine ich Herd, Kühlschrank, Mikrowelle, Geschirrspülmaschine und Waschmaschine, Trockner, Gefrierschrank, Fernseher, Stereo und so weiter. Ihre Nutzung beim Zaubern macht diese Geräte nicht nur noch nützlicher, es kann auch ausgesprochenen Spaß machen.

Sie können die Geräte bei Ihrem magischen Hausputz segnen oder diese Segnung für einen späteren Zeitpunkt aufheben, je nach Zeitplan. Ich weihe meine Hausgeräte für gewöhnlich bei meinem gründlichen Hausputz – aber vielleicht ist das ja nicht nach Ihrem Geschmack.

Sie können Ihre Hausgeräte täglich einsetzen, um Wohlstand zu beschwören, Ihre Beziehungen zu anderen Menschen zu verbessern, Ihr Selbstbewusstsein zu stärken oder um sich durch eine Krankheit hindurchhelfen zu lassen. Dazu braucht man nur ein bisschen Phantasie. Gibt es beispielsweise momentan etwas, das Sie irgendwie ärgert und das Sie loswerden wollen? Schreiben Sie das Problem auf ein Blatt Toilettenpapier und spülen Sie es die Toilette hinunter. Sprechen Sie ein paar passende Worte, während Sie zusehen, wie der Ärger verschwindet. Ermächtigen Sie das Wasser, das jeden Morgen durch Ihre Kaffeemaschine fließt, damit es Ihnen spirituelle Erleichterung, Mut und einen guten Tag bringt. Verzaubern Sie Ihren Staubsauger, damit er sämtliche Negativität aufsaugt. Ermächtigen Sie Ihren Rasenmäher, alle Negativität um Ihr Haus wegzuschneiden. Benutzen Sie den Schredder, damit er eine Schutzdecke um Ihr Haus legt. Segnen Sie Ihren Gartensprinkler, damit er Ihren Rasen mit positiver Enegie versorgt. Verzaubern Sie Ihre Stifte und Kugelschreiber, damit sie Ihnen Weisheit, schöpferische Kraft und klare Gedanken bringen. Beschwören Sie den Ventilator, negative Energien aus dem Haus zu blasen. Jedesmal, wenn Sie in Ihrem Haus ein Licht einschalten, schalten Sie auch das Licht der Erleuchtung in Ihrer Seele ein. Ich könnte Ihnen noch stundenlang weitere Beispiele aufzählen ... aber Sie wissen wohl inzwischen, was ich meine.

Magische Minuten

Kreativitätsübung

Gehen Sie durch Ihr Haus und schreiben Sie mindestens zwanzig Objekte auf, die Sie mindestens einmal am Tag benutzen. Nun denken Sie nach, wie Sie diese gewöhnlichen Objekte bei einem Zauber einsetzen können. Arbeiten Sie eine Woche lang mit jedem einzelnen Gegenstand und einem entsprechenden Zauber. Schreiben Sie die Ergebnisse genau auf und kleben Sie kleine Zettel mit magischen Symbolen oder Ihren Zielen in knappen Worten an die Gegenstände.

Größere Renovierungsarbeiten

Manchmal gelangt man an einen Punkt, an dem größere Reparaturarbeiten am Haus nicht länger um eines Luxusurlaubs oder eines neuen Sportgeräts willen aufgeschoben werden können. Genau das passierte, während ich dieses Buch schrieb: Mein Haus erklärte mir schließlich den Krieg.

»Der tragende Dachbalken hat einen Riss«, sagte mein Mann.

Darauf erwiderte ich mit kleinlauter Stimme: »Bedeutet das, dass bald alles einstürzt?« Ich dachte an die vielen Menschen, die bei meinen Veranstaltungen hier ein und aus gehen. Ich konnte mir die Katastrophe genau vorstellen – immerhin bin ich eine Hexe. Wir dreißig Hexen (mal abgesehen von zwei oder dreien, die es wegen Grippe, einer Autopanne oder einem eifersüchtigen Partner nicht geschafft hatten) würden herumstampfen und Trommeln schlagen, und plötzlich würde das Dach einstürzen. Wie ein Haufen heidnischer Narren würden wir bis in den dunklen feuchten Keller fallen, in den noch niemand seinen Fuß gesetzt hatte.

»Wir müssen den Balken reparieren«, wiederholte mein Mann. – »Aber was wird das kosten?« – »Wenn dein Vater und ich es machen, ist es nicht so schlimm.«

Daraufhin tat ich, was wohl jede anständige Hexe tun würde – ich betete, wie ich noch nie zuvor gebetet hatte: »Bitte, lass das Haus nicht einstürzen, während wir daran herumfummeln«, bat ich die Große Göttin. Ich stellte mir eine Gruppe von großen, starken Engeln vor (okay, sie sahen gleichzeitig niedlich aus), die den Hausbalken Nacht für Nacht stützten, bis wir mit der Arbeit fertig waren. Ich sprach ständig wie auf ein Kleinkind auf das

Haus ein: »Es tut vielleicht ein bisschen weh, aber wenn wir mit diesem kleinen Job durch sind, dann können wir ein paar von diesen hässlichen, doofen Wänden herausnehmen und ein paar schöne neue einziehen. Das würde dir doch gefallen, oder?« Das Haus schien nicht sonderlich beeindruckt zu sein und ließ ein wenig Putz von der Wohnzimmerwand rieseln, wie um uns klarzumachen, dass wir uns dabei besser Mühe gaben.

Ab und zu ging ich mit einer Glocke und Weihrauch in den Keller, um die Negativität auszuräuchern. Ich hörte so viele Stöhnen, Seufzer, Rufe und Klagen, dass mir klar war, dass mir ein langer Läuterungsprozess bevorstand. Selbst unser Hund kroch unter meine Bettdecke, wenn die Männer Abend für Abend die Stützen fester anzogen. Komischerweise fühlte sich das Haus gleich »besser«, sobald mein Selfmade-Arbeiterteam die Stahlstützen eingezogen hatte – fast wie eine alte Dame, die seit dreißig Jahren einen Buckel hatte und plötzlich wie durch ein Wunder kerzengerade mit entspannten Schultern und erhobenem Kopf stehen kann. Alle atmeten auf. Die Kinder schliefen wieder besser. Ich hatte einen fürchterlichen Putzdrang in meinem Besen, und alles wirkte plötzlich viel leichter.

Während der gesamten Renovierung schlich ich immer wieder herum, um sämtliche neuen Materialien zu weihen und sie der Göttin und dem Gott zu widmen. Ich malte sogar beschützende Pentagramme auf die Stahlschrauben und andere Geräte, um sicherzugehen, dass sie kein Eigenleben entwickelten und einen verrückten Tanz begannen, während mein Bautrupp vor sich hin schuftete.

Ich will Sie mit diesem kleinen Exkurs daran erinnern, dass Ihre Intuition und Kreativität großen Einfluss auf die praktische Anwendung von Magie und Spiritualität in Ihrem Leben haben. In welchem Magiebuch haben Sie schon einmal eine Step-by-Step-Anweisung gelesen, wie Sie Ihr Haus magisch renovieren können? Die meisten Menschen halten eine Renovierung für eine ganz triviale Sache und beachten sie nicht weiter – wie viele andere Situationen im Leben. Aber jedes Lebensereignis hat magische oder spirituelle Untertöne, wenn Sie dafür empfänglich sind. Es ist einzig und allein Ihre Entscheidung.

Renovierungen, die Sie magisch beeinflussen können, sind

- das Streichen der Zimmer: Weihen und reinigen Sie alle Werkzeuge und die Farbe, ehe Sie beginnen. Fügen Sie der Farbe einen Tropfen heiliges Wasser bei. Singen Sie beim Malen
- das Verlegen neuer Fußböden: Gehen Sie ebenso vor
- das Abbeizen von Holzteilen und anderen Flächen
- das Verlegen elektrischer Leitungen und neuer Wasserleitungen
- das Decken des Daches
- Anbauten: Beginnen Sie, indem Sie die Pläne segnen, und zaubern Sie bei jedem Schritt des Neubaus.
- der Verputz der Außenfassade
- das Ziehen von Stützmauern
- der Einbau neuer Fenster und Türen und einer Doppelverglasung
- das Anlegen von Gartenwegen
- das Verschalen der Mauern
- das Errichten eines Schornsteins
- das Asphaltieren der Auffahrt
- der Einbau eines elektrischen Garagentors
- das Einzäunen des Grundstücks
- das Aufstellen neuer Wandschränke
- der Umbau von Keller oder Boden
- das Anlegen einer Terrasse.

Harmonie in Büro oder Firma

Unsere Arbeit hat einen direkten Einfluss auf unseren Umgang mit dem Rest der Welt. Und wie wir mit der Welt umgehen, hat direkten Einfluss auf unseren Arbeitsplatz. Wie wir uns selbst sehen, hat ebenfalls Einfluss auf unsere Arbeit und Umgebung – das Zuhause, das Familienleben und die Karriere könnten darunter leiden. Manchmal schieben wir die Schuld für unser geringes Selbstwertgefühl auf unser Zuhause oder die Arbeit. Aber ebenso, wie Sie gelernt haben, Ihr Heim zu weihen und zu läutern, müssen Sie deshalb den Reinigungsprozess auch auf Ihre Arbeitsstelle übertragen. Das ist nicht immer einfach. Wenn Sie ein eigenes Büro haben, ist es leichter. Dann ist die halbe Schlacht schon gewonnen. Doch viele Menschen verfügen nicht über den Luxus eines eigenen Büros. Sie sitzen an einem Schreibtisch zwischen fünfzig Kollegen eingezwängt, arbeiten in einer Fabrik, an einer Tankstelle, in einem Geschäft, auf dem Bau, in einem Krankenhaus oder Ähnlichem. Vielleicht sind Sie ja auch als Vertreter ständig unterwegs. Da es sehr viele verschiedene Arbeiten gibt, befassen wir uns besser mit allgemeinen Läuterungsverfahren.

Beim ersten Punkt auf unserer Liste geht es um die Fähigkeiten, die Sie bei der Hausreinigung gelernt haben. Erinnern Sie sich, wie Sie durch das Haus gingen und sich über die Ecken mit negativer Energie Notizen machten? Dasselbe unternehmen Sie nun mit Ihrem Job. Hier müssen Sie aber vermutlich ziemlich diskret vorgehen, daher kann es ein paar Tage dauern. Schreiben Sie alles auf und machen Sie dann eine Liste, die von den schlimmsten Bereichen bis hin zu jenen, in denen Sie sich wohl fühlen, reicht. Da Sie an Ihrem Arbeitsplatz vermutlich nicht mit einem Tablett voll magischer Gegenstände herumlaufen können, müssen Sie sich etwas einfallen lassen. Hier eine Liste mit Tipps, wie Sie die negative Energie lösen und Magie an Ihren Arbeitsplatz bringen können:

- Benutzen Sie eine Schachtel oder Dose mit Süßigkeiten als Rassel. Sie können im Übrigen alles ermächtigen, das rasselt. Ich habe festgestellt, dass meine Kollegen es lustig finden, wenn ich meine Süßigkeiten-Box rasseln lasse. Vermutlich liegt das daran, dass ich den Behälter der Göttin Rosemerta geweiht habe.
- Malen Sie schützende Runenzeichen unter Ihren Stuhl, den Schreibtisch, das Namensschild und so weiter. Wenn Sie nicht auf den Gegenstand selbst malen können, schieben Sie ein Stück Papier mit dem Zeichen darunter.
- Halten Sie Ihren Arbeitsplatz sauber und ordentlich. Wenn Sie auf dem Schreibtisch Staub wischen oder den Sitz des Gabelstaplers reinigen, braucht ja niemand zu wissen, dass Sie ein ermächtigtes Putzmittel benutzen. Und wenn Ihre Kollegen nun die gleiche Flasche Putzmittel benutzen? Dann reinigen sie eben intensiver, ohne es zu wissen!
- Schlagen Sie einen magischen Schutzzirkel um den Schreibtisch oder andere Arbeitsgeräte herum.
- Setzen Sie einen Schutzengel an Ihren Schreibtisch. Das könnte eine Engelsstatue sein oder ein schlichter Flusskiesel mit Ihrem Namen darauf. Manche Menschen haben auch größere Steine mit dem Bild von Totemtieren darauf bei sich.
- Ermächtigen Sie Festtagsschmuck wie die Weihnachts- oder Osterdekoration mit guten Absichten, wie etwa einem Zauber für Frieden, Harmonie, Teamgeist und Ähnlichem.
- Bewahren Sie eine ermächtigte Sanduhr (eine Eieruhr für drei

Minuten reicht schon) in der Schreibtischschublade auf. Bei größeren Spannungen oder wenn Ihnen der Stress zu viel wird, drehen Sie die Sanduhr um. Beim Durchrieseln der Sandkörner denken Sie daran, dass alle Spannungen und aller Stress verschwinden.

- Sprengen Sie heiliges Wasser um Ihren Arbeitsplatz herum. Seien Sie aber diskret: »Oh … Entschuldigung. Mir ist da ein Missgeschick passiert. Ich putze es gleich weg.«
- Reinigen Sie geistig alle Akten, ehe Sie sie berühren. Stellen Sie sich vor, dass das Papier neonblau oder strahlend weiß leuchtet.
- Stellen Sie einen Zauberspiegel auf Ihren Schreibtisch, in Ihren Dienstwagen oder auf den Arbeitstisch, um negative Energien abzuwenden und Ihnen einen Überblick über alles zu verschaffen, was ringsum vor sich geht.
- Benutzen Sie Zauberpulver, wenn es in Ihrem Arbeitsleben wieder einmal auf und ab geht. Halten Sie stets Ihr eigenes Zauberpulver bereit, um eine Situation oder eine Arbeitsstelle zu der Ihren zu machen.
- Verteilen Sie an Ihre Kollegen kleinere Dinge, die Sie mit Ihrer Absicht geläutert, geweiht und ermächtigt haben, so etwa mit Liebe, Teamgeist, Harmonie, Kreativität und so weiter. Wenn Sie sich unsicher sind, dann fügen Sie jeder Absicht hinzu: »die das Universum für jeden nötig findet«. Ein Glas mit Süßigkeiten auf Ihrem Schreibtisch kann auch Wunder bewirken, wenn Sie wahrhaft kreativ damit umgehen.
- Ermächtigen Sie jedes Blatt Papier, das Ihren Schreibtisch verlässt, mit Harmonie und Liebe.
- Jedesmal, wenn Sie Papier fortwerfen, verbannen Sie damit negative Energien.
- Bitten Sie Ihren Schutzgeist vor jeder Sitzung, Ihnen beizustehen.

- Erfüllen Sie jeden Raum, in den Sie treten, mit weißem Licht, auch wenn es nur das Lager oder der Heizungsraum ist. Jedesmal wenn Sie an der Zeituhr stempeln, denken Sie insgeheim an eine positive Affirmation.
- Setzen Sie entweder einen Buchstaben oder ein Symbol hinter jede E-Mail und ermächtigen Sie dieses Zeichen, Ihnen Schutz und Harmonie zu schenken.
- Richten Sie sich in der Schreibtischschublade einen Minischrein oder -altar ein: mit einem Päckchen Salz, einem Fläschchen Wasser, einer kleinen Feder, einem Feuerzeug ... der Phantasie sind keine Grenzen gesetzt.
- Ermächtigen Sie alle Stifte und anderen Werkzeuge an Ihrem Arbeitsplatz, darunter auch den Presslufthammer, die Schlüssel für den Dienstwagen, die Bohrmaschine und so weiter.
- Weihen und läutern Sie alle Handbücher.
- Schreiben Sie eine negative Situation auf ein Blatt Toilettenpapier und spülen Sie es fort – als Art »Toilettenzauber«.
- Stellen Sie eine Schale mit getrockneten Blumen auf Ihren Schreibtisch. Stellen Sie so viele Topfpflanzen wie möglich auf. Dazu gehört natürlich auch die Verantwortung, sie zu pflegen.
- Hängen Sie Windspiele auf, um negative Energien zu lösen und den positiven Energiefluss in Ihrem Arbeitsbereich zu verstärken. Einige Feng-Shui-Experten halten nichts von Windspielen im Haus, andere sind gegenteiliger Ansicht. Da es keine allgemein gültige »Lehrmeinung« gibt, kann jeder für sich experimentieren. Es gilt aber als anerkannt, dass Windspiele im Freien Glück bringen.
- Besprengen Sie wichtige Dokumente mit magischem Wasser (heilendem Wasser, Wohlstandswasser, Erfolgswasser und so weiter).
- Hängen Sie einen ermächtigten Duftbaum in Ihrem Dienstwagen auf.

- Legen Sie ermächtigte Halbedelsteine (Rosenquarz, Türkis, Rauchquarz und andere) unter Teppiche, Sitzkissen, ins Handschuhfach, in Schreibtischschubladen, Aktenschränke und so weiter.
- Legen Sie ermächtigte Bänder in Bücher, Schreibtischschubladen, Ablagen, um Topfpflanzen herum und so weiter.
- Hängen Sie ermächtigte Fotos an die Wand oder stellen Sie sie auf dem Schreibtisch auf. Befestigen Sie eines an der Sonnenblende in Ihrem Wagen.

Sie können aus dieser Liste ersehen, dass der Magie im Leben und am Arbeitsplatz praktisch keine Grenzen gesetzt sind – und zwar, ohne dass Sie die Welt zwingend wissen lassen müssten, wie magisch Sie veranlagt sind. Diese Ideen können Sie auch leicht auf Ihre häusliche Umgebung übertragen.

Magische Minuten

Überlegen Sie sich 15 Dinge, die Sie gewöhnlich bei der Arbeit verrichten und die Sie bei einer magischen Anwendung umwandeln können, sodass sie Ihnen selbst und Ihrer Umgebung nützt. Praktizieren Sie die Zauber, die Sie selbst erfunden haben!

Magische Geheimnisse

Es geht mir zwar gegen den Strich, dass einige Menschen aus welchem Grund auch immer ihre magischen Praktiken geheim halten müssen – aber wir haben nun einmal nicht immer die Freiheit, unserer Lieblingstätigkeit offen nachzugehen oder Magie in Gegenwart anderer zu praktizieren. Zu diesem Zweck habe ich ein paar Gedanken aufgeschrieben, die Ihnen helfen sollen, magisch zu bleiben, ohne sich zu outen – bis der Zeitpunkt gekommen ist, an dem Sie Ihre Religion frei ausüben können. Auch wenn Sie diese Geheimnistuerei nicht nötig haben, können die folgenden Tipps nützlich sein.

- Beziehen Sie bei Ihrer Inneneinrichtung so weit wie möglich Engel ein. Kaum jemand bezweifelt die positive Energie von Engeln.
- Stellen Sie eine große Marienstatue auf. Katholiken werden Sie dafür lieben – und wer weiß schon, dass es Ihre Version der Großen Göttin ist?
- Bewahren Sie Ihre magischen Gegenstände auf einer Fensterbank auf.
- Nähen Sie Kräuter und Zauberpulver in den Saum Ihrer Vorhänge ein. Legen Sie kleine Beutel mit Kräutern und Pulvern unter die Teppiche.
- Kleben Sie ein ansprechendes Poster auf einen Kartentisch, überziehen Sie es mit einer Schicht Klarlack, stellen Sie den Tisch ganz offen auf – und benutzen Sie ihn als Altar.
- Malen Ihre Schutzzeichen auf die Unterseite der Teppiche.
- Verwandeln Sie eine Haushaltsleiter in Ihre Stufen zum Er-

folg, indem Sie die Stufen bunt anstreichen und dekorative Pflanzen darauf setzen. Malen Sie magische Zeichen auf die Unterseite der Stufen, damit Ihr Wohlstand genauso wächst wie die Pflanzen. Und die Pflanzen wachsen genauso wie Ihr Wohlstand.

- Hängen Sie in dem Raum, in dem Sie Rituale abhalten, Poster auf, die zu den Kreisvierteln passen.
- Bemalen Sie Gläser von innen bunt an und lassen Sie sie trocknen. Stellen Sie sie auf ein hohes Regal und bewahren Sie kleine Kerzen, Kräuter, Kristalle, Talismane und so weiter darin auf. Binden Sie ein Band um die Öffnung. Ihre Besucher werden es »nur« für eine hübsche dekorative Idee halten, denn das Regal ist zu hoch, um einen Blick ins Innere zu werfen – es sei denn, man holt sich einen Stuhl heran, klettert hinauf und wagt den Blick in den Abgrund.
- Hängen Sie an Ihren Wänden Darstellungen von Wölfen, Bären, Delphinen oder anderen Totemtieren auf.
- Bewahren Sie Ihre Zauberutensilien in leeren Kartons auf.
- Bewahren Sie größere Zaubergerätschaften in großen, undurchsichtigen Plastikkästen auf, die Sie etwa unter die Kellertreppe stellen könnten. Ich habe zwar einen Zauberschrank, aber auch zwei grüne Kästen, die ich unter meinem Altar aufbewahre (mein Altar ist ein großer Beistelltisch mit einer Steinplatte). Ich komme leicht an die Materialien heran, wenn ich sie brauche, und wenn nicht, dann sind sie gut aufgehoben: aus den Augen, aus dem Sinn.
- Beim Dekorieren von Räumen sollten Sie auch Hexensymbole benutzen. Ihre Mutter mag dann vielleicht denken, es seien altindianische Zeichen – und in gewisser Weise hat sie damit sogar Recht.
- Hacken Sie in die Wand ein Loch von der Größe eines Belüftungsschachts, um Ihre Zaubermaterialien dort aufzubewah-

ren (aber Vorsicht, informieren Sie sich vorher darüber, wo elektrische Leitungen oder Wasserrohre verlaufen!). Verschließen Sie die Nische mit einem Metallgitter, ähnlich wie bei Belüftungsschächten.

- Richten Sie sich eine Wandnische mit Regalen ein und hängen Sie ein magisches Bild oder einen magischen Vorhang davor.
- Räucherstäbchen können Sie in handelsüblichen Strohhalmen in deren Originalverpackung aufbewahren.
- Lassen Sie eine Platte aus undurchsichtigem Glas für Ihren Küchentisch oder Wohnzimmertisch schneiden und bewahren Sie magische Notizen und andere wichtige Zauberdokumente darunter auf.
- Benutzen Sie einen leeren Koffer für die Aufbewahrung Ihrer Zauberwerkzeuge und -schriften.
- Verwandeln Sie einen Brotkasten in einen Behälter für magische Instrumente.
- Befestigen Sie einen Handtuchhalter an der Rückseite Ihres Kleiderschranks und hängen Sie daran Ihr *Buch der Schatten* auf.
- Bringen Sie neben dem Waschbecken einen Spender an, wie man ihn für flüssige Seife benutzt, und füllen Sie ihn mit heiligem Wasser oder Ihrem Lieblingsöl. Sie können auch einen ganz normalen Seifenspender kaufen, die Seife verbrauchen und den gereinigten Behälter für heiliges Wasser oder Öl benutzen.
- Befestigen Sie Ihren Zauberstab mit Klebeband an der Unterseite Ihres Altars. Sie können auch einen Beutel für den Zauberstab nähen und das Klebeband an dem Beutel anbringen. Dasselbe gilt für den Athame – aber nur, wenn keine Kinder im Haus sind. Bewahren Sie ansonsten Ihren Athame niemals dort auf, wo ein Kind ihn finden kann.

- Malen Sie Schutzsymbole unter die Kellertreppe.
- Kaufen Sie Probierfläschchen, verbrauchen Sie den Inhalt und benutzen Sie die Fläschchen für Öle, Weihrauchpulver, Zauberpulver und heiliges Wasser. Markieren Sie die Fläschchen mit verschiedenen Nagellacken auf der Unterseite, damit Sie nicht vergessen, dass das Weihwasser in dem Shampoofläschchen ist und das Zauberpulver für Erfolg in der Flasche für Mundspülung. Eine alte Schuhputztube mit integriertem Schwämmchen eignet sich übrigens wunderbar zur Aufbewahrung von Salbungsöl.
- Bewahren Sie Ihre Zaubervorräte in einem alten Rucksack oder einer Strandtasche auf.
- Bewahren Sie Knöpfe, Wechselgeld, Sicherheitsnadeln und Zahnstocher in einem Glas auf und benutzen Sie sie für Wohlstands- und Überflusszauber. Fügen Sie Tag für Tag einen weiteren Gegenstand hinzu, um Ihren Wohlstand zu mehren.
- Funktionieren Sie eine große Kaffeedose zum »Hexenkessel« um. Legen Sie sie mit Aluminiumfolie aus und bewahren Sie sie unter dem Küchenspülstein auf.
- Malen Sie Zauberzeichen mit heiligem Wasser oder Öl unter die Esstischstühle (besonders unter die, auf denen Ihre Schwiegermutter oder die neugierige Nachbarin immer sitzt).
- Malen Sie ein magisches Zeichen für Wohlstand neben jeden Eintrag in Ihrem Scheckbuch.
- Weichen Sie Ihren Hexenbesen in geweihtem Wasser ein. Die Salzlösung macht ihn nicht nur dauerhafter, sie hilft auch, läuternde Energien zu verteilen, während man gleichzeitig Staubmäuse wegfegt.
- Besprengen Sie Ihre Bügelwäsche mit ermächtigtem Wasser und singen Sie, während der Dampf aufsteigt.

Geister vertreiben

Es kann ziemlich kompliziert und manchmal sogar gefährlich werden, wenn man Häuser von Geisterfreunden und -feinden befreien will, ohne sich ganz genau auszukennen. Es gibt Fälle von Häusern oder Siedlungen, die von Geistern heimgesucht wurden, unabhängig davon, was man auf magischem oder weltlichem Wege unternahm. Doch solche Fälle sind recht selten.

Ich bin keine Expertin in Geistervertreibung, habe aber schon einige Häuser von unerwünschten Energien befreit. In ein paar Fällen betrachteten die Besitzer diese Irritationen als Geister. Da mir noch nie ein Geist in seiner ektoplasmatischen Pracht begegnet ist, kann ich Ihnen es auch nicht sicher bestätigen – doch ich erwähne in einem meiner Bücher die Geschichte von meinen Kindern und deren Begegnung mit einem unangenehmen Geist, der zweifelsohne tatsächlich existierte und den ich sofort vertreiben konnte. Der Große Geist verhindert aus irgendeinem Grund, dass ich Geister tatsächlich sehe. Ich habe keine Ahnung, ob das daran liegt, dass mein Sternzeichen Jungfrau mich fest am Boden verankert, oder weil ich einfach zu stur bin, um zuzulassen, dass sich irgendetwas vor meinen Augen manifestiert. Ich bin von einem Geist körperlich berührt worden, habe seinen Duft gerochen, habe mich heiß, kalt und unwohl gefühlt – aber noch nie hat sich ein Gespenst vor meinem Auge materialisiert. Das will aber nicht heißen, dass ich nicht an Geister glaube.

Es sind Begegnungen mit verschiedenen Typen von Geistern verbürgt: Da gibt es den freundlichen Ammentyp (männlich und weiblich), den Typen »Lass mich in Frieden, ich mache nur einfach meine Geisterarbeit«, den Witzbold und den unangenehmen Geist. Die meisten Menschen können ganz gut mit den ersten beiden Typen leben. Hausbesitzer fühlen sich irgendwie besser aufgehoben, wenn sie ihr Heim mit einem freundlichen Geist teilen. Manche Leute mögen auch den dritten Typ, den Witzbold, während andere ihm gleichgültig gegenüberstehen. Aber mir ist noch niemand begegnet, der einen unangenehmen Geist mochte.

Ehe Sie sich nun für eine der verschiedenen Arten der Geistervertreibung entscheiden, sollten Sie sich über Folgendes klar werden:

1. Welcher Art von Geist sind Sie begegnet? Das bestimmt, welche Art der Läuterung und Weihe Sie im Haus unternehmen. Wie ich schon sagte, manche Leute behalten ihre Geister ganz gern, andere aber nicht.

2. Leben Teenager, seelisch instabile oder kranke Menschen in dem Haus? Wenn das auf eine dieser Gruppen zutrifft, ist Ihr Geist vielleicht gar kein Geist, sondern die Manifestation eines Menschen. Im Fernsehen wurde einmal ein Bericht über einen besonders unangenehmen Geist gezeigt. Die Familie hatte große Probleme mit ihm. Einige Hausbewohner erlebten körperliche Angriffe. Man unternahm alles Mögliche, rief einen Hellseher hinzu, einen Priester und schließlich ein Medium. Nichts wollte klappen, und der Geist blieb. Als ich mir die Sendung mit meiner Tochter ansah, sagte ich zu ihr: »Sieh dir das Kind an. Blick ihr direkt in die Augen. Da hast du deinen Geist.« Es war gar kein richtiger Geist. Zur Familie gehörte ein geistig behindertes Kind in der Pubertät. Mir war klar, dass dieses Mädchen sämtliche Probleme manifestierte. Man konnte die unausgeglichene Energie an seinem Blick ablesen. Mir ist schleierhaft, dass die Experten das nicht bemerkten.

3. Hat das Haus in Vergangenheit oder Gegenwart extremen Tumult erlebt? Viele unangenehme Geistervorkommnisse entstammen negativen Denkmustern aufgrund von Krisen und Gewalt, etwa dem Missbrauch von Kindern. Jedesmal, wenn im Haus jemand wütend wird, fließt diese Wut in den Denkstrom ein. Ein negatives Denkmuster hat kein Eigenleben und nährt sich nur von negativer Energie. Je negativer die Emotionen der Hausbewohner sind, umso mehr Aktivitäten erleben diese von Seiten der Denkmuster.

4. Haben Sie das Gefühl, den Anforderungen eines Geistaustreibers zu genügen? Arthur Ford and Sybil Leek hatten dafür eine ganz besondere Technik: Arthur hypnotisierte Sybil, sie wurde sein Medium. In vielen Fällen »überführten« sie den Geist, in anderen blieben sie erfolglos. Wie sicher sind Sie sich Ihrer eigenen Fähigkeiten?

5. Wenn Sie bei jedem Geräusch im Haus zusammenfahren oder Ihnen schon beim Gedanken an die Begegnung mit einem Geist der Angstschweiß auf die Stirn tritt, bieten Sie ja nicht an, Ihrem Freund gegen eine aufdringliche Todesfee beizustehen. Heutzutage setzt man Seancen und Medien kaum noch zur Geistervertreibung ein. Man konzentriert sich eher auf die Läuterung und Weihung des Hauses und ermöglicht es so dem Universum, den Geist dorthin gehen zu lassen, wohin er wandern muss. Okay, die Menschen, die diese Weihungen und Läuterungen vornehmen, scheinen oft zwar ein Mindestmaß an Sensibilität für die Anwesenheit von anderweltlichen Wesen zu besitzen, aber Begebenheiten Marke Hollywood-Grusel sind heute nur noch auf der Leinwand zu finden.

6. Wenn die Hausbesitzer Sie überzeugt haben, dass eine unerwünschte Präsenz existiert oder wenn Sie selbst diese Präsenz

spüren, sollten Sie das Haus von einem magischen Zirkel aus läutern und weihen. Sie müssen vermutlich härtere Maßnahmen anwenden, als sie in diesem Buch geschildert werden. Meine Tochter Angelique und ich haben auch schon zusammengearbeitet, und zwar wenn wir glaubten, es mit einem Wesen zu tun zu haben, das nicht gerade einem Ammenmärchen entsprungen schien. Wenn Sie allein arbeiten wollen, sollten Sie sich Ihrer Zauberfähigkeit sehr sicher sein und sich in Schutzmagie, Zirkelschlagen und Abwehrzaubern gut auskennen. Wenn Ihnen Kenntnisse in diesen Bereichen fehlen, empfehle ich Ihnen dringend, die Finger davon zu lassen und jemanden hinzuzuziehen, der fähiger ist. Ich kenne einen jungen Mann, der so stolz auf seine Zauberkenntnisse war, dass er eine ziemlich hohe Summe für die Läuterung eines von Geistern heimgesuchten Hauses verlangte. Kurz gesagt, er wurde von dem Geist vertrieben und mit dem Hosenboden voran aus einem Fenster in den Vorgarten geschleudert. Das war gar nicht komisch. Man muss allerdings erwähnen, dass er alles unter Kontrolle zu haben schien, bis die junge Frau von der paranormalen Vereinigung, die ihn begleitete, sich über seinen magischen Zirkel lustig machte und einfach über ihn hinwegging. Als Nächstes flogen sie beide durch den Raum und landeten in den Büschen vor der Tür. Unser Freund fand, das Ganze sei das Geld nicht wert, und weigerte sich, das Haus wieder zu betreten. Ich kann es ihm nicht verdenken: Er konnte es einfach nicht mit diesem entschlossenen Geist aufnehmen.

7. Beachten Sie bitte, dass manche Menschen bewusst oder unbewusst astrale Unannehmlichkeiten anziehen und Sie dann bitten, dies auszugleichen. Diese Psychen leiden an einer überreizten Phantasie. Das trifft besonders auf Teenager und junge Erwachsene zu. Aus irgendeinem Grund verbinden diese

jungen Leute Zauberei ausschließlich mit unfreundlichen Geistern. Herzlichen Dank, Hollywood. Sie warten regelrecht auf übel gelaunte Geister und manifestieren dann diese dummen Zwischenfälle. Das Problem sind hier nicht die Techniken der Bannung, sondern wie man die Teenager oder jungen Erwachsenen vom Glauben an das Geisterunwesen abbringt. Glaube ist, wie wir alle wissen, eine starke Kraft und manifestiert sich oft, wenn ein Teenager unter Langeweile oder Minderwertigkeitskomplexen oder Schlimmerem leidet. Vielleicht kommt er auch aus einer gestörten Familie und sucht dies als seelischen Ausweg – indem er sich mit unwirklichen Themen befasst, um sich nicht mit der Wirklichkeit beschäftigen zu müssen. Solche Fälle nehmen viel Zeit in Anspruch – aber nicht, um Geister zu vertreiben, sondern mit therapeutischer Beratung. Wenn Sie diese Zeit nicht aufbringen wollen, halten Sie sich von solchen Menschen besser fern.

8. Wenn Sie festgestellt haben, dass das Haus tatsächlich von Geistern heimgesucht wird, spüren Sie der Geschichte des Anwesens nach, ehe Sie sich spirituell an die Arbeit machen. Solche Informationen können bei der Hausläuterung sehr nützlich sein.

9. Es gibt auch vorübergehende Phänomene, was bedeutet, dass magische Menschen durch ihre Energiearbeit seltsame und ausgesprochen neugierige Energien anziehen. Nur ruhig Blut! Wenn Ihr Heim stets geläutert und geweiht ist, dürften Sie keine Probleme haben.

Sollen Sie für die Reinigung und Weihung eines anderen Hauses Geld verlangen? Sicher, wenn Sie wollen. Sie bringen viel Zeit damit zu, besonders, wenn das Haus oder die Wohnung groß ist. Kurz ehe ich mir ein Haus vornehme, kaufe ich in einem Laden in der Nähe Quellwasser, Meersalz, Nelken, Knoblauch, Kerzen und andere Materialien. Bei meinem ersten Besuch bringe ich gewöhnlich die Quittung dafür mit und lege sie vor. Alles, was ich gekauft habe, bleibt im Haus, damit die Besitzer es bei späteren Reinigungen und beim Schnellputz zwischendurch benutzen können. Ich verlange für die Hausreinigung an sich kein Geld, aber wenn mir eine Spende angeboten wird, lehne ich sie auch nicht ab. So verstehe ich aufgrund meiner Powwow-Ausbildung den Austausch von Energien. Eine Spende abzulehnen bedeutet, den Besitzer vor den Kopf zu stoßen, sodass er in meiner karmischen Schuld stünde.

Sie haben in diesem Kapitel gelernt, dass Ihr Haus und Ihr Arbeitsplatz Ihre Energien und die anderer widerspiegeln. Wenn wir uns ändern wollen, müssen wir unsere Umgebung ändern, damit sie zu unseren Plänen passt. Sie haben außerdem gelernt, dass Sie auch ganz normale Tätigkeiten in magische Praktiken verwandeln können.

Mir ist klar, dass es verschiedene Methoden zur Hausreinigung gibt. Die hier vorgestellte kombiniert mehrere Typen. In den einzelnen Wicca-Traditionen finden sich verschiedene Hausputzrituale, die mit den in der jeweiligen Tradition betonten Energien (schamanisch oder zeremoniell) verbunden sind sowie mit einer bestimmten Gottheit und Himmelsrichtung. Wenn Sie traditionelle Studien betreiben, verbinden Sie vielleicht die Informationen aus diesem Kapitel mit Ihren eigenen Reinigungsritualen, die dazu passen. Im Folgenden sei ein Beispiel für eine Haussegnung dargestellt, die von Jane Shipley und Cynthia Lollo, zwei Angehörigen des Black Forest Clans, am 21. Dezember 1997 durchgeführt wurde.

Wählen Sie einen günstigen Zeitpunkt: Wir einigten uns etwa auf die Wintersonnenwende – neues Jahr und Neuanfang. Das Julfest 1997 war außerdem schon belegt. Wir überlegten, welche Energien wir einschließen wollten und was unser Ziel sein sollte. Wir einigten uns auf Frieden, Harmonie, Liebe, Schutz, Erfolg, Erleuchtung und Hoffnung. Es dauerte eine Weile, bis wir eine Entscheidung getroffen hatten, wie wir diese Ziele erreichen wollten. Dazu wählten wir Runen, Kräuter, Öle, ein Glas mit »druckfrischen« Pennys und ein Pentagramm.

Runen: Feoh, Odal, Sol, Wyn, Algiz und Dag (Feoh: Erfolg und finanzieller Reichtum; Odal: Wechsel von der Ich- zur Clanbezogenheit, Heim und Herd, Sicherheit; Sol: Erfolg, Erleuchtung, Führung; Wyn: Freude, Vergnügen, Hoffnung; Algiz: Schutz, Verbindung zwischen Gott und Mann, Göttin und Frau; Dag: Ritualfeuer, Mächte von Tag und Nacht, Polarität).

Öle: Nelke, Rose, Zimt, Sandelholz, Lavendel.

Kräuter: Mistel, Baldrian, Rosmarin, Dill und eine spezielle Tabakmischung (aus Bärentraube, Weide, Oshawurzel, Königskerze, Zerba).

Weihrauch: Tanne.
Wir luden auch Gäste dazu und gaben jedem von ihnen einen Zuständigkeitsbereich (Kräutergast, Pennygast, Ölgast und so weiter). Außerdem suchten wir einen Gesang aus:

»Frieden, Liebe, Harmonie,
segne alle, die hier leben.«

Ehe die Gäste ankamen, nahmen wir die Vertreibung vor, um das Ritual nicht zu sehr in die Länge zu ziehen. Dann schlugen wir einen magischen Kreis, der das ganze Haus einschloss. Wir riefen die Kreisviertel an, nahmen einen Salbeizweig und gingen dreimal gegen den Uhrzeigersinn durch jedes Zimmer, während wir sangen:

»Hinaus mit der negativen Energie, kehr niemals zurück.
Hinein mit der positiven Energie, bring uns viel Glück.«

Wir fingen im Keller an und arbeiteten uns bis zum Dachgeschoss hoch. Wir segneten und weihten die Kräuter, die Pennys und das Öl, ehe die Gäste eintrafen. Bei seiner Ankunft wurde jeder Gast mit einem Öl gesalbt. Zum verabredeten Zeitpunkt begannen wir mit dem Segen. Wieder fingen wir im Keller an. Auf alle Türen, Fenster oder Durchgänge malte Cynthia mit Duftöl ein Pentagramm in einem Kreis. Sie benutzte dafür den Stöpsel der Ölfläschchen statt der Finger, damit die Zeichen nicht verschmierten. Dann malten wir an jede Spitze des Pentagramms eine Rune und erklärten deren Bedeutung. Der Rest der Gruppe malte die Runen mit dem Finger in die Luft, wenn wir die Namen riefen. Wir nannten das »Runen-Chi«, und Jane leitete das Ritual.

Dann streute der Gast, dem die Kräuter übergeben worden waren, diese auf jede Fensterbank und jede Türschwelle. Anschließend legte die Person, die für die Pennys zuständig war, einen Penny in jede Raumecke und auf jede Ecke der Tür- oder Fensterrahmen. Zum Abschluss sangen wir in jedem Raum:

»Friede, Liebe, Harmonie,
segne alle, die hier weilen.«

Dann kehrten wir ins Erdgeschoss zurück, um unsere Arbeit abzuschließen, und versammelten uns vor dem Altar. Wir dankten dem Gott, der Göttin und den Kreisvierteln für ihren Beistand bei der Haussegnung. Dann schlossen wir die Kreisviertel und lösten den Zirkel auf. Und nachdem wir uns verankert und zentriert hatten, wandten wir uns schließlich einem fröhlichen Gelage zu!

Segenszeichen

Man malt Segenszeichen mit einem Glasstöpsel oder Zauberstab auf jedes Fenster, jede Tür und jeden Durchgang. Später, beim Hausputz, sprüht man fünf Spritzer Glasreiniger auf jede Fensterscheibe und spricht dabei:

> *»Mit Erde, Feuer und Wasser reinige ich dieses Fenster. Doch ich nehme nicht die Essenz fort, die bei der Haussegnung hier verankert wurde – denn ich weiß, die Göttin kann nicht wollen, dass meine Fenster schmutzig sind.«*

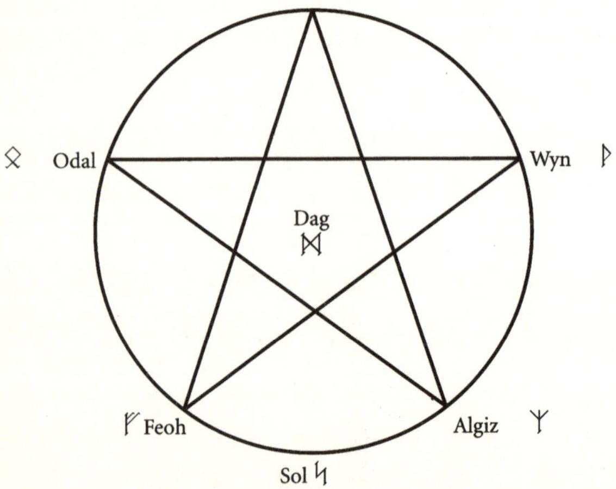

5 Die Verbindung von Zaubern und Innenschau

Wenn man erfahrene Hexen fragt, wie sie zaubern, so lautet die Antwort vermutlich: »Na ja, indem wir es einfach tun.« Das hilft einem auch nicht weiter, oder? Man denkt vielleicht, diese Frage sei leicht zu beantworten, aber das stimmt nicht. Wenn man eine Hexe fragt, wie man jemanden oder etwas mit einem Bann belegt, welchen Spruch man bei welcher Gelegenheit anwendet oder wie man entscheidet, welchen Zauber man für einen bestimmten Zweck auswählt, fängt man so manchen fragenden Blick auf. Denn auf diese schlichte und einfache Frage gibt es sehr viele verschiedene Antworten. Daher bin ich bei Interviews nie besonders gesprächig, besonders nicht, wenn mich jemand fragt: »Nun, Silver RavenWolf, Sie als Hexe und Verfasserin von unzähligen Büchern, wie zaubern Sie eigentlich?« – »Ich konzentriere mich.«

Bei der Entscheidung, wie man einen Zauber ausübt oder welchen Spruch man dabei sagt, verlassen sich die meisten Hexen auf ihren Instinkt statt auf ihr logisches Denken, obwohl die Logik an irgendeinem Punkt der Arbeit schon noch ins Spiel kommt. Die meisten Hexen tun, was sie für richtig halten, und verlassen sich auf ihre Intuition oder das höhere Selbst, das sie leitet. Gute Zauber entstehen in unserem eigenen seelischen »Backofen« nach demselben Geheimrezept wie Großmutters wunderbare Plätzchen: eine Prise von dem, ein bisschen von dem, rühren, bis es sich richtig anfühlt, und dann die ganz besondere, geheime Zutat … eine recht wackelige Angelegenheit, nicht wahr? Denken Sie jedoch daran, dass Großmutters Plätzchen in der Regel als wahre Meisterwerke aus dem Ofen kamen. Wenn Sie genug üben, werden Ihre Zauber ebenfalls immer besser, sodass Sie sich nicht mehr sklavisch nach Büchern richten müssen, weil Sie gelernt haben, manche Zutaten durch andere zu ersetzen, anstatt ein Vermögen für ein ganz besonderes Kraut auszugeben, nur weil es in einem Buch so stand.

Wenn mich jemand nach einem bestimmten Zauber oder Ritual zum Beispiel für mehr Selbstbewusstsein oder Geld fragt, dann weiß ich sofort, dass die betreffende Person

- noch nicht über das notwendige Selbstbewusstsein als Hexe verfügt
- noch nicht herausgefunden hat, dass man selbst die besten Rituale und Sprüche entwickelt.

Ich empfinde die Zauberei ebenso als Kunst wie als Wissenschaft, die aber auf einer kleinen Portion Glauben beruht. Man muss die Welt als einen Ort der Fülle begreifen, an der man einen Anteil verdient hat. Wenn Sie nicht an die Macht der Magie glauben, haben Sie auch keinen Erfolg damit. Worauf beruht also diese Macht? Letztlich auf dem Großen Geist – aber ich habe festgestellt, dass auch andere Energien beim Zaubern beteiligt sind, je nachdem, was ich anrufe oder was ich nutzen will und was hilfreich sein könnte. Sie entscheiden sich beispielsweise für das Element Feuer, das für Kreativität steht, die Eigenschaften eines bestimmten Heilkrauts wie Drachenblut, um dem Zauberpulver mehr Durchschlagskraft zu verleihen, eine astrologische Korrespondenz oder ein Denkmuster in Verbindung mit einem uralten Talisman. Grundsätzlich verbinden die meisten Zaubermethoden verschiedene Energien, die dosiert und für einen einzigen Anlass kombiniert werden. Das Schlüsselwort hier lautet »nach eigenem Rezept«. Schätzen Sie einmal, wie viele Hexen auf dieser Erde leben, und Sie haben auch die genaue Anzahl von Zaubermethoden. Es liegt an Ihnen, sich für eine bestimmte Technik zu entscheiden, die gut zu Ihren Energiemustern und Ihrem Glaubenssystem passt.

Manche Zauberer lassen Musik bei der Arbeit laufen, andere verwenden Kräuter, wiederum andere arbeiten gern mit Kristallen oder Edelsteinen. Manche Hexen halten nicht viel von Schnickschnack und Geräten und arbeiten lieber mit Naturelementen wie Feuer und Eis, Wind und Erde. Wiederum andere verlassen sich auf ihren Geist als das mächtigste magische Werkzeug in ihrer Zaubersammlung. Wahre Älteste der Zunft gehören gewöhnlich in die letzte Kategorie (denken Sie an Lord Serphants drohenden Zeigefinger: »Silver, du brauchst eigentlich keine Instrumente!«). Ich will damit nicht sagen, dass die Ältesten niemals Hilfsmittel und Instrumente benutzen – aber selbst wenn sie splitternackt in einen Wirbelsturm gerieten, würde ihnen das nicht viel ausmachen.

Hexen lassen sich bei der Entscheidung, welchen Zaubertyp sie anwenden wollen, gern und oft von ihrem Meister, bei dem sie gelernt haben, inspirieren. Wenn eine Hexe beispielsweise beschließt, sich in diesem Monat ausschließlich auf Kräuter zu konzentrieren, dann wird sie bei den meisten Zaubern vermutlich auch Kräuter benutzen, damit sie besser lernt, welche Wirkung die verschiedenen Kräuteranwendungen haben. Dasselbe gilt für Halbedelsteine, das magische Alphabet, Kerzen, seelische Zauber, Tarotkarten, Runen, Salomonssiegel, Weihrauch, Zauberpulver und so weiter. Machen Sie sich also keine Sorgen, dass Sie etwas falsch machen könnten. Zu einem Zauber gehören keine komplizierten Schritte oder teure Heilkräuter. Die Göttin weiß, dass wir mit einem Stück Bindfaden und einer Rassel genügend Zauber aktivieren können, ohne alles unnötig zu komplizieren. Sicher, auch ich kenne die Begeisterung, wenn man zuerst die komplexeren Techniken lernt (und auch erfährt, wie teuer sie sind), aber man ist keine schlechtere Hexe, nur weil man sie nicht alle beherrscht.

Wenn mich jemand fragt, wie ich einen Zauber bewirke, gehen mir Hunderte verschiedene Antworten durch den Kopf. Sollte ich die Mondphasen erwähnen, die Kräuter, Kerzen ... den Fokus, Gottheiten, Archetypen ... oje! Versuchen doch Sie einmal, das Konzept »Großer Geist« zu erklären, und sehen Sie, wie weit Sie damit kommen. Das dauert alles seine Zeit. Grundsätzlich zucke ich mit den Schultern und schüttle den Kopf. Wo fängt man am besten an?

Am Anfang steht der Wunsch. Da haben wir gleich eine weitere Frage, über die wir nachdenken können. Braucht man unbedingt ein Buch der Zaubersprüche? Ich neige eher dazu, diese Frage mit Nein zu beantworten. Eine mir bekannte sehr weise Hexe, eine Schülerin von Sybil Leek, Lady Phoebe vom Catta-Bund, sagte dazu: »Die besten Zauber, die man bewirkt, sind auf dem eigenen Mist gewachsen.« Sie hat Recht, aber man muss sich natürlich in der Methodik der Zauberei auskennen, ehe man anfängt, selbst etwas zusammenzubrauen, und man braucht auch ein bisschen Mut zum Experiment. Sie wissen ja, Oma lernte das Kochen von ihrer Mutter oder sogar Großmutter und hatte vermutlich viele Fehlversuche hinter sich, ehe sie mit ihren phantastischen Plätzchen aufwarten konnte.

Ich habe zum Beispiel meine Grundtechnik im Zaubern, wie die Wahl des richtigen Zeitpunkts, die Wortwahl, Pflege der Instrumente und so weiter, gründlich gelernt und außerdem die Eigenschaften aller Kräuter, Halbedelsteine, Alphabete, Runen und so weiter studiert. Und jetzt kann ich damit arbeiten. Ich stelle gern Zauberpulver her, und so sitze ich oft da und zerstampfe oder pulverisiere ein paar Kräuter. Ich schreibe jede Zutat auf, ehe ich sie hinzufüge, und auch, was ich über die jeweiligen Kräuter (in magischer Hinsicht) weiß. Dann experimentiere ich mit dem Pulver. Manchmal klappt es nicht. Dann wieder klappt es gut. Ich mache mir immer Notizen für den künftigen Gebrauch.

Fast alle »Zauberlehrlinge«, die ich kenne, haben verschiedene Lernstadien hinter sich. Man beschäftigt sich vielleicht ein Jahr lang mit Kräutern oder anderem und schreitet dann zu einem anderen Bereich fort. Vielleicht gibt man die Kräuterarbeit auch ganz auf oder gebraucht Pflanzen in den folgenden zwei Jahren nur sehr selten. Dann, im vierten Jahr, stürzt man sich wieder wie wild auf die Kräuter. Dasselbe ist mir mit Runen, Trommeln, Singen, den Tarotkarten und anderen Mysterientechniken passiert. Die wichtigste Lektion aber ist die spirituelle Reifung des magisch denkenden Menschen. Manchmal muss man sich eingehender mit einer bestimmten Sache befassen, um schließlich ein höheres Stadium der Spiritualität zu erreichen. Dann lässt das Interesse langsam nach, und man wendet sich etwas anderem zu. Mit der Zeit erkennt die Hexe, dass ihre Erfahrung größtenteils auf diesen Lernprozessen beruht. Dasselbe gilt für Rituale. Ein magisch denkender Mensch beginnt vielleicht mit kurzen, eng umrissenen Ritualen, geht zu zeremonielleren, starreren Praktiken über und kehrt dann zurück zu schlichteren Formen. Diese Methoden sind niemals entweder richtig oder falsch, solange damit kein Schaden angerichtet wird. Vielfalt ist das Schlüsselwort in dieser bestimmten Phase des spirituellen Wachstums. Ray Buckland sagte einmal, es gäbe Mercedes-Zauber und VW-Zauber – man gewöhnt sich besser an beide.

Denken Sie stets daran, dass es nie falsch sein kann, einen Zauber zu bewirken oder ein Ritual zu vollziehen, solange man niemandem damit schaden will. Sie werden jedoch in unserer Gemeinschaft bald feststellen, dass durchaus bestimmte Techniken und Methoden bevorzugt werden. In der Welt der Magie bestimmen oft diejenigen, mit denen man zusammenarbeitet, die akzeptierten Ausbildungsformen. In der Wicca-Zunft zum Beispiel lehrt man die Schüler, vor jedem Zauber oder Ritual einen magischen Zirkel zu schlagen, aber im amerikanischen Hexenkreis (an dem sich die Powwow-Schamanen orientieren) schlägt man keinen magischen Kreis noch betrachtet man im Powwow den magischen Zirkel als notwendig für einen Zauber. Sie vollziehen auch keine förmlichen Rituale, wie wir sie verstehen. Wenn überhaupt, so praktizieren die amerikanischen Hexen spontane Rituale (wir kommen aber noch darauf zurück).

Wenn man mit dem Zaubern beginnt, fängt man ganz von vorn an, nämlich bei dem Wunsch, dem eigentlichen Grund, warum man überhaupt zaubern will. Von dem Augenblick an, in dem man sich entscheidet, einen Zauber zu bewirken, entwickelt man in einem Prozess seine Fähigkeiten und reift spirituell. Sicher gehört zum Zaubern eine spirituelle Grundzielsetzung, der man folgen sollte, ob es nun um Geld, Liebe, Gesundheit oder die Rettung unseres Planeten geht.

Sich für ein Ziel entscheiden

Nun möchte ich Sie bitten, ein paar ernsthafte Dinge ganz konkret zu bedenken. Ich möchte, dass Sie ein ganz bestimmtes Ziel wählen, wie im ersten Kapitel. Haben Sie die betreffende Übung übrigens zu Ende gemacht (siehe Seite 22)? Nun, falls nicht, behalten Sie das Ziel im Auge. Der Prozess wird sich als nützlich erweisen. Also ... haben Sie ein bestimmtes Problem, an dem Sie knabbern, das Sie aber zu ignorieren versuchen? Haben Sie einen Traum, den Sie noch nicht verwirklicht haben, weil Sie Angst haben? Bitte schreiben Sie dieses Problem oder das Ziel auf, an dem Sie arbeiten möchten.

Ob Sie dasselbe Ziel wählen können, an dem Sie schon im ersten Kapitel gearbeitet haben? Ja, wenn Sie die Übung dort beendet haben. Nein, falls das nicht der Fall ist. Auch bei der folgenden Übung dürfen Sie nicht mehr als ein Ziel auswählen. Das ist wirklich das größte Problem bei uns Menschen: Wir wünschen uns so viele Dinge und wollen so viel verbessern, dass wir uns verheddern und schließlich und endlich kaum etwas geregelt bekommen. Wenn man einen Zauber für einen ganzen Haufen von Problemen spricht, ist das wie russisches Roulette: Ob es gut oder schlecht ausgeht, hängt von dem Revolver ab, in dessen Mündung man starrt.

Schreiben Sie Ihr Ziel auf. Lassen Sie es eine Weile liegen, wir kommen später noch darauf zurück. Benutzen Sie zum Schreiben einen Bleistift, weil vielleicht noch Korrekturen anfallen werden. Wenn Ihr Ziel dasselbe geblieben ist, nachdem Sie diesen Abschnitt durchgearbeitet haben, ist das auch in Ordnung.

Verbindungen zwischen Hypnotherapie und Magie

Ich musste mir einmal die Beschwerde einer Frau anhören, die einen Hypnotherapeuten aufgesucht hatte, um abzunehmen (sie wollte vierzig Pfund loswerden) und mit dem Rauchen aufzuhören. Der Hypnotherapeut hatte sich mit dem Gewichtsproblem und dem Rauchen getrennt, aber in einer einzigen Sitzung befasst. Die Frau nahm fünf Pfund ab und rauchte weiter. Und warum klappte es nicht? Solange der Therapeut keine Verbindung zwischen den beiden Problemen für die Klientin herstellen konnte, hatte sie keine Chance auf Erfolg. Um beide Probleme zu lösen, muss sich der Klient innerlich gewaltig ändern, und zwar psychologisch, seelisch und spirituell – vielleicht beruhten die beiden Probleme, das Rauchen und das Übergewicht, ja auch auf zwei völlig verschiedenen psychologischen Komplexen. Daher würde eine einzige Sitzung nicht das Geringste bewirken.

Über den Daumen gepeilt rechnet man bei der Hypnotherapie mit sechs Sitzungen pro Problem. Wenn der Therapeut das Problem nicht bewältigen oder den Klienten nicht dazu bringen kann, in sechs Sitzungen ein neues Ziel aufzustellen, bekommt dieser in der Regel das Honorar zurück (zumindest in unserer Gegend). Gut, diese sechs Sitzungen können sich über einen Zeitraum von sechs Monaten erstrecken, während der Klient gewissenhaft die Anweisungen befolgt – wie etwa jeden Tag eine Kassette anzuhören –, damit sich die erwünschte Änderung langsam manifestieren kann.

Dasselbe gilt für die Magie. Wenn die Ziele nicht irgendwie miteinander verbunden sind oder man keine Verbindung herstellen kann, die die Themen in Bezug zueinander setzt, werden die meisten Magielehrer Ihnen raten, beim Zaubern nicht zu viele Probleme auf einmal in Angriff zu nehmen. Wie bei der Hypnotherapie können Sie nicht erwarten, dass mit einem einzigen Zauber das Problem gelöst oder das Ziel erreicht wird. Geringere Probleme lassen sich oft rasch ausräumen, und manchmal hat man auch unmittelbar Erfolg – aber bei umfangreicheren Komplexen bauen die Zaubermethoden in den verschiedenen Sitzungen aufeinander auf. Man weiß nie im Voraus, wie viele Sitzungen es dauern wird, bis sich ein Wunsch erfüllt oder ein Problem bereinigt. Falls man mit festen Terminen arbeitet, sorgt man instinktiv dafür, zielstrebiger auf das Ziel zuzuarbeiten; doch man sollte vorsichtig sein: Denn wenn man zu entschlossen vorgeht, »würgt« man vielleicht die magischen Absichten im Ansatz ab und beschneidet andere Möglichkeiten. Abgesehen von der Sechs-Sitzungen-Theorie beim Hypnotherapeuten (und nicht alle richten sich danach) können Zauberer einfach in regelmäßigen Abständen weitermachen, bis sich das Ziel manifestiert oder sich eine Lösung für das Problem bietet.

Um die Dinge zu beschleunigen, kann man sich einen Zeitrahmen setzen, ohne gleichzeitig die Möglichkeiten der Manifestation zu begrenzen (wie bei der Entscheidung von Hypnotherapeuten, sich auf sechs Sitzungen zu begrenzen). Man gibt dem Klienten zwar einen Termin, fühlt sich aber nicht unbedingt innerlich daran gebunden. Wenn Sie sich zum Beispiel ein Auto wünschen, aber jemand bietet Ihnen ständig eine Mitfahrgelegenheit an und hat nichts dagegen, Sie überallhin zu fahren, dann dauert es vermutlich eine ganze Weile, dieses Ziel zu manifestieren, weil Sie keinerlei Druck von außen haben. Wenn Sie sich selbst einen Termin setzen, kann das dazu beitragen, dass Ihre Zaubererfahrung wächst.

Warum rede ich hier nun von Hypnotherapeuten und Zauberern, als wären sie unmittelbar miteinander zu vergleichen? Weil es so ist: Beide bedienen sich letztlich derselben Praktiken und Techniken, allerdings (manchmal) mit unterschiedlichem Ansatz. Der Hypnotherapeut und der Zauberer benutzen geistige Kräfte, um ein erwünschtes Ziel zu erreichen, sei es für sich selbst oder für jemand anderen. Die meisten Hypnotherapeuten treten zusammen mit ihren Klienten in den Alphazustand ein. Wenn zwei Menschen zusammen den Alphazustand erlangen, stehen die Chancen für eine Gedankenübertragung und damit für eine Heilung des Klienten gut. Falls Sie mit einem Partner oder in einer Gruppe zaubern, gilt dasselbe. Wenn Sie in der Kunst der Trance geübt sind, verhalten Sie sich beim Zaubern ähnlich wie ein Hypnotherapeut, ob Sie nun für sich oder andere tätig werden.

Ihr persönlicher magischer Kreis

Nach vielen Jahren des eigenen Lernens und des Unterrichtens anderer habe ich festgestellt, dass jeder Mensch einen eigenen magischen Kreis hat. Wir erleben im Verlauf eines Jahres verschiedene Phasen verstärkter Aktivität wie auch Phasen des ruhigeren Rückzugs nach innen und geringerer Produktivität. Wir brauchen die hektischen Tage genauso wie die Freizeit, um gesund und in Harmonie mit dem Universum zu bleiben. Unsere Zauberarbeit funktioniert ebenfalls auf diese Weise. Wir greifen zur Magie, wenn unser persönlicher Zyklus von einer Ruhephase in eine Phase der Aktivität übergeht. Haben Sie jemals vor dem Fernseher gesessen, ein Buch gelesen oder sich etwas anderes getan und bekamen plötzlich »Lust« zu zaubern? Auf mich trifft das sicherlich zu. Gewöhnlich befallen mich solche Stimmungen weder, wenn der Mond sich in der richtigen Phase befindet, noch zur richtigen Planetenstunde – und auch nicht, wenn ein bestimmter Planet sich in einem günstigen Haus aufhält. Wenn die Macht meinen Körper durchfließt, es mir in den Fingerspitzen kribbelt und meine Sinne sich schärfen, weiß ich, dass es wieder so weit ist. In einer solchen Stimmung habe ich meistens Erfolg. Wenn ich ihr nicht nachgebe, entgeht mir oft etwas.

Manchmal korrespondiert unsere magische Erfahrung mit den Jahrszeiten. Man fühlt sich vielleicht im Frühjahr und in den Wintermonaten sehr produktiv und träger im Sommer und Herbst (das gilt zumindest für mich). Andere fühlen sich in den Schwellenzeiten zwischen den Jahreszeiten sehr aktiv und mitten in der Jahreszeit eher faul. Jeder Mensch hat seinen ganz individuellen Zyklus. Auch bestimmte Tageszeiten können die Produktivität beeinflussen. Ich bin tagsüber kaum mein Geld wert, denn meine Kreativität blüht erst zwischen Mitternacht und Morgengrauen richtig auf. Von morgens bis abends läuft meine Maschine einfach nicht rund. Ich musste meine Teilzeitstelle aufgeben, weil sich Arbeit in der ersten Tageshälfte und ich nicht gut vertragen. Ich hatte nicht die geringste Aussicht, diesen Kampf zu gewinnen. Dasselbe trifft auch auf meine Zauberarbeit zu.

Man kann allerdings auch in einer Ruhephase magisch arbeiten. Hier kommen die Korrespondenzen, die korrekten Planetenstunden, Mondphasen und so weiter ins Spiel und unterstützen die Arbeit. Ich habe Tage, an denen ich nur die Hand auszustrecken und mich auf mein Ziel zu konzentrieren brauche, und die Sache klappt. An anderen Tagen muss ich mich nach Korrespondenzen, Instrumenten, Weihrauch für Stimmungen und anderem richten. Sie wissen, was ich meine …

Wozu sind magische Korrespondenzen gut?

Fast alle magischen Ratgeber auf dem Markt führen die verschiedensten Dinge auf, die man magische Korrespondenzen nennt, und dieses Buch will da keine Ausnahme sein. Manche Zauberbücher strotzen nur so vor akribischen Tabellen und Informationen über Kräuter, planetarische Einflüsse, Kerzenfarben, Engel, Götter und Göttinnen, Metalle, Mondphasen, magische Alphabete und Symbole und so weiter. Man findet Tages-, Wochen- und Monatskorrespondenzen. Bei dieser Fülle von Informationen muss ja wohl jeder Zauber und jede magische Praxis Erfolg haben, oder?

Das Wort »Korrespondenz« (im magischen Sinne) bezeichnet verschiedene Dinge, die zueinander passen, einander entsprechen, Symbole, die sich gut ergänzen, oder Konzepte, die historisch Sinn ergeben. Diese Symbole unterstützen den geplanten Zauber. Die Farbe Rot schwingt beispielsweise mit ähnlichen Energien wie das Gefühl der Leidenschaft. Schon immer wird Rot mit dem Element Feuer und mit dem Wurzelchakra assoziiert. Die Herzform ist im kollektiven Unbewussten des Menchen als Symbol der Liebe bekannt. Ein von Menschen erschaffener Mythos sagt uns, dass Aphrodite für jene flüchtige Energie steht, die wir als Liebe bezeichnen. Der zarte Duft und das Schwingungsmuster einer Rose passen gut zur Liebe. Wenn diese Rose nun rot ist und man ein rotes Herz aus Papier ausschneidet, um Leidenschaft zu evozieren, und außerdem Aphrodite anruft, hat man die Zutaten zu einem einfachen Zauber, um Liebe mithilfe der gewählten Korrespondenzen zu beschwören: rot, Feuer,

Herz, Aphrodite, Rose. Wenn wir in einer Tabelle von Korrespondenzen nach dem richtigen Tag suchen, um diesen Zauber zu bewirken, stellen wir vermutlich fest, dass der Freitag ein günstiger Tag für die Liebe ist und dass Venus, der mit Liebe verbundene Planet, uns einen guten Hinweis für die beste planetarische Stunde gibt. Unsere Entscheidungen wurden bislang durch das Schlüsselwort »Liebe« bestimmt. Zusammen mit diesen Symbolen nutzt der Magier Gesichts-, Geruchs- und Tastsinn sowie die Emotionen, um sich auf ein gewähltes Ziel zu konzentrieren – die Liebe. Wenn wir noch einen Vollmond oder einen zunehmenden Mond dazugeben, haben wir die planetarischen Gebilde, deren Energien unsere Körperchemie beeinflussen. Vollmond und zunehmender Mond haben wiederum historische Assoziationen mit Liebenden, die sich unter dem Mond treffen, während der zunehmende Mond mit Wachstum in Verbindung steht – in diesem Fall mit wachsender oder zunehmender Liebe.

Aber die Korrespondenzen allein bewirken keinen Zauber – das tun nur Sie. Stellen Sie sich die Korrespondenzen als Instrumente zur Feinabstimmung vor, als besondere Zutat für ein ganz bestimmtes Rezept, das dem Gericht das gewisse Etwas verleiht. Korrespondenzen haben zwar ihre eigenen Energien, aber ihre Funktion hängt völlig von Ihrer Beurteilung ab. Irgendetwas einfach zusammenzubrauen (wie in unserem Beispiel rote Kerze, rotes Papierherz und Rosenblätter) und dann an einem Freitag zur richtigen Stunde Aphrodite anzurufen, während der Mond gerade zunimmt, sichert uns dennoch nicht die erwünschte Liebe. Korrespondenzen helfen uns nur, uns auf ein gewünschtes Ziel zu konzentrieren.

Und doch verfügen Korrespondenzen über Energien, die von Ihnen beeinflusst werden können. Je mehr Korrespondenzen Sie beim Zaubern einsetzen, desto größer sind die Chancen auf Erfolg – solange man sich darauf konzentriert und sofern das Universum beschlossen hat, dass Ihr Ziel sich manifestieren soll. Da nicht alle Ziele und Wünsche für Sie gut sind, verleiht Ihnen das Universum vielleicht nicht die Energien, die Sie sich wünschen, oder jedenfalls nicht in dem ersehnten Zeitraum – ganz egal, wie viele Korrespondenzen Sie einsetzen.

Ob Sie Korrespondenzen bei Ihren magischen und rituellen Praktiken zu Hilfe nehmen *müssen*? Nein. Manche Faktoren machen die Energien einer Korrespondenz sogar zunichte. Emotionen spielen bei magischen Anwendungen beispielsweise eine große Rolle. Wenn Ihr Bedürfnis einen hohen Grad an Emotionalität birgt, wie etwa das Gefühl in einer Notsituation, und das Warten auf die richtigen Korrespondenzen (eine bestimmte Mondphase oder die korrekte Planetenstunde) ist nicht möglich, dann hat Ihre Energie Priorität vor allen anderen magischen Korrespondenzen.

Jede magische Ausbildung wird die Bedeutung von Korrespondenzen betonen. Wenn Sie gelernt haben, sich zu fokussieren, wenn Sie regelmäßig Meditationsübungen machen, mit dem Energiefluss Ihres Körpers arbeiten, eine gute Beziehung zum Großen Geist aufrechterhalten und so weiter, dann unterstützen diese Aspekte Ihrer Ausbildung den Einsatz von Korrespondenzen.

Wie bereits erwähnt, wirken magische Korrespondenzen gut, wenn wir nicht ganz in Topform und unsere Energien eher als träge zu bezeichnen sind. Jeder erlebt hin und wieder Phasen geringerer Aktivität – manchmal dauern solche Phasen ein halbes Jahr und länger, je nach anderen Verstrickungen und Problemen im Leben. Je mehr Korrespondenzen man in diesen Phasen nutzt, umso besser stehen die Erfolgschancen für magische und rituelle Anwendungen.

Darf man nun lediglich die Korrespondenzen nutzen, die man in Magiebüchern aufgeführt findet? Nein, aber ich würde zuerst mit diesen arbeiten, um überhaupt zu kapieren, was ich da eigentlich tue. Wenn man sich mit dem veröffentlichten Material (wie etwa einem Zauberbuch) vertraut gemacht hat, kann man lernen, sich eigene Korrespondenzen zu schaffen – aber seien Sie vorsichtig. Experimentieren Sie zuerst in kleinerem Rahmen und schreiten Sie dann langsam zu größeren Projekten fort. Alle Zauberbücher beruhen schließlich auf der Erfahrung anderer und auf deren Experimenten mit den verschiedenen Korrespondenzen.

Manche Korrespondenzen werden Ihnen vermutlich mehr liegen als andere. Das stellen Magiere vor allem immer wieder in der Farbenmagie fest: Bestimmte Farben schwingen bei ihnen besser oder fließen leichter als andere. Dieser Umstand hängt allerdings auch vom magischen Training ab, vom sozialen Hintergrund, der persönlichen Lebensgeschichte und individuellen Energieströmen – von allen Faktoren, die Sie zu einem Individuum machen. Lassen Sie sich aber nun nicht weiter von den Listen und Tabellen magischer Korrespondenzen verwirren. Nehmen Sie sich Zeit, experimentieren Sie, erweitern Sie Ihre Kenntnisse der bewährten Methoden und entwickeln Sie dabei gleichzeitig Ihre eigenen.

Jeder Zauber wird Erfolg haben

Egal, welchen Zauber Sie praktizieren, Ihr oberstes Ziel sollte die Konzentration auf Erfolg sein. Statt unsere Arbeit und unsere Praktiken als »Zauber« zu bezeichnen, sollten wir sie vielleicht besser »Erfolgsstreben« nennen. Das führt uns zu einem Gedanken, den wir näher betrachten wollen. Wie ich bereits erwähnt habe, ist die Welt ein Ort der Fülle. Es gibt von allem reichlich, daher sollte es uns nicht peinlich sein, wenn wir uns bestimmte Ziele vornehmen. Der Große Geist bietet uns alles, was wir zum Leben auf diesem Planeten brauchen.

Zweitens, man kann nie zu viel verlangen. Weder Armut noch Geiz haben in der Wicca-Theorie Platz. Wenn man bewirkt, dass andere Menschen Armut leiden oder stehlen, ist das gleichbedeutend mit Habsucht. Hexen tun so etwas nicht. Doch das Gefühl, nicht zu verdienen, was man sich wünscht, gehört ebenso wenig zu unserer spirituellen und magischen Lehre. Es gibt Religionen, die ihren Anhängern beibringen, dass Verzicht die Seele stärkt – aber das trifft nicht auf die Wicca zu. Der Große Geist will nicht, dass Sie sich schuldig fühlen, wenn Sie von allem das Beste wollen – ob für sich selbst oder für Ihre Familie. Der Große Geist hilft Ihnen, Ihre Ziele zu verwirklichen, solange Sie entschlossen sind, sich selbst und anderen bei dem Prozess, diese Wünsche zu manifestieren, nicht zu schaden. Damit Ihre Zauberei auch funktioniert, und zwar auf Dauer, müssen Sie aus vollem Herzen daran glauben, dass es in Ordnung ist, sich Erfolg zu wünschen und auch zu haben.

Schließlich sollten wir das Potenzial unseres Erfolgsstrebens nicht begrenzen. Wenn wir unseren Gedanken Grenzen vorgeben, wann, wo und warum unsere Zauber sich manifestieren sollen, dann erlegen wir unserer Arbeit effektiv Schranken auf, die gleichzeitig unsere Möglichkeiten beschneiden. Indem wir aber unsere Möglichkeiten begrenzen, würgen wir den Erfolg unserer Zaubereien emotional ab. Stellen Sie sich Ihr Ziel als einen Fluss vor. Wenn Sie in den Nebenarmen Dämme bauen oder sogar im Hauptstrom selbst, dann begrenzen und kontrollieren Sie damit den Wasserfluss, und der Strom ändert seine Richtung, sodass er Zerstörung bringen kann. Statt den Ausgang Ihrer Arbeit zu kontrollieren, sollten Sie dem Großen Geist erlauben, den Erfolg für Sie zu bestimmen. Lernen Sie, Ihre Bedürfnisse einfach darzulegen, und gestatten Sie es dem Großen Geist, alle Aspekte dieses Ziels zu beeinflussen. Das ermöglicht dem Universum, Ihre Bedürfnisse zu manifestieren, wann immer Sie es brauchen.

Erlauben Sie sich den spielerischen Umgang mit den kreativen Möglichkeiten Ihrer Zauberei. Gehen Sie nicht davon aus, dass Ihr Leben aus einer ununterbrochenen Reihe von Hindernissen besteht. Zaubern Sie stets so, dass sich Ihnen neue Wege eröffnen, anstatt sich auf eine Autobahn ohne Ausfahrten zu begeben.

Wenn Sie einmal darüber nachdenken, dann war jedes von Menschenhand gefertigte Objekt zu irgendeinem Zeitpunkt eine Idee, die sich körperlich manifestierte. Daher birgt jedes von Menschenhand gefertigte Objekt die Spannung von Kreativität und Vollendung. Von diesem Buch, das Sie gerade in der Hand halten, bis zum Stuhl, auf dem Sie sitzen, war alles einst ein Gedanke, der sich körperlich manifestieren konnte. Die Zauberei folgt dem gleichen Prinzip – vom Gedanken zur Form.

Zaubern Sie niemals, um anderen überlegen zu sein

Da zur Magie auch das Beten und die Verbindung zur Göttlichkeit gehört, sollte man niemals einen Zauber bewirken, mit dem man einfach aus Spaß jemanden erniedrigt oder die Herrschaft über ihn erlangen will. Grob gesagt: Wenden Sie keine Zauber an, um sich mit anderen zu messen. Reichtum für Sie ist nicht dasselbe wie Wohlstand für Ihre Nachbarn. Zu zaubern, um ein Auto zu bekommen, nur weil Ihr Bruder sich gerade eines gekauft hat, ist schlichtweg albern. Vielleicht brauchen Sie in Wirklichkeit viel dringender einen neuen Kühlschrank, weil in Ihrem schon seit längerem die Lebensmittel schimmeln – manchmal ist es wirklich wichtig, die richtige Entscheidung zu treffen.

Verschwiegenheit ist ein Muss

Ich möchte hier noch einmal betonen, wie wichtig es ist, über das Zaubern Stillschweigen zu bewahren, damit die Magie auch wirken kann. Hemmen Sie Ihre Zauber nicht emotional, indem Sie anderen mitteilen, was Sie vorhaben. Ich spreche hier aber nicht nur von Magie: Die negativen Gedanken und Emotionen anderer Menschen, die nicht an Ihre Zauberei glauben, schränken Ihre magische Sachkenntnis deutlich ein. Wissen, wagen, wollen und den Mund halten: Diese vier haben in der Wicca-Lehre eine besondere Bedeutung. Auch auf der sachlichen Ebene können die negativen Gedanken anderer Menschen unser Vorhaben behindern. Ich habe vor langer Zeit gelernt, dass es nur unnötiges Gerede auslöst, wenn ich Menschen Informationen gebe, die mir nicht besonders nahestehen. Damit meine ich nicht, dass man über gar nichts reden sollte, sondern nur, dass man im Umgang mit anderen seine Worte sorgfältig wählt. Die Menschen beurteilen andere oft nicht nach dem, was sie sagen, sondern nach der Aufmerksamkeit ihrer Zuhörer. Wenn Sie oft über Ihre persönlichen Probleme sprechen, schwindet unfreiwillig Ihr Ansehen.

Denkmuster erkennen

Der Mensch ist ein Gewohnheitstier und liebt auch seine Verhaltensmuster. Frauen, die sich ständig gewalttätige Partner aussuchen, oder Männer, die immer eine Woche vor dem Zahltag pleite sind, bilden bestimmte psychologische Verhaltensmuster ab. Man kann allerdings mit ganz trivialen Dingen unsere Gewohnheiten und Muster aufbrechen und ändern: Die Frau könnte etwa in ihrer Kindheit und den Jugendjahren nachforschen, was ihre schlechte Partnerwahl beeinflusst hat. Der Mann kann lernen, sein Gehalt besser einzuteilen, und sucht vielleicht eine Schuldnerberatung auf. Mit Hilfe von magischen Praktiken und sachlichen Lösungen können wir unser Potenzial in Körper, Geist und Seele voll ausschöpfen. Oft lässt unser Bedürfnis dann aber nach, denn wir erkennen nicht, dass unsere Gewohnheiten und Verhaltensmuster uns in diese Richtung geführt haben. Wenn wir einen Zauber für ein bestimmtes Ziel ins Auge fassen, haben wir offenbar bestimmte Muster in unserem Leben erkannt, die revidiert werden müssen. Bestehen Sie immer wieder auf dem Muster »Armut« oder »Krankheit«? Wie steht es mit Ihrem Muster in Liebesdingen? Wenn Sie die Tatsache erst erkannt haben, dass Sie hier einer Gewohnheit nachgehen, können Sie daran arbeiten, diese zu durchbrechen. Da Routine und bestimmte Denkmuster für uns natürlich sind, müssen wir die alten Formen erkennen und unter die Lupe nehmen, um sie anschließend durch neue zu ersetzen.

Sie werden also bei Ihrer Zauberei verschiedene Muster und Gewohnheiten entdecken. Diese haben sich im Laufe der Zeit entwickelt und wirken nun wie Stichworte für Ihr höheres Selbst.

Vielleicht beginnen Sie einen Zauber oder ein Ritual stets, indem Sie eine Kerze in einer bestimmten Farbe anzünden, Weihrauch als Gabe an den Großen Geist abbrennen oder Ihren Altar oder Schrein abstauben. Vielleicht rücken Sie Ihre Statue zurecht, berühren das Foto Ihrer Mutter oder putzen sich die Nase. Diese Verhaltensmuster sind harmlos, werden aber zum integralen Bestandteil Ihrer selbst und Ihrer Zauberei. Wenn wir vor jedem Zauberakt oder Ritual eine bestimmte Altarweihe vornehmen, verfügen wir über ein positives Muster, das wir brauchen, um uns auf unsere Ziele zu fokussieren.

Den Großen Geist um Hilfe bitten

Der nächste Schritt besteht in einer Bitte an den Großen Geist um Hilfe. Jawohl, Sie haben richtig gehört. Wenn Sie Ihre Instrumente zusammensuchen, Ihre Korrespondenzen auswählen, Ihr Ziel formulieren oder einen magischen Kreis schlagen, sollten Sie sich mit dem Großen Geist unterhalten. Der Große Geist manifestiert sich als Herr oder Herrin, als Göttin Diana oder Aradia, als Gott Herne und so weiter. Es spielt keine Rolle, wie Sie sich den Großen Geist vorstellen. Mir ist auch egal, wie Sie den Großen Geist in Ihre Seele integriert haben, solange nur irgendetwas da ist. Sie brauchen dazu kein ausgefallenes Ritual, sondern sollten sich einfach nur in Gedanken mit dem Großen Geist unterhalten. Wenn Sie zur Hintertür hinausschleichen, um den Sonnenuntergang zu betrachten, während Sie um Hilfe bitten, ist das in Ordnung. Wenn Sie gerade in der Küche beim Kochen festsitzen, ist das ebenfalls richtig. Der Große Geist hört Ihnen zu, wo immer Sie sind und wann immer Sie ihn anrufen!

Ray Malbrough, der Verfasser von *Charms, Spells und Formulas* (Llewellyn 1986) sagt dazu:

> *»Man braucht zwischen einem und vier Jahren, um einen praktischen Naturzauber zu beherrschen. Im ersten Lehrjahr dreht sich alles um die spirituelle Entwicklung durch tägliche Meditation und Anbetung. Der Schüler muss außerdem das Beten lernen. Probleme lösen sich nicht von selbst, wenn man einfach nur ein Zauberbuch auf einer bestimmten Seite aufschlägt. Wer das glaubt, leidet unter Selbsttäuschung und mangelnder Weisheit. Weisheit bedeutet nämlich, alle Selbsttäuschung abzulegen, ob sie*

nun aus einem selbst stammt oder durch den Einfluss anderer entstanden ist. Bücher vermitteln uns Wissen und Inspiration, aber Bücher allein können uns keine Macht verleihen. Macht ergibt sich ausschließlich aus dem ständigen, lebenslangen Streben nach spiritueller Reife.«

Macht entsteht durch die Freisetzung negativer Gewohnheiten und Verhaltensmuster und durch die Erkenntnis, dass sich nichts wirklich manifestiert, wenn wir nicht unsere Ängste in den Griff bekommen. Ray sagt außerdem:

»Denken Sie stets daran, dass ein Zauber, der bei dem einen gewirkt hat, bei anderen vielleicht nicht wirkt. Alle Zauber sind individuell auf die eigenen Bedürfnisse zugeschnitten oder auf die derjenigen, mit denen Sie arbeiten und deren Situation.«

Hier noch ein Stückchen Weisheit für diejenigen, die Magie für andere bewirken wollen:

»Wenn jemand wirklich eine Lektion lernen muss, dann wäre es vermutlich unklug, sich einzumischen. Man geht sogar möglicherweise das Risiko ein, in eine Pechsträhne zu geraten. Wenn das Universum will, dass ein Freund eine wertvolle Lektion lernt, und Sie mischen sich ein, dann müssen Sie den Preis dafür zahlen, es wieder geradezubiegen. Vielleicht ist es klüger, einen vernünftigen Rat zu erteilen und Ihrem Freund zu helfen, einen spirituellen Schlachtplan aufzustellen, der ihm bei dieser Lektion hilft. Werfen Sie nicht einfach mit Zauberei um sich, wenn andere ein Problem haben.«

Lernen Sie, sachlich, spirituell und magisch die Gesamtsituation zu bearbeiten. Dann haben Ihre Zauber auch Erfolg!

Spirituelle Lebenspläne

Die Aufstellung eines spirituellen Grundplans ist nicht so schwierig, wie es vielleicht klingt. Wenn Sie eine Situation umrissen oder ein Ziel festgelegt haben, dann überlegen Sie, welchen Weg Sie einschlagen können, um das Problem zu lösen oder ein erwünschtes Resultat zu erzielen. Denken Sie sorgfältig über die Folgen Ihrer Handlungen nach. Was müssen Sie geistig, körperlich oder spirituell ändern? Soll eine geistige Blockade beseitigt werden oder geht es um etwas Schwerwiegenderes? Zu einem spirituellen Grundplan gehören sachliche Entscheidungen, Meditation und die Bereitschaft, auf das gewählte Ziel hinzuarbeiten. Nehmen wir zum Beispiel den Geldzauber, ein Thema, das uns allen mehr oder minder am Herzen liegt, weil wir Geld in unserer Gesellschaft als machtvoll und lebensnotwendig betrachten. Für Geldzauber lernen wir, dass Geld an und für sich noch keine Macht darstellt. Unsere gesamte Gesellschaft arbeitet an dieser Täuschung. Das ist ziemlich albern. Geld ist ein Mittel zum Zweck, ein Werkzeug – nichts mehr und nichts weniger. Wenn wir an einem Geldzauber arbeiten, müssen wir überlegen, wozu wir das Geld brauchen und ob dieses Bedürfnis letztlich Harmonie oder Disharmonie für unsere Lebensweise bedeutet.

Geldzauber scheitern bei vielen Menschen, weil sie keinem bestimmten spirituellen Plan folgen, um das Gewünschte zu bekommen. Wie in einem Rausch werfen manche Leute mit Zaubern für ein bestimmtes Problem geradezu um sich, statt erst einmal das Gesamtbild zu betrachten. Manchmal klappt es mit solchen Versuchszaubern, manchmal nicht. Ich bin ehrlich genug, um Ihnen zu verraten, dass auch ich schon Geldzauber ausprobiert habe, wenn mein Konto ziemlich leer gefegt war. Das geht wohl jedem so. Daher haben meine Zauberlehrer auch immer gesagt: »Zauber sind immer das letzte Mittel!« Damit meinen sie, man solle an die Gesamtsituation denken und einen spirituellen Grundplan aufstellen, der den Körper, den Geist und den Großen Geist einschließt. Planen Sie den Zauber dementsprechend. Das soll aber auch nicht bedeuten, dass Sie warten sollen, bis Ihnen der Boden unter den Füßen weggezogen wird.

Wie Sie sehen, ist es nicht so leicht, wie man vielleicht denkt, Zauberlehren in die richtigen Worte zu fassen. Manche Menschen nehmen alles zu wörtlich, andere verdauen nur bildliche Informationen. Bei der Ausbildung anderer müssen wir immer genau sagen, was wir meinen, und meinen, was wir sagen. Ich bin der Typ, der alles immer wörtlich nimmt – heute weiß ich es allerdings besser.

Wenn man Zauber und Rituale immer besser meistert, lässt sich ein spiritueller Grundplan aufstellen, den man auch anderen mitteilen kann. Wenn nun ein Freund mit Minderwertigkeitskomplexen zu Ihnen kommt, wissen Sie vielleicht schon einen spirituellen Plan, den Sie diesem Freund mitteilen können. Die Aufstellung eines Grundplans hilft Ihnen aber auch, kreativ und logisch über eine Situation nachzudenken. Wenn Sie alles immer genau aufzeichnen, ist das sehr hilfreich. Sie können sich immer wieder auf den festgelegten Plan beziehen und alle Aspekte verändern, um sie auf die Situation des anderen zuzuschneiden. Gleichzeitig sollte man die Theologie des Grundplans erklären, um zu begreifen, dass sich Zauber nicht auf Zuruf einstellen. Je nach Problem müssen Sie vielleicht mehrere Schritte mit dem Freund besprechen, damit die Situation einen positiven Ausgang hat. Die meisten Menschen empfinden es als hilfreich, wenn man grob umreißt, was sie tun sollen. Solche Leitlinien helfen ihnen, ihre Wünsche in Gedanken zu formulieren, und ermöglichen es ihnen, sich die notwendige Mühe zu geben, um die erhoffte Veränderung auch durchzuführen.

Die meisten mir bekannten Zauberbücher bieten keine vollständigen spirituellen Pläne für alle möglichen Situationen. Sie enthalten nur Teile oder Aspekte, die man in seinen eigenen Plan aufnehmen kann. Stellen Sie sich ein Zauberbuch als ein Buch vor, das als Kernstück Möglichkeiten enthält – jeder Zauber bietet ein Stück Information, das wiederum den Grundstein zu einem spirituellen Plan bilden kann.

Zauberei darf nicht zur Besessenheit werden

Wenn Sie Ihre Zauberei übertreiben, verliert sie ihre Wirksamkeit. Manchmal wünschen wir uns etwas so sehr, dass wir den Weg zur Verwirklichung eher behindern, statt neue Pfade zu öffnen. Daher haben frühere Zauberlehrer oft gesagt: »Bewirke den Zauber und vergiss ihn.« Damit ist gemeint: Denken Sie nicht wie besessen über den Ausgang nach, sonst beeinflussen Sie die Zukunft mit negativen Gedanken.

Wenn Sie jedesmal, wenn Sie an die Zukunft denken, nur Probleme, Schwierigkeiten und Negatives sehen, brechen Sie die Gedankenkette besser ab.

Wenn Sie sich aus irgendeinem Grund zu emotional fühlen, zu erregt oder zu krank sind, um einen guten Gedanken zu fassen (das kann in der Tat manchmal schwierig sein), dann stellen Sie sich die Zukunft einfach als »freundlich« vor. Denken Sie an ein eißes Licht, einen goldenen Horizont oder eine andere Visuaung, die Helligkeit und Licht enthält.

ist aufgefallen, dass wir nicht linear denken können, r krank sind und so sehr gegen die Krankheit ankämpler Körper darunter leidet. Dann sind wir in Gefahr dazu, aufzugeben und zu resignieren. Negative Geen sich in den Vordergrund, wollen schadenfroh hen und alles andere aus dem Weg räumen. lich krank sind, können wir unsere Zukunft sehen und gestalten, ohne aber zu merken, el dagegen ist, den kranken Körper in ein nd unseren freundlichen Bettgenossen zu begrüßen, den Kassettenrekorder, um positive Affirmationen anzuhören. Das hilft uns über solche kranken Momente im Leben hinweg.

Unsere Zauberlehrer haben versucht, uns beizubringen, dass es gar nicht nötig ist, die Zukunft mit unseren Gedanken beeinflussen zu wollen. Wir müssen dem Universum schon gestatten, ebenso kreativ zu sein, wie wir selbst es sein möchten.

Das Verhältnis zwischen Zaubertechnik und persönlicher Macht

Meine ich mit persönlicher Macht wohl, dass wir uns eine Glühbirne in den Mund stecken und diese dann aufleuchtet? Sicher nicht. Mit persönlicher Macht meine ich Selbstvertrauen. Eine erfahrene Hexe befasst sich nicht damit, was andere denken, weil sie weiß, dass all ihre Handlungen sich auf positive, harmonische Weise manifestieren. Okay? Die Intrigen oder die negativen Erfahrungen anderer müssen nicht unbedingt einen Einfluss auf das Selbstbewusstsein der Wicca haben. Das ist aber nicht gleichbedeutend mit Überheblichkeit. Ich meine vielmehr, dass man nichts zu befürchten braucht, wenn man harmonisch und positiv arbeitet. Gute Zaubertechniken übertragen positive Energie auf die Zukunft. Schlechte Zaubertechniken übertragen Angst auf die Zukunft. Wofür entscheiden Sie sich? Wir müssen lernen, unsere Ängste aufzuarbeiten, sie zu nutzen, falls nötig, und abzulegen, falls die Lage das erfordert. Der Sinn der Angst ist, dass wir uns und andere nicht verletzen, daher halten Sie in bestimmten Situationen die Zügel in der Hand. Als Menschen haben wir allerdings oft grundlos Angst. Solche ungerechtfertigten Ängste müssen wir vertreiben, um wirklich mächtig zu werden.

Ich hatte einmal einen Schüler, nennen wir ihn Georg, der sich alles ganz besonders schwer machte. Georg befand sich im ersten Jahr der Wicca-Ausbildung, und ihm war gerade die Freundin von einem anderen Wicca-Schüler ausgespannt worden. Nennen wir den anderen Stefan. Es begann als schlichte Trennung von zwei nicht gut zueinander passenden Menschen und entwickelte sich sehr rasch zu einem Zauber-Albtraum. Georg glaubte nämlich aus einem bestimmten Grund, dass Stefan es auf ihn abgesehen hatte. Stefan wollte ihm nicht nur die Freundin ausspannen, meinte Georg, sondern er war auch felsenfest davon überzeugt, Stefan wolle ihn aus der Welt zaubern. Das ist die Art von Blödsinn, warum die »normalen« Religionen uns Zauberer so verachten. Wir wissen, dass Georg Stefan als Sündenbock benutzte. Georg wollte nicht zugeben, dass er und seine Freundin nicht gut zueinander gepasst hatten. Er wollte vielmehr die Schuld von sich selbst auf Stefan abwälzen. Wie nett!

Tag für Tag überschüttete Georg Stefan mit diesen negativen Gedanken. Georg redete sich in seiner Angst in eine ziemlich üble Lage hinein. Schlimmer noch, Georg erzählte jedem, dass Stefan es auf ihn abgesehen habe. Das verwickelte auch andere Leute in die Sache, Gerüchte verbreiteten sich wie ein Lauffeuer, und alles wurde immer komplizierter. Schließlich litt Georg finanziell, geistig und spirituell erheblich. Und warum? Georg ermächtigte Stefan, statt sich selbst zu ermächtigen, seine eigenen Fehler zuzugeben und sich von seinen Ängsten zu befreien. Und Stefan? Ehrlich gesagt, er lachte sich kaputt. Er hatte Georg nie etwas getan, außer sich in dessen Freundin zu verlieben.

Noch eine Geschichte: Anna und Lisa hatten einen Laden zusammen. Nach einiger Zeit wollte Anna das Geschäft in einer bestimmten Richtung weiterentwickeln, Lisa in eine andere. Beide hatten heimlich Angst vor einer Trennung, daher sagten sie nichts. Beide ermächtigten die andere mit negativen Gedanken, was sie einander antun könnten, wenn es tatsächlich zur Trennung käme. Nach einer Weile lebten Anna und Lisa die negativen Szenarien auch aus, die sie selbst geschaffen hatten, und die Situation wirkte sich auf beide schlecht aus. Schließlich prozessierten sie gegeneinander und verloren eine Menge Geld.

Was hätten Georg und Stefan, Anna und Lisa tun sollen, als sie merkten, dass sie ihre eigentlichen Ziele aus dem Blick verloren hatten? Als Erstes hätten sie mit dem Großen Geist reden und dann Frieden, Ruhe und Harmonie in die Zukunft projizieren sollen. Es ist leicht, Angst zu projizieren, aber nicht so leicht, positive Umstände zu projizieren – es sei denn, wir lernen, genau das zu tun. Was hätten diese vier außerdem noch anders machen können? Denken Sie darüber nach.

Spirituelle Sekunden

Setzen Sie sich an den nächsten dreißig Abenden still auf ihre Bettkante und denken über den kommenden Tag nach. Nein, Sie sollen sich um das Morgen keine *Sorgen* machen. Im Gegenteil, projizieren Sie positive Gedanken auf den folgenden Tag. Sie können sich vorstellen, dass Sie ein weißes Licht aussenden, oder kurz an positive Situationen denken, die Sie am nächsten Tag erwarten.

Magische Minuten

Denken Sie an etwas, worüber Sie sich Sorgen machen. Schreiben Sie diese Sorge auf ein Blatt Toilettenpapier und spülen Sie es das Klosett hinunter. Genau! Geben Sie die Sorge einfach auf. Versetzen Sie sich in eine positive Situation, anstatt passiv zu reagieren. Visualisieren Sie den besten Ausgang statt den schlimmsten, wenn das Papier im Abflussrohr verschwindet. Das tun Sie jeden Abend, bis die Situation sich von selbst löst.

Magie für ein neues Selbst

Bei jedem Zauber und jedem Ritual verändert man sich auf den verschiedensten Ebenen – der geistigen, spirituellen und körperlichen. Daher sollte man gründlich überlegen, welche magischen und rituellen Anwendungen man planen und vollziehen will. Jeder Mensch hat verschiedene Ichs: Ich etwa bin nicht nur Frau und Mutter, sondern auch Autorin, Lehrerin, Wahrsagerin, Rednerin und so weiter. All diese Ichs bilden einen Teil von mir. Im Verlauf meines Lebens habe ich immer wieder neue Ichs entwickelt, einigen alten zu reifen ermöglicht und andere, alte persönliche Aspekte verworfen, die meinem Glück insgesamt hätten schaden können. Ich habe sogar vorübergehende Ichs geschaffen, um eine Situation oder eine bestimmte Arbeit zu bewältigen. Manche nennen solche Ichs »Masken«, aber dieser Ausdruck trifft es für mich nicht ganz, denn diese »Masken« haben durchaus eine Funktion für uns, ob nun positiv oder negativ. Genauso, wie wir unbewusst neue Aspekte dieser »Persönlichkeiten« erschaffen, indem wir Zauber und Rituale vollziehen, können wir bewusst unser Leben durch Magie und Rituale neu strukturieren und uns dadurch letztlich selbst verändern. Egal, wie alt man ist, es ist eine gute Sache, sich ein neues Selbst zu schaffen. Dieses neue Selbst integriert einen Teil der alten Person und fördert gleichzeitig neue Aspekte. All dies ist Teil der normalen menschlichen Reifung.

Die meisten Zauber sind eng mit der eigenen Haltung sich selbst und anderen gegenüber verbunden. Ich werde nie meinen Zuckerdosen-Zauber vergessen. Vor vielen Jahren gab ich einmal eine Party bei mir zu Hause, zu der ich neben meinen Zauberfreunden auch ganz normale Bekannte eingeladen hatte. Insgesamt waren wir fünfundvierzig Erwachsene und dreiundzwanzig Kinder. Da ich kein besonders großes Haus habe, kann man sich die Situation leicht vorstellen: totales Chaos.

Ich neige dazu, auch Leute, die ich gar nicht gut kenne, zu meinen Partys einzuladen. Gewöhnlich haben diese Menschen irgendwie mit der Zauberei zu tun, und ich lerne sie kennen, weil sie meine Bücher gelesen oder eines meiner Seminare besucht haben. Ich hatte jedenfalls diesen Typen und seinen Freund zu dieser Party eingeladen, weil ich dachte, er würde vielleicht gern ein paar von meinen erfahrenen Zauberfreunden kennen lernen. Der junge Mann hatte sich über die Einladung gefreut, mir aber nicht verraten, dass sein Freund eine Heidenangst vor Hexen hatte. Dieser Junge hatte wohl sämtliche Horrorfilme Hollywoods gesehen und ernst genommen. Mir wurde auch nicht mitgeteilt, dass dieser Freund psychisch nicht sonderlich stabil war.

Wir sitzen also um unseren Esstisch herum – ein paar Wiccas, der inzwischen ziemlich bleiche Freund, meine Tochter und ein paar Verwandte. Ich habe nicht die geringste Ahnung, dass dieser Mann überzeugt ist, wir würden ihn gleich opfern. Die Party ist in vollem Gang. Die Männer grölen lauthals in der Küche, die Kinder spielen im Garten Fußball, überall stehen Grüppchen herum und diskutieren, die Musik und das Gelächter sind ohrenbetäubend. Da brüllt jemand: »Wo ist das Fleisch zum Braten!« (gemeint waren Würstchen und Frikadellen für den Grill). Mir entgeht das nervöse Zucken im Gesicht des blassen Freundes, weil ich viel zu beschäftigt mit den anderen bin: Da stampft meine älteste Tochter, die damals gerade in der Pubertät war, die Treppe herunter. Sie stellt mir ein paar patzige Fragen, dreht sich auf dem Absatz um, bellt mich über die Schulter hinweg noch mal an und stampft wieder die Treppe hoch. Offensichtlich hatte sich jemand ihren Nagellack geliehen und nicht wieder zurückgegeben. Das fehlte mir gerade noch: Mit siebzig Leuten im Haus ein verloren gegangenes Fläschchen Nagellack suchen. Nein danke!

»Leg ihren Namen in die Zuckerdose«, schlägt eine von meinen Zunftfreundinnen vor. Ich ziehe die Augenbrauen fragend hoch. »Und was soll das nützen?« – »Das wird sie süßer machen«, meint meine Freundin. Wir lachen – okay, wir brüllen vor Lachen. Da schießt unser bleicher Freund plötzlich kerzengerade hoch. Rast aus der Tür, verschwindet im Hof. Was, bitte schön, hat nun das wieder zu bedeuten?

»Ahem«, räuspert sich eine meiner Freundinnen. Eine andere kichert verhalten mit der Hand vor dem Mund. »Ich glaube, wir haben etwas falsch gemacht«, sagt sie vorsichtig. »Das war wirklich filmreif«, meint meine Jüngste. »Soll ich hinter ihm hergehen?«, fragte eine andere Freundin. Ich seufze. »Nein. Ich bin hier die Gastgeberin. Ich werde mich um ihn kümmern.«

Was soll ich sagen, ich verbrachte den Rest des Abends damit, diesem Mann klarzumachen, dass wir nicht die geringste Absicht hatten, weder ihm noch irgendjemand anderem etwas anzutun. »Aber Sie sagten, Sie würden den Namen Ihrer Tochter in die Zuckerdose legen«, wandte er ein.

»Wenn ich den Namen meiner Tochter in die Zuckerdose lege«, erwiderte ich geduldig, »bedeutet das nicht, dass ich sie irgendwie manipulieren will. Ich nehme vielmehr meine eigenen Reaktionen ihr gegenüber unter die Lupe. Wenn ich sie anders behandle, dann können meine Tochter und ich vielleicht wieder miteinander reden. Vermutlich werde ich sie dann auch besser verstehen.«

Ich konnte den Jungen zwar nicht überzeugen – aber das war mir eigentlich auch egal, weil er nämlich sein Ziel an diesem Abend erreichte: Die Aufmerksamkeit praktisch aller Gäste war ihm sicher. Menschen, die so viel Angst mit sich herumtragen und so viel negative Aufmerksamkeit von Fremden brauchen, dass sie allen möglichen Nonsens glauben, brauchen dringend eine Therapie. Nichts von dem, was ich sagte, konnte ihn überzeugen, aber dieser Vorfall bewirkte, dass ich einen besonderen Zauber entwickelte, der mir half, meine eigene Einstellung zur Zauberei besser zu verstehen. Ich muss allerdings noch erwähnen, dass mir beide Gäste einen sehr netten Entschuldigungsbrief schickten, und ich hoffe, das Leben hat sie seither gut behandelt.

Sagen, was man meint, und meinen, was man sagt

Nun wenden wir uns wieder Ihrem Wunsch zu und sehen, was wir damit anfangen können. Hat dieser Wunsch in irgendeiner Weise mit Angst oder Sorgen zu tun? Haben Sie sich in Zusammenhang mit diesem Wunsch einen spirituellen Plan überlegt? Haben Sie unabsichtlich einem anderen Menschen oder einer Situation damit Macht übertragen? Wenn das zutrifft, verlangen Sie Ihre Macht zurück und überlegen Sie, was Sie wirklich wollen. Haben Sie an Ihren persönlichen magischen Zirkel gedacht? Werfen Sie zu viele Wünsche auf einmal in den Hexenkessel? Überlegen Sie, ehe wir weitermachen, ob Sie ein anderes Ziel aufschreiben wollen. Benutzen Sie wieder einen Bleistift, denn vielleicht wollen Sie es sich später noch mal anders überlegen.

Wie ich bereits an anderer Stelle erwähnt habe, müssen Sie lernen, präzise zu sein, ehe sie mit Zaubern und Magie arbeiten. Es schadet nichts, wenn Sie sich darin üben, in allen Lebenslagen zu sagen, was Sie meinen, und zu meinen, was Sie sagen. In Zauberdingen aufrichtig zu sagen, was genau man will, ist viel besser, als verschwommene Aussagen zu machen und zu erwarten, dass sich der Nebel lichtet, wenn der Zauber klappt und das Ziel sich manifestiert. Überprüfen Sie, wie klar Ihr Ziel formuliert ist. Schreiben Sie es ruhig ein paar Mal um. Wenn Sie zufrieden sind, übertragen Sie das Ziel auf ein Stück Papier. Benutzen Sie wieder einen Bleistift. Nein, wir sind noch nicht fertig.

Hetzen Sie bei diesem bestimmten Zauber lieber nicht, weil Sie sich auf den Verinnerlichungsprozess konzentrieren sollten. Damit meine ich den Vorgang, wenn Sie Ihr Unbewusstes wissen lassen, dass Sie sich auf einen Zaubertanz vorbereiten. Anders ausgedrückt: Sie sollten all Ihre kreativen Adern anzapfen, ehe Sie vor den Altar oder Schrein treten und den Zauber sprechen. Alle guten Schriftsteller werden Ihnen bestätigen, dass sie manchmal wochenlang über einem bestimmten Kapitel, der Handlung, einem Charakter, dem Ende oder Anfang einer Geschichte brüten – manchmal sogar monatelang, bis sie das Gefühl haben, sie sind bereit, sich hinzusetzen und diesen Teil endlich zu Papier zu bringen. Dasselbe gilt für Hexen, die einen Zauber oder ein Ritual vollziehen wollen. Nicht nur die Absicht muss stimmen, sondern die Hexe muss außerdem von dem überzeugt sein, was sie aufschreibt, und sich mit den Worten in ihrer Vorstellung verbinden können. Daher stammen die besten Zauber von erfahrenen Hexen nicht aus einem Buch, sondern aus ihrem eigenen kreativen Kern.

Dennoch findet man in Büchern auch Zauber, die einen »ansprechen«; für mich sind das oft die Worte von Doreen Valiente oder Zsuzsanna Budapest, die mir bestätigen, wie ich mich fühle und was ich tun muss. Daher beziehe ich mich in meinen eigenen spirituellen Plänen oft auf diese beiden. Ihre Arbeit wird dann zum Kern meines Plans. Ich weiß, dass ich keine große Dichterin bin und dass meine Verse meist ziemlich holprig klingen. Wenn ich daher auf etwas stoße, das mich anspricht, dann lerne ich es auswendig oder lese den Absatz mindestens ein paar Mal durch, bis ich genau das Gefühl bekomme, das ich vor einem Zauber brauche. Wenn ich nicht finde, was ich suche, probiere ich es auf meine eigene Weise.

Mein guter Freund Jack Veasey bringt stets Tipps und Vorschläge für Gedichte zu den Übungsabenden mit, die ich in meinem Haus veranstalte. Er lernt das Zaubern, während ich verzweifelt versuche, meine Dichtkunst zu entwickeln, damit ich bessere Zauber schreiben kann. Das ist kein Witz. Wenn wir Geschenke austauschen, gebe ich ihm immer Bücher über Zauberei und er mir welche über das Dichten. Das bislang letzte Geschenk von ihm war ein Reimlexikon, auf dem steht: »Handbuch für Liedermacher, Dichter, Studenten, Lehrer, Redner und alle darstellenden Künstler«. Ich überlege, dem Verlag folgende Erweiterung vorzuschlagen: »... sowie für Hexen, Druiden, Zeremonienmeister und alle Arten von Zauberern«.

Denken Sie also über Ihr Ziel nach. Spielen Sie mit Worten (aber bleiben Sie immer eindeutig) und machen Sie das Ganze zu einem Vergnügen. Sie können es auf die verrückte, komische Weise probieren oder die Sache ernster angehen. Versuchen Sie aber in jedem Fall, das Ganze in Reime zu fassen. Das Unbewusste hat es aus irgendeinem Grund gern gereimt: Man erinnert sich an Reime besser und verbindet sie stärker mit Assoziationen. In dieser Phase sollte Ihr Ziel verschiedene Aspekte aufweisen. Gehen wir sie zur Sicherheit noch einmal durch:

1. das ursprüngliche Ziel
2. das umformulierte Ziel
3. den Entwurf des zugehörigen spirituellen Plans
4. Ihr Ziel, das zu einem einfachen Zauber umgeschrieben ist, in Reimen, aber präzise formuliert. Es sollte nicht mehr als ein, zwei Zeilen ausmachen.

Wenn Sie mit dem Aufgeschriebenen zufrieden sind, legen Sie die fertige Fassung auf Ihren Schrein oder Altar.

Die Resultate überprüfen

Die meisten erfahrenen Zauberer sind weise genug, um den Erfolg ihrer Arbeit zu kontrollieren, noch ehe sie den Zauber tatsächlich vollziehen. Dazu müssen Sie sich mit einer Wahrsagetechnik vertraut machen. Ich schlage vor, Sie probieren mehrere aus, bis sie eine finden, die Ihnen am besten liegt. Möglichkeiten sind Tarot, Runen, I Ging, Pendel, Kristallkugel und so weiter. Man braucht auch kein Legesystem, ein bis drei Karten genügen oft schon.

Ich benutze zur Prophezeiung die Runen. Als Erstes puste ich dreimal in den Beutel, dann schüttle ich ihn und ziehe eine einzige Rune heraus, wobei ich Folgendes spreche:

»Ihr Runen, flüstert mir ein,
wie dieser Zauber wird sein.«

Eine positive Deutung verspricht das Glücken des Plans, eine negative kündet von Gefahren, Schwierigkeiten, Hemmnissen und so weiter. Bei einer negativen Antwort sollten Sie den Zauber umformulieren, den spirituellen Plan noch einmal durchgehen oder vielleicht eine ganz andere Richtung einschlagen. Überprüfen Sie diese neue Lösung wiederum mit der Wahrsagemethode Ihrer Wahl. Wenn die Zeichen von Erfolg künden oder von der gewünschten Richtung, beginnen Sie mit der eigentlichen Arbeit. Bei manchen Lösungen wird die Antwort stets negativ ausfallen. Das könnte bedeuten, dass Sie gegen Ihr Karma oder die eigentliche Richtung im Leben arbeiten. Beachten Sie solche Warnungen. Wenn Ihre Wahrsagemethode grünes Licht gibt, dann lassen Sie das Papier auf Ihrem Altar oder Schrein liegen.

Bei eventuellen Veränderungen schreiben Sie Ihr Ziel neu auf und legen das Papier dann wieder zurück.

Und wenn Sie den Zauber sofort ausführen wollen, aber keine Wahrsagemittel zur Hand haben? Keine Angst. Sprechen Sie mit dem Großen Geist oder Ihrem Schutzengel und bitten Sie ihn, Ihnen deutlich den Weg zu zeigen, dem Sie folgen sollen. Bitten Sie den Großen Geist um Beistand.

Zusammenfassung

Sind wir endlich fertig? Nein. Wir haben unser Ziel aufgeschrieben, wir haben einen spirituellen Plan erstellt und versucht, den möglichen Ausgang vorherzusagen. Und nun? Nun, ein Zauber ist wie ein Kopf Salat – er hat eine Menge äußere Blätter um das Herz, Ihr Ziel, herum. Ein paar dieser Außenblätter eines Zaubers sind:

- Wahl der Gottheit
- Wahl der magischen Korrespondenzen
- Wahl des heiligen Raums oder magischen Zirkels
- Entscheidung, ob man alle Kreisviertel anruft, nur eine einzige oder gar keine.

Lassen Sie sich ein paar Augenblicke Zeit und treffen Sie Ihre Entscheidungen. Bringen Sie sie dann zu Papier und legen Sie sie beiseite, da wir nun zunächst mit den Zaubertechniken fortfahren.

Mit Gottheiten zaubern

Wenn man sich für eine einzige Gottheit entschieden hat, muss man sich mit ihrer Macht verbinden. Hexen verbünden sich in Ritualen und Zaubern zwar geistig und spirituell mit der Macht einer Gottheit, aber sie bedienen sich oft auch verbaler Kommunikation. Die wörtliche Anrufung einer Gottheit sagt dem bewussten Verstand, dass man nicht versucht, sich einen Spaß aus dem Ganzen zu machen, sondern diese Arbeit sehr ernst nimmt. Ein laut gesungenes, gereimtes Lied verstärkt den Zauber ähnlich, wie das Sprechen von Reimen die umgebende Energie harmonisiert und für die Arbeit empfänglicher macht. Beim Verfassen einer gereimten Anrufung für eine Gottheit sollte man folgende einfache Regel beachten: Jeder Vers sollte die gleiche Silbenanzahl haben, und die Verse sollten sich zumindest alternierend reimen. Hier ein Beispiel:

> »*Dunkle Göttin, tritt hervor* [sieben Silben],
> *leihe mir dein heil'ges Ohr* [sieben Silben].
> *Dunkle Göttin, tritt hervor* [sieben Silben],
> *wandle mit der Nacht* [fünf Silben].
> *Leih mir deine Macht* [fünf Silben],
> *die meinen Zauber entfacht* [sieben Silben].«

Wir arbeiten hier vorwiegend mit der magischen Zahl Sieben. Der Reim ist zugegebenermaßen nicht sonderlich originell, aber mir ist der Rhythmus hier wichtiger. Wenn wir unsere Worte mit Handlungen begleiten, klingt das etwa so:

> »*Dunkle Göttin, tritt hervor, leihe mir dein heil'ges Ohr,*
> [Zünden Sie eine Kerze für die Dunkle Mutter an.]

Schutztier Wolf, sei mein Geleit, gib mir Macht
für alle Zeit.
[Zünden Sie eine Kerze für Ihr Totemtier an.]«

Ihr Handeln, die dabei gesprochenen Worte und die geistige Verbindung zur Gottheit oder anderen Energien tragen zum Erfolg des Zaubers bei. Die Grundidee ist, alles miteinander zu harmonisieren: Worte, Handlung und Gedanken. Nun nehmen Sie sich ein bisschen Zeit und schreiben eine Anrufung für die Gottheit, die Sie sich für Ihr Ziel ausgesucht haben.

Seelische Grundlagen des Zauberns

Nein, wir sind immer noch nicht fertig. Legen Sie die Anrufung Ihrer Gottheit zu dem Zettel mit dem Ziel auf Ihren Altar oder Schrein. Jetzt wollen wir uns erst einmal mit den seelischen Grundlagen der Zauberei befassen. Ich berufe mich dabei auf William W. Hewitt. Hewitt ist mir fast ebenso teuer wie Doreen Valiente oder Zsuzsanna Budapest. Sie merken vielleicht, dass ich nur selten alles aus dem eigenen Ärmel schüttle. Wenn andere eine ausgezeichnete Idee oder eine gute Praxis haben, werfe ich ein scharfes Auge darauf und versuche, es in die Übungen für meine Schüler zu integrieren. Hewitt ist ein Meister der positiven geistigen und psychischen Programmierung. Ich übernehme hier eine Übung aus seinem Buch *Psychic Development for Beginners* in leicht abgewandelter Form.

Erinnern Sie sich noch an die Kerzenübung zu Beginn dieses Buches? Zünden Sie nun eine weitere Kerze an, verdunkeln Sie den Raum und entspannen Sie sich an einem ruhigen Ort. Sie können dazu leise Musik laufen lassen.

- Schließen Sie die Augen.
- Visualisieren Sie eine Wendeltreppe mit zehn Stufen, die nach unten führen.
- Visualisieren Sie sich selbst oben auf der Treppe.
- Gehen Sie eine Stufe hinab auf die neunte Stufe und sagen bei sich:

  »Höchste seelische und magische Stufe.«

- Treten Sie auf die achte Stufe und sprechen Sie bei sich:

  »Höchste seelische und magische Stufe.«

- Treten Sie auf die siebte Stufe und sprechen Sie bei sich:

  »Höchste seelische und magische Stufe.«

- Treten Sie auf die sechste Stufe und sprechen Sie bei sich:

  »Höchste seelische und magische Stufe.«

- Treten Sie auf die fünfte Stufe und sprechen Sie bei sich:

  »Höchste seelische und magische Stufe.«

- Treten Sie auf die vierte Stufe und sprechen Sie bei sich:

  »Höchste seelische und magische Stufe.«

- Treten Sie auf die dritte Stufe und sprechen Sie bei sich:

  »Höchste seelische und magische Stufe.«

- Treten Sie auf die zweite Stufe und sprechen Sie bei sich:

  »Höchste seelische und magische Stufe.«

- Auf der untersten Stufe sagen Sie bei sich:

  »Ich stehe nun auf einer starken magischen und seelischen Stufe für erfolgreiche, magische und psychische Handlungen. Ich erreiche diesen Zustand immer, wenn ich es will, ob meine Augen offen oder geschlossen sind – indem ich mir einfach wünsche, hier zu sein, und von drei bis eins rückwärts zähle.«

- Öffnen Sie die Augen.
- Wiederholen Sie die Übung mit offenen Augen.

Das Schöne an dieser Übung ist, dass sie nicht nur die Zauberwirkung insgesamt verstärkt, sondern auch Ihren seelischen Zustand im Alltag. Wenn Sie für andere Menschen das Tarot oder die Runen befragen, schlage ich vor, diese Übung völlig zu verinnerlichen. Sie werden es nicht bereuen. Jedes Mal, wenn ein Klient Sie um Rat bittet, brauchen Sie nur einfach bei sich zu sagen: »Drei, zwei, eins«, um mit der Deutung zu beginnen (sofern Sie natürlich bislang ein guter Schüler waren und alles gründlich gelernt haben).

Machen Sie diese Übung mindestens zwei Wochen lang täglich, ehe Sie zur nächsten Stufe fortschreiten. Am Ende der zweiten Woche wiederholen Sie die Übung und fügen den folgenden Satz hinzu:

> *»Für einen erfolgreichen Zauber brauche ich nur die Worte drei, zwei, eins zu sprechen, mich auf mein Ziel zu konzentrieren und leicht in die Luft zu blasen.«*

Genau. Spitzen Sie die Lippen und blasen Sie in die Luft. Üben Sie diese erweiterte Lektion einen ganzen Monat lang. Wenn Sie in diesem Monat zaubern, achten Sie darauf, auch zu tun, was Sie sich selbst hier raten. Sie sagen »Drei, zwei, eins« nach jedem Zauber, konzentrieren sich auf Ihren Wunsch und hauchen in die Luft. Schreiben Sie alle Erfolge und Misserfolge genau auf.

Eignungstest

Und was nun? Bauen Sie diese Übung in Ihren Alltag ein. Ich wollte beispielsweise einmal früher von der Arbeit nach Hause gehen, einfach so, und so konzentrierte ich mich auf die Frau, die dafür verantwortlich war, und wünschte mir, dass sie lächelte und sagte, ich könne früher gehen. Dann blies ich leicht in die Luft und fügte die Worte hinzu: »Ohne jemandem zu schaden«. Zehn Minuten später sagte sie: »Wir machen heute früher Schluss. Sie können nach Hause gehen.« Manche Zauberer werfen nun vielleicht ihren Hexenbesen in die Luft und rufen: »Mann, ist das leicht. Von Ihnen hätte ich schwierigere Dinge erwartet, RavenWolf!« Meine Antwort würde lauten: »Wenn Sie die Grundlagen nicht beherrschen, können Sie auch keine größeren Aufgaben in Angriff nehmen. Ihre Zaubertechnik sollte kein russisches Roulette sein, sodass man sich um den Ausgang Sorgen machen muss. Um selbstbewusst und auf Ihre Leistungen stolz zu sein und um mehr Selbstachtung zu erlangen, müssen Sie üben, üben, üben, bis sie so weit sind, dass Sie in 95 Prozent aller Fälle Erfolg haben. Mit Hewitts Übung lässt sich übrigens ein wahrhaft zaubrisches Leben mit viel Spaß leben.

Der ganze Zauber

Nein, ich habe den Zauber nicht vergessen, und auch nicht die Anrufung, die Sie auf Ihren Altar gelegt haben. Sie werden nun diesen Zauber mit der Hewitt-Übung verbinden (siehe Seite 269).

Zu den Feinheiten der Zauberei gehören magische Korrespondenzen sowie die Entscheidung, ob man einen Zirkel schlägt oder nicht und ob man die Kreisviertel anruft oder nicht. Nehmen Sie sich ein wenig Zeit und überlegen Sie, welcher Korrespondenzen Sie sich bedienen wollen (sehen Sie im Anhang nach oder finden Sie selbst welche). Notieren Sie eventuelle Materialien, die Sie benötigen, oder ziehen Sie Aufzeichnungen heran. Wenn Sie diese Informationen zusammengestellt haben, überprüfen Sie Ihren spirituellen Plan und warten auf den richtigen Zeitpunkt. Als Anfänger in der Zauberei sollten Sie nicht allzu lange über Korrespondenzen nachdenken. Probieren Sie den Zauber aus, damit Sie überhaupt ein Gefühl für das Zaubern bekommen. Wenn Sie sich für erfahren halten, können Sie alles Mögliche in den Prozess einbringen, was Ihnen nur einfällt.

Also ... fangen wir an:

1. Treten Sie vor Ihren Altar oder Schrein und nehmen Sie den Zauberzettel zur Hand.

2. Schaffen Sie einen heiligen Raum, schlagen Sie einen magischen Zirkel und rufen Sie die Kreisviertel an, falls Sie sich dazu entschlossen haben.

3. Rufen Sie mithilfe der selbst verfassten Anrufung eine Gottheit herbei.

4. Halten Sie das Stück Papier mit dem Zauber hoch.

5. Sprechen Sie laut das angepeilte Ziel aus.

6. Machen Sie Hewitts Übung (siehe Seite 269).

7. Halten Sie den Zettel an die Brust und sagen Sie bei sich: »Drei, zwei, eins!« Visualisieren Sie das erwünschte Ziel und pusten Sie sanft in die Luft.

8. Dies tun Sie Abend für Abend, bis sich das Ziel manifestiert hat. Sie können den Zauber auch mit sich tragen und so oft lesen, wie Sie wollen. Ja, ich weiß, das verstößt gegen die alte Regel »Zaubere und vergiss«. Diese jedoch beruht auf dem Gedanken, man solle sich nicht allzu viele Sorgen machen, dass sich das Ziel vielleicht nicht manifestieren könnte. Sie sind aber nun weise und erfahren und wissen, dass man Zauber nicht mit negativer Energie befrachtet. Falls Sie die Neigung haben, sich immer zu viele Sorgen zu machen, löschen Sie damit tatsächlich alle positiven Bemühungen aus, die Sie mit dieser Übung schon an den Tag gelegt haben. Falls das der Fall ist, sollten Sie das Blatt Papier auf dem Schrein oder Altar liegen lassen und nur berühren, wenn Sie den Zauber ausüben. Wenn Sie es gelernt haben, Ihre Gedanken zu kontrollieren und negative Gedanken in positive umzuwandeln, dann tragen Sie das Stück Papier bei sich und betrachten es, wann immer Sie wollen.

9. Wenn sich Ihr Wunsch manifestiert, danken Sie der Gottheit, verbrennen das Stück Papier und streuen die Asche in den Wind.

Sie finden, dass das doch recht kurz und bündig angesichts der vielen Vorarbeit war? Wenn man die Technik des Zauberns erst einmal beherrscht, wirkt alles nicht mehr so anstrengend. Man lernt vielleicht sogar, ein paar Schritte zu überspringen, besonders bei einfacheren Zielen. Man kann denselben Zauber auch folgendermaßen verlängern:

1. Treten Sie vor Ihren Schrein oder Altar und nehmen Sie den Zauberzettel zur Hand. Mein Ziel heißt »Schutz«.
2. Schaffen Sie einen heiligen Raum, schlagen Sie einen Zirkel und rufen Sie die Kreisviertel an, wenn Sie das wollen.
3. Mit der von Ihnen verfassten Anrufung bitten Sie um den Beistand der Gottheit:

   »*Dunkle Göttin, tritt hervor, leihe mir dein heil'ges Ohr.*
   [Zünden Sie eine Kerze für die Dunkle Mutter an.]
   Schutztier Wolf, sei mein Geleit, gib mir Macht
   für alle Zeit.
   [Zünden Sie eine Kerze für Ihr Totemtier an.]«

4. Halten Sie das Blatt Papier mit dem Zauber hoch.
5. Sprechen Sie laut das angepeilte Ziel aus.
6. Machen Sie Hewitts Übung (siehe Seite 269).
7. Halten Sie das Stück Papier an die Brust und sagen Sie bei sich: »Drei, zwei, eins!« Visualisieren Sie das erwünschte Ziel und pusten Sie sanft in die Luft.
8. Nun singen Sie, während Sie die Räucherschale anzünden. Was dort hineinkommt, wollen Sie wissen? Sehen wir mal nach. Bei einem Schutzzauber gibt man ein wenig Rosmarin hinein, ein wenig Engelwurz, ein paar Lavendelblätter, um schlechte astrale Träume zu verscheuchen, Eisenkraut für Erfolg, Drachenblut für mehr Macht und alles andere, was Sie für nützlich halten. Fügen Sie eine Prise Glaubersalz hinzu, ei-

nen Spritzer Alkohol sowie ein Stück Papier mit der Rune Algiz für Schutz und stecken Sie nun das Ganze an. Singen Sie, bis das Feuer erlischt:

> *»Erde und Wasser, Feuer und Wind,*
> *erhebet die Energie geschwind.«*

Aha: ein Sofortzauber! Während der Rauch den Raum durchzieht, verbreitet sich auch die angerufene schützende Energie. Wenn man sich noch ein bisschen mehr Mühe geben will, kann man dazu auch eine Trommel schlagen oder sich die Seele aus dem Leib rasseln. Dann verankert und zentriert man sich. Wir begannen bei diesem kleinen Zauber mit der Zahl Sieben, fokussierten alle Energien in die erste Kerze, gingen zum Fünferschlag über und leiteten die Energie in die zweite Kerze, um mit dem wiederholten Fünferschlag zu enden (dem Machtgesang). So haben wir allen oder allem gehörige Angst eingejagt, die ihren bösen Blick auf uns gerichtet hatten. Die kommen sicher nicht zurück. Wir befolgten außerdem die Dreierregel. In älteren amerikanischen Zaubern richtete man sich stets nach der Dreierregel: Bei Gesängen, beim bewussten Atmen oder Zaubern vollzog man alles dreimal. Jede Handlung wurde dreimal vollzogen. Hier war eins die erste Kerze, zwei die zweite Kerze, und die Räucherschale war Nummer drei. Bei Standardzaubern folgen wir oft der Dreierregel. Nun sind Sie an der Reihe. Vergessen Sie nur nicht, der Gottheit zu danken, wenn sich der Wunsch manifestiert. Anschließend verbrennen Sie das Zauberpapier und verstreuen die Asche im Wind.

Sie ist also gar keine so großartige Angelegenheit, die Zauberei, oder? Zaubern ist die hexische Methode, fokussiert zu beten. Zauberei kann ein Hilfsmittel sein, die eigene Selbstachtung zu festigen, sie kann einem zu mehr Kontrolle über das Leben und die Umgebung verhelfen und einen in ständigem Kontakt mit der Göttlichkeit halten. Wie ich bereits gesagt habe, gibt es Hexen, die Rituale der eigentlichen Zauberei vorziehen; andere halten es eher umgekehrt. Es gibt Hexen, die am liebsten meditieren, statt Rituale oder Zauber zu vollziehen. Sind das keine richtigen Hexen? Doch, denn es ist ihre ureigene Angelegenheit, wie sie ihre Beziehung zur Göttlichkeit gestalten und nicht Gegenstand der Anerkennung oder Verurteilung durch andere Personen. Wie Sie spirituell reifen wollen, ob durch Zauber, Meditation oder Rituale, ist einzig und allein Ihre Angelegenheit.

Magische Minuten

Der Tornadozauber

Zahlreiche Powwow-Schamanen nutzen den Tornadozauber zur Heilung oder um mehr Wohlstand zu erbitten. Suchen Sie sich ein Ziel aus und formulieren Sie es in maximal drei Worten. Schreiben Sie diese Worte auf ein leeres Blatt Papier. Wenn es mehr als ein Wort ist, sollten zwischen den Wörtern keine Lücken bestehen. Wenn beispielsweise Annette gesunden solle, hieße das etwa ANNETTEHEILEN.

In den folgenden Zeilen lässt man jeweils einen Buchstaben fort:

ANNETTEHEILEN
ANNETTEHEILE
ANNETTEHEIL
ANNETTEHEI
ANNETTEHE
ANNETTEH
ANNETTE
ANNETT
ANNET
ANNE
ANN
AN
A

Nun sieht Ihr Zauber aus wie eine kleine Windhose, ein Tornado, und genau so wirkt dieser Zauber auch in den astralen Bereichen. Man nimmt das Blatt Papier in die Hand, bittet um einen »Tornado« und lässt diesen imaginären Sturm einen Moment in der Hand herumwirbeln. Wenn Sie sich das gut vorstellen können, dürfen Sie den Sturm auch in Farbe sehen. Lassen Sie die Windhose nun frei. Legen Sie das Papier unter die Wunschkerze, in Ihre Tasche oder unter das Kopfkissen, bis der Wunsch Form annimmt. Dann holen Sie den Tornado wieder in Ihre Hand zurück und beobachten, wie er immer kleiner wird und schließlich verschwindet. Nun verbrennen Sie das Stück Papier, setzen den Zauber frei und verstreuen die Asche im Freien.

Der Ritualzauber

Jack Veasey schreibt:

> *»Das folgende Gedicht soll ein vollständiger Zauber für sich sein. Machen Sie sich zuerst mit seinem Rhythmus vertraut, dann schreiben Sie eine weitere Strophe im selben Rhythmus und drücken darin einen Wunsch aus, den Sie gern verwirklicht sähen. Die meisten Verse in dem Gedicht haben acht Silben. Schreiben Sie also Verse, die in etwa gleich lang sind. Dann wenden Sie sich nach Norden, entspannen sich und sprechen das Gedicht voll Konzentration. Ihre eigene Strophe setzen Sie an die entsprechende Stelle.«*

Stellen Sie sich dazu plastisch vor, was in dem Gedicht passiert, noch während Sie die Worte laut aussprechen.

Wenn Dichten nicht gerade Ihre Stärke ist, kann man das Gedicht auch für anderes als für Zauber benutzen. Bei der Lücke für die neue Strophe könnte man beispielsweise stattdessen einfach meditieren oder den Wunsch visualisieren. Eine neue Strophe hat indes den Vorteil, dass sich die Anzahl der Strophen auf die magische Zahl neun erhöht und dem Gedicht etwas hinzugefügt wird, das mit den dort ausgedrückten Gefühlen und dem Rhythmus übereinstimmt. Es klingt gut, wenn man es laut liest, und es verstärkt außerdem die Wirkung.

Jack hat das Gedicht so strukturiert, dass es den Leser zentriert und verankert sowie den Alphazustand auslöst. Das Gedicht gleicht Negativität aus, schlägt einen magischen Zirkel, ruft die Kreisviertel an, beschwört die Große Göttin und den Gott, kreiert eine Machtpyramide und weist diese Macht an, Ihren Wunsch zu erfüllen. Es dankt den angerufenen Geistern und Energien und gibt ihnen vor, zum ursprünglichen Zustand zurückzukehren. Es öffnet den Kreis und entlässt die angerufenen Mächte in den Astralbereich. Außerdem enthält es zwei »Zaubersicherungen«, eine für die entsprechenden astrologischen Korrespondenzen und eine, um zu vermeiden, dass sich der Zauber umkehrt. Alle Achtung!

Jack fügt hinzu:

> *»Man braucht für diesen Gedichtzauber nicht vor einem Altar oder Schrein zu stehen, weil die Worte jeden Raum heiligen. Wenn man das Gedicht vor einem Altar oder Schrein vorträgt, ist es ratsam, diesen erst zu weihen. Das Gedicht enthält zwar vorsorglich einen Schutz gegen schlechte astrologische Korrespondenzen, aber deren Überprüfung und das Lesen des Gedichts zu einem günstigen Zeitpunkt kann die Erfolgschancen nur verbessern.«*

Eine Rune für alle Jahreszeiten

»Vom Scheitel hinab zu meinen Füßen
sind Energien stets im Fließen.
Ein klarer Kopf, ein stilles Wort
erfüllt mich ganz in einem fort.
Was immer auch die Gnade hemmt,
sei fort von diesem Ort geschwemmt.
Salziges Wasser, Salbeirauch
Vertreiben die Furcht, den Zweifel auch.

Züngelt hoch, ihr Flammen im heil'gen Kreis,
der alle darin niemals gibt preis,
die Mächte, die nun dort entsteh'n,
bleiben, bis wir auseinandergeh'n.
Geister von Osten, Westen, Norden
und Süden sind hier eins geworden.
Ich rufe euch an, um mir zu raten
gute Gedanken, Gefühle und Taten.

O Königin zu Wasser und zu Land,
die schützend alles Schlechte bannt,
o König der Luft und aller Flammen,
helft mir hier, ihr zwei zusammen.

O großes, starkes, helles Licht,
das um unsere Zauber her aufbricht,
o Mächte groß, ich flehe euch an,
tut nun für mich, was ihr immer getan.

[Strophe für den eigenen Wunsch einfügen]

O mächtiger Herr und große Herrin,
euch danket hier die Priesterin.*
O Kreis, eröffne dich für mich.
O Macht, zu deiner Aufgabe eile dich.

Sonne und Mond und Sterne dazu,
kreist weiter hoch oben in aller Ruh'.
Wendet ab Unglück und Pein.
Dies ist mein Zauber. So soll es sein!«

Wenn Sie in einer Gruppe arbeiten, könnte man beim Rezitieren des Gedichts auch den Grapevine tanzen, um noch mehr Macht zu beschwören. Andere verwenden Runen und gehen zu anderen Ritualen über, um den Zauber abzurunden. Ich kenne auch allein arbeitende Hexen, die ihren Schrein Tag für Tag neu aktivieren, indem sie Jacks *Rune* singen, und andere, die das Gedicht anstelle des Kleinen Bannzaubers einsetzen. Jack hat uns mit diesem Gedicht ein wunderbares Geschenk gemacht, für das ich ihm sehr danke.

---

* Für einen »Priester« bitte entsprechend umstellen: »O große Herrin und mächtiger Herr, / euch danket hier der Priester«. Es ist allerdings auch völlig akzeptabel, um Reim und Rhythmus willen die »Priesterin« beizubehalten.

Der Zugang zum höheren Selbst

Meiner Meinung nach ist der Hauptgrund, warum wir überhaupt auf Erden leben, dass wir die Schwingungsrate unseres höheren Selbst erhöhen und anderen helfen sollen, ihre Spiritualität ebenfalls zu verstärken. Wir sind hier, um etwas zu erschaffen. Der ständige Stress, unter dem wir Menschen leiden, verhindert oft, dass wir eine höhere spirituelle Ebene erreichen. Doch wenn man die folgende Übung zweimal täglich vor dem Altar oder Schrein macht, trägt das sehr dazu bei, die höchste Stufe an Spiritualität zu ereichen.

1. Knien Sie vor Ihrem Altar oder Schrein nieder und zünden Sie eine weiße Kerze an.
2. Bitten Sie Ihren Schutzengel, Ihnen beim Streben nach höherer Spiritualität zu helfen.
3. Stellen Sie leise Musik an.
4. Setzen Sie sich in bequemer Haltung vor den Schrein.
5. Schließen Sie die Augen und machen Sie Hewitts Übung (siehe Seite 269). Bei der Zahl zehn stellen Sie sich vor, auf eine schöne Wiese zu treten, von der aus eine marmorne Wendeltreppe nach oben führt. Sie hat zwanzig Stufen. Sagen Sie bei sich:

   »Ich steige die Stufen hinauf
   zu meinem höheren, spirituellen Selbst.«

   Dann zählen Sie langsam von eins bis zwanzig und stellen sich dabei vor, diese Stufen hinaufzugehen. Werden Sie nicht unruhig, wenn es nicht gleich klappt. Ihr Bewusstsein versucht vielleicht, Sie davon abzuhalten. Es klammert sich an seine alten Laster und freut sich gar nicht, dass Sie das alles nun hinter sich lassen wollen. Wenn Sie es nicht bis ganz oben schaffen, rufen Sie Ihren Schutzengel herbei und gehen mit ihm zusammen weiter. Wenn Sie es immer noch zu schwer finden, verzweifeln Sie nicht – Sie können es ja später noch einmal versuchen, vielleicht auch erst übermorgen. Versuchen Sie es aber weiter, bis Sie auf der Treppe ganz nach oben kommen.

6. Nun stehen Sie oben auf der Treppe. Vor Ihnen sitzen die Große Göttin und der Gott – vielleicht auch nur einer von beiden. Bitten Sie die Gottheit, Ihnen in bestimmten Lebensbereichen zu helfen, bitten Sie um Weisheit oder was immer Sie sich wünschen. Reden Sie mit ihr, bis entweder Ihre Konzentration nachlässt oder Sie das Gefühl haben, genug geredet zu haben.

7. Wenn Sie fertig sind, stellen Sie sich vor, die Stufen wieder hinabzugehen. Zählen Sie von eins bis fünf und sagen Sie sich, dass sie hellwach sind. Schreiben Sie alles auf, was Sie bei dieser Meditation gesehen oder gehört haben. Lassen Sie die weiße Kerze abbrennen. Sie können sie auch wiederverwenden, aber nur für diese Art Arbeit. Ich kenne viele Hexen, die Runen, Symbole oder Worte in die Kerze einritzen. Wenn sie abgebrannt ist, vergraben Sie den Stumpf in Ihrem »Hexengrab« irgendwo auf Ihrem Grundstück. Hexenregel: Vergraben Sie alles Gute in Ihrer unmittelbaren Umgebung und alles Schlechte woanders. Schlechte Dinge kann man auch in einen natürlichen Wasserlauf legen oder um Mitternacht bei einer Straßenkreuzung fortwerfen und Hekate bitten, alles Böse fortzunehmen.

Diese einfache Meditation, um das höhere Selbst zu erreichen, kann sich, regelmäßig wiederholt, als sehr nützlich erweisen. Die Sequenz lässt sich auch als Vorlage verwenden, um mit Verstorbenen, Freunden und Verwandten in Kontakt zu treten, um Antworten auf drängende Fragen zu finden, um das Selbstwertgefühl zu steigern, Ziele neu zu programmieren, schlechte Gewohnheiten abzulegen und so weiter.

Sagen wir zum Beispiel, Sie wollten eine schlechte Angewohnheit loswerden. Dann vollziehen Sie bei Neumond ein Ritual und legen die Bitte auf Ihren Altar oder Schrein. Am Ende des Rituals, ehe Sie den magischen Kreis aufheben, gehen Sie diese Meditationssequenz durch, um an Ihr höheres Selbst zu appellieren und die Hilfe zu erbitten, die Sie dafür brauchen, die Gewohnheit abzulegen. Für mehr Energie dazu können Sie die folgende Anrufung ausprobieren:

> *»Alte und Weise, Alte und Weise, Klugheit ist des Alters Weise.*
> *Weise und Alte, Weise und Alte, deine Weisheit mir erhalte.«*

Vielleicht schlagen Sie bei dem Wort »Weisheit« auf die Trommel oder rasseln, um das Wissen des Großen Geistes herbeizurufen. Anschließend schreiben Sie Ihre Eindrücke auf, schließen die Kreisviertel und heben den Kreis auf.

Elementargeister

Viele Lehrer glauben, dass das Wissen um die Existenz nichtkörperlicher Wesen von entscheidender Bedeutung für den Lernprozess der Hexe ist. Es gibt, vereinfacht dargestellt, zwei Arten von Entitäten oder Wesen – jene, die man selbst erschafft und jene, die bereits ein Eigenleben haben (Naturgeister, Devas, Dämonen und so weiter). Diese Elementargeister können von großem Nutzen sein, wenn Sie sie in Ihre Zauber einbinden.

Es gibt zwei Typen von Elementargeistern, die Sie selbst erschaffen können:

1. Zeitlich begrenzte Elementargeister, die eine bestimmte Aufgabe erledigen sollen, als Erweiterung Ihres Willens innerhalb eines definierten zeitlichen Rahmens.
2. Unbegrenzte Elementargeister, die Ihnen Augen und Ohren sein sollen – als zeitlich unbegrenzte Erweiterung Ihres Willens. Manche Magiere nennen diese Art Elementargeist auch »Hüter«. Odins Raben, Hugin (Gedanke) und Munin (Gedächtnis) genannt, fallen in diese Kategorie.

Der zeitlich begrenzte Elementargeist

Der Schwerpunkt bei der Schöpfung eines Elementargeistes ruht auf Ihrer Fähigkeit zu planen. Ehe Sie beginnen, sollten Sie auf einen Zettel die Aufgabe schreiben, die Sie dem zu erschaffenden Elementargeist auftragen, verbunden mit der Zeitspanne, die Sie ihm geben wollen. Man kann Elementargeister nicht irgendwo herumschwirren lassen, ohne dass sie wissen, was sie tun sollen, weil sie dann Ihnen oder anderen Streiche spielen. Dieser Typ Elementargeist verkörpert Ihre ureigenen Gedanken, und daher sind Sie für alles, was er tut, verantwortlich.

Sie brauchen diesen Typ Elementargeist nicht in einem magischen Zirkel zu erschaffen, obwohl das manche magische Anwender für nötig halten. Ich schlage jedoch vor, Ihre Gedanken in einem heiligen Raum körperliche Form annehmen zu lassen. Eine kleine Gedächtnisstütze: Ein heiliger Raum ist ein Ort, den Sie geweiht und geläutert haben. Sie können an einem heiligen Ort auch die Kreisviertel öffnen, falls Sie das wünschen. Wenn Sie beispielsweise bestimmte Informationen brauchen, öffnen Sie vielleicht den Osten und bitten das Element Luft um Beistand, damit der Elementargeist die richtige Information bringt. Der Osten mag Ihrem Elementargeist auch als ständig offene Tür dienen, durch die er kommen und gehen kann.

Man braucht keine Spezialwerkzeuge für die Erschaffung eines Elementargeistes; und dennoch benutzen viele Hexen und Magiere dazu Hilfsmittel wie Räucherkerzen und Kerzen in bestimmten Farben, um ihre Absichten zu bekräftigen. Für diese Übung nehmen Sie eine weiße Kerze und einen Räucherduft Ihrer Wahl. Suchen Sie sich unbedingt einen Ort für die Übung aus, an dem Sie völlig ungestört sind. Wenn dauernd Leute hereinkommen, das Licht anschalten oder laut mit Ihnen reden, stört das jedesmal die Konzentration. Elementargeister können sich auch in Gegenwart anderer manifestieren, aber die Gäste müssen während des Rituals schweigen und Respekt zeigen. Bei einer Übung rief beispielsweise einer meiner Schüler einen Elementargeist heran, der ihn bei seiner Musikkarriere unterstützen sollte. Wir vom Bund umringten ihn dabei, blieben aber völlig stumm. Unsere Aufgabe war es, den Energiefluss zu beobachten und dem Schüler anschließend unsere Eindrücke mitzuteilen.

1. Setzen Sie sich an einen ruhigen Ort, an dem Sie sich beschützt und geliebt fühlen. An diesem heiligen Ort zünden Sie eine Kerze und ein Räucherstäbchen an und meditieren still und gelassen, bis Sie geistig und körperlich völlig mit sich im Reinen sind. Machen Sie Hewitts Übung, um die höchste magische Stufe zu erlangen (siehe Seite 269).

2. Wenn Sie bereit sind, beginnen Sie im Geist von genau dem zu singen, was Sie nun erreichen wollen, und von der Aufgabe, die Sie Ihrem Elementargeist auftragen wollen. Hier ein paar Beispiele:

   - Geld: »Bring mir Wohlstand und Annehmlichkeiten, damit alle meine Bedürfnisse erfüllt werden. Kehr nach Beendigung dieser Aufgabe zurück.«
   - Informationen: »Bring mir innerhalb von 24 Stunden Informationen über dieses oder jenes Projekt, damit ich eine kluge Entscheidung treffe.«
   - Gesundheit: »Hilf mir, innerhalb von drei Tagen den richtigen Arzt für meine Krankheit zu finden.«
   - Liebe: »Geh zu meiner Schwester und bring ihr all meine liebevolle Energie. Beschütze sie bei ihrer Scheidung. Komm zurück, wenn sie geschieden ist.«

Beachten Sie bitte, dass wir den Elementargeistern bei zwei Aufgaben einen bestimmten Zeitraum gesetzt haben; in den anderen beiden Fällen ist die zeitliche Begrenzung offen. Die Anweisungen besagen allerdings klar und deutlich, dass der Elementargeist nach Beendigung der Aufgabe zurückkehren soll. Geben Sie einem Elementargeist immer nur eine einzige Aufgabe; schicken Sie ihn also nicht gleichzeitig in Sachen Liebe und Geld los, sondern entscheiden Sie sich immer für einen einzigen Auftrag. Wenn Sie sicher sind, genau zu wissen, was Sie von dem Elementargeist wollen, können Sie zum nächsten Schritt übergehen.

3. Wenn Ihnen die Aufgabe völlig klar ist, konzentrieren Sie Ihre Gedanken auf einen einzigen Satz, den Sie singen. Zum Beispiel:

   - Geld: »Überfluss für die Erfüllung all meiner Bedürfnisse.«
   - Informationen: »Projektinformation innerhalb von 24 Stunden.«
   - Gesundheit: »Suche einen Arzt innerhalb von drei Tagen.«
   - Liebe: »Liebe und Schutz für meine Schwester.«

   Wenn Sie die Worte in eine klare, eindeutige Kadenz gebracht haben, sind Sie für den nächsten Schritt bereit. Dabei können Sie Ihre Trommel oder Rassel nicht benutzen. Wenn Sie mit anderen zusammenarbeiten, sollten diese bei den restlichen Schritten den Rhythmus für Sie weiter schlagen.

4. Halten Sie die Hände leicht gewölbt in etwa 15 Zentimetern Abstand voneinander entfernt. Stellen Sie sich ein Dreieck aus Energie zwischen Ihrem dritten Auge (dem Stirnchakra), dem Herzchakra und dem Mittelpunkt zwischen Ihren Händen vor. Die Energie des dritten Auges ist lila, die des Herzchakras grün. Wenn Ihnen die Visualisierung einer Farbe zu schwer fällt, denken Sie an reines, weißes Licht. Stellen Sie sich eine Pyramide der Kraft vor, deren Seiten von Ihrem Kopf- und Brustbereich gebildet werden. Ziehen Sie ihre Energie in Ihre Handflächen.

5. Beschwören Sie die gnädige Große Göttin und den Großen Gott, Ihrem Elementargeist, den Sie mit Ihren Händen erschaffen, Leben einzuhauchen. Sie können auch bestimmte andere Gottheiten anrufen oder nur eine einzige Gottheit, aber unserer Meinung nach wirken die ausgewogenen Energien von Herrin und Herr am besten. Danken Sie ihnen für

ihren Beistand. Nun können Sie spüren, wie der Elementargeist im Rhythmus Ihres Atems in Ihren Händen entsteht, während Sie erneut singen. Nehmen Sie sich bei diesem Schritt Zeit, drängen Sie sich zu nichts. Wenn Sie zu hastig vorgehen, kann der Elementargeist nicht reifen, und Sie müssen wieder von vorn beginnen.

6. Beim Atmen bewegen Sie Ihre Hände im Körperrhythmus leicht vor und zurück, wie eine pulsierende Bewegung. Atmen Sie in tiefen, langen Zügen und vergrößern Sie den Abstand zwischen Ihren Händen, bis Sie den Elementargeist wie einen großen, wirbelnden Ball zwischen den Fingern spüren. Singen Sie weiterhin im Geist Ihr Kommando und bewahren Sie die Vision des Machtdreiecks zwischen Ihrer Stirn, Ihrem Herzen und Ihren Händen.
7. Hauchen Sie dem Elementargeist Ihren Atem ein und visualisieren Sie diesen als Lebenshauch. Das Geschenk des Lebens für Ihre Schöpfung stammt von der Großen Göttin und dem Großen Gott in Ihnen selbst. Wenn Sie das verunsichert, machen Sie einfach Hewitts Übung (siehe Seite 269) und verschmelzen mit dem Elementargeist, um ihn zu unterstützen. Sie befinden sich nun im Alphazustand. Um es noch komplizierter zu machen, könnten Sie nun das Aussehen Ihres Elementargeistes verändern, falls Sie das möchten. Wenn es Ihrer Schwester beispielsweise gefallen würde, eine Astralkatze um sich zu haben, dann können Sie Ihrer Schöpfung Katzengestalt verleihen.
8. Sobald Sie mit allem zufrieden sind, stehen Sie auf und befehlen dem Elementargeist, seinen Auftrag zu erfüllen. Dabei sprechen Sie Worte wie etwa:

> *»Elementargeist aus meinen Händen, geh und erfüll deinen Auftrag, meine Schwester zu lieben und zu beschützen.*

Wenn du deine Aufgabe erledigt hast, kehr zurück in den Zustand, aus dem du entstandest. Ohne jemandem zu schaden und nach meinem Willen. So soll es sein.«

Umgeben Sie den Elementargeist mit einem geistigen Schutzschild und werfen Sie ihn in die Luft. Dann breiten Sie die Arme aus wie eine Göttin. Wiederholen Sie den Kommandosatz und enden Sie mit den Worten:

»So soll es sein. Drei, sieben, neun, 21.
Ende gut, alles gut.
So soll es sein.«

Wenn Sie Ihrem Elementargeist eine zeitliche Begrenzung gesetzt haben, behalten Sie sie gut im Gedächtnis und bereiten Sie sich am Ende dieses Zeitraums darauf vor, eine Information zu empfangen. Wenn der Elementargeist die Information vermittelt hat, kehrt er, Ihren Anweisungen folgend, in seinen ursprünglichen Zustand zurück. Wenn Sie dem Elementargeist einen Auftrag gegeben haben, bei dem er Ihnen nichts zu übermitteln hat, kehrt er automatisch in seinen ursprünglichen Zustand zurück, wie Sie es ihm aufgetragen haben. Lassen Sie einen Elementargeist niemals ohne einen Auftrag herumschweben und versäumen Sie es nie, genau zu sagen, wann er nach Erledigung der Aufgabe zurückkehren soll.

Der zeitlich unbegrenzte Elementargeist

Zur Schöpfung eines zeitlich unbegrenzten Elementargeistes – so etwa der Odinsraben Gedanke und Gedächtnis – folgt man den gleichen Anweisungen wie oben, nur die Verfügungen klingen anders. Ein Auftrag lautet dann beispielsweise:

»Sei mein Schutzgeist und tu mir alles kund, was für mein Wohlergehen und meine spirituelle Entwicklung wichtig ist.«

Eine andere Verfügung lautet etwa:

»Hüter, Schutzgeist, [oder, wie bei Odins Raben]
Gedanke und Gedächtnis, bringt mir Informationen.«

Wenn Sie ganz kreativ sein wollen, legen Sie bestimmte Objekte auf Ihren Schrein oder Altar, die den zeitlich unbegrenzten Elementargeist beherbergen können, wenn er nicht gerade mit einem bestimmten Auftrag im Universum unterwegs ist. Sie können Ihren Elementargeist mit einem Wolfstotem verbinden und die so verknüpften Energien in eine Statue platzieren. Berühren Sie dazu einfach die Statue, immer wenn Sie einen Auftrag haben (als würde man den Geist aus der Flasche anrufen). Ehe Sie die kombinierte Energie nutzen, geben Sie ihr bestimmte Anweisungen für Ihren Auftrag und erinnern die Energie daran, nach Erledigung an diesen Ort zurückzukehren. Dazu sprechen Sie etwa folgende Worte:

»Elementargeist meiner Hand, geh fort und erfüll deinen Auftrag, meine Schwester zu lieben und zu beschützen. Wenn du deine Aufgabe beendet hast, kehrst du in die Wolfsstatue zurück und bleibst dort, bis ich dich erneut rufe. Ohne jemandem zu schaden, so soll es sein.«

Umgeben Sie den Elementargeist mit einem Schutzschild und werfen Sie ihn in die Luft. Breiten Sie die Arme wie die Göttin aus, wiederholen Sie den knappen Befehl und enden Sie mit den Worten:

»So soll es sein, drei, sieben, neun, 21.
Ende gut, alles gut.
So soll es sein.«

Ob es noch weitere Techniken gibt, einen Elementargeist zu erschaffen?

Aber sicher. Die bisher vorgestellten Anweisungen sind nur eine Methode von vielen. Vielleicht finden Sie selbst einen besseren Weg.

6 *Die Rituale*

Rituale nehmen in der Hexenkunst einen wichtigen Platz ein, besonders bei Gruppenarbeit. Was ist wohl der Grund dafür? Warum befassen wir uns überhaupt mit Ritualen? Warum haben unsere Zeremonien stets die gleichen Bestandteile? Warum brauchen wir dazu Regeln? Worum geht es hier eigentlich?

Der bereits verstorbene Autor und Magier Scott Cunningham sagte bei einer Vorlesung über das Thema der einzeln arbeitenden Wicca im März 1999, dass es »so etwas wie einen einzeln arbeitenden Wicca nicht gibt. Für mich liegt der Sinn des Wicca-Rituals darin, mein Bewusstsein von der Göttin, dem Gott in uns selbst zu schärfen. Je mehr ich dieses Bewusstsein stärke, umso deutlicher erkenne ich, dass ich niemals allein bin.«

Warum Rituale?

Ob wir uns nun mit Gruppen- oder Einzelritualen befassen – wir gelangen schließlich immer wieder zu der Frage, warum Menschen überhaupt das Bedürfnis nach Ritualen haben.

Stärkung des Glaubens

Menschen neigen bereits von Natur aus zu rituellem Verhalten. Die meisten Menschen begehen zum Beispiel alljährlich ihren Geburtstag – ungeachtet ihres Glaubens, ihres gesellschaftlichen Hintergrunds oder ihres Alters (nun ja, vielleicht lässt die Begeisterung im Laufe der Jahre nach) und so weiter. Die meisten Menschen entwickeln auch in anderen Situationen, ohne einen Anlass zum Feiern, ein rituelles Verhalten. Eine meiner Freundinnen geht zum Beispiel jeden Tag eine halbe Stunde früher zur Arbeit, damit sie dort noch in Ruhe einen Kaffee trinken und frühstücken kann. Ein anderer Freund liest morgens und abends bei der Fahrt in der U-Bahn immer die Zeitung und hört dabei Musik mit dem Kopfhörer – das ist sein Ritual. Manche Leute machen Eselsohren in Buchseiten, andere pflegen ihre Lektüre eher. Jeder Mensch vollzieht wohl tagtäglich auf die eine oder andere Weise ein Ritual. Ist es da nicht natürlich, wenn wir auch unsere religiösen Praktiken mit Ritualen und Mustern durchziehen?

Rituale in Gottesdiensten geben uns eine vertraute Struktur, innerhalb derer wir die erwählte Gottheit ehren können. Das wiederholte Läuten einer Glocke, das Salben mit Ölen und Kräutern, bestimmte Eröffnungs- und Abschiedsworte oder eine Art Kommunionsritual haben stets positive Auswirkungen. Rituale schaffen zu Ehren einer bestimmten Gottheit einen fest umrissenen Platz und Zeitraum, in dem wir uns ausschließlich auf unsere Interaktion mit dem Großen Geist und die Regungen der Göttlichkeit in unserem Leben konzentrieren können.

Ausgangsbasis für körperliche, spirituelle oder geistige Manifestationen

Ich finde, dass einer der aufregendsten Aspekte der Zunft ihre Flexibilität innerhalb ihres Glaubenssystems ist – dank dieser Flexibilität können wir ungeachtet unserer Probleme, Bedürfnisse oder Wünsche jederzeit und ohne die ausdrückliche Erlaubnis anderer Menschen oder einer festen Organisation mit dem Göttlichen in Kontakt treten. Rituale bieten einen Rahmen, innerhalb dessen wir Magie entweder allein oder in einer Gruppe anwenden können. Die Zunft verlangt nicht, dass man die Gottheit auf ganz bestimmte Weise anspricht, daher haben wir die Möglichkeit, mithilfe von selbst verfassten Ritualen eigene Assoziationen mit der Gottheit auszudrücken und die eigenen besonderen Bedürfnisse zu berücksichtigen. Letztendlich haben wir selbst die volle Kontrolle darüber, wie wir Veränderungen im Leben manifestieren wollen. Natürlich bedeutet das auch, dass wir Verantwortung für die eigenen Handlungen übernehmen.

Die Struktur von Wicca-Ritualen, wie wir sie heute kennen, erlaubt uns, verschiedene Innenschautypen zu schaffen, die als Katalysator für ein besseres Leben wirken können. Um das erwünschte Ziel zu erreichen, können wir unserem Ritual so viele Gesten, Schritte und Worte beigeben, wie wir wollen, oder auch nur einige wenige ausgewählte Techniken. Unabhängig von der gewählten Ritualform lassen sich die eigenen Bedürfnisse und Wünsche auch durch ein ganz eigenes Ritualmodell ausdrücken.

Kontakt zu Gleichgesinnten

Ein wichtiger Bestandteil der Wicca-Gruppenarbeit besteht im gemeinsamen Vollzug von Ritualen. Menschen sind von Natur aus soziale Wesen und wollen ihre Religion in der Gruppe ausleben. Die positiven Aspekte von Gruppentreffen äußern sich oft in einer erhebenden und wohltuenden Atmosphäre. Wenn sich zahlreiche Menschen im gleichen Geist versammeln, um ein bestimmtes Ziel zu erreichen, wirbelt ein Energiestrudel hinaus ins Universum und hilft unserer Spiritualität, sich ihren Quellen zu nähern, indem sie Dinge in unserer eigenen Welt verbessert. In einem sozialen Umfeld vermischen sich unsere Energiefelder mit denen von Gleichgesinnten und ermöglichen es uns, nicht nur auf verbaler und körperlicher Ebene zu kommunizieren, sondern auch auf psychischer und spiritueller.

Im Laufe der Jahre haben sich in den Zeremonien der Zunft bestimmte Regeln für Gruppenaktivitäten entwickelt, genau wie in allen anderen sozialen Gruppen auch – ob in einem Basketballteam, einer Bürgerorganisation oder beim alljährlichen Stadtteilfest. Regeln verbessern und schützen die Aktivitäten einer Gruppe. Wir von der Zunft haben aus diesem Grund zwei Arten von Regeln: solche, die Gruppenfunktionen unterstützen, und solche, die helfen, unsere Spiritualität zu fördern – nicht nur in der Gruppe, sondern auch beim Individuum. Wenn Regeln sich für eine Gruppe als schädlich erweisen, sollte man sie entweder revidieren oder aber ganz abschaffen.

Das beste Beispiel für diesen Aspekt erreichte mich per E-Mail von einem meiner Leser:

Liebe Silver,

Ich möchte Dir meinen Dank aussprechen, dass du *To Stir A Magick Cauldron* geschrieben hast. Du kannst Dir gar nicht vorstellen, wie sehr mir das Buch in einer Notlage geholfen hat. Ich hatte es gerade mit der Post erhalten, als wir einen Anruf bekamen, dass eine Tante, die fast 200 Kilometer weit weg lebt, versucht hatte, Selbstmord zu begehen. Mein Vater sagte, ich solle zu Hause bleiben, er würde mich so bald wie möglich anrufen. Silver, diese beiden Stunden des Wartens hätten zu den schlimmsten meines Lebens werden können, aber sie stellten sich als eine der intensivsten Lernsituationen heraus. Ich nahm mir Dein Buch vor und begann, darin zu blättern. Ich stieß dabei auf die Absätze über das tägliche Beten und ging dann zu einigen Ritualen über. Spontan beschloss ich, ein Ritual für meine Tante zu vollziehen, um sie wissen zu lassen, wie sehr wir sie alle liebten, und um an sie zu appellieren, nicht aufzugeben. Ich benutzte Dein Buch auf meinem Schoß als meinen Altar! Da ich nur wenig Erfahrung habe, rief ich die Erzengel in den Kreisvierteln an. Ich bat sie, meine Tante zu beschützen und ihr meine Botschaft der Liebe zu überbringen. Ich rief den Herrn und die Herrin an und bat sie um ihren Beistand für die Heilung, sollte das Universum dies für das Richtige halten.

Und weißt Du was, Silver, es hat geklappt! Bald darauf rief mein Vater an und sagte, meine Tante sei außer Lebensgefahr. Sie würde sich wieder vollständig erholen. Nach der Entlassung aus dem Krankenhaus begann sie eine Therapie, und heute geht es ihr gut. Am besten aber ist, dass mir klar wurde, selbst etwas tun zu können, als ich glaubte, ich könne nur da sitzen, an den Nägeln kauen und weinen. Ich stellte fest, dass die Zunft ein interaktives Glaubenssystem ist. Ich brauche nicht einfach dazusitzen und zu warten, bis das Leben mir einen Schlag versetzt. Ich kann mich wehren!«

Der aufregendste Aspekt von Ritualen ist, dass sie uns helfen können, Kontrolle über unser Leben zu gewinnen. Selbst wenn es uns aus irgendeinem Grund nicht gelingt, uns bei einem Ritual zu fokussieren – allein die Tatsache, dass wir es vollzogen haben, lässt uns wieder am Spiel des Lebens teilnehmen, anstatt dass wir weiterhin von der Seitenlinie aus zusehen. Rituale sind immer eine weitere Möglichkeit, wenn man glaubt, schon alles versucht zu haben.

Rituale wirken entspannend

Bei Ritualen kann man eine entspannte Denkweise entwickeln. Nach Vollendung eines Rituals sollten Sie sich besser fühlen als vorher. Rituale sind ein Bestandteil der spirituellen Reise und bringen Freude, Euphorie und Entspannung hervor sowie ein gewisses Gefühl von Mysterium. Einzelrituale schneiden in dieser Kategorie sogar besser ab, weil einen dabei niemand beurteilen kann, weder bewusst noch unbewusst. Der einzige große Nachteil von Gruppenritualen indes hängt mit der persönlichen Einstellung der Mitglieder zusammen – denn es gibt immer jemanden, der glaubt, eine göttliche Pflicht erfüllen zu müssen, indem er bemängelt, was man alles falsch gemacht hat und wie das Ritual verbessert werden könnte (aber nur, wenn er selbst es leitet). Solche Debatten sind nicht der Hauptzweck eines Rituals und können sich sehr leicht zu einer Konkurrenzsituation auswachsen.

Hier eine Faustregel, die ich allen meinen Schüler auf den Weg gebe:

Jeder, der zu einem Ritual erscheint, war dazu bestimmt, dabei zu sein. Alle, die sich nicht dazu einfinden, waren es nicht. Alles, was bei einem Ritual geschieht, soll auch geschehen, egal aus welchem Grund. Alles, was nicht passiert, soll nicht sein. Nur, weil wir an einem Ritual teilnehmen, bedeutet das nicht, dass wir nicht noch etwas dazulernen könnten.

Vor ein paar Jahren leitete eine Hohepriesterin in Philadelphia ein größeres Gruppenritual. Anschließend betrachtete eine Teilnehmerin es als ihre Pflicht, mindestens 25 anderen zu verklickern, weil die Hohepriesterin »vergessen« habe, alle vor der Zeremonie zur Zentrierung anzuhalten, sei sie inkompetent. Okay, sie hat also die Grundregel Nummer 101 bei der Aufhebung des Zirkels vergessen – ich kann mich allerdings nicht erinnern, irgendwo in den Wicca-Gesetzen oder den Ordinaten gelesen zu haben, dass Perfektionismus eine Grundvoraussetzung für das Zaubern sei – und ein Heiligenschein wird einem dafür auch nicht verliehen. Wenn bei einem Einzel- oder Gruppenritual etwas falsch läuft, dann betrachtet man diesen Fehler als Lektion und nicht als die persönliche Schuld eines anderen. Rituale verwandeln stets das Gewöhnliche in das Außergewöhnliche. Bitte machen Sie dieses Mysterium nicht zunichte.

»Wenn wir an irgendeinem Punkt«, schrieb mir eine Freundin, »das Gefühl haben, das Ritual habe seinen Sinn nicht erfüllt, oder wir meinen, dass unsere Fähigkeiten und Leistungen beurteilt werden, dann ist es Zeit, abzubrechen und nachzudenken. Haben wir zugelassen, dass das Ritual wichtiger wurde als die spirituelle Reise? Ein Ritual ist nicht der Weg ... nur die Erinnerung daran, dass es einen Weg gibt.«

Positive Energiefelder schaffen

Jedesmal, wenn ein Einzelner oder eine Gruppe ein Ritual vollzieht (zur reinen Ehrung des Göttlichen oder aus praktischen Gründen), entsteht ein positives Energiefeld, das noch lange andauert, nachdem die rituellen Gesänge verklungen sind. Diese Energie trägt dazu bei, dass wir uns mit der Gottheit vereinen, und erlaubt es dem Göttlichen, sich frei über die Erde auszubreiten. Stellen Sie sich jedes Ritual, das Sie vollziehen, als die Schöpfung einer Kraftzelle oder Energielinie für die Manifestation des Guten vor. Wenn Sie eine heilige Stätte im Freien schaffen, indem Sie einen bestimmten Bereich läutern und weihen, hinterlassen Sie dabei auch die Schwingungen Ihres Rituals. Die Pflanzen und Tiere in diesem Bereich haben noch lange, nachdem Sie gegangen sind, etwas vom Segen Ihrer Arbeit.

Manifestation von Harmonie

Ein Ordinatengesetz besagt, dass man mit jedem Ritual ein Gleichgewicht anstreben soll. Man steckt die eigene Energie in den rituellen Akt, und der Große Geist stattet seinerseits alle Teilnehmer des magischen Zirkels mit Energie aus. Ich betrachte die Gesichter des Black Forest Clans am liebsten dann, wenn wir ein Ritual abschließen. Wenn ich das Lächeln und die strahlenden Augen sehe, weiß ich, dass wir unsere Aufgabe erfüllt haben. Es spielt keine Rolle, ob jemand seinen Text vergessen hat oder ob wir alle bei einem Fehler lachen mussten. Lächeln, lautes Lachen und ein Gefühl von Harmonie sind lebensnotwendig für ein gutes Ritual.

Standardelemente in Wicca- und Hexenritualen

Wir greifen in Ritualen der Zunft oft auf bestimmte Grundelemente zurück, als da wären:

Die Schaffung eines heiligen Raums: Wir läutern einen Bereich, um negative Schwingungen zu vertreiben, die das tägliche Leben dort vielleicht hinterlassen hat.

Der magische Zirkel: Wir schlagen den magischen Kreis, um uns vor Einflüssen von außen zu schützen, und schaffen gleichzeitig einen fest umrissenen Bereich, der die beschworene Energie festhält, bis wir sie wieder freisetzen. Grundsätzlich wird der magische Zirkel unsere Kirche, unser Schutzraum des Göttlichen.

Die Anrufung der Kreisviertel: Wir rufen die Kreisviertel entweder an, um sie um ihre schützende Energie zu bitten oder um positive, natürliche Energie in unsere Arbeit zu integrieren.

Anrufung des Göttlichen: Wir ziehen das Göttliche in den Kreis, um es entweder zu ehren oder seine Energie zu erbitten, die uns bei der Arbeit helfen soll – oder aber aus beiden Gründen.

Nennung des Ziels: Wir nennen das Ziel, um uns besser auf die Arbeit oder Zeremonie konzentrieren zu können.

Zauber: Wir praktizieren Zauber, um den Fokus zu unterstützen, oder für eine Ehrung, die im Zentrum des Rituals steht. Der Zauber ist der Motor eines Rituals.

Beschwörung von Energie: Die Energie entspricht dem Treibstoff des Rituals. Wir beschwören Energie, um unsere Arbeit zu vollenden, sei es eine Ehrung oder etwas anderes.

Kommunion: Wir vollziehen die Kommunion, um uns nach einem Ritual zu verankern und um in uns selbst zu erkennen, dass wir das Göttliche ehren.

Dank an das Göttliche: Wir danken dem Göttlichen, weil wir gute Hexen und dankbar sind, dass uns die Gottheit bei unserer Arbeit oder Feier unterstützt hat. Dieser Dank gibt Energie zurück ans Universum und sichert deren zyklische Rückkehr, wenn wir erneut Zauber bewirken oder etwas ehren.

Die Entlassung der Kreisviertel: Wir entlassen die Kreisviertel, damit wir nicht nutzlos Energie an einen bestimmten Ort binden. Wenn wir diese Energie zurückschicken, kann sie an einem anderen Ort wirken und wiederum zyklisch zurückkehren, wenn wir sie brauchen. Würden wir die Energie zum Bleiben zwingen, so würden wir die Energiemuster kurzschließen. Wenn man der Energie die freie Wahl lässt, zu bleiben oder zu gehen, ist das etwas ganz anderes.

Die Aufhebung des Zirkels: Wir heben den Zirkel auf, damit wir uns wieder frei an diesem Ort bewegen können. Wenn man dies unterlässt, reißt und zerrt man ständig am magischen Kreis, bis sich die Energie auf chaotische Weise entlädt. Wir heben den Zirkel auch auf, um die Vollendung des Rituals zu markieren – aber auch, um die Energie gezielt auszurichten. Man leitet die Zirkelenergie in die Instrumente, in sich selbst, in einen geliebten Menschen und so weiter ab.

Verankerung und Zentrierung: Wir verankern und zentrieren uns, um unserem Körper zu helfen, überschüssige Energie loszuwerden. Überschüssige Energie ist wie Fett, das der Körper nicht braucht.

Natürlich kann man einige dieser Elemente weglassen und immer noch ein echtes Zunftritual abhalten. Vielleicht entschließt man sich, keinen magischen Zirkel zu schlagen. Man ruft vielleicht bewusst die Kreisviertel nicht an oder nur ein einziges. Man lässt möglicherweise die Kommunion fort. Dann bleibt immer noch

- Die Schaffung eines heiligen Raums
- die Anrufung des Göttlichen
- die Nennung des Ziels
- der Zauber
- der Dank an das Göttliche
- die Beendigung des Rituals.

Ein Ritual mit allen Bestandteilen nennen wir »komplexes Ritual«, die eben genannte Kurzfassung »einfaches Ritual«. Manche Zauberer meinen, dass man keinen magischen Zirkel braucht, wenn man nur die Gottheit anruft. Ihre Begründung lautet, dass man keinen magischen Zirkel braucht, um sich vor der Gottheit zu schützen. Umgekehrt meinen andere aber, dass jedes Ritual in einem magischen Zirkel abgehalten werden sollte, egal wen oder was man anruft. Es ist Ihre Entscheidung.

Nun wird alles ein wenig komplizierter. Es gibt insgesamt fünf Typen von Ritualen – förmliche, komplexe, formlose und spontane Rituale sowie Basisrituale.

Ritualformen

Förmliche und komplexe Rituale

Das *förmliche Ritual* besteht aus mehreren vorgeschriebenen Schritten, erfordert ein festes Repertoire von Instrumenten und dauert gewöhnlich eine Dreiviertelstunde bis eine Stunde. Zur Zeremonie gehört die vollständige Läuterung und Weihung jedes Teilnehmers sowie der Akt der Kommunion. Ein förmliches Ritual kann viele verschiedene Einzelaspekte enthalten. Ein *komplexes Ritual* beruht nicht unbedingt auf einer detallierten Vorlage (ein paar Leitlinien reichen aus); dennoch gehören alle im letzten Abschnitt zusammengefassten Schritte zwingend dazu sowie das Schlagen des magischen Zirkels, die Anrufung der Kreisviertel, die Beschwörung, die Zauber und die Kommunion.

Man kann alle in diesem Buch vorgestellten Rituale oder Zauber in ein förmliches oder komplexes Ritual verwandeln, wenn man will. Förmliche und komplexe Rituale bestehen aus mehreren Schritten, von denen jeder das erwünschte Ziel noch einmal affirmiert. Der Hauptunterschied zwischen einem förmlichen und einem komplexen Ritual ist die *Vorgabe*: Das förmliche Ritual richtet sich ohne die geringste Abweichung nach den vorgegebenen Schritten. Ein komplexes Ritual dagegen beinhaltet zwar dieselben Schritte, aber es bedarf keiner fertigen Vorlage, und Abweichungen, Veränderungen sowie spontane Einfügungen sind durchaus akzeptabel. Während die Gardnerischen und Alexandrischen Gruppen normalerweise förmliche Rituale zelebrieren, neigen schamanistisch geprägte Gruppen wie der Black Forest Clan eher zum komplexen Ritual.

Wir betrachten hier das förmliche Drei-Kreise-Ritual, um die

Unterschiede zwischen den verschiedenen Ritualformen besser herauszuarbeiten. Ich möchte förmliches Gruppenritual vorstellen, weil ich weiß, dass viele Einzelgänger sich treffen, um Rituale zu veranstalten, aber kaum Materialien zur Verfügung haben, um den förmlichen Ritualprozess von Anfang bis zum Ende zu begreifen. Falls Sie daher kein förmliches Ritual planen oder nicht an einem förmlichen Gruppenritual teilnehmen wollen, lesen Sie trotzdem diesen Abschnitt durch, um Ihr Bewusstsein dafür zu schärfen, was ein solches Ritual umfassen sollte, falls Sie irgendwann einmal an einem teilnehmen sollten.

Die folgenden Rollen gilt es zu verteilen:

Ältester
Hohepriesterin
Hohepriester
Jungfrau
Tempelwächter
eine Person pro Kreisviertel (mit Rasseln)
Trommler oder offizielle Rassler
Bundmitglieder

Wir brauchen also mindestens zehn Personen, die eine bestimmte Rolle spielen. Bei weniger Teilnehmern kann man Doppelrollen bestimmen. Zum Beispiel können auch Hohepriesterin und Hohepriester die Kreisviertel anrufen, was schon vier Personen weniger ausmacht.

Beim Lesen des Rituals stellen Sie es sich im Geiste vor wie ein Schauspiel. Betrachten Sie noch einmal die Rollenverteilung und verleihen Sie den einzelnen Charakteren individuelle Züge. Beim Lesen können Sie dann »sehen«, wie diese Personen das Ritual vollziehen. Achten Sie bei der Lektüre auch darauf, dass der Trommler eine sehr wichtige Rolle spielt – er agiert als Personifikation des Ritualziels.

Förmliches Drei-Kreise-Meisterschamanenritual: Die Errichtung eines Schreins

Materialien: Eis, Salz, Räucherkerzen Ihrer Wahl, weiße Wachskerzen oder Öllampen (zur Beleuchtung), eine weiße Stumpenkerze, ein Duftöl Ihrer Wahl, ein Teelicht in einer kleinen Schale, Ihre Räucherschale, Kräuter, Kürbisgewürz, Glaubersalz, Streichhölzer und Gin. Eine rote Wachskerze für den Süden, einen Weihrauchbrenner für den Osten, eine Schale mit Wasser für den Westen, einen großen Kristall für den Norden (diese Materialien für die Himmelsrichtungen bewahrt man am Fuß des Altars auf). Eine Salbungsschale, einen Kelch, Saft, Kuchen, ein Tablett (neben dem Schrein oder Altar abzustellen),Trommeln und Rasseln. Errichten Sie den Schrein komplett mitsamt Statue, einer ersten Opfergabe und heiligen Objekten. Vor Beginn des Rituals sorgen der Tempelwächter oder die Jungfrau dafür, dass alles bereitsteht.
Astrologischer Zeitpunkt: Vollmond oder Neumond
Planetenstunde: Sonne, Mond, Merkur oder Venus
Runenkorrespondenzen: Birca (Geburt)
Das Ritual sollte nicht bei völligem Neumond abgehalten werden.

1. **Persönliche Vorbereitung:** Beim Arbeiten in einer Gruppe nimmt man sich vor dem Ritual ein paar Minuten Zeit, um den Ritualbereich abzugehen, zu meditieren und sich auf das kommende Ereignis vorzubereiten.

2. **Die Schaffung des heiligen Raums und die Positionen der Teilnehmer:** Der Älteste schreitet den Präritualbereich ab, stellt Kontakt zu den Devas her und bittet um ihren Segen, ihren Beistand und Schutz.
   Die Bundmitglieder warten außerhalb des Bereichs.
   Dann nimmt der Trommler seine Position nahe dem Altar

oder Schrein ein, aber ein wenig abseits, damit er nicht den Ablauf des Rituals stört. Der Trommler sagt:

> *»Wir haben uns versammelt, um ein Ritual für …* [Ziel] *zu vollziehen.«*

Dann beginnt er, einen leisen, rhythmischen Takt zu schlagen. Die Jungfrau des Bundes schafft heiligen Raum, indem sie den Raum oder die Stätte im Freien läutert und den vier Elementen weiht. Der Hohepriester und die Hohepriesterin warten zu beiden Seiten des Altars, während die Jungfrau diese Aufgabe vollzieht. Der Tempelwächter steht neben der Hohepriesterin. Die Personen, die die Kreisviertel anrufen, nehmen ihre Positionen an den entsprechenden Stellen ein. Der Älteste steht hinter der Hohepriesterin. Einige der Teilnehmer bewegen sich im Verlauf des Rituals hin und her (die Kreisviertelanrufer, der Älteste, der Tempelwächter und die Jungfrau), aber sie behalten die eben genannten Positionen als ihren »Stammplatz«. Sie bleiben während der gesamten Zeremonie stumm, es sei denn, sie werden direkt vom Hohen Priester oder der Hohen Priesterin angesprochen.
Die Kreisviertel rasseln mit ihren Instrumenten im Takt der Trommel.
Die Jungfrau salbt die vier Ecken des Schreins oder Altars mit Öl: Sie kann damit beispielsweise ein bannendes Pentagramm, einen Halbmond, ein gleichschenkliges Kreuz oder die Rune Algiz darauf malen. Dann salbt sie die Mitte des Schreins mit demselben Symbol. Nun reibt sie Salz an die vier Ecken und lässt Feuer und Luft darüber gehen.
Trommel und Rasseln verstummen. Der Trommler sagt:

> *»Wir haben die Stätte bereitet für …* [Ziel].
> *So soll es sein!«*

Alle antworten:

»So soll es sein!«

3. **Die Weihung des Altars oder Schreins:** Alle wenden sich zum Altar. Der Trommler wechselt nun den Takt und hält jedesmal inne, wenn die Hohepriesterin das Wort ergreift. Dann trommelt er schneller weiter, bis zum Ende der Weihung. Die Kreisviertel schlagen die Rasseln, aber übertönen niemals die Trommel. Bei einem schamanischen Zirkel ist der Trommler zusammen mit der Hohen Priesterin verantwortlich für den Energiefluss. Manchmal schlägt auch der Älteste die Trommel, da er das komplexe Wesen ritueller Energie gut kennt.

   Dann vollzieht die Hohepriesterin die Altarweihe, indem sie eine Kerze anzündet (im Süden des Altars oder des Schreinsteins), in Augenhöhe hochhält und spricht:

   »O Wesen aus Feuer, mein Wunsch sei dir teuer. Black-Forest-Ahnen, erleuchtet meine Pfade. Lasst den Zauber wandeln gerade.«

   Dann stellt sie die Kerze im Süden ab, zündet ein Räucherstäbchen an und spricht:

   »O Wesen der Luft, ich weihe und läutere dich mit den alten Energien des Ostens. Ich vertreibe alles Böse aus dieser Welt und der Welt der Geister. Der Segen der Alten ruhe auf dir. So soll es sein!«

   Dann stellt sie die Räucherschale ab, nimmt die Feuerkerze und spricht:

   »O Wesen aus Feuer, ich weihe und läutere dich mit den uralten Energien des Südens. Ich vertreibe alles Böse aus dieser Welt und der Welt der Geister. Der Segen der Alten ruhe auf dir. So soll es sein!«

Dann fährt sie mit der Hand dreimal durch die Flamme (oder beschreibt ein bannendes Pentagramm), hält die Hand hoch zum Segen und stellt sich ein strahlendes Licht um die Kerze vor. Sie spricht:

> *»Im Westen ist Eis. Wesen aus Wasser, ich läutere und weihe dich im Namen der uralten Energien des Westens. Ich vertreibe alles Böse aus dieser Welt und der Welt der Geister. Der Segen der Alten ruhe auf dir. So soll es sein!«*

Dann fährt sie mit der Hand dreimal über das Wasser (oder beschreibt ein bannendes Pentagramm). Sie erhebt die Hand zum Segen und stellt sich ein strahlendes Licht um das Wasser und darin vor. Sie spricht:

> *»Im Norden ist Salz. Wesen der Erde, ich weihe und läutere dich im Namen der uralten Energien des Nordens. Ich vertreibe alles Böse aus dieser Welt und der Welt der Geister. Der Segen der Alten ruhe auf dir. So soll es sein.«*

Dann fährt sie mit der Hand dreimal über das Salz (oder beschreibt ein bannendes Pentagramm). Sie hebt die Hand zum Segen und stellt sich ein strahlendes Licht um das Salz und darin vor.

Die Hohepriesterin nimmt die Schale mit Wasser in die Hand und hebt sie mit ausgestreckten Armen hoch, um stumm mit den Göttern zu kommunizieren. Dann stellt sie die Wasserschale mitten auf den Altar. Sie gibt drei Prisen Salz in das Wasser (oder auf die Scheide des Athame eine Prise Salz, das anschließend ins Wasser gegeben wird). Sie rührt das Wasser dreimal um (mit dem Finger oder der Klinge).

Die Trommel schlägt nun schneller. Die Kreisviertel rasseln im Takt. Die Hohepriesterin hebt das Athame hoch und spricht:

> *»Was der Stab für den Gott, ist der Kelch für die Göttin.«*

Die Hohepriesterin beginnt, das Athame ins Wasser zu tauchen. Sobald es das Wasser berührt, sagt sie:

»Und zusammen sind sie eins.«

An diesem Punkt stellt sich die Hohepriesterin vor, wie das Wasser vor göttlicher Energie explodiert. Die Trommel schlägt noch schneller, die Rasseln folgen im Takt. Die Hohepriesterin hebt das Messer hoch. Mit der Hand oder der Klinge deutet sie an, dass der Altar oder der Schrein einen riesigen Kessel darstellt. Im Norden beginnend (alle Dinge kommen aus dem Norden) fährt sie mit der Hand in einer Spiralbewegung im Uhrzeigersinn fünfmal über den Altar und deutet damit an, dass sie die Energien dort miteinander vermengt.
Dann schlägt die Hohepriesterin laut fünfmal auf den Griff des Athame (einmal für jedes Element und einmal für den Großen Geist) in der rechten unteren Altarecke (der ihrer rechten Hand nächsten Ecke, wenn sie Rechtshänderin ist, bei der linken Hand, wenn sie Linkshänderin ist), um die Macht des Altars zu versiegeln.
Die Ehrung ist vollzogen. Die Hohepriesterin verankert und zentriert sich. Trommeln und Rasseln verstummen. Die Hohepriesterin spricht:

»So soll es sein!«

Alle anderen wiederholen:

»So soll es sein!«

Der Trommler sagt:

»Wir haben den Altar für ... [Zweck] *geweiht. So soll es sein!«*

Alle: *»So soll es sein!«*

4. **Die Anrufung der Urelemente:** Feuer und Eis stehen in den traditionellen Zeremonien des Black Forest Clans für die Urelemente. Indem wir die Energien von Feuer und Eis an die Ritualstätte rufen, schaffen wir ein Gleichgewicht unter uns Teilnehmern und lassen diese Energien auch zum Nutzen anderer Gestalt annehmen.
   Die Trommel schlägt langsam und stetig und begleitet jeden weiteren Schritt des Rituals. Die Kreisviertel schlagen die Rassel, aber übertönen niemals die Trommel. Die Jungfrau zündet das Nutzfeuer im Kessel mitten im Kreis an, auf dem Altar oder dem Schrein.
   Die Hohepriesterin spricht:

> *»Feuer ... das erste Schöpfungselement gaben uns Brigida und Lugh. Feuer verkörpert die Kraft des stürmischen, unendlichen Geistes. Mit diesem Symbol werde ich frei und rein im Namen der Ewigen. Brenne hell, hohes Feuer, an dieser geheiligten Stätte und erfülle mich mit deiner Leidenschaft und Reinheit. Ermächtige mich heute, zu dieser Stunde des Zaubers.«*

Dann legt die Hohepriesterin ihre Hände über das Eis und spricht:

> *»Eis ... aus den kalten Reichen des Nordens gaben uns Morrigan und Herne. Das Eis wurde gebildet, indem es kühlte und fror. Möge das Eis diese Stätte mit Harmonie erfüllen und diesem Kreis absoluten Frieden und reine Liebe verleihen. Möge ich den Mut der Ahnen gewinnen, die ich ehre. Alles stammt aus dem Norden.«*

Trommeln und Rasseln verstummen. Der Trommler spricht:

> *»Wir haben die Urenergien zum Zweck des ...* [Zweck oder Absicht] *angerufen. So soll es sein.«*

Alle: *»So soll es sein!«*

5. **Selbstläuterung:** Damit jeder Teilnehmer seine Funktion im magischen Zirkel erfüllt, müssen alle einer alten Weisheit zufolge geläutert sein. Die Trommel beginnt einen langsamen, stetigen Takt (die Kreisviertel schweigen diesmal).
Die Hohepriesterin hält das Eiswasser hoch zu den Göttern und spricht:

> *»O verhüllter Herr, verschleierte Herrin, die ihr mich aus Staub und Wasser nach eurem Bild geformt habt, segnet und weiht diese Aufgabe zur Läuterung von Körper, Geist und Seele. Lasst weder Täuschung noch Unwissenheit, Schmerz oder Angst in meinem menschlichen Körper weilen. O mächtigster Herr, machtvollste Herrin, gewährt mir eure Gnade, gereinigt und geläutert durch Wasser und Salz. So soll es sein.«*

Alle: *»So soll es sein!«*

Dann taucht der Hohepriester den Finger ins Eiswasser – das Eis ist inzwischen geschmolzen – und malt ein bannendes Pentagramm auf die Stirn der Hohen Priesterin. Sie tut dasselbe bei ihm, und er wiederholt es anschließend bei der Jungfrau und den vier Kreisvierteln im Zirkel. Ein andermal kann der Hohepriester die Hohepriesterin auch mit Öl salben und mit Salz und Wasser besprengen; sie tut dann wiederum dasselbe bei ihm. Diese Vorgänge unterscheiden sich von einer Gruppe zur anderen. Wenn ein magischer Kreis um eine größere Schar geschlagen werden soll, wird jeder von der Jungfrau gesalbt. Wenn der Zirkel geschlagen werden soll, noch ehe die anderen ihn betreten, folgt der nächste Schritt.
Wenn alle gesalbt sind, verstummt die Trommel. Der Trommler spricht:

»Alle sind nun geläutert zum Zweck des ... [Ziel oder Absicht]. *So soll es sein!«*

Alle: *»So soll es sein.«*

6. **Das Schlagen der Drei Kreise:** Die Trommel beginnt mit einem langsamen, stetigen Rhythmus. Die Kreisviertel rasseln im Takt dazu. Dann sprengt die Jungfrau Salz und Wasser in die vier Kreisviertel und schwenkt Weihrauch hinterher. Der Tempelwächter schlägt den ersten Zirkel auf dem Boden, im Norden beginnend, mit seinem Stab oder Schwert oder einem Finger und spricht dazu:

 »Möge alles Böse bei meinen Zauberworten fliehen. Ich rufe die Demut und die Kraft an, dass Herr und Herrin mir beistehen und mir ihre göttliche Liebe und Güte, Wohlstand und Harmonie schenken.«

 Der Hohepriester schlägt den zweiten Kreis mit dem Athame oder Finger in Brusthöhe und spricht dazu:

 »Möge der Bewahrer des Friedens diesen Kreis verteidigen und schützen. Mögen Zwist, Unzufriedenheit und Chaos draußen bleiben.«

 Die Hohepriesterin schlägt den dritten Kreis mit Weihrauch in Kopfhöhe, indem sie den Weihrauchbrenner dreimal von Ost nach West schwenkt, dann dreimal von Norden nach Süden und dreimal gegen den Uhrzeigersinn um den Kopf. Wenn Sie keinen Weihrauchbrenner haben, tut es auch ein Räucherstäbchen. Dabei spricht sie:

 »Hilf und stärke mich, segne meinen Sabbath, Esbath, meine Werke und meine Sprache. Segne meinen Eintritt in diesen deinen heiligen Zirkel.«

Die anderen singen:

> *»Erde, mein Körper. Wasser, mein Blut. Luft, mein Atem. Feuer, mein Geist. Sie seien gesegnet!«*

Dann stampft die Hohepriesterin mit dem Fuß auf und spricht dabei:

> *»Der Kreis ist versiegelt!«*

Trommel und Rasseln verstummen. Der Trommler spricht:

> *»Wir haben drei Kreise zum Zweck des ...* [Absicht oder Ziel] *geschlagen. So soll es sein!«*

Alle: *»So soll es sein!«*

7. **Die Anrufung der Kreisviertel:** Der Hohepriester spricht:

> *»Seid bereit, die Kräfte eurer Elemente zu verstärken, o Hüter der Kreisviertel, und ihre Gaben zu empfangen, wenn die Jungfrau sie euch zu Füßen legt. Sie hält ihre Symbole hoch, wenn ihr die Energien beschwört.«*

Die Trommel schlägt einen stetigen Takt. Die Kreisviertel mit den Rasseln bleiben stumm, denn sie wirken in diesem Abschnitt des Rituals aktiv mit.
Dann nimmt die Jungfrau, im Norden beginnend, vom Altar eine Salzschale oder einen Kristall und stellt sie oder ihn zu Füßen der Person ab, die den Norden darstellt; sie geht dann weiter in den Osten, Süden und Westen, um die verbleibenden Symbole auch vor ihnen abzusetzen. Anschließend kehrt die Jungfrau zurück in den Norden. Der Norden steht abgewandt mit dem Rücken zur Kreismitte und hält die Arme verschränkt. Die Jungfrau nimmt die Gabe dieses Kreisviertels auf und hält sie hoch über den Kopf. Sie steht direkt hinter dem Norden, mit dem Rücken ebenfalls zur Kreismitte. Dann

breitet der Norden langsam die Arme aus und spricht, während die anderen sich nach Norden wenden und einen Arm zum Gruß heben.

Norden:

> *»Ihr Hüter des Nordens, Element der Erde, und alle im Reich der Feen, ich, ...* [Name], *bitte eure elementaren Energien herbei, erwecke die Verstorbenen und rufe Artios. Bär, der du unserem Clan heilig bist, bring deine Energien ein, um dieses Ritual zu unterstützen und unsere heilige Stätte zu bewachen. So soll es sein!«*

Alle: *»So soll es sein!«*

Dann wenden sich alle nach Osten und heben einen Arm zum Gruß. Die Jungfrau stellt die Gabe an den Norden ab und tritt in den Osten. Sie nimmt die Gabe für den Osten auf und wendet sich mit verschränkten Armen zum Kreisrand. Der Osten breitet langsam die Arme aus und spricht:

> *»Ihr Hüter des Ostens, Element der Luft, und alle im Reich der Feen, ich, ...* [Name], *bitte eure elementaren Energien herbei, erwecke die Verstorbenen und rufe Herne. Hirsch, der du unserem Clan heilig bist, bring deine Energien ein, um dieses Ritual zu unterstützen und unsere heilige Stätte zu bewachen. So soll es sein!!«*

Alle: *»So soll es sein!«*

Dann wenden sich alle nach Süden und heben einen Arm zum Gruß. Die Jungfrau setzt die Gabe für den Osten ab und tritt in den Süden. Sie nimmt die Gabe für den Süden auf. Der Süden dreht sich um und blickt mit verschränkten Armen aus dem Kreis heraus. Der Süden breitet langsam die Arme aus und spricht:

»Ihr Hüter des Südens, Element des Feuers, und alle im Reich der Feen, ich, ... [Name], *bitte eure elementaren Energien herbei, erwecke die Verstorbenen und rufe Tarvos. Stier, der du unserem Clan heilig bist, bring deine Energien ein, um dieses Ritual zu unterstützen und unsere heilige Stätte zu bewachen. So soll es sein!«*

Alle: *»So soll es sein!«*

Dann wenden sich alle nach Westen und heben einen Arm zum Gruß. Die Jungfrau setzt die Gabe an den Süden ab und tritt in den Westen. Sie nimmt die Gabe für den Westen auf. Der Westen wendet sich nach außen und verschränkt die Arme vor der Brust. Dann breitet der Westen langsam die Arme aus und spricht:

»Ihr Hüter des Westens, Element des Wassers und alle im Reich der Feen, ich, ... [Name], *bitte die elementaren Energien herbei, erwecke die Verstorbenen und rufe Epona. Pferd, das du unserem Clan heilig bist, bring deine Energien ein, um dieses Ritual zu unterstützen und unsere heilige Stätte zu bewachen. So soll es sein!«*

Alle: *»So soll es sein!«*

Dann geht die Jungfrau an ihren Ausgangsplatz zurück.

ANMERKUNG: Man kann die Kreisviertel auch auf die folgende Weise öffnen: Die Jungfrau bleibt beim Altar stehen, die Hohepriesterin tritt hinter das jeweilige Kreisviertel, und der Hohepriester tritt hinter die Hohepriesterin. Die Himmelsrichtung eröffnet das jeweilige Kreisviertel. Die Hohepriesterin hält die Gabe hoch über den Kopf. Der Hohepriester hält ihr den Rücken frei, indem er das Schwert zieht. Der Trommler hält inne und spricht:

»Wir haben die Kreisviertel angerufen, um … [Absicht oder Ziel des Rituals]. *So soll es sein!«*

Alle: *»So soll es sein!«*

8. **Die Salbung der Teilnehmer:** Der Hohepriester und die Hohepriesterin treten an einen vorab von der Gruppe bestimmten Abschnitt des Kreises, um dort ein Tor zu schaffen. Die Trommel schlägt einen stetigen Takt, eventuell begleitet von den Rasseln. Der Hohepriester schlägt das Tor mit den Händen, dem Schwert oder dem Athame. Er tritt auf die rechte Seite des Tors, die Hohepriesterin auf die linke. Während die anderen hindurchschreiten, segnet der Hohepriester jeden Einzelnen mit den Worten:

»Sei geläutert, regeneriert und gereinigt, damit kein Unheil dir schadet oder hier verweilt.«

Die Hohepriesterin besprengt alle mit Wasser und spricht:

»Sei willkommen in unserem Zirkel. Tritt ein in Liebe und Vertrauen.«

Dann umarmt sie jeden Einzelnen. Sobald er die Weihe erhalten hat, tritt er vor den Altar (im Uhrzeigersinn) und grüßt den Gott und die Göttin, um dann den ihm vorbestimmten Platz einzunehmen. Der Kreis sollte keine Lücken aufweisen. Wenn die Mitglieder Rasseln oder Trommeln dabei haben, sollen sie vor oder hinter ihnen abgelegt werden.

Wenn der Letzte durch das Tor getreten ist, versiegelt der Hohepriester oder die Hohepriesterin den Kreis und spürt dabei, wie die Energien in stetigem Rhythmus durch ihre Hände fließen. Man sollte sich dazu Zeit nehmen und nichts überstürzen, nur um schneller mit dem Ritual fortzufahren. Sorgen Sie dafür, dass die Energie unter Ihren Händen glatt und

nahtlos verläuft und die Vorstellung von ihr stark genug ist. Manche Gruppen lassen die Zunftmitglieder auch eintreten, noch ehe die Kreisviertel angerufen sind.
Dann verstummen die Trommeln und Rasseln. Der Trommler spricht:

> *»Alle sind gesalbt zum Zweck des …* [Absicht oder Ziel].
> *So soll es sein!«*

Alle: *»So soll es sein!«*

9. **Zu einem einzigen Gruppengeist verschmelzen:** Um die Kreisenergien anzuregen und Macht zu beschwören, rezitiert die Gruppe die folgenden Machtverse. So wird es möglich, als Gruppe zu einer Einheit zu verschmelzen. Alle stellen sich gemeinsam vor, wie die Energie im Uhrzeigersinn den Kreis umrundet.
Der Hohepriester spricht:

> *»Fasst euch an den Händen, wenn wir das Bundlied singen.«*

Der Trommler schlägt den Takt zu diesem Gesang:

> *»Aus dem Himmel und der Erde hier die Macht versammelt werde.*
> *Herab vom Mond und von der Sonne uns die Energie zukomme.*
> *Von Erde, Himmel, Sonne, Mond, seien mein Körper und Geist bewohnt.*
> *Hirsch und Stier, Pferd, Bär und Rabe, mein Kreis ist euer aller Gabe.*
> *Füllt mir Stab und füllt mir Hände mit eurer Kraft bis hin zum Ende.*
> *Unser Leben sei verbunden, bis der Kreis wird wieder entwunden.*

Bis dann schlägt in meiner Brust dein Leben, und was ich will, sei mir gegeben.
Mag ewig dauern, was nun hier beginnt, auch lange, nachdem mein Leben verrinnt.
Mag die Kraft, die diese Verse bringen, auf immer durch das Weltall schwingen.
Meine Wünsche erfülle, du Macht, die ich ruf',
sieben Mal drei, Flügel, Pfote, Klaue und Huf!«

Der letzte Vers soll mehrfach wiederholt werden, während der Trommler den Takt beschleunigt.
Wenn dieser Gesang zu lang für Ihre Zwecke ist, machen Sie sich keine Gedanken. Vielleicht erfinden Sie einen kürzeren.
Dann verstummt die Trommel, und der Trommler spricht:

»Wir sind nun eins zum Zweck des … [Ziel oder Absicht].
So soll es sein!«

Alle: *»So soll es sein!«*

10. **Die göttlichen Energien im Zirkel erspüren:** Der Hohepriester steht im Norden vor dem Bund und vollzieht den göttlichen Gruß. Die Bundmitglieder erwidern den Gruß. Die Hohepriesterin steht vor dem Bund im Süden und vollzieht den göttlichen Gruß, den die Bundmitglieder erwidern.

11. **Die Anrufung von Gott und Göttin:** Der Trommler schlägt einen langsamen, stetigen Takt. Die Bundmitglieder flüstern immer wieder im Chor: »Zum Licht!« Dann beschwört der Hohepriester die Göttlichkeit, in die Hohepriesterin einzutauchen, und die Hohepriesterin vollzieht dasselbe beim Hohen Priester. Gemeinsam werden sie zum Medium für die göttlichen Energien. Zuweilen findet diese Beschwörung simultan statt, zuweilen nacheinander. Hier ein paar Beispiele, die Sie selbst ausprobieren können:

- Der Hohepriester übermittelt der Hohen Priesterin die Energie der Göttin durch einen Kuss. Sie schreitet anschließend im Uhrzeigersinn den Kreis ab und berührt die Aura aller weiblichen Teilnehmer. Sie kann sie dabei küssen, einfach ihr Gesicht berühren oder aber auch von jeder körperlichen Berührung absehen. Die Hohepriesterin ist nun *besessen* (ich bin den geschönten Ausdruck »gechannelt« leid) und überträgt den Segen der Göttin auf alle weiblichen Bundmitglieder. Anschließend ermächtigt die Hohepriesterin den Hohen Priester auf die gleiche Weise; dann schreitet er im Uhrzeigersinn den Kreis ab und vollzieht dieselbe Prozedur bei den männlichen Bundmitgliedern. Entweder umarmt der Hohepriester die Männer, berührt sie leicht an der Schulter oder drückt ihre Hand an seine Brust. Sämtliche Gesten sind in einem magischen Kreis akzeptabel.
- Die beste Beschwörung göttlicher Energie habe ich bei Paaren beobachtet: Hohepriesterin und Hohepriester stehen einander gegenüber. Dann legen sie einander die rechte Hand auf die Brust (auf diese Weise können beide den Herzschlag des anderen spüren) und die jeweils Linke auf die Hand des anderen, die auf der Brust ruht. Nun beschwören sie gemeinsam die göttliche Energie. Anschließend umschreitet die Hohepriesterin als Erste den Kreis im Uhrzeigersinn und berührt die Aura der Frauen; der Hohepriester folgt ihr und berührt die Aura der Männer. Diese schöne Geste löst für gewöhnlich einen wunderbaren Energiefluss aus. Es ist, als hätten Mutter und Vater den Kreis betreten und verbreiteten nun ihren göttlichen Zauber.
- Eine andere Art der Beschwörung spielt sich folgendermaßen ab: Der Hohepriester kniet vor der Hohepriesterin

und küsst sie achtmal auf die Füße, die Knie, den Schoß, die Brüste und Lippen, wobei er die folgenden Worte spricht:

»Gesegnet seien deine Füße, die auf den heiligen Pfaden der Göttin wandeln.
Gesegnet seien deine Knie, die sich vor dem heiligen Altar beugen.
Gesegnet sei dein Schoß, der heiliges Leben gebiert.
Gesegnet seien deine Brüste in ihrer Schönheit
und Kraft.
Gesegnet seien deine Lippen, die heilige Worte sprechen.«

Dann breitet er die Arme aus:

*»Ich rufe dich an und beschwöre dich, o du unser aller mächtige Mutter, Fruchtbarkeitsspenderin in Same und Wurzel, in Stamm und Knospe, in Blatt und Blüte und Frucht, in Leben und Liebe. Ich beschwöre dich, dich in diesem Körper deiner Priesterin niederzulassen. Höre mit ihren Ohren, sprich mit ihrer Zunge, berühre mit ihrer Hand, küsse mit ihren Lippen, damit deine Verborgenen Kinder von dir erfüllt seien. So soll es sein.«**

Alle: *»So soll es sein!«*

Dann bezeichnet er mit seinem Zauberstab oder Athame die Dreiecksmatrix vom Schoß der Priesterin zu ihrer rechten und linken Brust und zurück zum Schoß, breitet erneut die Arme aus und ruft die Mutter in ihr an.
Die Hohepriesterin nimmt die Göttinnenposition ein und reckt das Athame zum Himmel mit den Worten:

* Nach einer Anregung von Doreen Valiente.

»Verhüllte Herrin, ich rufe dich hervor aus den Höhen des Himmels und den Tiefen der Erde, bring uns die heilige, göttliche Essenz, wenn ich bis neun gezählt habe:
Eins – ich stehe vor deinem heiligen Thron.
Zwei – deine Macht ruf' ich mit lautem Ton.
Drei – ich halte hoch die Zauberklinge.
Vier – herab zu mir dein Geist sich schwinge.
Fünf – o heil'ge Göttin, tritt hervor.
Sechs – strahlend vor Zauber gehst du durch das Tor.
Sieben – bring uns Macht und gib uns Licht.
Acht – komm hervor, ich fürchte mich nicht.
Neun – du und ich sind eins auf immer.
So soll es sein!«

Alle: *»So soll es sein!«*

Dann kniet die Hohepriesterin vor dem Hohen Priester nieder und küsst ihn acht Mal – auf beide Füße, beide Knie, den Phallus, beide Brüste und die Lippen –, und zwar mit den Worten:

»Gesegnet seien deine Füße, die die heiligen Wege Gottes wandeln.
Gesegnet seien deine Knie, die sich vor dem heiligen Altar beugen.
Gesegnet sei dein Phallus, der heiliges Leben zeugt.
Gesegnet seien deine Brüste in ihrer Schönheit und Kraft.
Gesegnet seien deine Lippen, die heilige Worte sprechen.«

Dann breitet sie die Arme aus:

»Ich rufe dich an und beschwöre dich, o du unser aller mächtiger Vater, Fruchtbarkeitsspender in Same und Wurzel, in Stamm und Knospe, in Blatt und Blüte und Frucht, in Leben und Liebe. Ich beschwöre dich, dich im

Körper deines Priesters niederzulassen. Höre mit seinen Ohren, sprich mit seiner Zunge, berühre mit seinen Händen und küsse mit seinen Lippen, damit deine Verborgenen Kinder von dir erfüllt seien. So soll es sein!«

Alle: *»So soll es sein!«*

Dann bezeichnet die Hohepriesterin mit dem Zauberstab oder Athame das Dreieck zwichen dem Phallus des Priesters und seinen Brüsten, breitet erneut die Arme aus und leitet die göttliche Energie auf ihn herab.
Der Hohepriester nimmt die Gotteshaltung ein, richtet sein Athame zum Vollmond und spricht:

»Verhüllter Herr, ich rufe dich hervor aus den Höhen des Himmels und den Tiefen der Erde, bring uns die heilige, göttliche Essenz, wenn ich bis neun gezählt habe:
Eins – ich stehe vor deinem heiligen Thron.
Zwei – deine Macht ruf' ich mit lautem Ton.
Drei – ich halte hoch die Zauberklinge.
Vier – herab zu mir dein Geist sich schwinge.
Fünf – o heil'ge Göttin, tritt hervor.
Sechs – strahlend vor Zauber gehst du durch das Tor.
Sieben – bring uns Macht und gib uns Licht.
Acht – komm hervor, ich fürchte mich nicht.
Neun – du und ich sind eins auf immer.
So soll es sein!«

Alle: *»So soll es sein!«*

Die Hohepriesterin steht nun mit locker herabhängenden Armen und geschlossenen Füßen da. Dann erblüht sie und wird zur beschwörenden Priesterin, indem sie die Beine leicht spreizt, die Arme in einem Halbkreis erhebt und den Kopf in den Nacken legt. Auf diese Weise bildet sie ein Pentagramm mit ihrem Körper, das die Macht anzieht. Anschließend benetzt sie ihr Athame oder einen Finger mit heiligem Wasser aus der Schale. Dies überträgt die Göttinnenenergie auf das Wasser. An dieser Stelle des Rituals können die Bundmitglieder diese Macht mit ihren Athames in eine Schale mit heiligem Wasser übertragen, die den Mond spiegelt. Später kann man diese aufgeladene astrale Flüssigkeit in Flaschen abfüllen und verteilen. Die Teilnehmer können sie den ganzen folgenden Monat lang für eigene Zauberzwecke einsetzen.

Das Trommeln bricht dann ab, der Gesang verstummt. Der Trommler spricht:

> *»Wir heißen unsere Mutter und unseren Vater im Kreis willkommen für ...* [Zweck oder Absicht]. *So soll es sein!«*

Alle: *»So soll es sein!«*

12. **Die Zauberarbeit:** Dieses förmliche Ritual dient als eine Art Hauptritus, der zu vielen verschiedenen Zwecken abgehalten werden kann. Anschließend beginnt die Zauberarbeit oder der eigentliche Grund der Feier. In diesem Beispiel weihen der Hohepriester und die Hohepriesterin eine Statue.

    Der Trommler schlägt einen leisen, langsamen Rhythmus. Alle anderen können dazu die Rasseln im Takt schlagen. Der Hohepriester nimmt die linke Hand der Hohepriesterin. Beide erheben den anderen Arm und sprechen:

    > *»Ich rufe dich an und beschwöre dich, o ...* [Namen der Gottheit].
    > *Du Fruchtbarkeitsspender in Same und Wurzel, in Stamm und Knospe, in Blatt und Blüte und Frucht, in Leben und Liebe,*
    > *du Beschützer der Häuser deiner Getreuen,*
    > *bringst Harmonie in Land, Haus und Familie.*

Ich rufe dich an, dich in deine Statuen zu ergießen,
damit du Augen hast zum Sehen, Ohren zum Hören, ein Herz, um mich und die Meinen zu heiligen,
damit deine Verborgenen Kinder von dir erfüllt seien.
So soll es sein!«

Alle: *»So soll es sein!«*

Dann berühren beide die Statue und sprechen:

O ... [Namen der Gottheit], *ich rufe dich hervor aus den Höhen des Himmels und den Tiefen der Erde, bring uns die heilige, göttliche Essenz, wenn ich bis neun gezählt habe:*
Eins – ich stehe vor deinem heiligen Thron.
Zwei – deine Macht ruf' ich mit lautem Ton.
Drei – ich halte hoch die Zauberklinge.
Vier – herab zu mir dein Geist sich schwinge.
Fünf – o heil'ge Göttin, tritt hervor.
Sechs – strahlend vor Zauber gehst du durch das Tor.
Sieben – bring uns Macht und gib uns Licht.
Acht – komm hervor, ich fürchte mich nicht.
Neun – du und diese Statue/dieser Schrein sind eins auf immer.«

Nun bezeichnen der Hohepriester und die Hohepriesterin die Dreiecksmatrix an der Statue, breiten die Arme über ihr aus und deuten durch Gesten an, wie sie die Essenz der Gottheit in die Statue herabziehen.
Die Trommelschläge werden schneller und verstummen, und der Trommler spricht:

»Wir sind bereit, Macht herabzuziehen für ... [Absicht].
So soll es sein!«

Alle: *»So soll es sein!«*

13. **Die Macht beschwören:** Die Jungfrau entzündet mithilfe des Tempelwächters das Rauchfass. Nun beginnt die Gruppe zu singen und zu trommeln. Man kann dazu die folgenden Worte sprechen oder eine eigene Liturgie erfinden:

    »Wir sind der Strom, wir sind die Gezeiten.
    Wir sind die Weber und das Netz.«

    Die Jungfrau gibt das Kürbisgewürz ins Rauchfass, sodass die Flammen höher steigen. Die Teilnehmer singen weiter und treten dann, anfangend bei demjenigen, der dem Altar am nächsten steht, im Uhrzeigersinn zum Schrein oder Altar und überbringen einer nach dem anderen ihre Opfergabe. Als Letzte folgen der Hohepriester und die Hohepriesterin. Das Getrommel verstummt. Der Trommler spricht:

    »Wir haben die Macht zum ... [Zweck oder Absicht] *beschworen. So soll es sein!«*

    Alle: *»So soll es sein!«*

14. **Den Glauben bestätigen:** Die Trommel schlägt einen leisen, langsamen Takt. Die Jungfrau zündet eine neue weiße Säulenkerze im Südquartal an und trägt diese Kerze dann im Uhrzeigersinn durch den Kreis zum Altar oder Schrein. Dabei konzentriert sich jeder Teilnehmer auf die Affirmation seines oder ihres eigenen Glaubens. Dann reicht die Jungfrau jedem Teilnehmer eine Kerze. Die Hohepriesterin trägt im Uhrzeigersinn die Affirmationskerze zu jedem Einzelnen und entzündet dessen Kerze. Wenn alle Kerzen brennen, treten die Bundmitglieder summend vor, um die Flammen zu vereinen und die Energie zum Nutzen des Bundes zu beschwören. Dies ist ein Pakt, mit dem sich alle erneut dem Wicca-Pfad weihen. Dann gehen alle wieder auf ihre Plätze zurück und löschen gemeinsam ihre Kerzen. Der Trommler bricht ab und spricht:

»Wir haben unseren Glauben an unsere Mutter und unseren Vater bestätigt zum ... [Zweck oder Absicht]. *So soll es sein!«*

Alle: *»So soll es sein!«*

15. **Die Kommunion:** Die Jungfrau ergreift den Kelch mit dem Saft. Der Tempelwächter nimmt die Kuchen. Dann reicht die Jungfrau den Kelch dem Hohepriester, der vor der Hohepriesterin niederkniet und ihr den Kelch darbietet. Die Hohepriesterin hält die Hände über den Kelch und spricht:

»Vom Regen zur Wurzel, von der Wurzel zum Blatt,
vom Blatt zur Beere, von der Beere zum Wein,
vom Wein in den Kelch, ich gebe den Segen der Göttin in diesen Wein. So soll es sein!«

Alle: *»So soll es sein!«*

Dann ergreift die Hohepriesterin das Athame und taucht die Klinge langsam mit den Worten in den Kelch:

»Was der Stab für den Gott, ist der Kelch für die Göttin.
Zusammen sind sie eins.«

Dann bietet die Hohepriesterin den Kelch dem Hohepriester dar, der einen Schluck daraus nimmt, während sie spricht:

»Mögest du niemals Durst leiden!«

Die Trommel beginnt leise zu schlagen. Dann bietet der Hohepriester der Hohen Priesterin den Kelch auf dieselbe Weise dar. Die Hohepriesterin übergibt den Kelch dem Tempelwächter, der ihn an die Jungfrau weiterreicht; diese wiederum übergibt ihn dem ersten Bundmitglied, das neben ihr in Richtung des Uhrzeigersinns steht. Wenn der Kelch zur Jungfrau zurückgelangt ist, gießt sie ein wenig in die Opferschale am Fuß des Altars oder Schreins und stellt den Kelch anschließend zurück auf den Altar. Die Trommel verstummt. Der Tempelwächter reicht der Hohen Priesterin den Teller mit den Kuchen. Sie kniet vor dem Hohen Priester nieder und bietet ihm die Platte dar. Der Hohepriester hält die Hände über den Teller und spricht:

> *»Von der Sonne zu den Wurzeln, von den Wurzeln zum Halm,*
> *vom Halm zum Weizenkorn, vom Weizen zum Mehl,*
> *vom Mehl zum Brot. Ich verleihe diesem Kuchen den Segen unseres Vaters. So soll es sein!«*

Alle: *»So soll es sein!«*

Dann bietet der Hohepriester der Hohen Priesterin einen Kuchen mit den Worten dar:

> *»Mögest du niemals Hunger leiden.«*

Anschließend bietet sie ihm einen Kuchen an. Die Trommel beginnt leise zu schlagen. Dann bietet der Hohepriester der Jungfrau einen Kuchen an, diese dem Tempelwächter und dieser dem ersten Bundmitglied im Kreis im Uhrzeigersinn und so weiter.
Wenn alle gegessen haben, nimmt der Tempelwächter den Teller, legt einen Kuchen in die Opferschale am Fuß des Altars oder Schreins und stellt anschließend den Teller zurück auf den Altar. Das Getrommel bricht ab, der Trommler spricht:

> *»Wir haben die Kommunion zu Ehren von Mutter und Vater zu dem Zweck …* [Absicht] *vollzogen. So soll es sein!«*

Alle: *»So soll es sein!«*

16. **Gruppenatmen:** Die Hohepriesterin spricht:

> *»Geht mit mir zurück zur Erde und verankert euch durch gemeinsames Atmen.«*

Wenn sie die Atmung angeleitet hat, sagt sie:

> *»So soll es sein!«*

Alle: *»So soll es sein!«*

17. **Der Schlusssegen:** Die meisten traditionellen Gruppen lassen den Schlusssegen vor der Beendigung des Rituals durch den Ältesten vollziehen. Der Älteste breitet die Hände über die Bundmitglieder aus und spricht:

> *»Wir sind ein Kreis in einem Kreis, ohne Ende oder Beginn, aus dem Liebe emporsteigt. Ziehet hin in Frieden, Wohlstand und Freude und denkt daran, die Energien dieser Zeremonie sicher im Herzen zu bewahren.*
> *So soll es sein!«*

Alle: *»So soll es sein!«*

18. **Schluss:** Der Schluss des Rituals enthält die folgenden drei Bestandteile:

- Dank an die Gottheit
- Entlassung der Kreisviertel
- Aufhebung des Kreises.

Die Trommel beginnt mit einem sehr langsamen Takt und wird während der folgenden Schritte immer schneller. Die Hohepriesterin dankt in einem Gruppenritual der Gottheit. Dann spricht der Hohepriester:

> *»Bereitet euch vor, die Mächte eurer Elemente freizusetzen, ihr Bewahrer der Kreisviertel, und ihre Gaben*

abzuschließen, wenn die Jungfrau sie an ihren angestammten Platz zurückstellt.«

Alle wenden sich nach Westen. Die Jungfrau schreitet gegen den Uhrzeigersinn Richtung Westen und holt die Schale mit Wasser vom Westquartal zurück. Anschließend geht sie zurück in den Westen und bleibt mit dem Rücken zum Kreis dort stehen. Der Westen wendet der Kreismitte den Rücken zu und beginnt mit ausgebreiteten Armen zu sprechen, die er beim Sprechen senkt:

»Hüter des Westens, Element Wasser und alle im Reich der Feen. Epona, schönes Pferd, danke, dass du an dieser Zeremonie teilgenommen hast. Geh, wenn du musst, Heil dir und Lebwohl!«

Alle: *»Heil dir und Lebwohl!«*

Dann wenden sie sich Richtung Süden. Die Jungfrau tritt neben die Person, die für den Süden steht, und nimmt die Feuerkerze fort. Gegen den Uhrzeigersinn geht sie zurück zum Schrein oder Altar und stellt die Gabe dort ab. Wiederum im Uhrzeigersinn kehrt sie in den Süden zurück. Der Süden wendet den Rücken der Kreismitte zu und spricht mit ausgebreiteten Armen, die er während des Redens senkt:

»Hüter des Südens, Element Feuer, und alle im Reich der Feen. Tarvos, großer Stier, danke, dass du an dieser Zeremonie teilgenommen hast. Geh, wenn du musst, Heil dir und Lebwohl.«

Alle: *»Heil dir und Lebwohl.«*

Dann wenden sich alle gen Osten. Die Jungfrau tritt nun neben den Osten, nimmt den Weihrauch und bringt ihn gegen den Uhrzeigersinn zurück zum Altar oder Schrein. Wiederum im Uhrzeigersinn geht sie zurück in den Osten. Der Osten wendet der Kreismitte den Rücken zu und spricht mit ausgebreiteten Armen, die er beim Reden senkt:

> *»Hüter des Ostens, Element Luft, und alle im Reich der Feen. Herne, großer Hirsch, danke, dass du an dieser Zeremonie teilgenommen hast. Geh, wenn du musst, Heil dir und Lebwohl.«*

Alle: *»Heil dir und Lebwohl!«*

Dann wenden sich alle nach Norden. Die Jungfrau tritt in den Norden, nimmt den Kristall und bringt ihn gegen den Uhrzeigersinn zurück zum Altar oder Schrein, um ihn dort abzulegen. Wiederum gegen den Uhrzeigersinn kehrt sie in den Norden zurück. Der Norden wendet der Kreismitte den Rücken zu und spricht mit ausgebreiteten Armen, die er beim Reden senkt:

> *»Hüter des Nordens, Element Erde und alle im Reich der Feen. Artios, großer Bär, danke, dass du an dieser Zeremonie teilgenommen hast. Geh, wenn du musst, Heil dir und Lebwohl.«*

Alle: *»Heil dir und Lebwohl!«*

Dann kehrt die Jungfrau an ihren alten Platz zurück.
ANMERKUNG: Bei manchen Gruppen findet das Ganze im Uhrzeigersinn statt.
Nun tritt die Hohepriesterin vor und hebt im Osten beginnend den inneren Kreis auf (sie zieht den Kreis zurück in ihre Hand), indem sie ihn gegen den Uhrzeigersinn umschreitet. Auch dies vollziehen manche Gruppen im Uhrzeigersinn.
Dann tritt der Hohepriester vor und hebt im Westen beginnend den zweiten Kreis auf, indem er ihn in seine Hand

zurückzieht und ihn gegen den Uhrzeigersinn abschreitet. Wiederum tun dies manche auch im Uhrzeigersinn.

Anschließend tritt der Tempelwächter vor und hebt im Westen beginnend den äußeren Zirkel auf, indem er ihn in seine Hand zurücknimmt und ihn gegen den Uhrzeigersinn abschreitet. Wiederum ist dies auch im Uhrzeigersinn möglich.

Dann treten alle drei in die Kreismitte und legen die Hände, die den Kreis enthalten, aufeinander. Gemeinsam heben sie den Kreis auf.

Dann nimmt die Jungfrau die Opferschale und stellt sie ins Freie, um den Inhalt den Göttern anzubieten, während die Gruppe singt:

*»Unsere Arbeit ist getan, es wird geschehen.
Ziehen wir hin in Freude und Frieden.«*

Wenn die Jungfrau zurückkehrt, schlägt die Hohepriesterin auf den Boden und spricht:

»Der Kreis ist geöffnet, aber nicht gebrochen. Fröhliches Treffen und fröhlicher Abschied bis zum fröhlichen Wiedersehen. Wir sind das Volk und wir sind die Macht. Wir sind der Wandel!«

Während die anderen aufräumen, können sie weitere Gesänge anstimmen.

Puh! Das alles klingt ganz schön kompliziert, was? Es hat ebenso lange gedauert, es aufzuschreiben, wie wenn man es vollzieht. Haben Sie sich beim Lesen die Personen vorgestellt, wie sie ihre Rollen spielen? Vielleicht nehmen Sie das Ganze auf Tonband auf und spielen es noch einmal ab, um sich die einzelnen Szenen besser vorstellen zu können. Ein förmliches Ritual besteht aus vielen verschiedenen Schritten und bedarf einer ganzen Reihe von Anweisungen. Wenn Sie bestimmte Teile spontan und individuell abwandeln wollen, wie die Kommunion oder die Anrufung der Kreisviertel, haben Sie stattdessen ein komplexes Ritual. Wieder haben wir dem Trommler die Verantwortung übertragen, während des gesamten Rituals den Zweck des Rituals zu bestätigen und auszudrücken. Doch diese Verantwortung können auch andere übernehmen. Wenn sie jedoch der Trommler innehat, erfüllt er gleichzeitig die Aufgabe, die Hauptrollen durch die verschiedenen Teile des Rituals zu leiten und das Tempo des Rituals zu bestimmen. Bei einem schamanischen Ritual ist der Trommler ebenso wichtig wie der Hohepriester und die Hohepriesterin.

Formlose Rituale

Bei einem formlosen Ritual stützt man sich auf aufgezeichnete oder erinnerte Anweisungen, auf allmählich entstandene Passagen. Man bedient sich nur weniger Gegenstände, und das ganze Ritual dauert gewöhnlich zwischen einer Viertelstunde und einer halben Stunde – je nach Teilnehmern. Viele Rituale in diesem Buch sind formlos. Die einzelnen Schritte sind bei einem formlosen Ritual oft miteinander verbunden, werden aber niemals ganz fortgelassen. Beispielsweise kann man Trank und Speise auch gemeinsam segnen, statt in einzelnen Prozeduren. Man kann den Zirkel durch eine Umarmung schließen, statt die vertrauten Zwei- oder Dreifachkreise zu schlagen. Man kann auch alle gemeinsam weihen und läutern statt einzeln. Die folgenden beiden Mondrituale von Bried FoxSong sind ein Beispiel für formlose Rituale. Bei einem solchen Ritual erfolgt die spontane Aktion der Teilnehmer automatisch und ganz natürlich.

Ein formloses Ritual verbindet zum einen verschiedene Schritte, erlaubt aber zum anderen großzügige Abweichungen.

Formloses Meistermondritual

Ein Teil des Zunftmysteriums beruht auf unserer engen Beziehung zum Mond. Im Gegensatz zu den stärker strukturierten Religionen unserer Zeit feiern wir die meisten Gottesdienste abends und nachst und schöpfen Kraft aus dem sanften Licht des Mondes und dem Glauben an die Beziehung dieses Himmelskörpers zu unserer Göttin. In Räumen benutzen wir Kerzen als Ersatz für das zarte Mondlicht. Für uns manifestiert Dunkelheit die endlosen Möglichkeiten des Universums – der Akt des Kerzenanzündens, die Arbeit bei Feuerschein oder das Agieren in der kühlen Essenz des Mondlichts stellt unseren Geist dar, der durch das Unbekannte wandert, und den Geist des Alls, der sich in unserem Leben manifestiert. Wir feiern die Dunkelheit nicht als das Dunkle und Böse, sondern eher als die Geburt der Seele aus der großen Leere.

Hexen können zwar jederzeit Rituale vollziehen, aber Mondrituale – ob bei Voll- oder Neumond abgehalten – sind immer besonders günstige Zeitpunkte für die Zauberei. Manchen Traditionen zufolge steht der Vollmond für eine Zeit der Verbannung, während der Neumond eine Zeit des Wachsens bedeutet. In anderen Traditionen wird der Mond hingegen als eine »Allzweck«-Kraft der Energie betrachtet, während der Neumond vornehmlich Geburt symbolisiert.

Bried FoxSong, meine liebe Freundin und Lehrerin, hat mir großzügigerweise ein Meistermond- und ein Neumondritual für dieses Buch zur Verfügung gestellt. Sie können diese Rituale ruhig für Ihre eigenen Zwecke anpassen und verändern.

Einzelritual bei Neumond
(von Bried FoxSong*)
Vor dem Ritual schreibt man etwas, das man in den kommenden Monaten realisieren möchte, auf einen Zettel – etwa ein neues Projekt, eine Lebensentscheidung, eine neue Haltung oder Ähnliches. Dann streut man Zimt auf das Papier. Außerdem braucht man Kerzen zur Beleuchtung oder Mutter- oder Vaterkerze, eine einzene Altarkerze, Weihrauch, Salz, eine Tasse oder Schale mit Wasser, jeweils eine Kerze für die vier Himmelsrichtungen (Norden – grün, Osten – gelb, Süden – rot, Westen – blau), einfache Speisen auf einem Teller (wie Brot, Kekse, Kuchen oder Früchte), Wein oder Saft in einem Becher oder Kelch, einen weiteren Becher, den man am Fuß des Altars für das Gottesopfer aufstellt, einen feuerfesten Kessel, der einen Teelöffel Alkohol und einen viertel Teelöffel Glaubersalz enthält.

1. Bereiten Sie den Altar vor, wie Sie es immer tun. Bei diesem Meisterritual konzentrieren wir uns auf den Kessel und die Altarkerze, die in der Mitte des Altars stehen. Natürlich kann man dieses Ritual auch an Ihrem Schrein vollziehen und alles andere für dieses Ritual umordnen.

2. Beginnen Sie nach Einbruch der Dunkelheit mit dem eigentlichen Ritual. Verankern und zentrieren Sie sich. Zünden Sie zuerst die Beleuchtungskerzen an oder Mutter- und Vaterkerze, falls Sie diese vorbereitet haben. Atmen Sie tief ein und

* Bried FoxSong lebt bei Buffalo im Staat New York. Sie ist Priesterin der britischen Tradition und praktiziert seit über zwanzig Jahren. Ihrer Meinung nach darf man niemals aufhören, aus den verschiedensten Quellen zu lernen. Bried lehrt Wicca und veranstaltet zusammen mit ihrem Ehemann und Partner Joe und ihrem Bund Balefyre vier offene Zirkel im Jahr. Bried und Joe haben auch schon Rituale für bis zu 500 Teilnehmer und mehrere Hauptrituale bei Festivals vollzogen, unter anderem beim Drachenfest in Colorado und dem Hartland Pagan Festival in Kansas.

aus und bereiten Sie sich seelisch auf das Zaubern vor. Wenn Sie immer dieselbe Altarandacht sprechen, sprechen Sie sie auch jetzt oder Sie zünden die Altarkerze und die Holzkohle für den Weihrauch an. Dabei sagen Sie alternativ:

»Kinder des Lichts, ich begrüße euch mit hellem Schein.
Segnet diesen Raum mit eurem Sein.«

Dann tragen Sie die Kerze und den Weihrauch um den Bereich herum, den Sie dazu bestimmt haben, um den Kreis zu schlagen, damit das Licht in alle Ecken des Raumes fällt.

3. Vermischen Sie ein paar Salzkörner in dem Becher Wasser und rühren Sie es mit den Worten um:

»Kinder der Erde und des Meeres, ich lasse euch ein.
Segnet diesen Raum mit eurem Sein.«

Dann tragen Sie den Becher um den Kreis herum. Sie können auch ein paar Tropfen versprengen, um den Bereich zu läutern.

4. Achten Sie bei diesem bestimmten Ritual darauf, dass das Schlagen des Zirkels und die Anrufung der Kreisviertel zu einem einzigen Schritt verbunden werden. Bei der Anrufung der Kreisviertel baut man gleichzeitig den Zirkel auf. Man muss dies im Hinterkopf behalten, während man von einem Kreisviertel zum nächsten weitergeht. Dasselbe geschieht bei der Entlassung der Kreisviertel. Dieses Zirkelschlagen von einem Kreisviertel zum nächsten errichtet oder hebt den Kreis schrittweise auf. Rufen Sie die Hüter des Zirkels an und beginnen Sie im Osten; wenn Sie wollen, können Sie auch im Norden anfangen, vergessen Sie aber nicht die Reihenfolge von Osten nach Norden oder von Norden nach Westen. Stellen Sie sich in die entsprechende Richtung und visualisieren

Sie, dass der Hüter zu Ihnen tritt. Dann breiten Sie langsam die Arme aus und sprechen:

> *»Ich rufe die Hüter des Ostens, Bewahrer der Luft. Der Wind weht mir im Morgengrauen Geheimnisse zu und trägt auf seinen Flügeln den Duft des Frühlings. Kommt und seid willkommen in diesem Zirkel!«*

Dann treten Sie in den Süden, breiten langsam die Arme aus und sprechen:

> *»Ich rufe die Hüter des Südens, Bewahrer des Feuers. Das Feuer in meinem Herzen bringt mir Kraft und Liebe. Sommerhitze und Sonnenglut halten mich warm! Kommt und seid willkommen in diesem Zirkel!«*

Dann treten Sie in den Westen, breiten langsam die Arme aus und sprechen:

> *»Ich rufe die Hüter des Westens, Bewahrer des Wassers. Frei strömende Flüsse und Ozeane, der Schoß des Lebens, der Herbst bringt die Fülle der Ernte. Kommt und seid willkommen in diesem Zirkel.«*

Dann treten Sie in den Norden, breiten langsam die Arme aus und sprechen:

> *»Ich rufe die Hüter des Nordens, Bewahrer der Erde. Der Winter ist dunkel und bewahrt seine Geheimnisse. Mutter Erde, dein Schoß ist die Schöpfung. Kommt und seid willkommen in diesem Zirkel.«*

Dann treten Sie in die Kreismitte und halten die Hände über den Altar mit den Worten:

> *»Ich rufe die Hüter der Mitte, Bewahrer der Lebenskraft. Neumond, und die Ebbe schwillt an, und der Mond nimmt*

zu, ebenso, wie auch ich wachse und mich verändere. Die Herrin wandelt von der Dunkelheit zum Licht, und der Lebenszyklus dreht sich weiter. Kommt und seid willkommen in diesem Zirkel.«

5. Nehmen Sie das Stück Papier mit Ihrem Ziel in die Hand und sagen Sie leise:

   »Es ist Zeit für einen Neuanfang, wenn die Veränderungen, die ich mir heute Abend vornehme, mir weiterhin helfen, zu wachsen und stärker in meinem Glauben zu werden.«

   Dann halten Sie die Altarkerze über den Kessel und zünden das Papier mit Ihrem Wunsch an. Wenn es brennt, lassen Sie es in den Kessel oder die Schale fallen (denken Sie an den Alkohol, das Feuer wird aufflammen). Dabei sprechen Sie:

   »Dies ist mein Ziel, meine Richtung, mein Neuanfang.«

6. Mithilfe einer der Hokus-Fokus-Übungen aus Kapitel drei (siehe Seite 111 ff.) konzentrieren Sie sich nun auf Ihren Wunsch. Dann singen Sie leise immer wieder:

   »Wie ich es will, so soll es sein!«

   Das tun Sie, bis Sie das Gefühl haben, Ihren Geist ausreichend inspiriert zu haben, um dieses Ziel zu manifestieren. Man kann dazu alles Mögliche singen, die Trommeln schlagen, rasseln und so weiter.

7. Wenn Sie mit dem Singen aufhören, heben Sie eine Hand über die Speisen auf dem Altar, die andere über den Becher Wein und sprechen:

   »Nahrung für Leib und Seele, Nahrung für den Geist und das Herz. Wenn alles ausgewogen ist, dann bin ich gesund. So soll es sein!«

Dann gießen Sie ein paar Tropfen von dem Wein in die Opferschale mit den Worten: »Für die Götter«. Nun essen und trinken Sie von den Speisen auf dem Altar und denken dabei an die Göttin, bis Sie den Wunsch verspüren, den Kreis aufzuheben.

8. Heben Sie den Zirkel auf. Beginnen Sie damit in der Mitte, indem Sie die Hände auf den Altar legen und dabei sprechen:

   »O Hüter des Zentrums, ich danke euch, dass ihr heute Abend bei dieser Feier zugegen wart. Möge euer Heimweg sicher und geschützt sein. Dank und Lebwohl. Seid gesegnet!«

   Damit löschen Sie die Altarkerze. Dann treten Sie in den Norden, heben die Hände und stellen sich vor, wie der Wächer die Stätte verlässt. Dabei sagen Sie:

   »O Hüter des Nordens, ich danke euch, heute Abend an dieser Feier teilgenommen zu haben. Möge euer Heimweg sicher und geschützt sein. Dank und Lebwohl. Seid gesegnet!«

   Löschen Sie auch diese Kerze. Treten Sie in den Westen, heben Sie die Hände und stellen Sie sich vor, wie der Hüter die Stätte verlässt. Dabei sprechen Sie:

   »O Hüter des Westens, ich danke euch, heute Abend an dieser Feier teilgenommen zu haben. Möge euer Heimweg sicher und geschützt sein. Dank und Lebwohl. Seid gesegnet!«

   Löschen Sie auch diese Kerze. Dann treten Sie in den Süden, heben die Hände und stellen sich vor, wie der Hüter verschwindet. Dabei sagen Sie:

»O Hüter des Südens, ich danke euch, heute Abend an dieser Feier teilgenommen zu haben. Möge euer Heimweg sicher und geschützt sein. Dank und Lebwohl. Seid gesegnet!«

Löschen Sie auch diese Kerze. Dann treten Sie in den Osten, heben die Hände und stellen sich vor, wie der Hüter die Stätte verlässt. Dabei sprechen Sie:

»O Hüter des Ostens, ich danke euch, heute Abend an dieser Feier teilgenommen zu haben. Möge euer Heimweg sicher und geschützt sein. Dank und Lebwohl. Seid gesegnet!«

Löschen Sie auch diese Kerze. Dann treten Sie wieder in die Mitte und sprechen:

»Mein Ritual endet hier, aber meine Liebe bleibt. Der Kreis ist aufgehoben, und ich kehre in meinen Alltag zurück. Durch die Gnade Gottes und die Liebe der Göttin werden wir uns wiedersehen.«

Verankern und zentrieren Sie sich. Verteilen Sie den Inhalt der Opferschale und des Kessels im Freien.

Formloses Vollmond-Einzelritual: Keltische Version von Bried FoxSong

Dazu brauchen Sie Kerzen zur Beleuchtung oder Ihre Vater- und Mutterkerze, eine größere Altarkerze, Weihrauch, Salz, eine Schale mit Wasser, je eine Kerze für die vier Kreisviertel (grün für den Norden, gelb für den Osten, rot für den Süden und blau für den Westen), ein paar einfache Speisen auf einem Teller (wie Brot, Kekse, Kuchen oder Früchte), Wein oder Saft in einem Kelch oder Becher und einen weiteren Kelch am Fuß des Altars für die Opfergaben an die Gottheit. Alle übrigen, für den jeweiligen Zauber erforderlichen Materialien sollten ebenfalls bereitgestellt werden.

1. Bereiten Sie den Altar wie üblich vor.

2. Beginnen Sie nach Anbruch der Dunkelheit mit dem eigentlichen Ritual. Verankern und zentrieren Sie sich. Zünden Sie zuerst die Kerzen zur Beleuchtung an oder die Vater- und Mutterkerze, falls Sie eine haben. Atmen Sie tief ein und aus und bereiten Sie sich seelisch auf den Zauber vor. Wenn Sie Ihren Altar wie gewöhnlich weihen wollen, tun Sie das jetzt. Sie können aber auch nur die Altarkerze und die Holzkohle für den Weihrauch entzünden und dabei die folgenden Worte sprechen:

   »Kinder des Lichts, ich lade euch ein,
   mag dieser Ort gesegnet sein.«

   Dann tragen Sie die Altarkerze und den Weihrauch in dem Bereich umher, in dem Sie Ihren magischen Zirkel schlagen wollen, damit das Licht in alle Ecken dringen kann.

3. Geben Sie ein paar Salzkörner in einen Becher Wasser und rühren Sie das Ganze mit den Worten um:

   »Kinder von Erde und Meer, ich lade euch ein,
   mag dieser Ort gesegnet sein.«

   Tragen Sie den Becher im Kreis herum. Sie können auch ein paar Tropfen Salzwasser versprengen, um den Ort zu läutern.

4. Auch hier werden das Schlagen des magischen Zirkels und die Anrufung der Kreisviertel in einer einzigen Handlung vollzogen. Rufen Sie im Osten beginnend die Gottheiten an (Sie können aber auch im Norden beginnen, falls Ihnen das lieber ist, aber denken Sie an die richtige Reihenfolge: vom Osten in

den Norden oder vom Norden in den Westen). Treten Sie in das gewählte Kreisviertel und sprechen Sie langsam, wobei Sie die Arme ausbreiten:

> *»Arianrhod, Taranis, kommt zu mir heute Abend und verleiht mir eure Kräfte der Klarheit und des Mitgefühls.«*

Im Süden vollziehen Sie dieselbe Geste und sagen:

> *»Brigida, Lugh, kommt zu mir heute Abend und verleiht mir eure Kräfte der Leidenschaft und des Vergebens.«*

Im Westen sprechen Sie beim langsamen Heben der Arme:

> *»Rhiannon, Manonnon, kommt zu mir heute Abend und verleiht mir eure Kräfte der Liebe und des Lachens.«*

Treten Sie in den Norden, breiten Sie die Arme aus und sprechen Sie:

> *»Cerridwen, Cernunnos, kommt zu mir heute Abend und verleiht mir eure Kräfte der Stärke und des Verständnisses.«*

Dann treten Sie in die Mitte und halten die Hände mit nach unten gerichteten Handflächen über den Altar, während Sie sagen:

> *»Große Mutter, Großer Vater, seid in allen euren Aspekten heute Abend bei mir und verleiht mir eure Kraft und das Wissen, sodass ihr ich seid und ich ihr.«*

5. Vollziehen Sie nun die gewünschten Zauber oder meditieren Sie über die Jahreszeiten und die Veränderungen in Ihrem Leben. Jetzt ist ein guter Zeitpunkt, darüber nachzudenken, was die Gottheiten für Ihren Alltag bedeuten, oder aber auch, wie Sie dazu beitragen können, die Welt zu einem besseren Ort zu

machen. Es ist auch eine gute Gelegenheit, sich zu entspannen und einfach nur zu sein ... Lassen Sie den Augenblick so lange währen, wie Sie es für nötig halten. Dazu kann man Musik hören oder tanzen. Es ist eine Zeit, um in Kontakt mit der Göttin und dem Gott in Ihnen selbst zu treten.

6. Wenn Sie damit zu Ende sind, halten Sie die eine Hand über die Speisen auf dem Altar und die andere über den Kelch mit Wein oder Saft und sprechen:

   »Nahrung für Leib und Seele,
   Nahrung für Geist und Herz.
   Wenn alles ausgewogen ist, bin ich gesund. So soll es sein!«

   Dann gießen Sie ein paar Tropfen Wein in die Opferschale, und zwar mit den Worten: »Für die Götter«. Anschließend essen und trinken Sie selbst von den Speisen auf dem Altar und denken an die Göttin, bis Sie den Wunsch verspüren, den Zirkel aufzuheben.

7. Heben Sie den Zirkel in der Mitte beginnend auf, indem Sie die Hände auf den Altar legen und sagen:

   »Große Mutter, Großer Vater, ich bitte euch in all euren Aspekten, mich mit eurem Segen zu beschützen und mir zu helfen, das zu lernen, was ich brauche, um nach eurer Weise zu leben. Dank und Lebwohl. Seid gesegnet!«

   Dann löschen Sie die Altarkerze. Treten Sie nun in den Norden, heben Sie die Hände und visualisieren Sie, wie die Götter verschwinden, indem Sie sagen:

   »Cerridwen, Cernunnos und alle Gottheiten des Nordens, ich bitte euch, mich mit eurem Segen zu beschützen und mir zu helfen, stärker zu werden. Dank und Lebwohl. Seid gesegnet!«

Löschen Sie nun auch die Kerze im Norden. Treten Sie in den Westen, heben Sie die Hände und visualisieren Sie, wie der Hüter verschwindet, indem Sie sagen:

»Rhiannon, Manonnon und alle Gottheiten des Westens,
ich bitte euch, mich mit eurem Segen zu beschützen
und mir zu helfen, tiefer zu denken. Dank und Lebwohl.
Seid gesegnet!«

Löschen Sie nun auch diese Kerze. Treten Sie in den Süden, heben Sie die Hände und visualisieren Sie, wie die Gottheiten wieder verschwinden.

»Brigida, Lugh und alle Gottheiten des Südens, ich bitte euch, mich mit eurem Segen zu bewachen und mir zu helfen, strahlender zu werden. Dank und Lebwohl. Seid gesegnet!«

Löschen Sie nun auch diese Kerze. Dann treten Sie in den Osten, heben die Hände und visualisieren, wie die Gottheiten verschwinden, indem Sie sagen:

»Arianrhod, Taranis und alle Gottheiten des Ostens,
ich bitte euch, mich mit eurem Segen zu beschützen und
mir zu helfen, weiser zu werden. Dank und Lebwohl.
Seid gesegnet!«

Löschen Sie nun auch diese letzte Kerze. Dann kehren Sie in die Mitte zurück und sprechen:

»Mein Ritual endet, aber meine Liebe bleibt. Der Kreis ist
aufgehoben, und ich kehre in meinen Alltag zurück.
Durch die Gnade des Gottes und die Liebe der Göttin
werde ich im Licht schreiten!«

Verankern und zentrieren Sie sich. Leeren Sie die Opferschale im Freien.

Das Grundritual

Für ein Grundritual braucht man keine bestimmte Vorlage. Das folgende Ritual enthält nicht alle Schritte oder Einzelheiten, die sich in einem förmlichen, komplexen oder formlosen Ritual finden; daher kann man das Grundritual auch als einfaches Ritual bezeichnen. Man muss beispielsweise dafür keinen Zirkel schlagen, weder die Kreisviertel anrufen noch die Kommunion abhalten. Grundrituale sind gut für zwei oder drei Teilnehmer oder einen einzelnen Anwender geeignet, dafür aber nicht so sehr für eine größere Gruppe, weil Gruppen die verschiedenen Schritte bei förmlichen und komplexen Ritualen als einander bedingende Auslöser benutzen. Seien wir uns darüber im Klaren, dass, je mehr Menschen sich an einem Ort zusammenfinden, auch umso mehr Außenreize auf das Bewusstsein einwirken, die das Gehirn verarbeiten muss. Wenn man aber dem Bewusstsein eine Menge zu tun gibt, dann macht man sich nicht mehr so sehr Gedanken darüber, ob das eigene Gewand schöner ist als das von Anna oder dass Jennifer sich immer wie eine dumme Göre benimmt, wenn sie meditieren soll und so weiter. Das soll aber nicht heißen, dass man ein Grundritual nicht auch in einer Gruppe vollziehen kann.

Versuchen wir gemeinsam ein Grundritual. Ich selbst habe – wie Sie wahrscheinlich auch – immer wieder Phasen in meinem Leben, in denen nichts so läuft, wie es sollte. Um aus Chaos Ordnung zu schaffen, habe ich das folgende Grundritual geschaffen. Es besteht aus folgenden Schritten:

- der Läuterung und Weihe des Ritualbereichs
- dem Schlagen eines magischen Kreises, der einer höheren Macht gewidmet ist, um das angepeilte Ziel zu bekräftigen

- der Anrufung der Kreisviertel, um die Zielsetzung zu bestätigen
- der Anrufung einer höheren Macht, um die Absicht zu bekräftigen
- dem eigentlichen Zauber, einem Bann, einer Meditation oder einer Anbetung, die sich der Absicht oder Zielsetzung anpasst (in diesem Fall ein Bann)
- dem Dank an die Gottheit
- der Freisetzung der Kreisviertel, wiederum um die Absicht zu bekräftigen
- der Aufhebung des Zirkels
- der Verankerung
- dem Aufräumen.

Sie sehen, dass ich mehrere Schritte aus dem förmlichen Ritual fortgelassen habe, darunter auch die Kommunion. Vollziehen wir nun gemeinsam ein Grundritual, damit Sie den Unterschied zwischen diesem und einem förmlichen und auch formlosen Ritual besser erkennen.

Mehr Kontrolle über sein Leben gewinnen

Dafür brauchen Sie: Salbei (beispielsweise als Räucherstäbchen), eine Mutter- oder Vaterkerze, Weihrauch nach Wahl und ein paar Spielklötze (Lego eignet sich sehr gut). Läutern und weihen Sie den Bereich, in dem das Ritual stattfindet.

Nehmen wir an, Sie wollen Ihren Schreinbereich für diesen Zauber benutzen. Da Sie den Schreinbereich bereits geläutert, geweiht und ermächtigt haben, ist das für das folgende Verfahren nicht mehr nötig. Heute wollen wir die Stätte nur mit Salbeirauch weihen und dabei die Worte sprechen:

> *»Ich reinige diese Stätte mit Rauch und Feuer. Mögen alle Unreinheiten fliehen. Mögen meine Hoffnungen und*

Wünsche mit den Rauchwölkchen aufsteigen und durch das Element Luft zur Herrin und zum Herrn getragen werden. Bei jedem Schritt gewinne ich mehr Kontrolle über mein Leben und meistere alle Lebenslagen mit Weisheit.«

Das Schlagen eines magischen Zirkels, der einer höheren Macht gewidmet ist, um das Ziel zu bekräftigen: Gehen Sie vom Norden aus im Uhrzeigersinn mit nach außen gerichteten Handflächen und schlagen Sie den Kreis, wobei Sie sprechen:

»Ich beschwöre dich, o Weltenhecke der Macht, dass du für mich eine Grenze schaffst zwischen der Welt und den mächtigen Geistern. Sie soll ein Treffpunkt der absoluten Liebe sein, von Frieden, Vertrauen und Freude und die Macht enthalten, die ich darin beschwöre. Ich rufe die Mächte des Nordens, des Ostens, des Südens und des Westens an, mir bei dieser Weihe zu helfen. Im Namen der verhüllten Herrin und des verhüllten Herrn beschwöre ich dich, o große Weltenhecke der Macht, mir dabei zu helfen, Kontrolle über mein Leben zu gewinnen und alle Lebenslagen mit Weisheit zu meistern. So soll es sein!«

Dann stampfen Sie mit dem Fuß auf den Boden und sagen:

»Der Kreis ist versiegelt!«

In manchen Traditionen beginnen die Magiere den Kreis in der Himmelsrichtung zu schlagen, die am ehesten die entsprechende Tageszeit bezeichnet. Der Norden steht in diesem Fall für Mitternacht, der Osten für die Morgendämmerung, der Süden für den Mittag und der Westen für die Abenddämmerung. Sagen wir zum Beispiel, heute sei der 25. Juli. Wenn Sie sich entschieden haben, um vier Uhr nachmittags den Zirkel zu schlagen, beginnen Sie womöglich im Süden, weil das in den Sommerstunden dem

Mittag am nächsten kommt. Falls Sie den Zirkel um die gleiche Zeit im Dezember schlagen, wenn die Tage auf der nördlichen Halbkugel kürzer sind, fangen Sie vielleicht im Westen an, bei der Abenddämmerung. Andere Traditionen verbinden die Kreisviertel auch mit den Jahreszeiten: Der Frühling wird mit dem Osten gleichgesetzt, der Süden mit dem Sommer, der Westen mit dem Herbst und der Norden mit dem Winter. Wenn Sie sich also am 25. Juli entschlössen, diesen bestimmten Zauber zu praktizieren, dann würden Sie im Süden beginnen. Letztendlich lässt sich zusammenfassen, dass man am besten dort beginnt, wo man sich am wohlsten fühlt – nicht dort, wo ich oder jemand anders es gutheißt, sondern wo Sie es für angemessen halten, die Energien für genau das anzurufen, was Sie vorhaben.

Die Anrufung des gewählten Kreisviertels, um die Absicht zu bestärken: Ich gebe Ihnen hier zwar Beispiele für Anrufungen, aber Sie sollten wirklich versuchen, eigene Anrufungen an die Kreisviertel zu entwickeln, die direkt etwas mit Ihrem Ziel zu tun haben. Ich beginne immer im Norden, aber Sie können auch genau dort anfangen, wo Sie es am besten finden. Wenn ich die Anrufung an die Himmelsrichtung spreche, hebe ich langsam die Arme und stelle mir vor, dass ein Tor sich öffnet und das Element und das Totemtier dieser bestimmten Himmelsrichtung erscheinen:

> *»Hüter des Nordens, Element Erde, Heimat des Bären, ich rufe dich an, dieses Ritual zu bezeugen und mir zu helfen, mehr Kontrolle über mein Leben zu erlangen und alle Lebenslagen weise zu meistern. Mögest du diese heilige Stätte beschützen.«*

Nun habe ich auch die Ahnen im Norden wachgerufen. Ich habe das Element Erde beschworen und den Bären herbeizitiert. Als Nächstes sage ich:

»Hüter des Ostens, Element Luft, Heimat des Hirsches, ich rufe dich an, dieses Ritual zu bezeugen, mir zu helfen, mehr Kontrolle über mein Leben zu erlangen und alle Lebenslagen weise zu meistern. Mögest du diese heilige Stätte beschützen.

Hüter des Südens, Element Feuer, Heimat des Stiers. Ich rufe dich an, dieses Ritual zu bezeugen und mir zu helfen, mehr Kontrolle über mein Leben zu erlangen und alle Lebenslagen weise zu meistern. Mögest du diese heilige Stätte beschützen.

Hüter des Westens, Element Wasser, Heimat des Pferdes. Ich rufe dich an, dieses Ritual zu bezeugen, mir zu helfen, mehr Kontrolle über mein Leben zu erlangen und alle Lebenslagen weise zu meistern. Mögest du diese heilige Stätte beschützen.«

Haben Sie gemerkt, dass wir hier unsere Absicht zum dritten Mal bekräftigt haben – mehr Kontrolle über unser Leben zu erlangen? Die Wiederholungen in diesem Ritual ermöglichen es uns, einen Wunsch fest im Geist wie auch im Universum zu verankern. Sie haben vermutlich auch gemerkt, dass ich die Elemente diesmal nicht beschworen, sondern gerufen habe, während ich mich nicht an die Ahnen wandte.

Anrufung einer höheren Macht, um die Absicht zu bekräftigen: Auch hier schlage ich vor, die Anrufung selbst zu verfassen. Wenn Ihnen aber einfach nichts anderes einfällt, können Sie auch die folgenden Worte sprechen:

»Verhüllte Herrin, die durch die Nebel der Zeit wandelt, deren Macht keine Grenzen kennt, deren allumfassende Liebe das Universum durchdringt. Versenke dich in den

Körper deiner Priesterin/deines Priesters, damit ich mehr Kontrolle über mein Leben erlangen und alle Lebenslagen weise meistern kann.«

Oder: *»Verhüllter Gott, der die Verborgenen Kinder beschützt, mit dessen ungeheurer Kraft sich niemand messen kann, dessen allumfassende Liebe keine Grenzen kennt. Lass dich in den Leib deiner Priesterin/deines Priesters herab, damit ich in der Lage bin, mehr Kontrolle über mein Leben zu erlangen und alle Lebenslagen weise zu meistern.*

Ich rufe dich an, Uralte Mutter, dich an dieser heiligen Stätte einzustellen. Mutter des Lichts, Mutter der Liebe, Mutter des Lebens, gewähre mir die Fähigkeit, mein Leben besser zu kontrollieren und alle Lebenslagen weise zu meistern.«

Beschwören Sie den Gott oder die Göttin, ihre Energien in den Zirkel zu senden oder die Energie in sich selbst aufzunehmen. Wenn Sie das Göttliche in den eigenen Körper ziehen, erleben Sie göttliche Besessenheit.

Nun regen Sie sich nicht gleich auf. Göttliche Besessenheit tut nicht weh. Christen erleben göttliche Besessenheit immer, wenn sie sagen, sie seien »vom Geist berührt« oder gesegnet. Die eher fundamentalistischen Fraktionen reden in Zungen, die sie ebenfalls als Manifestation von Göttlichkeit empfinden. Beim Voodoo ist göttliche Besessenheit recht verbreitet. Heutzutage benutzen wir harmlosere Ausdrücke dafür, etwa Channeling, aber wir meinen dieselbe Art Erfahrung – die Besitznahme durch eine Gottheit, die ein Ziel zu manifestieren hilft. Auch hier bestätigen wir wieder das Ziel unserer Zauberarbeit: Ich will mehr Kontrolle über mein Leben erlangen und alle Lebenslagen weise meistern.

Der eigentliche Zauber, ob Bann, Meditation oder Anbetung (hier ein Bann): Läutern, weihen und ermächtigen Sie die Bauklötze. Legen Sie sie in einem Haufen auf den Altar, dann nehmen Sie den ersten Stein in die Hand und sagen:

> *»Wenn ich den ersten Baustein auf meinen Altar lege,*
> *beginne ich, Ordnung aus Chaos zu schaffen.*
> *Ich gewinne Kontrolle über mein Leben. Ich meistere alle Lebenslagen weise.«*

Nun errichten Sie nach und nach eine ordentliche Struktur auf dem Altar. Bei jedem Baustein sprechen Sie dieselben Worte. Zwischendurch können Sie auch singen. Wenn Sie alle Klötze »verbraucht« haben, halten Sie die Handflächen über Ihr Werk und sprechen:

> *»Ich habe Ordnung aus Chaos geschaffen. Ich habe Kontrolle über mein Leben erlangt. Von diesem Augenblick an werde ich alle Lebenslagen weise meistern.«*

Ziehen Sie Energie aus dem Boden durch Ihre Fußsohlen bis hoch zu den Händen. Spüren Sie die göttliche Macht in Ihren Kopf steigen und anschließend durch die Hände ausströmen. Versammeln Sie die Energien der Elemente aus allen Richtungen in Ihrem Körper und lassen sie durch die Hände hinausströmen. Visualisieren Sie die Person, die Sie sein wollen. Wenn Sie fertig sind, senken Sie die Hände und holen tief Luft. Verankern und zentrieren Sie sich. Sie haben damit erneut die Absicht des Rituals bestätigt.

Dank an die Gottheit: Vergessen Sie nicht Ihre guten Manieren. Danken Sie der Gottheit für ihre Hilfe, nicht nur beim Vollzug dieses Rituals, sondern auch für bisher erwiesene Wohltaten.

Spontane Rituale

Spontane Rituale enthalten einen Grundplan – alles andere bleibt Ihnen überlassen. Während normale Rituale kaum und komplexe Rituale nur geringfügig Raum für Fehler bieten, lassen formlose, Grund- und spontane Rituale dem Teilnehmer mehr Freiheiten. Viele Zauber in diesem Buch bieten sich eher für spontane Rituale an, und auch viele Powwow-Praktiken gelingen am besten mit einem spontanen Ritual. Gruppen praktizieren normalerweise entweder förmliche, komplexe oder formlose Rituale. Gruppen reagieren gewöhnlich nicht so gut auf spontane Rituale (besonders größere Gruppen von mehr als zwanzig Teilnehmern) aufgrund ihrer Tendenz zum Chaos, das ein geradliniges Verfolgen der Gruppenabsicht eher verhindert. Man braucht einen sehr starken Hohen Priester – ob Mann oder Frau – für ein gutes spontanes Ritual. Bei einem erfolgreichen spontanen Gruppenritual ist diese starke Hand stets da, aber nicht immer erkennbar.

Wenn Sie mich nun einen Moment lang entschuldigen, während ich meinen feuerfesten Umhang anlege und meinen spitzen Hut aufsetze. Warten Sie … er ist mir in die Stirn gerutscht … jetzt sitzt er. Historisch gesehen funktionieren komplexe und formlose Rituale am besten in gut eingespielten Gruppen und bei allgemeiner seelischer Stabilität, während förmliche und spontane Rituale die Neigung haben, Kreativität entweder zu unterdrücken oder zu viel davon zuzulassen. Förmliche Rituale fördern diktatorische Beziehungen und eine Abgabe von Macht, während spontane Rituale viel zu viel Platz lassen für Fehler und unkontrollierte Energie. Sie legen ein Ritual ja nicht wie ein Spiel an. Man kann Fehler machen, die einen viel härter treffen, als einem zu dem Zeitpunkt klar sein kann. Natürlich ist mir bewusst, dass es wie bei allen Regeln auch hier Ausnahmen gibt und es manchen Gruppen gelungen ist, jahrelang ausschließlich förmliche und spontane Rituale zu praktizieren. Die beste Faustregel für Gruppen, die sich langfristig einander verpflichten wollen, ist, vornehmlich komplexe und formlose Rituale zu vollziehen sowie ein paar gut strukturierte förmliche und spontane Rituale, um die Sache nicht langweilig werden zu lassen.

Als Einzelhexe kann man, ob man nun zu einem Bund gehört oder nicht, alle Ritualformen leicht nachvollziehen. Die gewählte Form hängt von der vorhandenen Zeit, der Vorbereitung und Ihrer Methode ab. Ungeachtet der gewählten Ritualform denken Sie stets daran, dass der Hauptzweck eines Rituals die Einstimmung des Geistes auf die natürlichen Kräfte des Universums ist. Rituale funktionieren wie Autosuggestionen, bei denen das Unbewusste empfänglich wird für die verschiedenen gewählten Energiemuster. Wir benutzen Rituale in der Tat, um das Bewusstsein in Trance zu versetzen oder zu verführen, damit das Unbewusste sich entfalten und seine Zauber bewirken kann. Bei Zunftritualen lösen sich die Alltagsmasken auf und geben die wahre Natur des Zauberers frei. Gleichzeitig erlauben uns Zunftrituale, das göttliche Mysterium zu spüren und wunderbare, fließende Schwingungen anzuziehen, um äußere Veränderungen zu bewirken.

Jeder kann Rituale praktizieren – unabhängig von Rasse, Religion, Philosophie, Theologie, gesellschaftlichem Status, Alter oder sexueller Orientierung. Egal, was man denkt, jeder kann ein Ritual verfassen. Man braucht keine Eins in Deutsch und Religion, um selbst ein Ritual zu erfinden und durchzuführen. Man braucht auch kein dickes Buch über Zauber und Rituale, um sich die größten Wünsche zu erfüllen. Rituale fungieren als natürliche Erweiterung des menschlichen Verhaltens und sollten nicht als unnatürlich oder unheimlich betrachtet werden. Die besten Rituale vollzieht man allein, und zwar am besten die, die man selbst entwickelt hat. Und zwar, weil ein speziell für Sie entwickeltes Ritual mehr Macht beschwört, weil es Ihre Worte enthält und daher die Symbolik und Bildersprache auf Sie persönlich zugeschnitten sind.

Sie können Rituale mit oder ohne feste Objekte durchführen. Man braucht dazu kein Arsenal von wunderbaren Gegenständen und Instrumenten. Ich vollziehe jeden Abend in Gedanken ein Segensritual, ehe ich schlafen gehe. Ich gehe im Geist die verschiedenen Schritte durch und visualisiere Orte, Dinge und Wünsche, ehe ich in den Schlaf falle. So übe ich meinen Geist ständig darin, über materielle Dinge hinauszugehen, und stärke meine Fähigkeiten im Reich der geistigen Magie.

Schriftliche niedergelegte Rituale haben allerdings auch ihre Berechtigung. Ich fordere meine Schüler oft auf, ihre eigenen Rituale zu verfassen und ihre eigene Kreativität mithilfe von komplexen, formlosen oder spontanen Ritualen anzuzapfen. Diese Selbstverwirklichung fördert Sicherheit und erhöht die Selbstachtung sowie das Wissen um die eigene persönliche Macht. Außerdem würde ich immer als Erste zugeben, bei förmlichen, aufgezeichneten Ritualen mehr Fehler gemacht zu haben als alle anderen. Es gibt nichts Ärgerlicheres, als wenn man in einem Kreis mit zwanzig Leuten herumsteht, während drei oder vier wohlmeinende Mitglieder mit ihren Papieren rascheln, ihre Notizbücher fallen lassen und lange, elend langweilige Passagen vorlesen und dabei aussehen, als seien sie aus Gips. Ich will damit nicht sagen, dass alle aufgezeichneten, förmlichen Rituale so ablaufen, aber ich habe an genügend Ritualen teilgenommen, um zu wissen, dass das Interesse der Gruppe erlahmt, wenn das Dogma die Oberhand gewinnt. Gerechterweise muss ich aber auch sagen, dass bei dem schlimmsten Ritual, an dem ich jemals teilgenommen habe, ein junger Mann den Mittelpunkt bildete, der spontan eine Dreiviertelstunde lang frei eine Rede hielt, bei der ich bereits nach drei Minuten völlig den Faden verloren hatte. Damals wünschte ich, er hätte eine Vorlage gehabt, denn dann hätte ich genau gewusst, wie lange diese Qual noch dauern würde.

Ob man bei der Hexerei allein arbeitet oder in einer Gruppe, alle rituellen Handlungen entwickeln sich entweder in einem magischen Zirkel oder an einer heiligen Stätte. Kurz gesagt besteht eine heilige Stätte in einem geläuterten und geweihten Bereich sowie der Anrufung der Kreisviertel (nicht der Beschwörung), während ein magischer Zirkel geläutert und geweiht wird, ehe man einen Kreis zu Ehren einer Gottheit schlägt und dann die Kreisviertel entweder anruft oder nicht. Ihr magischer Zirkel wird zu einer ungeheuer machtvollen Energiekonstellation. Egal was Sie durch geistige oder körperliche Handlungen hineinziehen, es wird sich zu einer echten Kraft entwickeln, die sich in der Außenwelt manifestiert, wenn der magische Kreis wieder aufgehoben wird. Wenn Sie bei dem Ritual einen Fehler machen, wird sich der Irrtum auch nach außen hin manifestieren – es sei denn, Sie denken daran, den Fehler zu korrigieren.

Ein Freund hat mir beispielsweise die Geschichte von einem wunderbaren Gruppenritual erzählt, das vor mehreren Jahren abgehalten wurde. Die Gruppe fühlte sich während dieses Rituals so gut, dass alle vergaßen, die Kreisviertel wieder zu schließen. Am nächsten Tag stampften alle Teilnehmer gereizt, bissig und mürrisch über den Festplatz. Endlich fiel einem aus der Gruppe auf, dass man vergessen hatte, die Kreisviertel wieder zu schließen, daher waren die entsprechenden Energien immer noch vorhanden, scharrten ungeduldig mit den kleinen Füßchen und warteten darauf, dass die dummen Menschen sie wieder entließen, da sie sie doch auch herbeigerufen hatten. Als sie rituell entlassen worden waren, konnten sich die Teilnehmer endlich wieder normal benehmen.

Im Leben einer Hexe stellt der magische Zirkel die Grundlage der rituellen Arbeit dar; den Mittelpunkt der Magie bildet die Hexe. Daher widmen wir den Kreis stets einer höheren Macht: für gewöhnlich dem Herrn und der Herrin, der Göttin und dem Gott, der Mutter und dem Vater oder den Archetypen, die man als erweiterte Formen von Gott und Göttin betrachtet. Die Anrufungen, Symbole, Reizworte, Begrüßungen, Gesänge und seelischen Manifestationen der Hexe dienen als Vehikel der bewussten Gedanken, die die Brücke zu den uns allen offen stehenden Universalenergien schlagen sollen. Mit Hilfe dieser Brücke können sich unsere Absichten und Ziele manifestieren. Je öfter wir diese Ziele im Ritual bekräftigen – etwa durch eine Choreographie von Bildern, Lauten und Bewegungen, in Anrufungen, Absichtserklärungen, Energiebeschwörungen und anderen Zeremonien (wie die Kommunion im großen Ritual) –, desto stärker wird diese Brücke. Je stärker die Hexe sich auf ihr körperliches und geistiges Gefühl konzentriert, ihre Wünsche zu manifestieren, umso weniger wird ihr Bewusstsein dagegen ankämpfen und das Ritual sabotieren.

Das Heilritual des Black Forest Clans

Ich habe im Laufe der Jahre zahllose Briefe von Lesern bekommen, die auf der Suche nach einer Art Ritual oder Aktivität sind, um ihre magischen Techniken anzuwenden, anderen zu helfen und ihre eigene Spiritualität zu stärken. Vor einigen Jahren haben eine Freundin und ich die berühmten Heilzirkel des Black Forest Clans ins Leben gerufen. Die Teilnehmerzahl ist beliebig, aber wenn die Gruppe mehr als 13 Teilnehmer umfasst, muss man die Originalstruktur ein wenig abändern.

Ich werde nun erklären, wie unsere Zirkel ablaufen, sodass Sie die Aspekte auswählen können, die Sie selbst in Ihre Rituale aufnehmen möchten. Das Schöne an den Heilzirkeln ist ihr formloser Ansatz. Wir bedienen uns jeder Menge spontaner Reden und begrüßen Humor und Informationen, die nicht an traditionelle überlieferte Geheimnisse gebunden sind. Jeder kann teilnehmen, ungeachtet seines religiösen Hintergrunds. Wenn Sie bisher nur ordentlich strukturierte Rituale erlebt haben, halten Sie nun besser Ihren Hexenhut fest, denn wir brechen fast alle Regeln für förmliche Rituale, feiern aber am Ende immer noch ein wirksames und erfolgreiches Ritual.

Zu Beginn stellten meine Freundin und ich auf einen Kartentisch eine Kerze und eine feuerfeste Schale und arbeiteten mit drei bis fünf Leuten; im Laufe der Zeit wuchs unser Heilzirkel jedoch auf über 30 Personen an. Als Mick und ich begannen, umherzureisen und Seminare abzuhalten, lernten wir, unsere Techniken auf größere Gruppen zuzuschneiden und die Teilnehmer gleichzeitig darin zu unterweisen, Ideen mit nach Hause zu nehmen und die Zirkel in kleinerem Rahmen selbst abzuhalten. Die größte Gruppe, die jemals einen Heilzirkel vollzogen hat, bestand aus über 700 Personen. Bei unserem Beispiel hier gehen wir aber von einer kleineren Zahl aus.

Man braucht nicht viele Zutaten für einen Heilzirkel: wie erwähnt eine Kerze und eine feuerfeste Schale, ferner kleine Notizblätter für alle Teilnehmer – das ist schon alles. Wir verwenden heute außerdem noch Weihrauch, leise Musik, Räucherstäbchen, eine große Kanne Kaffee ... auch Trommeln, Rasseln und andere Musikinstrumente.

Ein Heilzirkel bei mir zu Hause verläuft folgendermaßen: Vor acht Uhr abends putze ich das Esszimmer (oder die Veranda, wenn das Wetter gut ist) und läutere den Bereich mit Salbei oder anderem Weihrauch. Wenn ich eine besonders schlechte Woche hatte, läutere ich die Stätte auch mit einer Trommel, Rassel oder Salz. Ich setze den Kaffee auf, suche die Musik für den Abend aus und lege Notizzettel und Stifte zurecht. Ich setze den Feuerkessel auf den Tisch und schmücke ihn je nach Jahreszeit mit Blumen, einer Göttinnenstatue und Ähnlichem. Ich zünde Öllampen zur Beleuchtung an und überprüfe vorher, ob sie gereinigt und gefüllt werden müssen; dann stelle ich sie an strategisch sinnvollen Stellen im Raum auf oder hänge sie auf der Veranda an die Decke. Mit strategisch meine ich, dass man bei so vielen Leute in meinem kleinen Esszimmer die Gefahr minimieren muss, dass die Lampen umgestoßen werden könnten.

Während der Kaffee durchläuft, stelle ich jede Menge Pappbecher sowie Milch und Zucker bereit. Manchmal bereite ich eine Extrakanne mit koffeinfreiem Tee für die Teilnehmer vor, die kein Koffein vertragen. Neben die beiden Kannen stelle ich ein Schälchen für Geldspenden. Warum Spenden? Wenn Sie solche Aktivitäten ernsthaft planen, müssen Sie auch damit rechnen, dass Dinge beschädigt werden. Seit ich angefangen habe, regelmäßig viele Leute einzuladen, habe ich meinen Esstisch, die

Stühle, das Klosett, den Badezimmerspiegel, zwei Kaffeekannen, den Küchenfußboden und einen Picknicktisch erneuern und mein Esszimmer zweimal neu streichen müssen. Viele Menschen hinterlassen eben ihre Spuren in einem Haus, kein Zweifel. Außerdem brauchen Sie Geld für Kerzen, Duftöle, Räucherstäbchen, Papier und Stifte. Natürlich kann man auch direkt um Sachspenden bitten.

Aber zurück zum Heilzirkel. Kurz vor acht gehe ich noch einmal in mein Zimmer und entspanne mich. Gewöhnlich lege ich mich auf mein Bett und ruhe mich ein bisschen aus, vertreibe alle Alltagsgedanken aus meinem Kopf und bereite mich seelisch darauf vor, Gastgeberin zu sein und zu zaubern. Und hier kommt eine starre Regel ins Spiel: Niemand darf vor acht Uhr erscheinen. Ich habe Familie und hasse es daher, wenn die anderen Hexen eine halbe Stunde früher hereinspazieren, während wir noch beim Abendessen sitzen. Tut mir Leid, wenn ich dann unfreundlich reagiere, aber meine Kinder sind mir sehr wichtig, und ich habe im Laufe der Jahre gelernt, meine Zaubertätigkeit und die Kinder zu trennen, damit ich genügend Zeit für sie habe und wir ungestört zusammen sein können.

Wenn sich alle Teilnehmer des Rituals am Tisch niedergelassen haben, gebe ich ihnen erst einmal Gelegenheit, sich zu unterhalten und Neuigkeiten auszutauschen. Das ist auch der Zeitpunkt, an dem sie ihre Heilwünsche oder andere Bedürfnisse auf ein Blatt Papier schreiben – aber nur eine Bitte pro Blatt. Man kann um eine neue Arbeitsstelle bitten, um Hilfe bei allen möglichen Problemen und so weiter. Oben auf das Blatt schreiben Sie eine der folgenden fünf Kategorien: »Liebe«, »Geld«, »Schutz«, »Heilung« oder »Anderes«. Gegen halb neun sammelt eine vorher dazu bestimmte Person die Blätter ein und ordnet sie nach Kategorien. Man braucht nicht zu unterschreiben, wenn man nicht will, aber in einer kleinen Gruppe weiß ohnehin jeder, wer sich was gewünscht hat. Etwa um halb neun wird es dann ernst. Während des Heilzirkels wird weder geraucht noch gegessen, aber wir trinken Kaffee, Wasser oder Tee. Wir stellen die Musik an, schrauben die Lampen herunter, entspannen uns in den Sesseln oder auf den Stühlen und fangen an.

Als Erstes reichen wir eine Schale mit einer Kerze oder einem entzündeten Salbeiräucherstäbchen im Uhrzeigersinn von einem zum anderen. Jeder läutert sich individuell und bietet das Licht dem Universum dar, ehe er die Schale weiterreicht. Währenddessen hören alle Gespräche langsam auf. Wenn die Schale den Kreis durchlaufen hat, läutert die erste Person noch einmal alles und sagt dann:

> *»Wir haben uns hier versammelt, um gemeinsam uns selbst und anderen zu helfen. Wir rufen die Herrin und den Herrn an, uns heute Abend beizustehen. Wir bitten um ihren Segen, ihre Macht und ihre Liebe. So soll es sein!«*

Wenn nur wenige an einem Heilritual teilnehmen, kann man jede Bitte separat behandeln. Bei einer großen Gruppe hält man sich an die Untergruppen Liebe, Geld, Schutz, Heilung und Anderes, oder man teilt die Kategorien in Gruppen von je zweien auf.

Gehen wir ein paar der Kategorien durch, um zu demonstrieren, wie unterschiedlich man den Heilzirkel durchführen kann. Sagen wir, am Tisch sitzen fünf Personen: Samuel, Harald, Jennifer, Elisabeth und Ruth. Das Haus gehört Ruth, daher ist sie die Pseudoleiterin (weil es in einem Heilzirkel in Wirklichkeit keine Leiter gibt). Ruth hat die Notizzettel vor sich. Sie zündet ein Teelicht in der Räucherschale an und sagt: »Sind alle bereit?« Nachdem alle genickt haben, sagt Ruth etwa: »Beginnen wir mit der Kategorie Heilung. Wer meldet sich?« – »Das mache ich«, meldet sich Harald eifrig. »Ich fühle mich heute Abend ziemlich gut.«

Ruth schiebt die Zettel zu Harald, der sie so vor sich hinlegt, dass er sie alle lesen kann. Die anderen fassen einander bei den Händen. »Wie wollen wir vorgehen?«, fragt Elisabeth.

»Also«, beginnt Harald, »zuerst sind die Bitten um einen Krankheitsbann an der Reihe, daher schicken wir die Energien gegen den Uhrzeigersinn. Das heißt, wir geben mit der rechten Hand den Druck weiter.« – »Klingt gut«, meint Samuel und schüttelt grinsend Elisabehts rechte Hand in der Luft. »Du machst ja nur bei diesen Heilzirkeln mit, damit du mit mir Händchen halten kannst«, bemerkt Elisabeth.

Ruth hüstelt missbilligend, lächelt aber. »Fangen wir an, ja?« Harald schließt die Augen und sagt: »Es gibt nur eine Macht, die des Gottes und der Göttin, und sie ist von perfekter Wahrheit, Ordnung, Klarheit und zu aller Wohl. Hiermit rufen wir die universalen Energien an, den folgenden Personen bei der Heilung zu helfen.« Harald holt tief Luft, öffnet die Augen und fängt an, die Zettel laut vorzulesen. »Für Ruths Mutter, die mit Grippe im Krankenhaus liegt. Möge die Krankheit rasch von ihr genommen werden. Für Elisabeths Schwester, die einen gutartigen Tumor hat. Möge er weiter schrumpfen ...«

»Ja, bitte«, flüstert Elisabeth.

»Für Maria Meier, die sich weiterhin tapfer abmüht abzunehmen, weil ihr das Herz Probleme bereitet, und für Bruno Haffner, der versucht, seine Depression loszuwerden«, fährt Harald fort. »Wir bitten um den Beistand der Gottheit in diesen Dingen. Mögen die astrologischen Korrespondenzen für diesen Zauber richtig sein.«

Dann beginnt die Gruppe, Energie zu beschwören. Elisabeth wiegt sich vor und zurück. Ruth summt, Samuel fällt ein, dann Jennifer, gefolgt von Elisabeth und Harald. Das Summen wird immer lauter, und alle heben die Hände. Als Harald das Gefühl hat, mehr könne man nicht tun, ruft er: »Entlassen!«, und die anderen erlauben der Energie, sich im Universum zu verteilen. Es ist Haralds Aufgabe, diese Energie nun zu leiten. Er sagt: »Möge niemand Schaden nehmen, möge dieser Zauber nicht umgekehrt werden oder uns mit einem Fluch belegen.«

»Ja!«, ruft Jennifer und klatscht in die Hände. »Das war gut! Ich konnte die Energie richtig spüren!« Sie greift nach den Zetteln und verbrennt sie einen nach dem anderen in der Schale. Die anderen sehen zu, wie die Flammen die Papierfetzen verzehren. Dabei summen alle das Wort »Veränderung« oder sprechen im Chor:

»Papier wird zur Flamme,
das Wort jedoch bleibt.
Feuer bringt zusammen,
was das Herz schreibt.
Flieg heim zu der Mutter Hort
und bring zurück das Wort –
Veränderung.«

»Das war ein tolles Gefühl«, sagt Samuel und lässt zögernd Elisabeths Hand los. »Also wirklich«, sagt Elisabeth mit einem strafenden Blick. »Wir sind seit zwei Monaten verheiratet! Du kannst meine Hand zu Hause noch so lange halten, wie du willst!« Samuel grinst und küsst sie auf die Wange. »Was ist denn schon dabei?« Elisabeth gibt ihm einen Klaps. »Machen wir weiter.«

Harald kratzt sich am Kopf. »Die anderen Heilwünsche drehen sich um das Fortschreiten einer begonnenen Heilung, daher bewegen wir die Energie im Uhrzeigersinn.« Harald vollzieht wieder die gleiche Prozedur, aber diesmal beginnt er, nachdem er die Wünsche vorgelesen hat, leise zu singen. »Sie verändert alles. Sie berührt alles. Sie berührt und verändert!« Der Gesang wird lauter und baut sich auf zu einem Crescendo, zu dem alle mit den Füßen stampfen, ehe sie die Energie ins Universum entlassen.

»Wie beeindruckend!«, sagt Jennifer.

»Cool!«, meint auch Samuel, während er die Zettel verbrennt.

»Schön«, sagt Ruth. »Jetzt sind Liebe, Geld und Schutz dran und die letzte Kategorie. Wer möchte die Liebe übernehmen?« Elisabeth stupst Samuel an. »Lass das doch Samuel machen. Der denkt sowieso an nichts anderes.«

»Okay, Samuel. Das hat Elisabeth dir eingebrockt.« Die anderen kichern. »Möchtest du die Liebe übernehmen?« Samuel grinst. »Klar. Warum nicht? Gib mir die Zettel, dann könnt ihr aber einen Zauber erleben!« – »Ach, gib doch nicht so an«, meint Harald.

»He, ich bin doch ein Profi«, gibt Samuel zurück und tätschelt Elisabeths Arm. Er legt die Zettel vor sich auf den Tisch. »Bei diesem Zauber brauchen wir uns nicht an den Händen zu halten.« Samuel richtet sich gerade auf. »Ich rufe Venus, deren Antlitz alle anderen Sterne im Universum überstrahlt. Sie bringt uns die Essenz universeller Liebe. Komm zu uns, göttliche Prinzessin, und schenk deine Gaben folgenden Personen: Jennifer, die Probleme hat, mit ihren Eltern zu reden ...« – »Ach ja, bitte«, murmelt Jennifer.

»... Amanda Park, die gerade eine schlimme Scheidung durchmacht. Mögen ihre seelischen Wunden heilen und möge die Liebe von Herrn und Herrin ihr Herz berühren. Möge ferner Richard Müller, der vor kurzem seine Mutter verlor, die Liebe und Fürsorge des Herrn und der Herrin um sich spüren.« Dann fängt Samuel an, auf den Tisch zu klopfen, und singt: »Liebe, Venus, Liebe, Venus ...«. Die anderen fallen ein, bis der Tisch erzittert und der ganze Raum vibriert. »Entlassen!«, ruft Samuel schließlich, und Elisabeth verbrennt die Zettel.

»Wisst ihr«, sagt Jennifer leise, »als Samuel meine Bitte vorlas, spürte ich, wie jemand einen Arm um mich legte und mich ganz fest drückte, wie ein Schutzengel, der mir seine Liebe zeigte. Das war schön.« Ruth lächelt. »Ja, ich konnte sehen, wie deine Aura erstrahlte, als sei jemand bei dir. »Ich auch«, meint Elisabeth. »Das war toll, Samuel!« – »Gern geschehen«, gibt Samuel zurück.

»Was kommt als Nächstes?«, fragt Jennifer. Ruth wirft einen Blick auf die restlichen Zettel. »Wie wäre es mit Geld? Wer war noch nicht dran? Elisabeth, warum machst du nicht das Geld?« Elisabeth hebt die Hand und schüttelt den Kopf. »Nein, lieber nicht. Ich bin momentan ziemlich deprimiert über meine eigenen Finanzen. Lass jemand anderen das machen.«

Ruth blickt Jennifer an. »Du kannst doch immer gut mit Geld umgehen. Wie wär's?« Jennifer wirft einen verstohlenen Blick auf die Tasche zu ihren Füßen. »Okay, wenn ich dazu meine Sachen benutzen kann.« – »O nein«, murmelt Harald gutmütig. »Sie hat wieder ihre Sachen dabei!« Jennifer nickt und öffnet ihre Tasche. Man hört leises Rasseln und Schlagen, während sie ihre Tamburine austeilt. »Wo ist deine Trommel?«, fragt Elisabeth.

»Ich habe sie in der Eile glatt vergessen«, sagt Jennifer entschuldigend. »Ich will eine große Rassel«, sagt Harald. »Hast du eine dabei?« Jennifer zieht grinsend und mit lautem Gerassel eine große Kürbisschale mit getrockneten Bohnen darin hervor. »Respekt«, meint Harald und greift danach wie ein Baby nach seinem Lieblingsspielzeug. Ruth bewegt sachte ihr Tamburin. »Mir gefällt der Klang.«

»Lasst uns aufstehen«, mein Jennifer. Unter leisem Rasseln und Schlagen ruft Jennifer nun Rosemerta an, die Göttin von Überfluss und Wohlstand, und liest dann die Bitten um Geld vor. Langsam bewegt sich die Gruppe im Uhrzeigersinn um den Tisch, wobei sie die Instrumente bewegt und singt: »Geld, Geld, Geld, immer, immer, mehr …« Alle gehen schneller und schneller. Harald stolpert über einen Stuhl, fängt sich aber wieder. Samuel drängelt Elisabeth absichtlich. Unter viel Gelächter, Rasseln und Kichern beschwört die Gruppe Macht und setzt sie anschließend frei ins Universum. Dann lassen sich alle wieder auf die Stühle fallen.

So geht der Heilzirkel weiter, und jeder trägt auf seine Weise dazu bei. Man kann die Göttin oder den Gott anrufen, ein Element oder die Naturenergien – solange alles positiv ist. Man kann auf seinem Stuhl sitzen bleiben, sich in einem Kreis aufstellen oder auf dem Boden sitzen. Das ist egal, solange die Arbeit getan wird. Man kann lachen, lustige Bemerkungen machen oder tödlich ernst bleiben. Die Arbeit wird getan. Man kann menschlich sein, und die Sache klappt. Es ist kein förmliches Ritual, keine Vorlage von Goethe; es geht einfach um Worte aus dem Herzen, Freude in der Gruppe und Lachen tief aus der Seele.

Wenn alle Bitten abgehandelt sind, fordert Ruth alle auf, sich an den Händen zu halten. Gemeinsam dankt man dem Herrn und der Herrin für die Hilfe am heutigen Abend und entlässt alle überschüssige Energie ins Universum, damit die Götter sie verteilen. Anschließend macht man sich über den Kaffee her, während Ruth die magischen Instrumente forträumt. Sie verstreut die Asche aus der Räucherschale im Wind und stellt dann das Essen auf den Tisch.

So wird das gemacht.

Wenn Rituale misslingen

Auch ein noch so sorgfältig vorbereitetes Ritual kann sehr leicht misslingen, wenn man dem Zweifel in die Falle tappt. Sie wissen schon, wenn man jenen kleinen schlangenartigen Gedanken nachgibt, die im Hinterkopf herumspuken, während wir die Choreographie unseres Rituals durchgehen. Man kann solche Zweifel auf verschiedene Weisen entschärfen, denn es ist in Wirklichkeit Ihr Bewusstsein, das es nicht schafft, einfach nachzugeben.

- Beginnen Sie Ihr Ritual mit der Übung nach Hewitt (siehe Seite 269). Dieses Gedankenmuster gibt dem Unbewussten grünes Licht und schaltet für das Bewusstsein auf Rot. Wenn man bei einem Gruppenritual Zweifel aufkommen spürt, bringt einen Hewitts Übung zurück auf den richtigen Weg.
- Verankern und zentrieren Sie sich und formulieren Sie noch einmal Ihre Absicht.
- Versuchen Sie es mit allgemeinen Anrufungen der Kreisviertel, einem magischen Kreis oder Affirmationen. Diese kurzen, auswendig gelernten Passagen wirken sehr gut, wenn die Zweifelbombe kurz vor der Detonation steht. Solche allgemeinen Ritualteile sind auch in der Gruppe nützlich, wenn Sie keine Ahnung haben, was nun als Nächstes zu sagen ist. Wenn Sie nämlich verlegen werden, weil Sie kein Wort herausbringen, lähmt dies Ihre Energie, und das wiederum greift sich auch auf die anderen Teilnehmer über.
- Bedienen Sie sich bekannter Auslöserreize, etwa Ihrer Lieblingsanrufung, Begrüßungen, malen Sie Zeichen in die Luft, zünden Sie eine Kerze an und so weiter.

- Singen oder summen Sie etwas, sprechen Sie eine bestimmte Formel oder benutzen Sie Trommel oder Rassel. Bei einem Gruppenritual haben Sie vielleicht keine Gelegenheit dazu, aber es ist ein guter Tipp für Einzelrituale.
- Körperliche Bewegung hält Ihr Bewusstsein in Schach, sodass Sie sich auf Ihr Ritual konzentrieren können. In einer Gruppe können Sie sich zwar nicht frei bewegen, aber dafür bei einem Einzelritual. Gehen Sie im Uhrzeigersinn im Kreis herum, um Macht herbeizubeschwören, und gegen den Uhrzeigersinn, um Macht zu verteilen. Wenn Sie stillstehen müssen, können Sie sich vor- und zurück- oder hin- und herwiegen, das bietet sich besonders an, wenn das Ritual von Musik begleitet wird.

Sicher, bei einem Einzelritual ist die Gefahr, dass es nicht glückt, ohnehin geringer, denn mit der Anzahl der Ritualteilnehmer wachsen auch die Möglichkeiten, dass etwas schief geht. Ich habe im Laufe der Jahre gelernt, Fehler einfach mit Humor zu meistern, sie auszubügeln, falls das geht, und sie dann sofort zu vergessen. Ich mache sicherlich viele Fehler bei Ritualen und habe meine Lektion in Bescheidenheit gut gelernt. Erst kürzlich veranstaltete ich ein Vollmondritual für eine Gruppe und vergaß völlig, die Kreisviertel anzurufen. Gegen Ende der Zeremonie wandte ich mich an meinen Nachbarn und sagte: »Kann es sein, dass die Kreisviertel bei diesem Ritual nicht unbedingt die Hauptrolle gespielt haben?« Dabei beließ ich es dann.

Eines der größten Probleme bei einem Gruppenritual ist der Zeitrahmen. Wenn jeder tatsächlich aktiv teilnehmen soll, dauert es mindestens fünf Sekunden pro Person, beispielsweise den Kelch herumzureichen und dabei zu sagen: »Mögest du niemals Durst leiden.« Bei zwanzig Teilnehmern nimmt dieser Teil bereits mehr als zwei Minuten in Anspruch. Wenn jeder einzeln vortritt und eine Kerze anzündet, um anschließend ein paar Worte zu Ehren der Ahnen zu sagen und dann die Kerze in das Räucherbecken zu legen, müssen wir bereits von zwei Minuten pro Person ausgehen. Bei einer Gruppe mit zwanzig Personen macht dieser Teil des Rituals allein vierzig Minuten aus.

Was aber macht jeder in den verbleibenden 38 Minuten? Ich werde es Ihnen verraten. Man tritt von einem Fuß auf den anderen, bohrt in der Nase, zupft an der Kleidung, unterhält sich mit den Nachbarn. Kurz, man konzentriert sich nicht. Und was dann? Dann ist nicht nur die allgemeine Aufmerksamkeit verloren, sondern auch die Macht des Rituals insgesamt. Besser ist es, Rasseln und andere Instrumente zu verteilen, eine CD aufzulegen oder sich auf einen Gesang zu konzentrieren, statt dass alle in ihre eigene Welt zurückkehren. Ich habe vor ein paar Jahren einmal an einem phantastischen Ritual teilgenommen, das nur einen großen Fehler hatte. Wir sollten über einen Waldweg zu einem großen, offenen Gruppenzirkel gehen. An diesem Ritual nahmen 140 Menschen teil. Allein brauchte man auf diesem Weg nur vier Minuten bis zu der Stelle, die Gruppe war etwa eine Stunde unterwegs. Wenn Sie die Aufgabe übernehmen, ein großes Gruppenritual zu leiten, planen Sie bitte diese »tote Zeit« mit ein und überlegen Sie, wie sich drohende Langeweile vermeiden lässt.

Man kann die Teilnehmer leicht einbeziehen, indem man Teile einbaut wie aus dem genannten Beispiel, etwa wenn jeder ein paar Worte über die Ahnen spricht. Man kann auch langsam eine Kerze im Uhrzeigersinn herumgehen lassen, während jemand seinen Part vorträgt. Immerhin ist dann die Aufmerksamkeit auf die Kerze konzentriert, was wiederum hilft, die Macht zu stärken. Man kann auch eine Rassel oder etwas anderes herumgehen lassen, aber nichts funktioniert besser als eine brennende Kerze in einem Kreis.

Ihr Gehirn sollte idealerweise im Alphazustand sein und sich auch dann konzentrieren, wenn die anderen an der Reihe sind. Das bedeutet, man ist fokussiert, geduldig und vor allem still. Für Neumitglieder sind diese drei Bedingungen oft sehr schwer einzuhalten (manchmal auch für alte Hasen). Wenn man zu einem Zirkel mit individuell gestalteten oder langweiligen Passagen geladen wird, ist es akzeptabel, die Augen zu schließen, Hewitts Übung zu machen und sich auf das Ziel des Rituals zu konzentrieren. Man kann seine Hände in den Kreis halten oder die Arme mit nach außen gedrehten Handflächen entspannt herabhängen lassen.

Manchmal aber wollen die Gedanken einfach nicht folgen. Alte Probleme kleben wie Kaugummi im Gehirn, ziehen andere nach sich und vertreiben die Emotionen, oder aber die Langeweile greift um sich, und Sie können sich einfach nicht konzentrieren, egal, wie sehr Sie es versuchen. Kein Problem, denn selbst berühmte Hexen nicken manchmal einfach in einem Zirkel ein, wenn sie sich langweilen. Sie dürfen sich nur nicht beim Schnarchen erwischen lassen.

Wenn es Ihnen unangenehm ist, die Anrufung eines Kreisviertels zu wiederholen, um einen heiligen Bereich zu schaffen, versuchen Sie vielleicht besser, jedes Kreisviertel anzusingen. Das klappt besonders gut bei Ritualen für mehr als fünfzig Menschen, die man eher interaktiv gestaltet. Stellen Sie sich dazu in die jeweilige Himmelsrichtung und singen Sie im Norden beispielsweise:

> *»Erde, ich bin.«*

Wiederholen Sie dies dreizehn Mal. Die Gruppe, die dem Norden am nächsten steht, nimmt den Gesang auf, und das gibt allen Gelegenheit, mit einzustimmen. Man beschwört die Kreisviertel entweder zusammen oder beginnt im Norden und geht zum Osten, Süden und Westen weiter. Die Runde wird ein Kreis des Gesangs sein und außerdem gleichzeitig einen magischen Zirkel bilden. Der Letzte (vermutlich Sie, denn Sie leiten immerhin dieses großartige Ritual) singt dann:

> *»Geist, ich bin.«*

Ein weiterer beliebter Gesang für eine heilige Stätte lautet:

> *»Erde, Luft, Wasser und Feuer,*
> *kehrt alle zu uns zurück.«*

Ich benutze diesen Vers oft auch, wenn ich ein Einzelritual abhalte, und umschreite dabei den Kreis.

Rituelle Eröffnungen und Beschließungen

Ich habe Ihnen bereits alle möglichen Variationen von Ritualen vorgestellt und die einzelnen Schritte erklärt, damit man ihre innere Funktion besser versteht, aber Eröffnungen und Beschließungen noch unerwähnt gelassen. Manchmal werden diese in Form von Reimen abgehalten, dann wieder mit einfachen Worten direkt aus dem Herzen: In jedem Fall eröffnen beziehungsweise beenden sie eindrucksvoll jeden rituellen Akt. Rituelle Eröffnungen und Beschließungen sind bei allen Gruppenritualen zu beobachten, aber die magischen Textsammlungen erwähnen sie kaum – eben weil sie so selbstverständlich sind.

Die rituelle Eröffnung findet statt, noch ehe irgendetwas anderes geschieht. Manchmal werden in dieser Phase den Hauptakteuren des Rituals Anweisungen gegeben. Wir erklären aber auch Nicht-Wiccas, also Gästen, was beim bevorstehenden Ritual passieren wird. Bei einer gemischten Gruppe, etwa bei einer Beerdigung oder Hochzeit, muss man den Teilnehmern bestimmte Aspekte erläutern. Beispiel: »Der Zirkel ist unsere heilige Stätte. Bitte verlassen Sie diesen Zirkel unter keinen Umständen. Wenn es Ihnen nicht gut geht oder Sie aus einem anderen Grund den Kreis verlassen müssen, heben Sie die Hand, und die Jungfrau oder der Tempelwächter werden Sie hinausgeleiten.«

Man kann die Eröffnung auch in einem kurzen Gedicht oder einer Erklärung abhandeln. Das gibt dem Bewusstsein das Zeichen, dass man für das Ritual bereit ist. Oftmals wird in einer rituellen Eröffnung auch die entsprechende Jahreszeit erwähnt, eine bestimmte Gottheit oder der Zweck des Rituals. Nach dieser

Eröffnung gehen wir zur Altarweihe über und schließlich zum Ritual selbst.

Ein Schlussakt hat dieselbe Funktion wie der Segen im kirchlichen Gottesdienst. Der Schlussakt dient als letzter Segen für alle Teilnehmer durch den Hohepriester, die Hohepriesterin oder beide. Manchmal vollzieht auch der Älteste den Schlussakt, der als letzte Handlung der göttlichen Energie dient. Man kann auch bei Einzelritualen einen Schlussakt vollziehen – und zwar nach Aufhebung des Zirkels, wenn man darum bittet, dass der Segen des Universums die Teilnehmer auch im Alltag begleiten soll.

Die Wahl des Pantheons

Ein Pantheon ist eine Gruppe von kulturellen Gottheiten oder das religiöse System eines bestimmten Gebiets oder einer bestimmten Epoche. Wiccas und moderne Heiden können durchaus verschiedene Götterhimmel anbeten, etwa das nordische, das germanische (nahezu identisch mit dem nordischen), das heidnische (ähnlich dem germanischen und heidnischen Wicca-Pantheon, aber nicht identisch), das römische (Strega-Hexen und viele moderne Heiden), das ägyptische (sehr selten unter Wiccas) sowie das griechische und keltische. Die meisten heutigen Wiccas beten das keltische Pantheon an, ein paar auch das Pantheon der amerikanischen Ureinwohner – doch ich muss davor warnen: Die amerikanischen Ureinwohner halten nichts davon und werden Sie das auch wissen lassen, falls sich einer in Ihrem Zirkel befindet. Dies ist nur angemessen in einem Kreis amerikanischer Ureinwohner, die Wicca anhängen, oder wenn die betreffende Wicca ein Stück Land besitzt oder dort arbeitet, das einst einem bestimmten Stamm heilig war. Dann darf die Wicca diese Gottheiten gern anrufen.

Bei der Wahl eines Götterhimmels sollten Sie immer berücksichtigen, was Ihrem Gefühl und Ihrer persönlichen Abstammung nach besser geeignet ist. So wird man sich vermutlich mehr mit der germanischen Wicca oder den Powwow-Zaubern identifizieren, wenn man selbst vornehmlich germanischer Abstammung ist. Das keltische Pantheon sagt Ihnen wiederum vielleicht zu, wenn Ihre Ahnen aus dieser Gegend der Welt stammen. Ignorieren Sie niemals Ihre Wurzeln: Dort liegt die Macht. Wenn Sie eher eine kulturelle »Promenadenmischung« sind, folgen Sie Ihrem Gefühl. Es gilt jedoch die Regel, dass man keine Götterhimmel miteinander mischen soll; geschieht es trotzdem, so sollten Sie das Ritual so anlegen, dass die gewählten Energien auch sicher zueinander passen. Dazu muss man vermutlich länger experimentieren.

Arbeitet man immer mit einem ganzen Pantheon? Eher nicht. In einem Zirkel will man vermutlich nicht Hunderte oder auch nur zwanzig Gottheiten beim »Gottesdienst« anrufen, besonders nicht Gottheiten mit sehr unterschiedlichen Persönlichkeiten. Man bestellt ja auch keinen Klempner, wenn der Fernseher kaputt ist. Die meisten traditionellen Gruppen rufen insgesamt nur sechs oder acht Gottheiten regelmäßig an; auf andere Gottheiten aus diesem Pantheon bezieht man sich nur, wenn diese im Hinblick auf den Zweck des Rituals geeigneter erscheinen. Beim Black Forest Clan arbeiten wir regelmäßig mit acht Gottheiten: eine für jedes Kreisviertel, zwei für den Sommer und zwei für den Winter. Wir schlagen den magischen Kreis mithilfe jener Energien, die wir für Initiationen, Weihen, Sabbate, Zauber und Übergangsrituale anwenden. Bei Mondritualen wenden wir ein freies System an, zu dem alle Götterhimmel angerufen werden können, solange man sich auf einen beschränkt. Wenn wir mit dem germanischen Pantheon arbeiten, schlagen wir den Zirkel anders und behalten die Totemtiere bei, nicht aber die göttlichen Korrespondenzen. Hier benutzen wir nur die Verschleierte Herrin und den Verhüllten Gott oder die Göttin Hulda. Wenn die Frauen der Gruppe mit dem dianischen System arbeiten, erkennen sie damit an, dass alle Göttinnen Darstellungen der einzigen Göttin sind. Sie entscheiden sich ganz bewusst für die Archetypen und passen die Energien der jeweiligen Zeremonie an.

Wie findet man mehr über die Energie von Gottheiten und Archetypen heraus? Lesen Sie historische Texte und archäologische Berichte. Die meisten Zauberbücher bieten ausreichend Informationen über bestimmte Gottheiten und stellen eine gute Ausgangsbasis dar, aber man muss selbst ständig weitersuchen und -experimentieren.

Weitere Grundrituale

Während traditionelle nordamerikanische Hexen für jeden Sabbat, Esbat oder Zauber ein separates Ritual vollziehen, benutzen europäische Hexen oft ein Hauptritual, bei dem die Grundelemente gleich bleiben, aber bestimmte Aspekte je nach Thema abgeändert werden.

Ein paar Gardnerische und Alexandrische Traditionen benutzen Grundrituale, aber nicht alle Traditionen neigen dazu. Manche Rituale entwickeln sich nur langsam, andere eher schnell. Gehen Sie sorgfältig jedes Ritual durch, ehe Sie versuchen, es nachzuvollziehen. Vergewissern Sie sich stets, dass Sie auch wissen, warum Sie einzelne Teile aufnehmen wollen.

Rituale – das heißt gute Rituale – brauchen eine Weile, bis man sie beherrscht und vollziehen kann. Man ist nicht bei jedem Ritual gleich gut, ob man sie nun seit Jahren praktiziert oder erst seit kurzem. Fehler kommen immer vor.

Und wenn Sie nun zu jenem unglücklichen Teil der Bevölkerung gehören, der nicht ständig die halbe Küche und das Zauberkabinett mit sich herumschleppen kann, um langwierige Rituale zu vollziehen? Was dann? Mein Grundsatz lautet: Wo ein Wille ist, ist auch ein Wicca-Weg. Man kann ein Ritual auch überwiegend im Kopf spielen lassen. Ja, man kann es sich selbst laut vorlesen. Wer weiß schon, was Sie da vor sich hinmurmeln? Das ist Ihr Buch, und Sie lesen. Basta! Setzen Sie sich in eine stille Ecke, lesen Sie das Ritual durch und visualisieren Sie alle Schritte. Schließen Sie die Augen. Nehmen Sie sich Zeit und stellen Sie sich jeden Schritt in allen Einzelheiten vor. Natürlich ist das nicht so wie ein »echtes« Ritual, aber wenn Sie die Gelegenheit hätten, wüden Sie es ja auch gern richtig vollziehen. Die Gottheit, die Sie in diesem Ritual anrufen, hat sicher Verständnis dafür. Falls Sie aber ein richtiges Ritual abhalten könnten und einfach zu faul dazu sind oder lieber nur lesen, dann können Sie auch nicht erwarten, dass das irgendeine Wirkung haben wird. Die meisten Götter und Göttinnen hassen Faulheit. Trägheit ist, soweit ich weiß, recht untypisch für Wiccas.

Engel-Grundritual

In vielen Heilungen und Seminaren muss ich ausgesprochen ökumenisch denken, und aus diesem Grund arbeite ich oft mit Engelsenergien. Von Jack Veasey übernehme ich das folgende Einzel-Grundritual für die Arbeit mit Engelsenergien. Jack verbindet hier einige Schlüsselverfahren miteinander. Versuchen Sie einmal selbst herauszufinden, welche Schritte er kombinierte.

Materialien: Stellen Sie weiße Kerzen zur Beleuchtung in die beiden Ecken an der Nordseite des Altars. Wählen Sie einen Weihrauchduft aus und legen Sie die Stäbchen an die Ostseite. Sie brauchen eine mittelgroße weiße Feder, die ebenfalls in den Osten gehört. Eine rote Kerze kommt in den Südteil des Altars. An die Westseite stellen Sie einen Kelch mit Wasser. Eine Statue oder andere Darstellung der Göttin (der Königin der Engel) gehört auf die Nordseite, zusammen mit einem Schälchen Salz zu ihren Füßen. In die Altarmitte platzieren Sie einen engelförmigen Kerzenleuchter mit einer Kerze, die mit einem Duftöl Ihrer Wahl gründlich gesalbt wurde.

Als Erstes läutern Sie sich mit einem rituellen Bad und vollziehen den Kleinen Bannzauber. Läutern Sie den Bereich mithilfe der Elemente. Vollziehen Sie eine Altarweihe, verankern und zentrieren Sie sich. Zünden Sie die Beleuchtungskerzen an, halten Sie sie einen Moment über den Kopf und sprechen Sie:

> *»Möge das Licht der Himmelskönigin alle bösen Schatten von diesem Ort und aus allen Seelen vertreiben, die hier anwesend sind.«*

Wenn Sie den Weihrauch, die Feuerkerze, das Wasser und das Salz weihen, stellen Sie sich vor, dass sie voll Energie sind. Dann entzünden Sie das Räucherstäbchen im Osten und sprechen:

> *»Mögen Raphaels Flügel die Luft, die ich atme, reinigen und erfrischen.«*

Zünden Sie die Kerze im Süden an und sprechen Sie:

> *»Mögen Michaels Flügel das reinigende Feuer anfachen, das mein Herz erfüllt und läutert.«*

Geben Sie eine Prise Salz in das Wasser im Westen und sprechen Sie:

> *»Mögen Gabriels Flügel Mondstaub verstreuen, um dieses heilige Wasser zu läutern.«*

Nehmen Sie eine Prise Salz aus dem Norden und verstreuen Sie es zu Ihren Füßen, wobei Sie sagen:

> *»Mögen Uriels Füße den Boden heiligen, auf dem ich stehe.«*

Dann nehmen Sie die Feder in die rechte Hand und wirbeln sie im Uhrzeigersinn in einer spiralförmigen Bewegung über den Altar; enden Sie in der Mitte. Singen Sie, während Sie sich vorstellen, wie die geistigen Energien sich vermischen:

> *»Im Schlagen der Schwingen soll Energie singen.«*

Wenn Sie das Gefühl haben, dass die Energien sich vermischt haben, behalten Sie das Bild der Wirbel im Kopf, legen die Feder vor die Kerze in der Altarmitte, breiten die Hände über dem Altar aus und sprechen:

> *»Mögen alle leuchtenden Energien, die über diesem Altar wirbeln, nun sicher darin versiegelt sein. So soll es sein.«*

Dann klatschen Sie laut in die Hände, um den Altarbereich zu versiegeln. Visualisieren Sie, wie die Energien in den Altar eintauchen.

Das Schlagen des Kreises: Nehmen Sie die Feder in die rechte Hand. Von Osten her ziehen Sie den Kreis drei Mal – vom Osten über den Süden zum Westen und Norden –, wobei Sie die folgenden Worte sprechen und sich vorstellen, wie ein weißes Feuer aus der Feder fließt und den Zirkel bildet:

> *»O Zirkel aus Feuer, ich beschwöre dich. Zwischen den Welten aus Fleisch und Geist sollst du die Mitte sein, für die innerhalb deiner Grenzen beschworene Macht sollst du eine Linse bilden, die alles fokussiert. Für die Sterblichen in deinem Bereich sollst du einen mächtigen Schild darstellen. Ich rufe euch, Raphael, Michael, Gabriel und Uriel: Helft mir, diese Flamme zu entfachen. Im Namen der Engelskönigin, der Zirkel ist geschlagen und versiegelt. So soll es sein.«*

Anrufung der Himmelsrichtungen: Rufen Sie alle Kreisviertel an, indem Sie in die jeweilige Himmelsrichtung blicken, mit der rechten Hand Pentagramme aus blauem Feuer mit der Feder malen und im Uhrzeigersinn von Osten nach Norden gehen. Visualisieren Sie die Engel, wie Sie auf Ihren Anruf hin erscheinen.

> »... [Engelsname], *Hüter des ...* [Element], *höre meinen Ruf. Ich rufe dich aus deinen Engelsreichen, diesen Zirkel*

mit deiner Gegenwart und Macht, mit deinen Gaben und deinem Schutz zu zieren. Heil dir und Willkommen. So soll es sein.«

Anrufung der Himmelskönigin: Legen Sie die Feder zurück in den Ostbereich. Stellen Sie sich in die Mitte des Kreises (nach Norden ausgerichtet). Heben Sie die Hände über den Kopf und blicken Sie nach oben. Wenn Sie die folgenden Worte sprechen, senken Sie langsam die Hände und den Blick und ziehen die Göttin herab in den Zirkel. Spüren Sie ihre Ankunft, wie sie von oben auf Sie herabkommt.

»Manche nennen dich Maria, andere Schechina. Manche nennen dich Cerridwen, andere Rosemerta. Manche nennen dich Morrigan, andere Hekate. Manche nennen dich Bried, andere die Herrin, manche nennen dich Isis, andere Kuan Yin. Ich rufe dich nun an, komm herbei. Was immer dein Name oder dein Antlitz sei, du bist die Quelle von allem. Du bist der Mond, der die Meere anzieht, die Gezeiten folgen dir. Du bist die Erde, an die die Wellen spülen, die Himmel, die alles überblicken. Sterne sind die Perlen an deinem schimmernden Gewand, das Blut aus deinem Schoß befruchtet die Schöpfung. Mutter aller, auch meine Mutter. Höre den Ruf deines Kindes, das neu geboren mitten in deinem Zirkel steht. Ich brauche dich sehr, aber heute Abend bitte ich dich nur um eines: dass du hier bei mir bist, dass deine Gnade diese Stätte erfüllt und du meine Arbeit segnest. Lass alle Engel, die ich herbeigerufen habe, wissen, dass du, Herrin des Universums, ihnen zusiehst.«

Anrufung der Engel für den Zauber: Zünden Sie die Kerze aus der Altarmitte an und denken Sie an Ihr Ziel oder Ihre Bitte.

Wenn der gewählte Engel nicht bereits als Schutzwächter des Kreisviertels fungiert, heben Sie die Hände zu Beginn dieser Anrufung und senken sie langsam über die Flamme, wie bei der Anrufung der Göttin. Wenn Sie diesen Engel schon beim Kreisviertel angerufen haben, halten Sie einfach die Hände mit nach innen gerichteten Handflächen rechts und links von der Kerze und bewegen sie langsam auf die Flamme zu. Wenn Sie mehr als einen Engel anrufen, heben und senken Sie die Hände. Halten Sie den Blick in die Flamme gerichtet und visualisieren Sie dort einen Kern aus Engelsenergie, der im Herzen der Flamme glüht. Sprechen Sie:

> »*Engel, der ich dich nun nenne, du Herrscher des/der …* [Planet], *lass den Klang des Wortes, das deine Essenz birgt, zu dir kommen, ob im Himmelreich oder hier. Ich rufe dich an, deine Macht auf diese Aufgabe zu richten, in diesem Kreis, damit mein Wunsch Gestalt annimmt – zuerst in deiner Welt und dann in meiner. Möge der Klang deines Namens meine magische Flamme entfachen.*«

Singen Sie den oder die Engelsnamen im Takt immer wieder. Visualisieren Sie den Energiekern und wie die Flamme darum herum immer größer wird. Sie können dazu eine Trommel oder Rassel schlagen, um die Energie besser zu beschwören. Steigern Sie die Macht mit Ihrem Gesang. Wenn Sie das Gefühl haben, genug Macht angezogen zu haben, klatschen Sie mit den Händen die Kerze aus. Sie visualisieren dabei, wie der Kern in die Kerze hineingesaugt wird und die Kerze nun ermächtigt. Dabei rufen Sie:

> »*Im Namen der Herrin, so soll es sein!*«

Behalten Sie die Kerze, falls Ihr Wunsch etwas anziehen soll, aber vergraben Sie sie außerhalb Ihres Grundstücks oder werfen Sie sie in ein fließendes Gewässer, wenn Sie mit Ihrer Arbeit etwas bannen wollen. Wenn Sie die Kerze behalten, deaktivieren oder verbrennen Sie sie oder vergraben sie, sobald Ihr Wunsch sich manifestiert hat. Danken Sie auf Ihre eigene Weise.

An dieser Stelle folgt die Kommunion, falls Sie das wünschen.

Kommunion: Halten Sie die Hände über den Kelch und sprechen Sie:

> *»Vom Regen zur Ranke, von der Ranke zur Beere, von der Beere zum Wein, vom Wein in den Kelch, wir feiern das Leben und segnen den Wein.«*

Halten Sie Ihr Athame über den Kelch. Während Sie die Klinge langsam in den Kelch tauchen, sprechen Sie:

> *»Was der Kelch für die Göttin, ist der Stab für den Gott. Zusammen sind sie eins.«*

Trinken Sie von dem Saft und geben Sie anschließend ein paar Tropfen in die Opferschale neben dem Altar oder Schrein. Halten Sie die Hände über die Kuchen und sprechen:

> *»Von der Sonne in den Boden, vom Boden in den Weizen, vom Weizen zum Mehl, vom Mehl zum Brot, wir feiern das Leben und segnen diese Kuchen.«*

Essen Sie einen kleinen Kuchen und geben Sie anschließend ein paar Krumen in die Opferschale neben dem Altar oder Schrein.

Erlaubnis zum Abschied: Beim Sprechen der folgenden Worte heben Sie langsam die Hände von den Seiten her über den Kopf und spüren, wie die Herrin und die Engel aus dem Zirkel emporsteigen.

> *»Ihr seid nun an diesem Ort und auf immer in meinem Herzen, o meine mächtigen Freunde. Ich lasse euch ziehen.*

Liebe Engel, die ihr mir im Gebet beigestanden habt, liebe Mutter, die jetzt hier ist, aber immer dort, mit Dankbarkeit und Liebe von innen und oben und außen gerufen, mögest du nun zurückkehren, woher du kamst – groß sei dein Ruhm. Heil euch und Lebwohl.«

Um den Kreis aufzuheben, klatschen Sie einmal laut in die Hände und visualisieren Sie, wie der Kreis sich gegen den Uhrzeigersinn öffnet. Sprechen Sie die Worte:

»Dieser Zirkel ist geöffnet, aber nicht gebrochen.
Im Namen der Himmelskönigin, so soll es sein.«

Achten Sie darauf, dass bei Jacks Ritual die Entlassung der Kreisviertel mit der Entlassung der Gottheit und allen Engeln kombiniert ist, die er während des Rituals angerufen hat (formloses Ritual). Man kann diese Funktionen auch voneinander trennen (komplexes Ritual). Da dies ein Grundritual darstellt, kann man es auch für die Arbeit mit dem Mond, Sabbat- oder allgemeinen Zaubern anwenden.

Pflanz-Grundritual im März

Man braucht keine Extrarituale, um die Esbats und Sabbate zu begehen. Beim Zaubern kann man Wünsche auch erfüllen, indem man ein vollständiges Grundritual vollzieht. Die jahreszeitlichen Aktivitäten können Rituale auch in den Alltag einbinden, wie in den folgenden zwei Beispielen:

Materialien: Man braucht Beleuchtungskerzen (oder die Mutter- oder Vaterkerze), verschiedenes Saatgut, Erde, Blumentöpfe, Dünger, Wasser, kleine Schalen für die verschiedenen Saatkörner und ein paar Eisstiele. Malen Sie die Rune Birca mit einem grünen Stift auf die Eisstiele. Stellen Sie alles Zubehör auf den Altar. Wenn Sie keinen Altar haben, tut es auch ein großer flacher Stein.

1. Beginnen Sie bei Dunkelheit, denn Sie werden die Mutter bitten, Samenkörner aus der Dunkelheit der warmen Erde ans Licht hervorzubringen. Zünden Sie die Kerzenbeleuchtung an (oder Mutter- oder Vaterkerze). Weihen Sie den Altar. Schlagen Sie einen magischen Zirkel, indem Sie im Uhrzeigersinn mit ausgestrecktem und nach unten gerichtetem Zeigefinger die Kreisbahn abgehen und sagen:

   »Schöpfung aus den Armen unserer Muttergöttin.
   Schöpfung fließt aus der Kraft und dem Licht des Gottes.
   Schöpfung ist der Auftrag des menschlichen Geistes.
   Meine Lippen schworen den Eid, meine Hände schufen den Zirkel.«

   Flüstern Sie diese Zeilen, sooft Sie wollen. Dann fahren Sie fort:

   »Und die Gaben des Landes kehren zurück. Seht, der Zirkel ist geschlagen!«

2. Läutern und weihen Sie alle Instrumente und Materialien.

3. Sie haben zwar bereits die Kreisviertel beim Zirkelschlagen angerufen, aber wir bitten nun jedes Kreisviertel um einen besonderen Segen. Das können Sie mit eigenen Worten ausdrücken oder die folgenden nachsprechen:

   »Elemente des Nordens, üppige Erde, tröstender Boden, segnet dieses Rituals mit euren Gaben.«

   Entzünden Sie die Kerze in diesem Bereich.

   »Elemente des Ostens, süßer Hauch, Bringer von sanftem Frühlingsregen, segnet dieses Ritual mit euren Gaben.«

Entzünden Sie die Kerze in diesem Bereich.

> *»Elemente des Südens, zärtliche Sonne, wärmende Schöpfung, segnet dieses Ritual mit euren Gaben.«*

Entzünden Sie die Kerze in diesem Kreisviertel.

> *»Elemente des Westens, reines Wasser, wandelnde Energie, segnet dieses Ritual mit euren Gaben.«*

Entzünden Sie die Kerze in diesem Kreisviertel.

4. Kehren Sie in die Mitte zurück. Öffnen Sie die Tütchen mit dem Saatgut und schütten Sie es in kleine Schalen. Halten Sie die Hände über die Schalen und sagen Sie:

> *»Große Mutter, segne diese Samenkörner. Mögen sie zu schönen, strahlenden Pflanzen heranwachsen als Zeugnis für deine Reinheit und Liebe. Großer Vater, segne diese Samenkörner. Mögen sie kräftig heranwachsen, beschützt durch deine liebevolle Energie, als ein Zeugnis deiner Manneskraft und Tapferkeit.«*

5. Dann setzen Sie die Samenkörner unter Summen und Singen in die Blumentöpfe ein. Fügen Sie Dünger und Wasser hinzu. Sie können die »Zaubermühle« (siehe Seite 185) dazu singen oder etwas anderes, das Ihrer Meinung nach dazu passt. Wenn Sie fertig sind, stecken Sie in jeden Topf einen Eisstiel mit der Birca-Rune. Diese Rune wird die Pflanze beschützen und ihr beim Wachstum helfen.

6. Danken Sie Vater und Mutter wie auch den Kreisvierteln für ihre Segen. Vielleicht setzen Sie die Töpfe auf ein Tablett, halten es in alle Himmelsrichtungen und bitten darum, dass die Energie aus jedem Kreisviertel in die Samenkörner fließt. Schließen Sie die Kreisviertel und heben Sie den Zirkel auf.

Wenn Sie Ihre grünen Schützlinge ins Freiland pflanzen wollen, vollziehen Sie das gleiche Ritual noch einmal, diesmal bei Tageslicht. Dann setzen Sie die Blumen- oder Gemüsepflanzen ins Freiland.
Vergessen Sie nicht, das Land zu segnen, ehe Sie auspflanzen. Stecken Sie die Eisstiele an strategisch wichtigen Stellen in die Beete.

Erstes Ernteritual (Grundritual)

Wir feiern zwar das Erntedankfest, aber in manchen Gegenden ernten wir vielleicht schon vor diesem Datum. Das folgende schlichte Ritual folgt demselben Muster wie das Pflanzritual und bietet heilige Energien für die erste von vielen Ernten im Herbst.

Materialien: Man braucht dazu Beleuchtungskerzen (oder Mutter- oder Vaterkerze), einen leeren Korb und einige Werkzeuge, die Sie zur Ernte benutzen. Legen Sie diese Gegenstände auf Ihren Altar. An seiner Stelle können Sie auch einen großen, flachen Stein benutzen.

1. Beginnen Sie bei Tageslicht, denn wir danken der Mutter für ihre Kinder des Bodens. Zünden Sie die Beleuchtungskerzen oder die Vater- oder Mutterkerze an. Weihen Sie den Altar. Schlagen Sie den magischen Zirkel, indem Sie im Uhrzeigersinn mit ausgestrecktem Zeigefinger deuten und sprechen:

   »Schöpfung fließt aus den Armen unserer Muttergöttin.
   Schöpfung fließt aus der Kraft und dem Licht unseres Gottes.
   Schöpfung ist der Auftrag des menschlichen Geistes.

Meine Lippen schworen den Eid, meine Hand schlägt einen Zirkel.
Erde, Luft, Feuer und Wasser,
Kehrt alle zurück.«

2. Läutern und weihen Sie alle Materialien und den leeren Korb.

3. Sie haben zwar bereits die Kreisviertel durch den Zirkel angerufen, aber nun bitten wir jedes Kreisviertel um einen besonderen Segen. Das können Sie mit eigenen Worten ausdrücken, aber auch die folgenden Worte nachsprechen:

   »Elemente des Nordens, die Ernte hat begonnen.«

   Halten Sie den leeren Korb in Richtung Norden.

   »Segnet dieses Ernteritual mit euren Gaben.«

   Entzünden Sie die Kerze in diesem Kreisviertel.

   »Elemente des Ostens, die Ernte hat begonnen.«

   Halten Sie den leeren Korb in Richtung Norden.

   »Segnet dieses Ernteritual mit euren Gaben.«

   Entzünden Sie die Kerze in diesem Kreisviertel.

   »Elemente des Südens, die Ernte hat begonnen.«

   Halten Sie den leeren Korb in Richtung Süden.

   »Segnet dieses Ernteritual mit euren Gaben.«

   Entzünden Sie die Kerze in diesem Kreisviertel.

   »Elemente des Westens, die Ernte hat begonnen.«

   Halten Sie den leeren Korb in diese Richtung.

   »Segnet dieses Ernteritual mit euren Gaben.«

   Entzünden Sie die Kerze in diesem Kreisviertel.

4. Kehren Sie in die Mitte zurück und stellen Sie den leeren Korb auf den Altar. Halten Sie die Hände über den Korb und die Materialien und sprechen Sie:

   »Große Mutter, segne die Ernte, die ich vollziehen werde.
   Möge diese Ernte als ein Zeugnis deiner Reinheit und Liebe wirken.
   Großer Vater, segne die Ernte, die ich nun vollziehe.
   Mögen wir Nahrung und Schönheit in den Wintermonaten haben, beschützt durch deine liebevolle Energie als ein Zeugnis deiner Manneskraft und Tapferkeit.«

5. Schlagen Sie ein Tor in den Kreis und füllen Sie den Korb mit ein paar Früchten der ersten Ernte. Schließen Sie das Tor hinter sich. Beim Sammeln singen oder summen Sie. Auch hier können Sie die »Zaubermühle« wählen oder einen anderen Gesang, der Ihrer Meinung nach besser passt. Wenn Sie fertig sind, schlagen Sie erneut ein Tor und betreten den Kreis wieder. Vergessen Sie nicht, das Tor wieder zu schließen. Stellen Sie den Korb auf den Altar.

6. Danken Sie Mutter und Vater für ihren Segen der Ernte, ebenso auch den Himmelsrichtungen. Sie können nun den Korb in alle vier Kreisviertel tragen und weiterhin um deren Segen bis zum Ende des Jahres bitten. Schließen Sie die Himmelsrichtungen und heben Sie den Zirkel auf.

Nach der letzten Ernte der Jahres wiederholen Sie nach Belieben das ganze Ernteritual, diesmal bei Dunkelheit, als Zeichen für den Tod des Jahres. Vergessen Sie nicht, den Boden zu segnen, wenn Sie die letzten Feldfrüchte abernten. Legen Sie die letzte Frucht auf den Altar als eine Gabe an die Götter.

Betrachten wir nun ein spontanes Ritual. Erkennen Sie den Unterschied zwischen dem Baumpflanz-Ritual und Jacks Engelsritual?

Baumpflanz-Ritual
(spontanes Ritual von Bried FoxSong)

Dieses Ritual ist für das Pflanzen eines jungen Baumes gedacht. Heben Sie eine Grube aus, die groß genug ist, um den Wurzelballen bequem aufzunehmen. Stellen Sie vorher fest, ob der Boden sich für diesen Baum auch eignet. Wenn der Baum eingesetzt und die Erde festgeklopft ist, versammeln Sie Ihre Familie um den Baum oder stellen sich davor auf, um ihn zu segnen.

Gießen Sie flüssigen Dünger auf den Boden um den Baum und sprechen Sie:

> *»Wir/ich gebe(n) diesem Baum das Geschenk der Erde, damit seine Wurzeln tief hinunterwachsen und sein Stamm stark wird.«*

Dann binden Sie ein Band lose um einen unteren Zweig des Baumes. Später, sobald der Ast stark genug ist, ersetzen Sie dieses Band durch ein Windspiel. Nun sagen Sie:

> *»Wir/ich gebe(n) diesem Baum das Geschenk der Luft, damit seine Schönheit wächst und die Vögel in seinen Zweigen nisten.«*

Tragen Sie eine brennende Kerze um den Baum (etwa in einem Meter Abstand zum Stamm und den Zweigen). Dann löschen Sie die Flamme mit den Fingern und sprechen:

> *»Wir/ich gebe(n) diesem Baum den Schutz durch Feuer, damit er sicher ist vor Brandgefahr.«*

Gießen Sie Wasser, dem Sie Flüssigdünger zugefügt haben, um seine Wurzeln und sprechen Sie:

> *»Wir/ich gebe(n) diesem Baum die Gabe des Wassers, damit er lange lebt und niemals dürstet.«*

Dann umarmen Sie den Baum sanft und lassen Ihre Energie in den Stamm fließen, um ihn zu kräftigen. Dabei sagen Sie:

> *»Wir/ich gebe(n) diesem Baum die Gabe unseres/meines Selbst als ein Beispiel für die Natur und die Liebe zur Erde insgesamt.«*

Singen oder tanzen Sie und teilen Sie dem Geist des Baumes mit, dass Sie den Baum in seiner neuen Heimat begrüßen.

Familienrituale

Bestimmte Anlässe sind rein familienbezogen und damit sehr individuell, wie das Schutzgebet oder Eheschließungen. Sie können daher die folgenden Rituale Ihren Bedürfnissen entsprechend beliebig umschreiben. Bei begrenzter Teilnehmerzahl können Sie auch Doppelrollen verteilen. Wenn mehr Teilnehmer anwesend sind, als das Ritual an Rollen bietet, können die Rollen auch erweitert werden, damit alle aktiven Anteil am Ritual haben.

Schamanische Taufe

Die Grundstruktur dieses Rituals verdanke ich Bried FoxSong. Ich habe es hier leicht abgeändert, doch die Worte und die Abfolge der einzelnen Schritte stammen vorwiegend von ihr.

Teilnehmer: Die Eltern oder Hüter, im weiteren als Erwachsener 1 und Erwachsener 2 bezeichnet, das Baby, der Trommler, die Jungfrau, die Paten.
Materialien: Beleuchtungskerzen, Wasser, Salz, Weihrauch, Salböl. Die Geschenke für das Baby werden unter dem Altar abgelegt. Vor der Zeremonie sollte ein Ältester (oder eine Person Ihrer Wahl) diese Geschenke segnen, ehe sie den Eltern übergeben werden. Dies kann mit einem einzigen, umfassenden Segen geschehen.

1. **Vorbereitung der Stätte und Weihe des Altars:** Der Trommler beginnt, einen leisen, stetigen Takt zu schlagen. Die beiden

Erwachsenen stehen am Altar. Einer der beiden oder die Jungfrau hält das Baby.

Erwachsener 1 zündet die Altarkerzen an und spricht:

> *»Kinder des Lichts, ich lade euch ein.*
> *Segnet die Stätte mit eurem Sein.«*

Erwachsener 1 trägt eine brennende Kerze im Uhrzeigersinn um den Kreis. Dann kehrt er zum Altar zurück und vollzieht die Altarweihe (siehe dazu das förmliche Ritual, Seite 308 ff., aus diesem Kapitel). Das Trommeln bricht ab, und der Trommler sagt:

> *»Wir haben die Stätte geläutert und die Altarweihe vollzogen, um ein Schutzgebet für dieses Kind zu sprechen. So soll es sein.«*

2. **Das Schlagen des Zirkels:** Die Trommel gibt einen leisen, stetigen Takt vor. Erwachsener 2 schlägt einen Zirkel, indem er im Uhrzeigersinn mit nach unten gerichtetem Zeigefinger einen Kreis auf den Boden bezeichnet und dabei spricht:

> *»Ich schlage die Kreishecke zwischen den Welten. Sei der Gürtel der Göttin, ein Schutz vor allen negativen Energien. Ich rufe die positiven Geister des Nordens, Ostens, Südens und Westens an, mir bei dieser Weihe zu helfen. Ich winde die Hecke. Ich erzeuge ein Abbild der Macht. Ich rufe unser Geburtsrecht an, dieses Kind zu schützen. So soll es sein.«*

Dann schlägt Erwachsener 2 einmal mit der Hand oder dem Fuß auf den Boden und sagt:

> *»Der Kreis ist versiegelt. So soll es sein.«*

Alle: *»So soll es sein!«*

Das Trommeln bricht ab, und der Trommler spricht:

»Wir haben einen Zirkel zwischen den Welten geschaffen, als sicheren Ort für das Schutzgebet für dieses Kind. So soll es sein.«

Alle: *»So soll es sein!«*

3. **Die Anrufung der Kreisviertel:** Die Trommel schlägt leise. Erwachsener 1 tritt in den Osten und spricht:

»Ich rufe die Hüter des Ostens, Bewahrer der Luft und des Neuanfangs. Kommt und seid willkommen in unserem Kreis. So soll es sein!«

Alle: *»So soll es sein.«*

Erwachsener 2 tritt in den Süden und spricht:

»Ich rufe die Hüter des Südens, Bewahrer von Feuer und Zukunft. Kommt und seid willkommen in unserem Zirkel. So soll es sein!«

Alle: *»So soll es sein!«*

Erwachsener 1 tritt in den Westen und spricht:

»Ich rufe die Hüter des Westens, Bewahrer des Wassers und des Schoßes. Kommt und seid willkommen in unserem Zirkel. So soll es sein!«

Alle: *»So soll es sein!«*

Erwachsener 2 tritt in den Norden und spricht:

»Ich rufe die Hüter des Nordens, Bewahrer der Erde und des Wachstums. Kommt und seid willkommen in unserem Zirkel. So soll es sein!«

Alle: *»So soll es sein!«*

Der Trommler hört zu trommeln auf und spricht:

> *»Wir haben die Kreisviertel angerufen, dieses Kind zu segnen. So soll es sein!«*

Alle: *»So soll es sein!«*

4. **Schutzgebet für das Baby:** Das Trommeln ist nun sehr verhalten und leise. Die beiden Erwachsenen halten gemeinsam das Baby und sagen:

> *»Unsere Freude ist eins mit der Herrin und dem Herrn.*
> *Wir feiern die Schöpfung des Lebens in dieser Form.*
> *Herr und Herrin, wir bringen euch unsere Tochter/unseren Sohn ...* [Name].*«*

Beide Erwachsenen halten das Baby hoch zum Mond oder zu den Statuen von Göttin und Gott auf dem Altar.
Erwachsener 2 reicht dann das Baby der Jungfrau. Erwachsener 1 nimmt das heilige Wasser, benetzt damit die Lippen des Kindes und spricht:

> *»Gesegnet sei dein Mund, der lächelt und lacht.*
> *So soll es sein!«*

Alle: *»So soll es sein!«*

Erwachsener 1 reicht dem zweiten Erwachsenen das Wasser. Dieser benetzt die Hand des Kindes damit und sagt:

> *»Gesegnet seien deine Hände, damit du geschickt und kreativ mit ihnen umgehst. So soll es sein!«*

Alle: *»So soll es sein!«*

Erwachsener 2 reicht das Wasser dem ersten Erwachsenen zurück. Dieser benetzt die Brust des Kindes und spricht:

»Gesegnet sei dein Herz, damit es großzügig und freundlich sei.«

Alle: *»So soll es sein!«*

Dann reicht Erwachsener 1 das Wasser dem zweiten Erwachsenen zurück. Dieser benetzt die Füße des Babys und spricht:

»Gesegnet seien deine Füße, damit du auf Pfaden der Schönheit wandelst.«

Alle: *»So soll es sein!«*

Erwachsener 2 stellt das Wasser zurück auf den Altar. Das Trommeln bricht ab, und der Trommler spricht:

»Wir haben das Baby im Namen von Herrn und Herrin geschützt. So soll es sein!«

Alle: *»So soll es sein!«*

5. **Nennung der Paten** (falls vorhanden): Die Trommel schlägt leise – das Baby darf nicht erschreckt werden. Die Paten treten vor den Altar. Beide sollten das Kind einmal leicht berühren. Erwachsener 1 spricht:

»Herr und Herrin, ich bringe jemanden, der gelobt hat, zum Paten für das Kind zu werden.«

Dann wendet er sich an die Paten und sagt:

»Wollt ihr, ... und ... [Name], *vor den Göttern geloben, für unser Kind zu sorgen, wenn wir dies nicht mehr können, und die Verantwortung übernehmen, ihm zu helfen, den Schöpfungskreislauf und die Regeln der Zunft zu verstehen?«*

Die Paten bejahen. Das Trommeln bricht ab, und der Trommler spricht:

»... [Name] *und* ... [Name] *haben gelobt, zum Paten zu werden, und versprochen, dieses Kind in den Regeln der Zunft zu unterweisen. So soll es sein.«*

Alle: *»So soll es sein!«*

Dann treten die Paten neben den Altar.

6. **Die Darbietung des Kindes an die Kreisviertel und deren Entlassung:**

ANMERKUNG: Wir erwähnen die Schritte der Paten in diesem Teil nicht extra, aber gewöhnlich stehen sie hinter den beiden Erwachsenen in jedem Kreisviertel und bewegen sich mit diesen im Kreis.
Die Trommel schlägt einen leisen, stetigen Takt. Die beiden Erwachsenen tragen das Baby in den Norden. Erwachsener 1 hält das Kind in diese Richtung, während Erwachsener 2 spricht:

»Hüter des Nordens, ich danke für euer Kommen. Wir bieten euch hier ... [Name des Kindes] *dar. Segnet ihn/sie. Heil und Lebwohl.«*

Alle anderen verbeugen sich und sagen:

»Heil und Lebwohl.«

Dann tragen die beiden Erwachsenen das Kind in den Westen. Erwachsener 2 hält das Kind hoch, während Erwachsener 1 spricht:

»Hüter des Westens, ich danke für euer Kommen. Wir bieten euch hier ... [Name des Kindes] *dar. Segnet ihn/sie. Heil und Lebwohl.«*

Alle anderen verbeugen sich und sagen:

»Heil und Lebwohl.«

Dann tragen die beiden Erwachsenen das Baby in den Süden. Erwachsener 1 hält das Kind hoch, während Erwachsener 2 spricht:

> *»Hüter des Südens, ich danke für euer Kommen. Wir bieten euch hier …* [Name des Kindes] *dar. Segnet ihn/sie. Heil und Lebwohl.«*

Alle anderen verbeugen sich und sagen:

> *»Heil und Lebwohl.«*

Dann tragen die beiden Erwachsenen das Kind in den Osten. Erwachsener 2 hält das Kind hoch, während Erwachsener 1 spricht:

> *»Hüter des Ostens, ich danke für euer Kommen. Wir bieten euch hier …* [Name des Kindes] *dar. Segnet ihn/sie. Heil und Lebwohl.«*

Alle anderen verbeugen sich und sagen:

> *»Heil und Lebwohl.«*

Das Trommeln bricht ab, und der Trommler sagt:

> *»Wir haben das Kind den Kreisvierteln dargeboten, und sie haben es gesegnet. So soll es sein.«*

Alle: *»So soll es sein!«*

7. **Der elterliche Segen:** Leises Trommeln. Die Paten malen mit Salböl ein beschwörendes Pentagramm auf die Stirn des Babys und sagen:

> *»Herr und Herrin mögen dich segnen und dich immer beschützen, so wie ich dich beschützen werde.«*

Erwachsener 1 zeichnet mit Salz ein beschwörendes Pentagramm auf die Stirn des Babys und spricht:

> *»Herr und Herrin segnen dich und werden dich ebenso beschützen, wie ich dich beschützen werde.«*

Erwachsener 2 zeichnet mit heiligem Wasser ein beschwörendes Pentagramm auf die Stirn des Babys und sagt:

> *»Herr und Herrin segnen dich und werden dich ebenso beschützen, wie ich dich beschützen werde.«*

Alle: *»So soll es sein!«*

Dann sagt der Trommler:

> *»Das Baby ist vom Herrn und der Herrin gesegnet worden. So soll es sein!«*

Alle: *»So soll es sein!«*

8. **Das Schließen des Zirkels:** Leises Trommeln. Erwachsener 1 dankt der Gottheit, an der Taufe und Segnung teilgenommen zu haben. Der Älteste segnet das Baby, überreicht die Gaben und segnet die Gruppe zum Abschied. Alle Anwesenden treten vor und segnen das Baby. Erwachsener 2 hebt den Zirkel im Uhrzeigersinn auf und sagt anschließend:

> *»Der Kreis ist geöffnet, aber nicht gebrochen. Fröhliches Treffen und fröhlicher Abschied bis zum fröhlichen Wiedersehen.«*

Das Trommeln verstummt.

Schamanische Eheschließung

Wir Wiccas kennen drei Arten von Eheschließungen:

- die zeremonielle Eheschließung, die auf ein Jahr und einen Tag begrenzt ist
- die legale Eheschließung, die nach den Regeln und Vorschriften der staatlichen Gesetze für das ganze Leben gilt
- die spirituelle Eheschließung, die für das ganze Leben und darüber hinaus gilt.

Man kann die folgende Zeremonie bei allen drei Eheschließungen vollziehen. Die Hauptrollen kommen natürlich Braut und Bräutigam zu, ferner dem Ältesten, dem Hohen Priester, der Hohen Priesterin, der Jungfrau (Brautjungfer), dem Tempelwächter (Trauzeuge), den Kreisvierteln und dem Trommler. Denken Sie daran, dass bei einer Zeremonie im kleinen Kreis einige Rollen zusammengelegt werden können – mit Ausnahme natürlich von Braut und Bräutigam.

Materialien: die allgemeine Altarausstattung, eine Räucherschale, ein dreiarmiger Kerzenleuchter (mit einer goldenen, einer silbernen und einer schwarzen Kerze), Salz, eine Wasserschale, Blumenschmuck, Kelch, Brot auf einer Platte, Getreide in einer Schale, Getränke für Braut und Bräutigam, Kreisviertellaternen, ein Zauberstab, schwarze, weiße und rote Schnur, ein geschmückter Hexenbesen, ein Kristall, vier Feuerzeuge, Weihrauch, Salböl, Ringe oder andere Symbole. Diese symbolischen Zeichen werden von Jungfrau und Tempelwächter verwahrt.

Die Geschenke für das Brautpaar werden vor der Zeremonie unter den Altar gelegt und von der Hohen Priesterin oder dem Ältesten gesegnet.

1. Der Älteste schreitet an die vorgeschlagene Stätte. Der Trommler nimmt seinen Platz ein und schlägt einen leisen Takt. Die Jungfrau, der Hohepriester, die Hohepriesterin, der Tempelwächter, die Kreisviertel und der Älteste nehmen ihre Plätze ein.
2. Der Tempelwächter überprüft, ob alle Materialien am Altar und die Laternen in den vier Kreisvierteln bereitliegen.
3. Die Jungfrau bereitet den Kreis vor.

Vorbereitung des Nutzfeuers: In Räumlichkeiten kann man das Feuer mit einem kleinen Räucherbecken und einer Kerze »simulieren«. Im Freien zündet man ein Feuer in einem Steinkreis oder in einer Grube an.

Weihe und Läuterung der Stätte mit Salz, Wasser und einer Glocke: Das Trommeln bricht ab, und der Trommler spricht:

»Die Ritualstätte ist nun bereit für das Ritual der Eheschließung. So soll es sein!«

Alle: *»So soll es sein!«*

4. **Altarweihe und Schlagen des magischen Kreises:** Leises Trommeln. Die Kreisviertel können die Rasseln dazu schlagen, wenn sie wollen. Die Hohepriesterin vollzieht die Altarweihe. Der Hohepriester und die Hohepriesterin schlagen gemeinsam den magischen Zirkel. Das Trommeln bricht ab, und der Trommler spricht:

   »Unser Altar ist geweiht und der Zirkel zwischen den Welten geschlagen, in Vorbereitung des Rituals der Eheschließung. So soll es sein.«

   Alle: *»So soll es sein!«*

5. **Anrufung der Kreisviertel:** Leises Trommeln. Der Hohepriester spricht:

> *»Ihr Kreisviertel, bereitet euch vor, die heiligen Energien herbeizurufen. Die Jungfrau legt euch Gaben zu Füßen.«*

Das Mädchen bringt den Weihrauch, die Schale mit Getreide, die Schale mit Wasser und den Kristall auf einem Tablett herbei. Sie bleibt vor den einzelnen Kreisvierteln stehen und legt die entsprechenden Gaben dort ab. Sie sorgt dafür, dass jedes Kreisviertel ein Feuerzeug hat, kehrt dann an ihren Platz zurück und legt das Tablett unter den Altar.
Die Kreisviertel – beginnend im Norden – sollten frei aus dem Herzen sprechen und nicht rezitieren, denn was sie sagen, hat unmittelbar mit dem Ereignis zu tun. Es gibt nur eine Regel: keine Vermischungen. Wenn einer Totemtiere anruft, rufen auch alle anderen Totemtiere an. Wenn einer Engel anruft, dann rufen alle Engel an und so weiter. Beim Sprechen entzünden sie die Kreisviertellaternen.
Dann bricht das Trommeln ab, und der Trommler spricht:

> *»Die Kreisviertel wurden angerufen, um dieses Hochzeitsritual zu schützen und zu segnen. So soll es sein!«*

Alle: *»So soll es sein!«*

6. **Salbung der Teilnehmer:** Leises Trommeln. Der Hohepriester und die Hohepriesterin salben einander, dann salbt der Hohepriester die Jungfrau, die wiederum die Salbung an den Kreisvierteln, dem Ältesten und dem Trommler vornimmt. Dann reicht sie dem Hohepriester das Öl zurück.
Der Hohepriester und die Hohepriesterin treten an die Stelle im Kreis, an der das Tor geöffnet wird. Der Hohepriester öffnet das Tor.
Die Teilnehmer versammeln sich außerhalb des Zirkels.

Nun salben der Hohepriester und die Hohepriesterin alle, die den Zirkel betreten, einen nach dem anderen, und begrüßen die Gäste. Man kann entweder den Anweisungen folgen, wie sie zuvor für das förmliche Ritual beschrieben wurden (siehe Seite 317 ff.), oder aber spontan handeln. Wenn alle den Kreis betreten haben, läutet die Jungfrau die Glocke, um das Brautpaar herbeizurufen. Man kann aber auch Musik spielen, entweder aus der Konserve oder »live«. Der Bräutigam betritt den Zirkel und stellt sich im Westen auf. Anschließend folgt die Braut und nimmt ihre Position im Osten ein. Die Hohepriesterin oder der Hohepriester schließen das Tor. Dann spricht die Jungfrau:

> *»Wilkommen, Schwestern und Brüder, zur Eheschließung von ... und ...* [Name]. *Wir heißen unsere Gäste willkommen und danken ihnen, dass sie zu diesem Treffen erschienen sind. Sie sind normalerweise ausgeschlossen, wenn Ihre Angehörigen an Sabbaten und Esbats hierher entschwinden, um sich zu treffen. Heute Abend werden Sie selbst erleben, wie man sich in einem Wicca-Zirkel fühlt. Wir wollen heute die Göttin mit dem Auftrag ehren, die Zeremonie zu beginnen. Für diejenigen, die noch nie an einem Wicca-Zirkel teilgenommen haben, möchten wir ein paar Erklärungen hinzufügen: Solange Sie sich im Zirkel aufhalten, verlassen Sie bitte nicht Ihren Platz. Falls Sie sich unwohl fühlen oder gehen wollen, schreiten Sie im Uhrzeigersinn leise um den Zirkel und verlassen ihn an der Stelle, wo Sie ihn betreten haben. Der Tempelwächter wird Sie hinausgeleiten.* [Weisen Sie auf den Tempelwächter.] *Da dies eine heilige Zeremonie ist, bitten wir Sie auch, während des Rituals nicht zu sprechen. Ich danke Ihnen und heiße sie noch einmal herzlich willkommen.«*

Dann verstummt die Tommel, und der Trommler spricht:

> *»Alle im Kreis kommen in Frieden und Vertrauen.*
> *Lasst die Ehezeremonie beginnen!«*

Alle: *»Lasst die Ehezeremonie beginnen!«*

Der Tempelwächter läutet die Glocke.

7. **Die Eröffnungszeremonie:** Die Hohepriesterin spricht:

> »... [Name des Mannes] *und* ... [Name der Braut], *geht bitte in die Mitte des Zirkels. Fasst euch an den Händen und tretet vor mich hin.«*

Braut und Bräutigam gehen in die Kreismitte, fassen einander bei den Händen und treten vor den Altar. Der Hohepriester sagt:

> *»Wir haben uns heute an diesem Ort versammelt, um das Ehegelöbnis von ... und ...* [Namen] *zu feiern, die sich mit Leib und Seele in Liebe und Vertrauen miteinander vereinigen wollen. Hier zwischen den Welten wollen sie ihre unsterbliche Liebe erklären und sich eins fühlen mit dem großen Mysterium.«*

Hohepriesterin:

> *»Heilige Mutter, komm herab zu deinem Volk*
> *zu diesem heiligen Ritual der Eheschließung.«*

Hohepriester:

> *»Heiliger Vater, komm herab zu deinem Volk*
> *zu diesem heiligen Ritual der Eheschließung.«*

Hohepriesterin:

> *»So soll es sein!«*

Alle: *»So soll es sein!«*

Der Tempelwächter läutet die Glocke.

8. **Das Gelöbnis:**

Hohepriesterin:

»Wer steht hier vor mir?«

Braut und Bräutigam geben ihren vollen Namen an.

Hohepriesterin:

»Und warum seid ihr hier?«

Braut und Bräutigam geben eine entsprechende Antwort.

Hohepriesterin:

»Welche heiligen Worte habt ihr einander zu schenken?«

Braut und Bräutigam:

»Absolute Liebe und absolutes Vertrauen.«

Hohepriesterin:

»Alle, die solches bringen, sind doppelt willkommen!«

Der Tempelwächter läutet die Glocke.

Hohepriesterin:

»Denkt daran, dass ihr vor allem Geist seid.
Gleich in allen Dingen. Weder besser noch schlechter
als der andere. Unterstützt euch gegenseitig.
So soll es sein!«

Alle: *»So soll es sein!«*

Der Tempelwächter läutet die Glocke.

Hohepriesterin:

»Kniet nieder.«

Das Paar kniet nieder. Der Hohepriester salbt die Braut mit Öl und sagt:

»Du bist unsere Herrin mit vielen Gesichtern.
Unsere Liebe, unsere Nahrung, unser Wachstum.«

Die Hohepriesterin salbt den Bräutigam mit Öl und sagt:

»Du bist unser Herr durch alle Zeit hindurch.
Unsere Kraft, unser Schutz, unsere Leidenschaft.«

Leises Trommeln. Hohepriesterin:

»Das Paar möge sich erheben und sich bereit machen für den Schwur. Legt die rechte Hand auf den Zauberstab und wiederholt meine Worte.«

Das Paar erhebt sich. Die Hohepriesterin beginnt beim Bräutigam. Dieser sagt in seinen eigenen Worten, warum er diese Frau heiraten will. Dann wird dem Bräutigam der Ring oder ein anderes Symbol gereicht.

»Mit diesem Symbol gebe ich dir ein Zeichen für unsere Liebe und unsere Vision von der Zukunft, ein Symbol unserer Vereinigung. Wirst du bei mir bleiben?«

Die Braut antwortet:

»Ja, ich will.«

Dann sagt die Braut, warum sie den Mann heiraten will. Anschließend wickelt die Hohepriesterin die verschiedenfarbigen Schnüre um die Hände des Paars und lässt die Enden herabhängen. Die Hohepriesterin spricht:

»Diese Schnur ist ein Symbol eurer Vereinigung in diesem magischen Kreis. Unserem Brauch zufolge segnen auch die Elemente eure Vereinigung. In jedem Kreisviertel wird nun ein Knoten hineingebunden, um den Segen zu stärken. Wenn die Zeremonie vorbei ist und ihr die Gratulation der anderen entgegennehmt, mögen alle erwachsenen Gäste ebenfalls einen Segensknoten in die Schnur knüpfen und diesen gesegneten Kindern der Göttin Glück wünschen. Geht nun, ... [Name des Mannes] *und* ... [Name der Frau], *auf diesen ersten Weg eurer gemeinsamen Reise.«*

Braut und Bräutigam treten nun, im Norden beginnend, in jede Kreisviertel. Die Kreisviertel segnen nacheinander das Paar und binden einen Knoten in die Schnur. Dann kehrt das Paar zum Altar zurück. Der Trommler spricht:

»Der Schwur ist geleistet. Die Kreisviertel haben diese Eheschließung gesegnet. So soll es sein!«

Alle: *»So soll es sein!«*

9. **Die Kommunion:** Die Hohepriesterin entwindet die Schnüre und bindet die beiden Enden an die Handgelenke von Braut und Bräutigam. Die Jungfrau reicht der Braut den Kelch und spricht:

»Segne den Inhalt dieses Kelches.«

Braut: *»Wie der Mond den Regen küsst, der die Erde begießt, die den Wein ranken lässt, der die Beeren für diesen Kelch gab, bitte ich um den Segen unseres Herrn und unserer Herrin bei diesem Eheritual.«*

Dann hält die Braut die Hände über den Kelch. Der Bräutigam nimmt den Kelch und kniet nieder, während die Braut das Athame ergreift und die Klinge langsam in den Kelch senkt. Hohepriesterin:

> *»Wie der Stab dem Gott, so der Kelch der Göttin.*
> *Zusammen sind sie eins!«*

Dann bietet die Braut den Kelch dem Bräutigam an und sagt:

> *»Mögest du niemals Durst leiden.«*

Dann bietet der Bräutigam der Braut den Kelch dar und spricht:

> *»Mögest du niemals Durst leiden.«*

Der Bräutigam reicht den Kelch der Jungfrau zurück. Der Tempelwächter gibt dem Bräutigam das Brot und sagt:

> *»Segne das Brot.«*

Der Bräutigam antwortet:

> *»Wie die Sonne den Boden wärmt, der die Erde nährt, die das Korn wachsen lässt, das das Mehl für das Brot gibt, bitte ich um den Segen des heiligen Herrn und der heiligen Herrin an diesem Tag unseres Eherituals.«*

Der Bräutigam hält die Hände über das Brot. Dann bietet er davon der Braut an und sagt:

> *»Mögest du niemals Hunger leiden.«*

Dann bietet die Braut dem Bräutigam das Brot an und spricht:

> *»Mögest du niemals Hunger leiden.«*

Dann reicht die Braut das Brot dem Tempelwächter zurück. Der Trommler spricht:

»Die heilige Vereinigung ist vollbracht. So soll es sein!«

Alle: *»So soll es sein!«*

10. **Energiebeschwörung:** Rasches Trommeln. Die Jungfrau tritt mit dem verzierten Hexenbesen in die Kreismitte.
Die Hohepriesterin hält die Hände von Braut und Bräutigam und wendet sich dem Kreis zu. Dann streckt sie die Arme mit nach außen gerichteten Handflächen nach oben und spricht:

> *»Im Namen des Gottes und der Göttin sind* … [Name der Frau] *und* … [Name des Mannes] *nun eins geworden. Aufgrund der mir verliehenen Macht erkläre ich euch zu Mann und Frau. Du kannst die Braut nun küssen. So soll es sein!«*

Alle: *»So soll es sein!«*

Das Trommeln wird langsamer. Nach dem Kuss segnet der Älteste das Paar und alle Anwesenden. Das Trommeln wird wieder schneller. Hohepriesterin:

> *»Nun sollt ihr über den Besen springen!«*

Braut und Bräutigam springen über den Besen, und alle Anwesenden klatschen dazu. Hohepriesterin:

> *»Mögen der Segen der Alten, der Strahlenden, nun und immerdar bei euch sein. Seid gesegnet!«*

11. **Schluss:** Der Tempelwächter schlägt ein Tor in den Kreis und lässt Braut und Bräutigam als Erste hinaus, die Gäste folgen. Die Hohepriesterin, der Hohepriester, der Älteste, die Kreisviertel, die Jungfrau und der Tempelwächter bleiben im Kreis.
Braut und Bräutigam nehmen die Glückwünsche entgegen, aber so weit vom Kreis entfernt, dass die Hauptakteure das

Ritual beschließen können. Die Hohepriesterin dankt Herrn und Herrin für ihren Segen. Die Jungfrau sammelt die Gaben der Kreisviertel und kehrt an ihren Platz zurück. Die Kreisviertel entlassen beginnend im Westen ihre Energie. Die Hohepriesterin hebt den Kreis auf und lässt die Energie in die Geschenke fließen. Der Hohepriester erklärt den Zirkel für aufgehoben.

Zusammenfassung

Ich habe Ihnen in diesem Kapitel eine ganze Reihe von verschiedenen Ritualen dargestellt – förmliche, komplexe, formlose und Grundrituale. Nun liegt es an Ihnen, alle gebotenen Informationen zu verarbeiten und in Ihr Leben zu integrieren. Alles Gute und viel Glück!

Epilog

Im Leben eines jeden Menschen gibt es gewöhnlich mindestens eine Person, die ihn im innersten Kern berührt. Dieser Mensch ist vielleicht nicht der beste oder klügste von allen; aber er hat Ihnen das kostbarste Geschenk gemacht, das man nur geben kann – seine Liebe.

Die folgenden Worte sollen diese Liebe ehren. Sagen wir, Mick (mein Mann) und ich säßen mit Ihnen an unserem Esstisch. Wir veranstalten ein Göttinnen-Kaffeekränzchen und unterhalten uns dabei. Im Hintergrund läuft angenehme Musik. Wir reden über Politik, Filme und gehen dann vielleicht zu Fragen der Zunft über. »Wartet«, sage ich. »Hört euch das mal an!«

Mick holt sich noch eine Tasse Kaffee, während ich an der Stereoanlage herumfummele. Während wir auf die Musik warten, zünde ich eine Kerze an und stelle sie auf den Esstisch. Die CD läuft, aber statt Musik hören Sie die tiefe, sanfte Stimme eines Mannes:

»In der Zunft dreht sich alles um Liebe. Bei dieser Aufzeichnung geht es um den Traum unserer Zunft. Er besteht aus Liebe: Liebe zwischen Freunden und Verwandten, Liebe zwischen Menschen, die zusammenarbeiten, Liebe, die man nur in gemeinsamer Arbeit ausdrücken kann. Das ist unsere Hoffnung für unsere Gemeinschaft, auf eine Weise ausgedrückt, die Sie hoffentlich berührt. Mögen Sie die Liebe spüren, die herrschte, als wir dies aufzeichneten. Liebe ist das Gesetz. So soll es sein!«

An dieser Stelle werfen Sie mir und Mick vielleicht seltsame Blicke zu. Mick nickt lächelnd. Ich bin ein bisschen gerührt, denn ich habe gerade die Stimme meines Zunftvaters Lord Serphant (Wil Martin) gehört. Und dann verrate ich Ihnen, dass er am 21. September 1996 gestorben ist. »Hören Sie sich das nächste Lied an«, sage ich. »Es heißt ›Pagan Saturday Night‹.«

Inzwischen haben Sie wohl den Eindruck, ich bin völlig durchgeknallt, weil ich auf den Tisch klopfe und den Text nur so herausbrülle. Vielleicht hören wir die CD zu Ende an, aber wenn Sie keine Zeit mehr haben, sage ich: »Warten Sie einen Moment. Da kommt noch was.« Mick sieht nach dem Kaffee, und ich springe wieder zur Stereoanlage und spule weiter bis zu einem Lied mit dem Titel »The Coven Grows«.

Wenn die ersten Takte des Songs durch das Haus schweben, erscheinen meine Kinder eines nach dem anderen aus den verschiedenen Zimmern und singen mit. Mein Vater kommt die Treppe herab aus dem zweiten Stock, und nach ein paar Minuten ist die ganze Familie um den Tisch versammelt und singt lauthals:

»Wenn der Alte Bund vergangen und der Rabe fliegt empor,
und der Israeliter Tod kommt uns so schrecklich nicht mehr vor;
wenn die Mutter uns umarmt und ihr Zauber wächst so stark,
dann spüren wir alle den Bund bis ins Mark.

Durch die Nacht der Hexenjagd leuchtete das heil'ge Feuer,
vor des Feindes Auge verbargen sie, was ihnen so teuer,
und harrten aus im Versteck, bis es graute im Osten.
Nun wieder steh'n wir im Licht, um es zu kosten:
Denn der Bund wird stark,
und er wird stärker.

Melodien auf dem Wind, und die Erde stimmt ein,
Mond, Sterne und Meere singen nicht mehr allein.

Das Universum summt und vibriert vor Macht,
und alle, die es wissen, sind vom Schlafe erwacht.
Denn der Bund wird stark,
und er wird stärker.

Das Rad dreht sich weiter, und es lodern die Flammen.
Was einst unterdrückt, wird nun niemand verdammen.
Alte Kräfte dreh'n sich im Spiraltanz der Erde
und singen im Licht, auf dass neu es werde.
Denn der Bund wird stark,
und er wird stärker.

Spürt ihr die Mutter, die die Nazarener schwächt?
Ihr helles Licht ist zu allen gerecht.
Seht ihr den Zauberglanz in unseren Augen
und hört ihr die Lieder, die zum Lobgesang taugen?

Wenn der Alte Bund vergangen und der Rabe fliegt empor,
und der Israeliter Tod kommt uns so schrecklich nicht
mehr vor;
wenn die Mutter uns umarmt und ihr Zauber wächst
so stark,
dann spüren wir alle den Bund bis ins Mark.«

Anschließend lächeln alle, und ich sage: »Wartet, noch einen kleinen Augenblick ...« Noch einmal hören wir Lord Serphants Worte: »Das ist es. Wir haben die Lieder gesungen, die uns Liebe schenkten. Singt die Lieder und tanzt den Tanz der Mutter, immer, wenn ihr es braucht. Empfangt ihre Liebe. Verteilt sie. Gebt sie an alle weiter, die ihr berührt, an alle, denen ihr begegnet. Lasst eure Liebe verströmen. So bleiben wir lebendig. Lasst sie wachsen. Lasst sie anschwellen. Liebt die Liebe. Singt die Lieder. Tanzt den Tanz. Der Zauber ist lebendig, und die Liebe ist wahr ... Seid gesegnet.«

Schniefend (das rührt mich jedesmal zu Tränen) stelle ich die CD ab. Es folgt ein Moment des Schweigens, während alle verdauen, was sie gehört und gesehen haben. Langsam verzieht sich die Familie wieder, und einen Moment später sitzen nur noch Sie, Mick und ich am Tisch.

Das ist unsere Arbeit: Liebe geben und verteilen – einfach allen, die man berührt und denen man begegnet, Liebe schenken. Die Aufgabe heißt, die Liebe zu verströmen und allen anderen Menschen zu geben.

Also, lieben Sie die Liebe.
Singen Sie die Lieder.
Tanzen Sie den Tanz.
Und zaubern Sie die Zauber.

Nun, Sie haben es selbst gehört – leben Sie die Liebe.

Danksagung

Alle großen Bücher enthalten ausführliche Bibliographien; doch dieses Buch umfasst meine Arbeit, mein Leben, meine Forschungsarbeiten und meine Reisen. Viel von dem, was hier zu lesen steht, entstand in den Seelen der Mitglieder des Black Forest Clans und von Einzelgängern, die wichtige Lehrer für mich waren oder mich auf die eine oder andere Weise mit ihrer Weisheit beeindruckt haben. Aber den folgenden Personen möchte ich gern meinen ausdrücklichen Dank aussprechen, weil sie mir Zugang zu Informationen verschafften, die man entweder nicht in Büchern findet oder nicht in denjenigen, die mir in die Hände fielen. Indem sie Rituale ausführlich schilderten, mir wichtige Hinweise gaben oder einfach sie selbst waren, haben diese Menschen Zeugnis von unserer Zunft, wie sie heute praktiziert, abgelegt:

Lord Serphant (Wil Martin), Ray Malbrough, Bried FoxSong, David Norris, Lady Brigit, Lady Phoebe, DawnRaven, Solitare, Michael Ragan, Ray Buckland, Donald Michael Kraig, Laurie Cabot, Shain und Nancy Stewart, Lady Ariel, Lady Galadrial, Jessica Thoreson, die Mitglieder des Black Forest Clans, die Serphant Stone Family, mein Mann Mick, meine Kinder Angelique, Falynn, Nickolas und Jamieson.

Auch den Mitarbeitern von Llewellyn Worldwide gebührt mein Dank, besonders Nancy Mostad, Cynthia Ahlquist, Jim Garrison, Becky Zins und natürlich Carl und Sandra Weschcke, den Verlegern.

Ich danke euch allen, dass ihr für mich wie eine Familie seid.

Anhang

Allgemeine Kerzenfarben und ihre Korrespondenzen

Der Black Forest Clan lässt seine Schüler mit Farben arbeiten, die ihrer persönlichen Energie entsprechen. Dazu müssen Sie ein wenig experimentieren. Im Zweifelsfall können Sie die folgende Liste heranziehen – aber betrachten Sie diese Informationen nicht als der Weisheit letzter Schluss.

Farbe	*Zweck*	*Gottheit*
Schwarz	Etwas zurückschicken, Wahrsagung, negative Arbeit, Schutz	Scathach
Blauschwarz	Verletzter Stolz, Knochenbrüche, Engelsschutz	Diantach
Dunkellila	Anrufung der Ahnen, Siegel/Runen, Regierungen	Magog
Lavendel	Aufrichtigkeit bei guten Taten	Brigida
Dunkelgrün	Göttin der Regeneration, Landwirtschaft, Finanzielles	Bomba
Mintgrün	Finanzieller Erfolg (zusammen mit Gold und Silber)	Pryderi
Grün	Heilung, Gesundheit, Kardinalspunkt im Norden	Argante
Avocadogrün	Neuanfang	Cernunnos

Farbe	*Zweck*	*Gottheit*
Hellgrün	Besseres Wetter	Tyrannis
Indigoblau	Große Geheimnisse, Schutz auf der Astralebene, Verteidigung	Nantosvelta
Dunkelblau	Verwirrung schaffen (muss mit Weiß benutzt werden, sonst wird man selbst verwirrt)	Dwyn
Blau	Schutz	Angus
Königsblau	Macht und Schutz	Arianrhod
Hellblau	Schutz von Haus und Gebäuden, Kindern, jungen Männern	Hertha
Rubinrot	Leidenschaftliche Liebe oder Wut, erotische Zauber	Fand
Rot	Liebe, romantische Stimmung, Energie, Kardinalspunkt im Süden	Branwen
Hellrot	Tiefe, asexuelle Zuneigung	Britiannia
Altrosa	Häusliche Harmonie und Freundschaft	Danu, Hertha
Pink	Harmonie und Freundschaft, Bindungszauber	Aeval
Hellrosa	Freundschaft, junge Frauen	Epona
Gelb	Heilung, Kardinalspunkt im Osten	Diantach
Dunkelgold	Reichtum, Sonnenzauber	Lugh
Gold	Anziehungskraft	Pwyll

Farbe	*Zweck*	*Gottheit*
Hellgold	Gute Gesundheit	Balor
Braunorange	Liebesbindung, Gelegenheit	Königin Medb
Orange	Materieller Gewinn, Zauber versiegeln, Anziehung	Gubba
Dunkelbraun	Anrufung der Erde	Gaia
Braun	Häuslicher Friede, Kräuterzauber	Dagda
Hellbraun	Materieller Gewinn im Haus	Danu
Silber	Schneller Gewinn, Glücks-spiel, Mondanrufungen, Mondzauber	Tyrian
Beige	Seelenfrieden	Sulis
Lilienweiß	Mutterkerze	Brigantia
Weiß	Selbstgerechtigkeit, Reinheit, Kardinalspunkt im Osten, Anbetung	Drygdyn
Grau	Bannzauber	Cerridwen

Kräuter

Heilkräuter

Andorn
Beinwell
Brennnessel
Eisenkraut
Engelwurz
Eukalyptus
Fenchel
Fichte
Fünffingerkraut
Gardenie
Hahnenkamm
Heliotrop
Kalmus
Kamille
Knoblauch
Kreuzkraut
Limone
Lorbeer
Minze
Mispel
Myrrhe
Nelke
Pfeffer
Pfefferminze
Piment
Rauke
Rose
Rosskastanie
Rosmarin
Salbei
Salomonssiegel
Sandelholz
Teufelsdreck
Thymian
Veilchen
Weide
Yerba Santa
Zeder
Zimt
Zitrone
Zitronenmelisse

Liebeskräuter

Apfel
Aprikose
Basilikum
Dill
Drachenblut
Efeu
Eisenkraut
Flohkraut
Fünffingerkraut
Gardenie
Geranie
Hibiskus
Huflattich
Ingwer
Jasmin
Kamille
Kardamom
Katzenminze
Klee
Kopal
Koriander
Kuskusgras
Lavendel
Limone
Lotus
Lungenkraut
Majoran
Mastix
Mimose
Mondwinde
Myrte
Orange
Orchidee
Pfefferminze
Rose
Rosmarin
Sarsaparilla
Schafgarbe
Schlüsselblume
Stiefmütterchen
Thymian
Tonkabohne
Vanille
Vogelmiere
Zitrone
Zitronengras
Zitronenmelisse
Zimt

Schutzkräuter

Alraune
Basilikum
Beinwell
Brennnessel
Efeu
Eisenkraut
Engelwurz
Gartenraute
Hahnenkamm
Johanniskraut
Klee
Lorbeer
Mispel
Ringelblume
Rosmarin
Salbei
Salomonssiegel
Schwarzwurz
Sonnenblume
Ulme
Zimt

Kräuter für Reichtum und Erfolg

Alraune
Basilikum
Beinwell
Bergamotte
Dill
Eiche
Eisenkraut
Fichte
Fünffingerkraut
Galgant
Geißblatt
Griechisches Heu
Heliotrop
Holunder
Ingwer
Jasmin
Kalmus
Kamille
Klee
Kuskusgras
Mädesüß
Mandel
Minze
Muskat
Myrte
Nelkenpfeffer
Orange
Petersilie
Piment
Rosskastanie
Salbei
Sassafras
Scharbockskraut
Schwarzkraut
Tonkabohne
Waldmeister
Zeder
Zimt

Kräuter gegen Bannzauber

Andorn
Bilsenkraut
Brennnessel
Eibe
Engelwurz
Gartenraute
Nachtschatten
Salomonssiegel
Schafgarbe
Schierling

Kräuter für Weihe und Läuterung

Alraunwurzel
Anis
Baldrian
Basilikum
Bergamotte
Dill
Distel
Eberesche
Eiche
Engelwurz
Fichte
Fünffingerkraut
Galgant
Geißblatt
Heliotrop
Holunder

Ingwer
Jasmin
Kalmus
Kamille
Klee
Kuskusgras
Lebensbaum
Lorbeer
Minze
Mispel
Myrte
Muskat
Nelkenpfeffer
Nelkenwurz
Orange
Rainfarn
Rosmarin
Salbei
Sandelholz
Sassafras
Teufelsdreck
Tonkabohne
Wacholder
Waldmeister
Weihrauch
Ysop
Zeder
Zimt

Kräuter für den Haussegen

Alraune
Basilikum
Braunwurz
Engelwurz
Eberesche
Fichte
Fünffingerkraut
Gartenraute
Holunder
Kampfer
Knoblauch
Lavendel
Lorbeer
Orangenschale
Rosmarin
Schlüsselblume
Veilchenwurzel
Wegerich

Kräuter für die Eheschließung

Ahorn
Apfel
Basilikum
Efeu
Eisenhut
Ginster
Helmkraut
Holunder
Ilex
Ingwer
Jasmin
Koriander
Kümmel
Lakritz
Lavendel
Lotus
Majoran
Mispel
Orchidee
Rose
Rosmarin
Schafgarbe
Zitrone

Kräuter für Bestattungen (Übergänge)

Alraune
Basilikum
Bohne
Eibe
Eisenhut
Fichte
Flohkraut
Gartenraute
Holunder
Hyazinthe
Immergrün
Majoran
Myrrhe
Pappel
Petersilie
Rainfarn
Rosmarin
Sternanis
Thymian
Veilchen
Weide

Kräuter für Beschwörungen

Andorn
Basilikum
Beifuß
Distel
Drachenblut
Engelwurz
Erdrauch
Fichte
Flieder
Gartenraute
Gewürznelke
Heliotrop
Knoblauch
Kumin
Löwenmäulchen
Malve
Minze
Mispel
Myrrhe
Pfeffer
Rosmarin
Sandelholz
Schafgarbe
Wacholder
Weihrauch

Mondzauber

Neumond

- Mond zwischen 0 und 45 Grad zur Sonne
- Mondaufgang bei Morgengrauen, Monduntergang bei Sonnenuntergang (maximale Energien in dieser Phase)
- Mondphase zwischen Neumond und dreieinhalb Tage danach
- Zweck: Anfänge, Neubeginn
- Günstig für Schönheit, Gesundheit, Arbeit an sich selbst, Landwirtschaft und Gärten, Arbeitssuche, Liebe und Freundschaft, Kontakte, kreative Pläne
- Heidnischer Festtag: Wintersonnenwende (21. Dezember)
- Göttinnenname: Rosemertas Mond
- Göttinnenenergie: Wachstum
- Opfergaben: Milch und Honig
- Thema: Überfluss
- Rune: Feoh für Überfluss, Cen für Neubeginn, Gyfu für Liebe
- Tarotkarte: Der Narr

Sichelförmiger Mond

- Mond zwischen 45 und 90 Grad zur Sonne
- Mondaufgang am Vormittag und Monduntergang nach Sonnenuntergang (maximale Energien in dieser Phase)
- Mondphase zwischen dreieinhalb und sieben Tagen nach Neumond
- Zweck: Dinge bewegen

- Günstig für Tiere, Geschäftliches, Veränderungen, Emotionen, matriarchalische Stärke
- Heidnischer Festtag: Imbolc
- Göttinnenname: Brigidas Mond
- Göttinnenenergie: Wassergöttin
- Opfergabe: Kerzen
- Thema: Manifestationen
- Rune: Birca für Anfänge, Ing für besseren Fokus
- Tarotkarte: Der Magier

Erstes Viertel

- Mond zwischen 90 und 135 Grad zur Sonne
- Mondaufgang am Mittag und Monduntergang um Mitternacht (maximale Energien in dieser Phase)
- Mondphase zwischen sieben und zehneinhalb Tagen nach Neumond
- Zweck: Dinge prägen
- Günstig für Tapferkeit, Elementezauber, Freunde, Glück und Motivation
- Heidnischer Festtag: Frühlings-Tagundnachtgleiche (21. März)
- Göttinnenname: Persephones Mond
- Göttinnenenergie: Luftgöttin
- Opfergabe: Federn
- Thema: Glück
- Rune: Algiz für Glück, Jera für Verbesserungen, Ur für Kraft
- Tarotkarte: Stärke oder Der Stern

Fast-Vollmond

- Mond zwischen 135 und 180 Grad zur Sonne
- Mondaufgang am Nachmittag und Monduntergang um etwa 3 Uhr morgens (maximale Energien in dieser Phase)
- Phase zwischen zehneinhalb und 14 Tagen nach Neumond
- Zweck: Einzelheiten
- Günstig für Tapferkeit, Geduld, Frieden und Harmonie
- Heidnischer Festtag: Beltane
- Göttinnenname: Nuits Mond
- Götinnenenergie: Sterngöttin
- Opfergabe: Bänder
- Thema: Perfektion
- Rune: Asa für Beredsamkeit, Wyn für Erfolg, Dag für Erleuchtung
- Tarotkarte: Die Welt

Vollmond

- Mond zwischen 180 und 225 Grad zur Sonne
- Mondaufgang bei Sonnenuntergang und Monduntergang im Morgendämmern (maximale Energien in dieser Phase)
- Mondphase zwischen 14 und 17 Tagen nach Neumond
- Zweck: Vollendung eines Projekts
- Günstig für künstlerische Projekte, Schönheit, Gesundheit, Fitness, Veränderungen, Entscheidungen, Kinder, Wettbewerbe, Träume, Familien, Wissen, Prozesse vor Gericht, Liebe, Romantik, Geld, Motivation, Schutz, seelische Kräfte, Arbeit an sich selbst
- Heidnischer Festtag: Sommersonnenwende
- Göttinnenname: Sekhmets Mond

- Göttinnenenergie: Feuergöttin
- Opfergabe: Blumen
- Thema: Macht
- Rune: Sol
- Tarotkarte: Die Sonne

Abnehmender Mond

- Mond zwischen 225 und 270 Grad zur Sonne
- Mondaufgang am Abend und Monduntergang am Vormittag (maximale Energien in dieser Phase)
- Mondphase dreieinhalb bis sieben Tage nach Vollmond
- Zweck: Beginnende Zerstörung
- Günstig für Suchtverhalten, Entscheidungen, Scheidungen, Emotionen, Stress, Schutz
- Heidnischer Festtag: Lammas
- Göttinnenname: Hekates Mond
- Göttinnenenergie: Erdgöttin
- Opfergaben: Korn oder Reis
- Thema: Neueinschätzung
- Rune: Thorn für Zerstörung und Verteidigung, Algiz für Schutz
- Tarotkarte: Der Turm für Zerstörung, Hoffnung für Schutz

Letztes Viertel

- Mond zwischen 270 und 315 Grad zur Sonne
- Mondaufgang um Mitternacht und Monduntergang um Mittag (maximale Energien in dieser Phase)
- Mondphase zwischen sieben und zehneinhalb Tagen nach Vollmond

- Zweck: Vollständige Zerstörung
- Günstig für Suchtverhalten, Scheidung, Abschlüsse, Gesundheit und Heilung, Stress, Schutz, Ahnen
- Heidnischer Festtag: Herbst-Tagundnachtgleiche (21. September)
- Göttinnenname: Morrigans Mond
- Göttinnenenergie: Erntegöttin
- Opfergabe: Räucherstäbchen
- Thema: Verbannung
- Rune: Hagal für einen Bann, Nyd für Wendung, Isa für Verbindung
- Tarotkarte: Das Gericht

Dunkelmond

- Mond zwischen 315 und 360 Grad zur Sonne
- Mondaufgang um 3 Uhr morgens und Monduntergang am Nachmittag (maximale Energien in dieser Phase)
- Mondphase zehneinhalb bis 14 Tage nach Vollmond
- Zweck: Ruhe
- Günstig für Suchtverhalten, Veränderungen, Scheidung, Feinde, Gerechtigkeit, Hindernisse, Streit, Umzug, Trennung, Diebe und Widersacher abschütteln
- Heidnischer Festtag: Samhain
- Göttinnenname: Kalis Mond
- Göttinnenenergie: Dunkle Göttin
- Opfergabe: Ehrlichkeit
- Thema: Gerechtigkeit
- Rune: Tyr für Gerechtigkeit, Ken für einen Bann
- Tarotkarte: Gerechtigkeit

Die Runen

(Es kursieren verschiedene Umschriften für die einzelnen Zeichen, sodass man in der Literatur auch unterschiedlichen Namen für ein und dieselbe Rune begegnet.)

Feoh	ᚠ
Ur	ᚢ
Thorn	ᚦ
Asa	ᚨ
Rad	ᚱ
Cen	ᚲ
Gyfu	ᚷ
Wyn	ᚹ
Haegl	ᚻ
Nyd	ᚾ
Isa	ᛁ
Jera	ᛃ
Eoh	ᛇ
Peorth	ᛈ
Algiz	ᛉ
Sol	ᛊ
Tyr	ᛏ
Beorc	ᛒ
Eh	ᛖ
Man	ᛗ
Lagus	ᛚ
Ing	ᛜ
Odal	ᛟ
Dag	ᛞ

Planetenstunden
Sonnenaufgang

Stunde	*Sonntag*	*Montag*	*Dienstag*	*Mittwoch*	*Donnerstag*	*Freitag*	*Samstag*
1	Sonne	Mond	Mars	Merkur	Jupiter	Venus	Saturn
2	Venus	Saturn	Sonne	Mond	Mars	Merkur	Jupiter
3	Merkur	Jupiter	Venus	Saturn	Sonne	Mond	Mars
4	Mond	Mars	Merkur	Jupiter	Venus	Saturn	Sonne
5	Saturn	Sonne	Mond	Mars	Merkur	Jupiter	Venus
6	Jupiter	Venus	Saturn	Sonne	Mond	Mars	Merkur
7	Mars	Merkur	Jupiter	Venus	Saturn	Sonne	Mond
8	Sonne	Mond	Mars	Merkur	Jupiter	Venus	Saturn
9	Venus	Saturn	Sonne	Mond	Mars	Merkur	Jupiter
10	Merkur	Jupiter	Venus	Saturn	Sonne	Mond	Mars
11	Mond	Mars	Merkur	Jupiter	Venus	Saturn	Sonne
12	Saturn	Sonne	Mond	Mars	Merkur	Jupiter	Venus

Planetenstunden
Sonnenuntergang

Stunde	*Sonntag*	*Montag*	*Dienstag*	*Mittwoch*	*Donnerstag*	*Freitag*	*Samstag*
1	Jupiter	Venus	Saturn	Sonne	Mond	Mars	Merkur
2	Mars	Merkur	Jupiter	Venus	Saturn	Sonne	Mond
3	Sonne	Mond	Mars	Merkur	Jupiter	Venus	Saturn
4	Venus	Saturn	Sonne	Mond	Mars	Merkur	Jupiter
5	Merkur	Jupiter	Venus	Saturn	Sonne	Mond	Mars
6	Mond	Mars	Merkur	Jupiter	Venus	Saturn	Sonne
7	Saturn	Sonne	Mond	Mars	Merkur	Jupiter	Venus
8	Jupiter	Venus	Saturn	Sonne	Mond	Mars	Merkur
9	Mars	Merkur	Jupiter	Venus	Saturn	Sonne	Mond
10	Sonne	Mond	Mars	Merkur	Jupiter	Venus	Saturn
11	Venus	Saturn	Sonne	Mond	Mars	Merkur	Jupiter
12	Merkur	Jupiter	Venus	Saturn	Sonne	Mond	Mars

Das Buch der Schatten: Zauberpulver

Zauberpulver werden auf höchst unterschiedliche Weise eingesetzt: Man kann sie in die Luft, in den Raum, über den Körper, den Altar oder Schrein streuen, in eine Kerze einarbeiten oder in einer Räucherschale verbrennen. Bei der Anwendung von Pulvern muss sich der Magier ganz auf seine Intuition verlassen. Herman Slater ist der Meinung, dass die spontane Handlung (wenn man sozusagen »vom Geist ergriffen« ist) die größte Macht bewirkt, denn der Antrieb zur Handlung kommt dann nicht direkt aus einem selbst, sondern von einer höheren geistigen Ebene. Davon bin auch ich fest überzeugt. Ich fühle mich zum Beispiel bei Seminaren von den Teilnehmern angezogen, mit denen ich nach dem Willen der Göttin auch Berührungen austauschen, sprechen, lachen oder arbeiten soll, weil sie diese Interaktion mit mir oder anderen in der Gruppe brauchen.

Die Arbeit mit Zauberpulvern manifestiert sich genauso. Die Pulver stellen eine Verbindung zwischen dem Altar oder Schrein und der Außenwelt her, besonders wenn dort eine Kerze brennt und man an einem anderen Ort ein Erfolgspulver verstreut. Ich entwickle nicht für jede magische Arbeit ein eigenes Pulver, aber wenn mich der Tatendrang packt, bin ich nicht aufzuhalten. Viele Magiere meinen, dass Neulinge die Finger von Pulvern lassen sollten. Erfahrenere Praktiker beginnen mit einer brennenden Kerze und arbeiten sich zu komplexeren und komplizierteren Ritualen und Zeremonien vor, darunter auch zur Arbeit mit Zauberpulvern.

Was bewirkt ein Pulver also wirklich? Das ist eine gute Frage. Grundsätzlich benutzen wir Pulver, um eine plötzliche Veränderung zu bewirken, indem wir zwei Elemente beifügen: Erde und Luft. Wenn man ein Zauberpulver verbrennt, bringt man noch das Element Feuer ins Spiel, und Wasser, wenn man einen Tropfen Öl, Alkohol oder heiliges Wasser hinzugibt. Beim Herstellen eines Zauberpulvers aktiviert man die Eigenschaften jeder einzelnen Zutat in Verbindung mit dem Element Luft.

Man braucht einen Mörser und mindestens drei bis fünf Zutaten in gleicher Menge. Wie bei den Ölen gilt: je mehr Zutaten, umso stärker das Pulver. Zauberpulver riechen normalerweise gut, und um diesen angenehmen Duft zu konservieren, fügt man oft Veilchenwurzel hinzu.

Um die Pulver zu färben, kauft man Talkum in verschiedenen Farben und fügt dies zu gleichen Teilen hinzu. Farbiger Talkumpuder bringt gleichzeitig die psychologische Farbkorrespondenz ins Spiel. Meistens mischt man alles zu gleichen Teilen. Ich nehme beispielsweise für ein Engelspulver $\frac{1}{8}$ Teelöffel Lavendel, $\frac{1}{8}$ Teelöffel Sandelholz, $\frac{1}{8}$ Teelöffel Engelwurz, $\frac{1}{8}$ Teelöffel Orangenschale und $\frac{1}{8}$ Teelöffel Weihrauch. Dem gebe ich noch $\frac{1}{8}$ Teelöffel bunten Talkumpuder bei. Die Farbe ist einzig und allein Ihre Entscheidung. Mein Engelspulver wird immer lila oder blau.

Vermutlich haben Sie schon irgendwo gesehen, wie ein Magier jemandem Zauberpulver ins Gesicht bläst. Dazu würde ich persönlich nicht raten: Erstens weiß der andere sofort, dass man etwas im Schilde führt, und zweitens ist es sehr unangenehm, etwas ins Auge gepustet zu bekommen. Lassen Sie sich nicht von den Pülverchen hinreißen, bleiben Sie immer eine gute Hexe.

Zauberpulver gehören zum Luftzauber. Vielleicht sprechen Sie einen Zauberspruch, während Sie das Pulver mischen, je nach magischer Absicht. Man kann den Zauberspruch wiederholen, wenn man das Pulver anwendet. Bewahren Sie die Pulver bis dahin in kleinen Plastikbeuteln oder dunklen Gläsern auf. Wenn Sie fürchten, den Zauberspruch zu vergessen, den Sie sich dazu ausgedacht haben (und das passiert sicher ab und zu), können Sie ihn auf einen Zettel schreiben, diesen zusammenfalten oder -rollen, damit man die Worte nicht sieht, und in den Plastikbeutel oder das Glas geben.

Denken Sie daran, dass die Zauberpulver niemals eingenommen werden dürfen. Sie wandern auf den Winden des Wandels, nicht durch Ihren Darm. Vergessen Sie auch nicht, dass Zauberpulver wunderbare Zutaten zu Ihrer Räucherschale sind. Sie können sie auch in Ihre Stumpen- oder Votivkerzen einarbeiten. Ich segne meine Zauberpulver immer an meinem Schrein, ehe ich sie einsetze.

Zauberpulver werden oft mit Voodoozauberern in Verbindung gebracht, aber meiner Erfahrung nach werden sie ebenso häufig von amerikanischen Hexen und Powwow-Ärzten und -Künstlern benutzt. Manchmal nimmt man auch Maismehl als Basis, um die wahren Essenzen vor neugierigen Blicken zu verbergen. Wo Voodoozauberer wollen, dass sie Magie betreiben, mögen andere Magiere dies eher im Verborgenen tun.

Die ersten Zauberpulver, die ich mit einer Freundin herstellte, gelangen nicht wirklich, und wir waren fast entschlossen, sie nicht mehr zu benutzen. Bald jedoch entdeckten wir, dass man wie bei den anderen magischen Künsten bei der Mischung von Pulvern eine gewisse Erfahrung braucht. Es kommt auf die Feinheiten an, und es dauert eine Weile, bis man das für sich herausgefunden hat.

Der Akt des Mischens allein zieht auch nicht automatisch die magische Essenz in das Pulver. Genau wie man magische Instrumente aktivieren muss, muss man auch die Pulver durch eine Art Zauberspruch, einen Gesang, Flüstern oder Rituale aktivieren. Beachten Sie, dass die beteiligten Elemente dem Pulver erst die Zauberkraft verleihen: Erde und Luft sind gleichermaßen im Spiel. Wenn Sie das Pulver verbrennen wollen, müssen Sie die magische Bühne auch für das Element Feuer vorbereiten.

Die Zutaten

Wenn Sie sich die eine oder andere teure Zutat für Ihr Zauberpulver nicht leisten können, sollten Sie lernen, sie gegen andere auszutauschen. Das tut keinem weh und verdirbt auch das Pulver nicht. Scott Cunninghams *Encyclopedia of Magic Herbs* ist ein Muss für alle Magiere: Darin führt er Hunderte von Möglichkeiten auf, Zutaten durch andere zu ersetzen.

Und was, wenn Sie nun partout keine Tonkabohnen auftreiben können, sie aber dringend brauchen? Dann nehmen Sie Ihren Supermarkt unter die Lupe. Manchmal, wenn ich ein Zauberpulver zubereiten will und nicht die geringste Ahnung habe, was ich beigeben soll, schaue ich mich ausgiebig in meinem Supermarkt um und kaufe, was sich richtig anfühlt. Es ist wirklich erstaunlich, was man dabei so alles findet.

Wenn Sie aber wirklich jeden Pfennig umdrehen müssen, dann kaufen Sie einfach ein paar Päckchen Räucherstäbchen, mahlen sie fein und geben dieses Pulver zu den natürlichen Zutaten. Ich weiß, den Puristen läuft es dabei kalt den Rücken hinunter, aber es wird trotzdem seinen Zweck erfüllen.

Pulver wollen geplant sein

Vor den einzelnen Rezepten für Zauberpulver sei auf die eigentliche Zubereitungsmethode ausführlich eingegangen. Wie bei anderen magischen Anwendungen in diesem Buch kommt es auch hier auf das Vorgehen Schritt für Schritt an. Ehe Sie die Zutaten einkaufen, sollten Sie sich zum Beispiel folgende Fragen stellen:

- Wozu wollen Sie dieses Pulver benutzen?
- Ist es für eine einmalige Gelegenheit oder wollen Sie eine größere Menge für mehrere Anlässe herstellen?
- Haben Sie Zeit, bestimmte Zutaten zu bestellen, oder muss das Pulver jetzt gleich angemischt werden? Welche Zutaten, die Ihnen fehlen, können Sie durch andere ersetzen?
- Möchten Sie eine für Sie typische Zutat hinzufügen? Manche Zauberer mischen immer eine ganz bestimmte Ingredienz unter, die ihr eigenes Wesen ausdrückt und das Pulver auf ihr Energiefeld oder Schwingungsfeld einstimmt. Ich füge beispielsweise meinen Zauberpulvern stets ein wenig gemahlenes Silber hinzu. Das ist *meine* typische Zutat.
- Welche Mondphase oder planetarische Stunde, welcher Tag ist für die Zubereitung des Pulvers geeignet?
- Möchten Sie bestimmte Energien hinzugeben, etwa die einer Gottheit, eines Totemtiers oder eines Elements? Welche Korrespondenzen entsprechen dieser Gottheit, diesem Totemtier oder diesem Element?
- Möchten Sie die Energien des magischen Alphabets oder Runensymbole bei der Aktivierung Ihres Zauberpulvers einsetzen? Werden die Runenenergien sich mit den anderen Energien vertragen, die Sie vielleicht benutzen?

Außerdem möchten Sie vielleicht einen bestimmten Zauberspruch oder ein Ritual für die Entwicklung dieses Zauberpulvers und die folgende Anwendung schreiben.

Ritual für das Anmischen eines Zauberpulvers

1. Halten Sie alle Zutaten bereit: die Kräuter, Talkumpuder, Kerzen in der richtigen Farbe, Mörser, Behälter, ein Symbol als Opfergabe an die Elemente Luft und Erde, eine große Schüssel Wasser und ein sauberes Handtuch. Machen Sie sich eine Liste von allen Eigenschaften und Energien, die Sie diesem Pulver »anhexen« möchten – ein kleiner Zettel reicht völlig.

2. Bannen Sie alle Unreinheiten aus dem Wasser und weihen Sie es im Namen einer gewählten Göttin oder eines Gotts. Tauchen Sie die Hände ins Wasser und sprechen Sie:

   »Ich reinige mich im heiligen Tau der Göttin. Ich wasche alle unreinen Geister und Energien fort. Ich begrüße das Feuer der Gottheit in meiner Seele. Ich verbanne alle Illusionen und bade in der Reinheit des Geistes. Ich bin in einen kostbaren Umhang gehüllt, den Schutz der Engel, damit mir und denen, die ich liebe, kein Leid geschieht. Ich bin reinen Herzens, reinen Geistes, reinen Verstandes. So soll es sein!«

   Dann trocknen Sie die Hände ab.

3. Weihen Sie den Altar. Falls Sie eine Rune oder ein anderes magisches Symbol gewählt haben, stellen Sie dieses Bild auf den Altar. Läutern und weihen Sie alle Zutaten im Namen der gewählten Gottheit.
4. Schlagen Sie den magischen Zirkel und rufen Sie die Kreisviertel an. Vielleicht rufen Sie nur den Osten (Luft) und den Norden (Erde), vielleicht aber auch alle vier. Das ist Ihre Entscheidung. Ich zum Beispiel schlage den Kreis und rufe die Kreisviertel so, wie ich es im Folgenden beschreibe. Sprechen Sie:

»Ich schage die Kreishecke zwischen den Welten. Sei der Gürtel der Göttin, ein Schutz gegen alle bösen Geister und negativen Energien. Wie oben, so unten. Dieser Zirkel ist versiegelt.«

Bei den Kreisvierteln stelle ich mich in die entsprechende Himmelsrichtung und öffne sie mit den Worten:

»Heiliges Element Erde (Luft, Feuer, Wasser),
heilige diese Hecke in ... [Gottheit] *Namen!«*

5. An diesem Punkt rufen Sie die Gottheit und andere Energien an, die Sie einbeziehen wollen. Sie können die Anrufung selbst schreiben, wie ich bereits erwähnt habe, oder die folgenden Standardworte sprechen:

»Durch die Weltenhecke fließt Macht hierher.
Große Göttin, Mutter aller, weibliches Licht,
gewähre mir deinen Zauber, Jungfrau, Mutter, Alte.
Großer Herr, Vater aller, Führer der wilden Schar,
Besitzer des Waldes, Grüner Mann, Gehörnter, Weiser.
Gewähre mir deine Kraft und Geschicklichkeit.
Zauber entfache ich, Macht gewinne ich!«

6. Es ist angemessen, nun ein Gebet zu sprechen, in dem Sie alle Zutaten und andere Energien, die Sie ansprechen wollen, beim Namen nennen. Hier müssen Sie wissen, welche magischen Eigenschaften jedes Element hat (denn ihrer bedienen Sie sich ja!). Sprechen Sie:

»Gnädige Herrin, hilf mir, diese Zutaten mit Zauber zu weihen und ihnen eine Richtung zu geben. [Beispiel:]
Engelwurz für Schutz, Ingwer für finanziellen Erfolg,
Fünffingerkraut für Erfolg, Petersilie für mehr Energie,
grüner Talkum für Geld, Reichtum und Wohlstand.
So soll es sein!

Gnädiger Herr, hilf mir, diese Zutaten hier, ... [Zutaten], *mit Macht und Wachstum zu versehen: Engelwurz für Schutz, Ingwer für Geld, Fünffingerkraut für finanziellen Erfolg, Petersilie für mehr Energie, grüner Talkum für Geld, Reichtum und Wohlstand. So soll es sein!«*

Beim Sprechen dieses Gebets halten Sie beide Hände über die Zutaten und stellen sich vor, wie die Macht und Magie des Herrn und der Herrin durch Ihren Körper in die Hände und in die Zutaten dringen.

7. Nun müssen Sie andere Energien anrufen:

»Hexenbund und Geisterlicht, Ahnen und Urahnen mit dem zweiten Gesicht,
Blut und Knochen aller Alten, helft mir, nach eurer Sitte zu walten.
Kräuter und Pulver und natürliche Dinge – dass all dies heute Magie mir bringe.
Ost für Luft und Norden für Erde, o dass der Große Geist zuteil uns werde.«

Halten Sie wieder die Hände über die Zutaten.

8. Läutern, weihen und ermächtigen Sie die Kerzenfarbe, die zum Zweck Ihres Pulvers passt. Sie können einen Zauberspruch darauf schreiben, Ihre Absicht, ein magisches Alphabet oder eine Rune. Dann zünden Sie die Kerze an und sagen:

»Element Feuer, wirke alles nach meinem Wunsch.«

Stellen Sie die Kerze ab. Nun müssen die Zutaten vermischt werden. Als Erstes bekräftigen Sie Ihre Absicht und fügen dann jede Ingredienz langsam und im Uhrzeigersinn rührend hinzu, wenn Sie Wachstum anstreben. Um bestimmte Energien zu bannen, rühren Sie gegen den Uhrzeigersinn. Wenn

Sie einen magischen Gesang dazu wissen, können Sie ihn hier einflechten, indem Sie ihn singen oder einfach nur summen. Die für Sie charakteristische Zutat wird als Letztes hinzugefügt. Dabei visualisieren Sie, wie Sie selbst sich mit dem Pulver verbinden.

9. Wenn Sie fertig sind, setzen Sie sich ruhig nieder und halten das Pulver in den Händen. Singen oder summen Sie, um die Energien darin zusammenzubringen, und visualisieren Sie, dass Ihr Ziel vollständig erreicht ist. Das sollte mindestens fünf Minuten dauern.

10. Wenn Sie Runenenergie als Hilfe bestimmt haben, sollten Sie sie nun anrufen. Sehen Sie nach, welche Rune Ihnen bei der Visualisierung behilflich sein kann, und damit Sie genau wissen, was Sie herbeirufen. Singen Sie den Namen der Rune, bis Sie das Gefühl haben, dass die Energien in den Zirkel eintreten. Vielleicht sehen Sie sogar den Energiegeist, der diese Rune darstellt. Dieser Prozess kann bis zu fünf Minuten dauern. Dann sprechen Sie:

    »*Heilige Mächte und Geister der Rune* … [Name der Rune]*!*
    Meine Worte hallen in den Höhen Asgards und den Tiefen Hels.
    Sie klingen durch die neun Königreiche, zu den Wurzeln und Kronen der Weltenesche, und bringen meinen Zauberspruch in die Reiche des Werdens, in den Tag des Seins. Denn dies ist mein Wille: … [Absicht].
    Ich rufe eure Kräfte in dieses magische Pulver, und wenn das Pulver in die Lüfte verstreut wird, zieht dahin, große Geister der Rune … [Name der Rune].
    Auf dass sich das Rad Wyrds nach meinem Wunsch und Willen drehe.«

11. Tragen Sie Ihr Zauberpulver zum Nordquartal. Bitten Sie die Energien des Nordens, es zu segnen und ihm Dauer zu verleihen. Hinterlassen Sie eine Gabe im Nordquartal. Treten Sie in den Osten. Bitten Sie die Energien des Ostens, Ihr Zauberpulver zu segnen und ihm die Kräfte und Aktivitäten des Elements Luft zu verleihen. Hinterlassen Sie eine Gabe im Osten. Wenn Sie die anderen Kreisviertel eröffnet haben, müssen Sie jetzt dorthin gehen und diese ebenfalls begrüßen.

12. Geben Sie das Pulver bis zur Verwendung in einen Behälter.

13. Danken Sie allen angerufenen Energien. Schließen Sie die Kreisviertel.

    »Heiliges Element des Nordens (Ostens, Südens, Westens),
    danke für den Beistand in diesem Ritual.
    Geh, wenn es sein muss, bleib, wenn du willst.
    Heil dir und Lebwohl.«

14. Gehen Sie gegen den Uhrzeigersinn um den Zirkel und heben Sie ihn auf (manche Praktiker machen das auch im Uhrzeigersinn). Ziehen Sie die Energie in den offenen Behälter mit dem Zauberpulver und versiegeln Sie ihn. Lassen Sie die bunte Kerze ausbrennen. Wenn dieses Pulver Ihnen etwas bringen soll, schneiden Sie eine Orange in zwei Hälften und legen Sie sie mit dem Kerzenstumpf und einer Prise des Pulvers in eine braune Papiertüte. Wenn das Pulver etwas bannen soll, schneiden Sie eine Zitrone in zwei Hälften, fügen Sie den Kerzenstumpf und eine Prise von dem Pulver hinzu und vergraben Sie alles außerhalb Ihres Grundstücks.

Im Folgenden finden Sie Rezepte für Zauberpulver mit den verschiedenen Talkumfarben, die vielleicht nützlich für Sie sind. Ich habe bei jedem Kraut das entsprechende Ziel vermerkt, denn viele Kräuter dienen verschiedenen magischen Zwecken. Verzeichnet ist auch der günstigste Zeitpunkt zur Herstellung des jeweiligen Pulvers. Diese Liste dient nur als Leitlinie. Es wird Ihnen sicher Spaß machen, eigene Varianten zu erfinden und die Grundrezepte abzuändern.

Engelspulver

- 1 silberne oder blaue Kerze
- blaues Talkum
- Lavendel (für Frieden und Läuterung)
- Sandelholz (für Schutz und Spiritualität)
- Engelwurz (für Schutz und Visionen)
- Orangenschalen (für Liebe)
- Weihrauch (für Schutz und Spiritualität)
- heiliges Wasser oder Quellwasser zum Sprühen

Dieses Pulver ruft die Engel herbei, schützt vor bösen Geistern und überwindet Bannflüche. Verstreuen Sie es am Altar, auf allen Türschwellen oder vor Fenstern. Verbrennen Sie es, um allgemein Glück herbeizuwünschen, und verteilen Sie den Rauch mit einer Feder im Raum. Arbeiten Sie es in eine Kerze ein, um Liebe und spirituelle Unterstützung anzurufen. Benutzen Sie das Pulver bei einer rosa Kerze, um Freundschaft zu fördern. In Verbindung mit einer silbernen Kerze kann man Engelsbotschaften empfangen. Bester Zeitpunkt für die Herstellung: sonntags in den Stunden der Sonne, des Mondes, der Venus und von Merkur.

Wutpulver

- 1 braune Kerze
- schwarzes Talkum
- Chilipulver (für Schutz und Beschwörungen)
- schwarzer Pfeffer (für Schutz und Beschwörungen)
- Schwefel (für Beschwörungen)
- Teufelsdreck (für Schutz und Beschwörungen)

Verstreuen Sie dieses Pulver im Raum, um Gereiztheit und Wut zu vertreiben. Es verhindert Streitigkeiten und läutert den Geist von allen bösen Gedanken. Wenn Sie nicht gern Schwefel benutzen, tut es auch Basilikum.

Das Pulver klärt den Kopf nach negativen Emotionen. Man kann statt Teufelsdreck auch Engelwurz nehmen, denn das riecht besser. Wenn Sie Schwefel und Teufelsdreck benutzen, würde ich nicht empfehlen, dieses Pulver in einer Räucherschale abzubrennen, denn beides riecht fürchterlich und setzt sich lange im Raum fest. Dasselbe gilt für die Kerzenverwendung; dafür würde ich Basilikum und Engelwurz nehmen. Bester Zeitpunkt: samstags zur Stunde des Saturn.

Atlantic-City-Pulver

- 1 rote Kerze
- rotes oder grünes Talkum
- Patschuli (für Geld)
- Zitronenschale (für ein langes Leben)
- Jasmin (für Geld)

Dieses Pulver verwendet man, um schlimme Pechsträhnen zu beenden. Streuen Sie es über Ihren Stuhl, ehe Sie sich zum Glücksspiel hinsetzen. Mit einer Ölbasis kann man diese Mischung auch für die Salbung von Talismanen benutzen und Taschen oder Spielkarten versiegeln. Bester Zeitpunkt: sonntags zur Stunde des Jupiters oder donnerstags zur Sonnenstunde.

Bannpulver oder -rauch

- 1 schwarze Kerze
- schwarzes Talkum
- Lorbeerblätter (für Schutz und Kraft)
- Zimt (für Macht)
- Rotwein (für Stärke)
- Rosenblätter (für Schutz)
- Myrrhe (für Schutz)
- Minze (für Schutz)
- Salz (für Schutz)

Lassen Sie die Mischung vor Gebrauch gründlich trocknen. Dann verstreuen Sie das Pulver, um alle bösen Geister zu vertreiben. Es kann aber auch in der Räucherschale am Schrein oder Altar beim Zaubern oder im magischen Zirkel verbrannt werden. Das Pulver ist auch bei Enthexungen* nützlich. Bester Zeitpunkt: samstags zur Stunde des Saturn.

---

* Enthexungen: Wenn eine Situation negativ ist, betrachtet man sie als »verhext«. Berücksichtigen Sie jedoch, dass etwas, das eine Zeit lang schief lief, nicht plötzlich wieder ausgeglichen werden kann. Die frühen amerikanischen Hexen pflegten zu sagen: »Man wird nicht in einem Tag krank, daher dauert es auch länger als einen Tag, wieder gesund zu werden.« Benutzen Sie magische Anwendungen, die aufeinander aufbauen oder miteinander verbunden sind, wenn Sie verhexte Energien lösen wollen.

Weihrauch oder Pulver für gute Träume

- 1 blaue oder lila Kerze
- blaues oder lila Talkum
- Bergamotte (für Erfolg auf der ganzen Linie)
- Zitrone (für Reinigung)
- Weihrauch (für Spiritualität)
- Veilchenwurzel (für Prophezeiungen)
- Thymian (für übersinnliche Träume)

Wenn man die Mischung verbrennt, gehen alle Träume in Erfüllung, besonders, wenn sie für den Träumer positiv sind. Das Pulver hilft auch bei der Hellseherei. Für die beste Wirkung reibt man das Pulver auf die Stirn und streut es unter das Bett. Bester Zeitpunkt: montags zur Mondstunde oder sonntags zur Sonnenstunde.

Vertrauensmischung

- 1 orangefarbene Kerze
- orangefarbenes Talkum
- gemahlene Muskatnuss (für Treue)
- Veilchenwurzel (für Liebe)
- Rose (für Liebe)
- Patschuli (für Lust)
- Basilikum (für Mitgefühl)

Dies ist eine besondere Mischung, die man nur benutzt, um eine Atmosphäre des Vertrauens und des Verständnisses zu schaffen. Bester Zeitpunkt: freitags zur Venusstunde.

Öl zur Läuterung des Geistes

- 1 weiße Kerze
- Sandelholz (für Spiritualität und Beschwörungen)
- Moschus (für Liebe)
- Myrrhe (für Schutz und Spiritualität)
- Piment (für Heilung)
- Pimentölbasis

Diese Mischung läutert die Seele, ehe man die guten Geister beschwört, schützt auch gegen Bannzauber und ist für die Salbung von Kerzen, Talismanen und so weiter geeignet. Bester Zeitpunkt: sonntags zur Mondstunde.

Pulver für Kontrolle/Befehle/Zwang

- 1 braune Kerze
- braunes Talkum
- Piment (zur Heilung)
- Veilchenwurzel (für Schutz und Prophezeiung)
- Patschuli (für Lust)
- Zimt (für Macht)
- Sandelholz (für Wünsche)
- Gewürznelke (für Beschwörungen)

Dieses Pulver wird für die Arbeit mit Runengeistern, Elementar- oder Erdgeistern benutzt. Es ist gut gegen unerwünschte Verfolger, Widersacher oder gegen das Böse allgemein und kann in schwarze Kerzen eingearbeitet werden, um Angreifer in Schach zu halten. Bester Zeitpunkt: dienstags zur Marsstunde.

Konzentrationspulver

- 1 silberne oder weiße Kerze
- silbernes Talkum
- Mastix (für psychische Kräfte und Manifestationen)
- Zimt (für Macht)
- Myrrhe (für Spiritualität)

Geben Sie eine Prise auf die Stirn, um die Lösung eines Problems zu unterstützen. Es klärt die Gedanken und regt plötzliche Einsichten an und kann auf das Wahrsageinstrument gestreut oder in die Meditationskerze eingearbeitet werden. Bester Zeitpunkt: montags zur Mondstunde.

Verwirrungspulver

- 1 schwarze Kerze
- schwarzes Talkum
- Kuskusgras (gegen Flüche und Diebstahl)
- Lavendel (für Schutz)
- Galgantwurzel (für Schutz und gegen Bannflüche)
- 1 versengter, verknoteter Schnürsenkel

Diese Mischung verwirrt diejenigen, die versuchen, Ihnen einen Bannfluch aufzuerlegen, wirkt gegen alle Arten von Flüchen und hat unmittelbare Wirkung. Es gelingt besser, wenn der Fluch noch neu ist; für Notfälle sollte man es stets zur Hand haben. Bester Zeitpunkt: samstags zur Mars- oder Saturnstunde.

Tapferkeitspulver

- 1 lila Kerze
- blaues Talkum
- 1 blauer Glasbehälter
- Vanille (für geistige Kraft)
- Rose (für Schutz und übersinnliche Kräfte)
- Flieder (für Schutz)
- Lavendel (für Schutz)

Dieses Pulver verleiht große Tapferkeit, wenn man eher ängstlich ist. Mit Öl benutzt man die Mischung, um lila Kerzen zu salben und sich zu betupfen, ehe man sich Furcht erregenden oder gefährlichen Situationen stellt. Bester Zeitpunkt: sonntags zur Marsstunde.

Schnell wirkendes Glücks- oder Reinigungspulver

- 1 grüne Kerze
- grünes Talkum (aber nicht in die Reinigungslösung geben)
- Patschuli (für Geld)
- Rose (für Glück)
- Wacholderbeeren (gegen Diebstahl)
- 1 zerstoßener Geldschein

Streuen Sie diese Mischung in Ihre Geschäftsräume, auf die Türschwelle, um alle Möbel im Haus, die Geschäftszwecken dienen, und in Ihre Brieftasche oder Tasche, um für Glück und Erfolg zu sorgen. Das Pulver kann in Kerzen eingearbeitet oder in Zauberbeutel gestreut werden, um Geldzauber zu bewirken. Bester Zeitpunkt: donnerstags zur Jupiterstunde.

Taubenbluttinte

- 1 Teil Drachenblut
- 2 Tropfen Zimtöl
- 2 Tropfen Lorbeeröl
- 10 Teile Alkohol
- 1 Teil Gummiarabikum
- 2 Tropfen Rosenöl

Wenn man mit dieser Tinte schreibt, erfüllen sich alle Wünsche.

Taubenaugenweihrauch

- 1 rote Kerze
- rotes Talkum
- rote Nelkenblätter
- Weihrauch
- Vanille
- Kardamom
- Majoran

Wenn Sie mit dieser Tinte schreiben, bringt es Ihnen Seelenfrieden und Glück.

Taubenherzweihrauch und -pulver

- 1 rosa Kerze
- rosa Talkum
- Lavendel (für Liebe und Glück)
- Rose (für Liebe)
- Glyzinie (für Liebe)
- Flieder (für Schutz)

Diese Mischung beruhigt unruhige Seelen und löst alle Herzensprobleme. Es besänftigt Liebesgefühle und ist ein guter Zauber für Menschen, die sich etwas abgewöhnen oder ihre Denkmuster ändern wollen oder in psychiatrischer Behandlung sind. Man verbrennt es in einer Räucherschale, um einen Ort nach einem Streit zu läutern. In Kerzen eingearbeitet ist es ein Zauber für seelische Gesundheit oder für jemanden, der einen Trauerprozess durchmacht. Bester Zeitpunkt: freitags zur Venusstunde.

Drachenbluttinte

- 1 Teil Drachenblut
- 15 Teile Alkohol
- 1 Teil Gummiarabikum

Diese Mischung verleiht jedem Zauber besondere Macht.

Drachenblutöl

- Man nimmt hierfür dieselben Zutaten wie für Drachenbluttinte, aber anstelle des Alkohols Öl. Dieses Öl sollte nur benutzt werden, wenn man einen verzauberten Freund enthexen will. Salben Sie aber die betreffende Person, nicht die Kerzen. Es funktioniert am besten um Mitternacht auf einem Friedhof.

Ziehendes Pulver

- 1 blaue Kerze
- blaues Talkum
- Jasmin (für Geld)
- Veilchen (für Glück und Wünsche)
- Lavendel (für Glück)

Verreiben Sie das Pulver in den Händen und verstreuen Sie es am Altar, ehe Sie die Geister herbeirufen. Das hilft, Glück anzuziehen, sowie bei wichtigen Angelegenheiten und zur Beruhigung der Nerven. Bester Zeitpunkt: donnerstags zur Sonnenstunde.

Leichtes Leben

- 1 grüne Kerze
- grünes und goldenes Talkum
- Piment (für Schutz)
- Fünffingerkraut (für Geld)
- Gewürznelken (für Geld)
- Dill (für Geld)
- Ingwer (für Geld)
- 1 zerschnittener Geldschein

Verreiben Sie das Pulver in den Händen, verstreuen Sie es im Büro und zu Hause und legen Sie es ins Portemonnaie oder in die Brieftasche, um einen Geldsegen anzuziehen. Der beste Tag: donnerstags zur Jupiterstunde.

Pulver gegen leichte Erregbarkeit

- 1 blaue Kerze
- blaues Talkum
- roter Pfeffer (gegen Bannflüche)
- Rose (für Glück und Schutz)
- Jasmin (für Liebe)
- Sandelholz (für Schuz und Beschwörungen)
- Salz (zum Bannen)

Streuen Sie das Pulver über jeden, der über etwas wütend ist, das Sie verursacht haben, um seine feindseligen Gefühle zu bannen. Es ist gut geeignet, um Hass zu überwinden. Schreiben Sie den Namen der Person, die wütend auf Sie (oder auf einen Ihrer Angehörigen) ist, auf ein Stück Papier. Streuen Sie das Pulver auf den Zettel, rollen Sie ihn zusammen, stecken Sie ihn in eine Plastiktüte und legen Sie ihn in den Gefrierschrank. Bester Zeitpunkt: samstags zur Mars- oder Saturnstunde.

Neid und Eifersucht

- 1 weiße Kerze
- blaues Talkum
- Piment (für göttliche Liebe)
- Kuskusgras (gegen Flüche)
- Sassafras (für Gesundheit)
- Schafgarbe (für Mut und Beschwörungen)

Diese Mischung besänftigt Eifersucht, wenn man sie auf der Schwelle von jemandem verstreut, dessen Vertrauen Sie suchen. Benutzen Sie es nur sparsam. In Kerzen bricht es die Denkmuster von Neid und Eifersucht auf. Bester Zeitpunkt: freitags zur Venusstunde.

Pulver gegen Geldsorgen

- 1 lila Kerze
- lila Talkum
- Vanille (für geistige Kräfte)
- Pfefferminze (zur Läuterung)
- Zimt (für Spiritualität)
- Patschuli (für Geld)

Am Körper verrieben, zieht das Pulver Liebe und Glück im Spiel an. Als Putzmittel vertreibt es böse Einflüsse im Haus, die Erfolg verhindern. Bester Zeitpunkt: donnerstags zur Sonnen-, Mars- oder Jupiterstunde.

Schicksalspulver

- 1 schwarze Kerze
- schwarzes und goldenes Talkum
- schwarzer Pfeffer (für Schutz)
- Drachenblut (für Macht)
- Rosmarin (für Schutz)
- Patschuli (für Spiritualität)

Dies ist ein Enthexungspulver, um einem starken Fluch entgegenzuwirken. Es wirkt sehr zuverlässig und schnell. Bester Zeitpunkt: samstags zur Saturnstunde.

Heiße Leidenschaft

- 1 rote Kerze
- rotes und goldenes Talkum
- Patschuli (Lust)
- Alraunwurzel (Lust)
- Moschus (Lust)

Diese Mischung steigert die Sexualität, wenn man sie unters Bett oder in eine Tasche der eigenen Kleidung streut. Bester Zeitpunkt: freitags zur Venusstunde.

Ohne Besen fliegen

- 1 orangefarbene Kerze
- blaues oder lila Talkum
- Zitronenschale (zur Läuterung)
- Weihrauch (für Schutz)
- Myrrhe (für Schutz)

Verstreuen Sie dies unter dem Bett, ehe Sie sich auf eine Astralreise begeben möchten, um Reisen im Traumzyklus zu fördern oder um tiefe Meditation zu erreichen. Bester Zeitpunkt: montags zur Mondstunde.

Vier-Diebe-Essig

- 1 weiße Kerze
- Johanniskraut (für Erfolg)
- Kuskusgras (zum Brechen eines Banns)
- Aaronstab (für Liebe)
- schwarzer Pfeffer (gegen Flüche)
- Rotweinessig (gegen Flüche)

Dies ist eine sehr beliebte Mischung, die in unseren Kreisen seit Generationen bekannt ist. Angeblich vertreibt sie alle Feinde von Ihrer Türschwelle. Bester Zeitpunkt für die Herstellung: samstags zur Stunde von Saturn oder Mars.

Französisch-kreolisches Pulver

- 1 lila Kerze
- lila und silbernes Talkum
- Flieder (für Schutz)
- Moschus (für Macht)
- Lorbeer (für übersinnliche Kräfte)
- Limone (für Schutz)

Dies ist ein ganz besonderes Pulver, das alle Träume in Erfüllung gehen lässt und auch bei der Traumdeutung hilft. Legen Sie es in einem kleinen Beutel unters Kopfkissen. Bester Zeitpunkt: sonntags zur Mondstunde.

Freundschaftspulver 1

- 1 rote Kerze
- rotes Talkum
- Myrrhe (für Heilung und Spiritualität)
- Rose (für Liebe)
- Flieder (für Schutz)

Diese Mischung zieht viele neue Freunde an. Man benutzt sie für Zaubersprüche oder um sich für andere attraktiver zu machen – sie ist also sehr gut für künftige Liebespaare. Sie hilft aber auch bei Liebeszaubern und in Kerzen verarbeitet, ehe man eine neue Schule besucht, eine neue Stelle annimmt oder vor einer neuen Begegnung. Bester Zeitpunkt: freitags zur Venusstunde.

Freundschaftspulver 2

- 1 rote Kerze
- rotes Talkum
- 1 Fußabdruck in Erde
- Patschuliblätter (für Fruchtbarkeit)
- Zimt (für Liebe und Erfolg)

Dieses Pulver verstärkt den Magnetismus, zieht andere Menschen an und ermöglicht Freundschaft. Verstreuen Sie es in Haus, Büro oder Schule. Bester Zeitpunkt: freitags zur Venusstunde.

Pulver für gute Geschäfte

- 1 grüne Kerze
- grünes Talkum
- Weihrauch (für Beschwörungen und Schutz)
- Tonkabohnen (für Geld und gute Wünsche)

Verbrennen Sie diese Mischung in der Räucherschale, wenn die Geschäfte schlecht gehen. Es soll Glück und finanziellen Erfolg bringen und verhilft zu besseren Geschäften und allgemeinem Glück. Bester Zeitpunkt: donnerstags zur Stunde von Sonne oder Jupiter.

Ritualpulver

- 1 blaue Kerze
- blaues Talkum
- Sandelholz (für gute Wünsche)
- Salbei (zum Wünschen)
- Rose (für Liebe)
- Orangenschale (für Liebe)
- Jasmin (für Liebe)

Verstreuen oder verbrennen Sie dieses Pulver im Raum, wenn sich dort Liebespaare treffen, um die guten Geister zu besänftigen und sexuelles Bewusstsein zu stärken. Es eignet sich wunderbar für Liebende und große Rituale. Bester Zeitpunkt: freitags zur Venustunde.

Gesundheitspulver

- 1 gelbe, blaue oder naturweiße Kerze
- grünes oder blaues Talkum
- Rose (für Liebe)
- Nelke (für Heilung)
- Zitrone (für Heilung)
- Gardenie (für Heilung)

Man benutzt diese Mischung für Kerzen, Talismane oder in Heilritualen. Bester Zeitpunkt: sonntags zur Sonnenstunde.

Hekates Pulver

- 1 schwarze Kerze
- schwarzes Talkum
- Eisenspäne oder ganz kleine Nägel
- Nachtschatten (für Schutz)
- etwas Rosshaar oder Haar von einer schwarzen Katze

Dieses Pulver schützt vor allen bösen Einflüssen. Verstreuen Sie es am Altar, ehe Sie beispielsweise Zsuzsanna Budapests »Albtraumfluch« vollziehen. Geben Sie auch ein wenig auf den Boden. Das wirkt ausgezeichnet gegen Verfolger, Widersacher und Verbrecher. Bester Zeitpunkt: samstags zur Saturnstunde.

Kräuterpulver

- 1 grüne Kerze
- grünes Talkum
- Basilikum (für Mitgefühl)
- Oregano (für Schutz)
- Salbei (für langes Leben)
- Thymian (für Heilung)
- Zitrone (für langes Leben)

Diese Mischung bringt Glück im Spiel und stärkt das Gedächtnis, wenn man sie verbrennt. Sie ist auch als Gesundheitspulver zu benutzen. Höhlen Sie eine kleine Kartoffel aus, geben Sie das Pulver zusammen mit einem Zettel mit dem Namen des Kranken hinein, verschließen Sie die Kartoffel wieder und vergraben Sie sie im Garten mit den folgenden Worten:

> *»Wie diese Kartoffel verfault, so wird auch die Krankheit vergehen.«*

Bester Zeitpunkt: samstags zur Saturnstunde, um etwas zu bannen, sonntags zur Sonnenstunde, um zu heilen.

Eroberung

- 1 rote Kerze
- grünes und rotes Talkum
- Johanniskraut (für Geld, Liebe, Erfolg und Glück)
- Kuskusgras (für Liebe, Glück, gegen Flüche)
- Bergamotte (für Geld)

Dies ist ein sehr starkes Mittel, um Reichtum, Ruhm, Gesundheit und Liebe anzuziehen. Benutzen Sie es großzügig bei allen Veränderungen. Es wirkt schnell und ist eines der besten Pulver oder Öle für gute Arbeit. Bester Zeitpunkt: donnerstags zur Jupiterstunde.

Heiliges Öl

- Kerzenöl als Grundstoff
- Rosenöl
- Pentagramm in einer Flasche

Dies ist ein besonderes, wirksames Öl, um Kerzen vor magischen Zeremonien zu segnen. Bester Zeitpunkt für die Herstellung: montags zur Merkurstunde.

Heiliger Geist

- 1 weiße Kerze
- weißes Talkum
- Maiglöckchen (für Glück)
- Zitrone (für Spiritualität)
- silberner Glitter

Verstreuen Sie dieses Pulver auf dem Altar, in alle vier Kreisviertel oder bei Ritualen. Mit Öl benutzt man es zur Salbung von Kerzen. Verwenden Sie es großzügig, denn es zieht die guten Geister an und fördert hellseherische Kräfte. Bester Zeitpunkt: montags zur Merkurstunde.

Pulver des Gehörnten Gottes

- 1 rote Kerze
- rotes Talkum
- Zimt (für Erfolg)
- rotes Sandelholz (für männliche Spiritualität und Schutz)
- Chilipulver (für Schutz)
- Piment (für Stärke)

Bestäuben Sie sorgfältig die Hände mit diesem Pulver, um alle Gegner vorübergehend blind zu machen: Es verhindert nämlich, dass andere sich in Ihre Geschäfte einmischen. Außerdem ruft es in Verbindung mit einem geeigneten Ritual die Hunde der Wilden Jagd herbei. Bester Zeitpunkt: donnerstags zur Marsstunde.

Haussegenpulver

- 1 weiße Kerze
- silbernes oder grünes Talkum
- Orangenschale (für Liebe, Glück und Geld)
- Vanille (für Liebe und geistige Beweglichkeit)
- Erdbeeren (für Liebe und Glück)
- Basilikum (für Mitgefühl)

Verstreuen Sie diese Mischung im ganzen Haus. Hier kann niemand Sie verzaubern, denn so wird Hexerei auf immer gebannt. Außerdem wenden sich böse Dinge zum Besten. Bester Zeitpunkt: montags zur Mondstunde.

Schutz des Arbeitsplatzes

- 1 rote Kerze
- rotes Talkum
- Moschus (für Macht)
- Chilipulver (für Stärke)
- Tabak (für Schutz)
- pulverisiertes Zeitungspapier

Verstreuen Sie diese Mischung am Schreibtisch Ihres Chefs und in Ihrem eigenen Abeitsbereich. Das zwingt Ihren Vorgesetzten, Sie in Ruhe zu lassen, und verhindert Belästigungen. Es bewirkt aber auch im Privatleben mehr Freundlichkeit und Rücksicht. Bester Zeitpunkt: donnerstags zur Jupiterstunde.

Dschungelpulver

- 1 rote Kerze
- rotes und goldenes Talkum
- Zimt (für Erfolg)
- Johanniskraut (für Schutz)
- weißes Sandelholz (für Schutz)

Dieses Pulver wendet Bannzauber ab. Benutzen Sie es sparsam. In Kerzen bannt es Verfolger und Negativität, ist aber nichts für Neulinge. Bester Zeitpunkt: dienstags zur Marsstunde.

Frauenzauber

- 1 lila Kerze
- lila Talkum
- Vanille (für Liebe und geistige Beweglichkeit)
- Rose (für Liebe)
- Jasmin (für mehr Geld)
- Korallenstückchen
- Goldglitter

Dies ist eines der bevorzugten Pulver von Frauen, um finanziellen und materiellen Wohlstand zu fördern. Bester Zeitpunkt: montags zur Mondstunde.

Für rechtlichen Beistand

- 1 schwarze Kerze
- schwarzes Talkum
- Johanniskraut (für Schutz)
- Gewürznelke (für Schutz)
- Salbei (für Schutz und Weisheit)
- Rosmarin (für Schutz)
- Pfeifentabak (für Läuterung)

Dies ist ein sehr starkes Pulver für Bannzauber, das zusammen mit Salz in der Räucherschale verbrannt wird. Vor einem Prozess streuen Sie sich das Pulver in die Schuhe. Benutzen Sie es aber nur, um Prozesse zu gewinnen oder rechtliche Probleme zu lösen. Bester Zeitpunkt: dienstags zur Marsstunde.

Magnetismuspulver

- 1 blaue Kerze
- blaues Talkum
- 16 Teile Sägemehl
- 8 Teile Weihrauch (für Schutz)
- 4 Teile Sandelholz (für gute Wünsche)
- 2 Teile Myrrhe (für Heilung)
- 4 Teile Zimt (für Macht und Erfolg)
- 2 Teile Veilchenwurzel (für Liebe)

Diese Mischung hat eine höchst magnetische Wirkung, die alle guten Geister anzieht, außerdem Liebe, Macht, Glück und Geld. Benutzen Sie es vor der Unterzeichnung von wichtigen Verträgen, vor Vorstellungsgesprächen und größeren Anschaffungen. Es eignet sich ausgezeichnet dazu, Erfolgskerzen zu ermächtigen. Bester Zeitpunkt: sonntags zur Sonnenstunde.

Meditationspulver

- 1 lila Kerze
- lila Talkum
- Lavendel (für Frieden)
- Zimt (für Spiritualität)

Diese Mischung fördert die Konzentration und Kreativität. Benutzen Sie sie stets als Vorbereitung zur Meditation. Verbrennen Sie sie im Raum, kurz bevor Sie meditieren, oder verstreuen Sie sie auf dem Meditationsschemel oder der Meditationsmatte. Bester Zeitpunkt: montags zur Mond- oder Venusstunde.

Geld-/Erfolgspulver

- 1 weiße Kerze
- silbernes Talkum
- Patschuli (für Geld und Fruchtbarkeit)
- Zimt (für Erfolg)
- Eisenkraut (für Geld)

Dies ist ein gutes Ermächtigungspulver, um Kerzen zu magnetisieren. Unter Zugabe von Öl kann man mit der Mischung auch Kerzen vor einer Zeremonie segnen; unter Zugabe von heiligem Wasser und Alkohol eignet sie sich zur Reinigung des Altarraums. Besprengen Sie damit auch Ihre Brieftasche. Bester Zeitpunkt: donnerstags zur Jupiterstunde.

Powwow-Pulver

- 1 orangefarbene Kerze
- orangefarbenes Talkum
- Rose
- Gardenie
- 1 große Sicherheitsnadel
- kleinere Sicherheitsnadeln
- Glasperlen (nicht unbedingt erforderlich)

In Verbindung mit einem Basisöl ist dies eine wunderbare Mischung, um Glück zu bringen. Als reines Pulver verstreuen Sie sie überall großzügig, wenn Sie bedrückt sind. Wälzen Sie die Sicherheitsnadeln und Glasperlen in dem Pulver und ziehen Sie die kleinen Sicherheitsnadeln und Glasperlen auf die große Sicherheitsnadel. Das tragen Sie auf der linken Schulter, um schädliche Energien abzuwehren. Bester Zeitpunkt: samstags zur Saturnstunde.

Schutzwallpulver

- 1 rote Kerze
- schwarzes Talkum
- Drachenblut (für Schutz)
- Weihrauch (für Schutz)
- Myrrhe (für Schutz)
- Salz (für Schutz)

Dieses Pulver schützt vor magischen und anderen Angriffen und wehrt böse Flüche ab. Verstreuen Sie es im Zimmer, vor allen Fenstern und Türen. Arbeiten Sie es für Schutzzauber in Kerzen ein; in einer weißen Kerze, die Sie vor dem Haus aufstellen, hält es unerwünschte Besucher fern. Bester Zeitpunkt: samstags zur Saturnstunde.

Pulver für übersinnliches Bewusstsein

- 1 weiße Kerze
- silbernes oder lila Talkum
- Geißblatt (für übersinnliche Kräfte)
- Rose (für übersinnliche Kräfte)
- Geranie (für Schutz)

Dieses Pulver hilft, die natürliche hellseherische Gabe zu verstärken. Es soll auch die Kommunikation mit dem Großen Geist eröffnen; es lässt positive Schwingungen wirken. Verstreuen Sie es unter dem Bett, legen Sie es in einem Beutel unter das Kopfkissen oder verbrennen Sie es im Schlafzimmer vor dem Schlafengehen oder vor einer Wahrsagung. Streuen Sie es in den Behälter, in dem Sie die Wahrsagungsinstrumente aufbewahren, und geben Sie es auf den Besucherstuhl, bevor Sie Klienten die Karten lesen. Bester Zeitpunkt: montags zur Mondstunde.

Übersinnliches Traumpulver

- 1 weiße Kerze
- hellblaues Talkum
- Moschus (für Macht)
- Veilchenwurzel (für Hellseherei)
- Ambra (für übersinnliche Kräfte)
- Pfefferminze (für übersinnliche Kräfte)
- Lavendel (für guten Schlaf)

Diese Mischung verstärkt übersinnliche Kräfte und hilft Ihnen, sich an Ihre Träume zu erinnern – besonders, wenn sie in Kerzen eingearbeitet ist. Eine angenehme Nebenwirkung: Sie entlarvt betrügerische Menschen, die gegen Sie arbeiten. Bester Zeitpunkt: montags zur Mondstunde.

Umkehrungspulver

- 1 gelbe Kerze
- gelbes Talkum
- Rose (für Schutz)
- Weihrauch (für Schutz)
- Kuskusgras (gegen Flüche)
- Geißblatt (für Schutz)
- Engelwurz (gegen Flüche)
- Distel (gegen Flüche)

Dieses Pulver wird angewendet, um Verhexungen entgegen zu wirken oder um böse Geister abzuwehren. Arbeiten Sie es in Kerzen ein bei Zaubern gegen Verbrecher, um Missbrauch zu stoppen oder negative Energien abzublocken. Bester Zeitpunkt: samstags zur Saturnstunde.

Heilige Asche

- 1 weiße Kerze
- silbernes Talkum
- weißes Pergamentpapier
- Zimt (für Spiritualität)
- Sandelholz (für Spiritualität)
- Usambaraveilchen (für Spiritualität)

Verbrennen Sie das Pergamentpapier in einer Schale und zerreiben Sie die Asche. Fügen Sie die Kräuter hinzu und mischen Sie das Ganze gut. Bewahren Sie das Pulver in einer luftdichten Dose auf und benutzen Sie es vor einer Bestattung, an Samhain oder am Aschermittwoch. Bester Zeitpunkt: sonntags zur Mondstunde.

Pulver gegen Verfolgung

- 1 schwarze Kerze (mit Pfeilkraut versehen)
- schwarzes Talkum
- Teufelsdreck (für Beschwörungen)
- Chilipulver (für Beschwörungen)
- Brennnessel (für einen Umzug)
- Mispel (bei Verfolgung und für Beschwörungen), Nachtschatten (für Beschwörungen)
- 1 Prise Schwefel

Streuen Sie das Pulver jemandem auf den Weg, der Sie nicht mehr belästigen soll. Streuen Sie es auch auf die Fensterbänke und Türschwellen. In Berührung mit Luft vertreibt es Menschen. Bester Zeitpunkt: samstags zur Saturnstunde.

Pulver für eine gute Ehe

- 1 gelbe Kerze
- gelbes Talkum
- Vanille (für Liebe)
- Wintergrün (für Heilung und gegen Flüche)
- Kuskusgras (für Liebe, gegen Diebstahl und Flüche)
- Narzisse (für Liebe)
- Myrrhe (für Liebe)
- Basilikum (für Mitgefühl)
- weißer Zucker (für Harmonie)

Dieses Pulver bringt Harmonie in eine stürmische Beziehung und schenkt Seelenfrieden. Verstreuen Sie es unter dem Bett oder in anderen Räumen, in denen gestritten wird, oder verbrennen Sie es vor dem Zubettgehen in einer Räucherschale im Schlafzimmer. Benutzen Sie es mit Öl zur Salbung von Kerzen. Bester Zeitpunkt: freitags zur Sonnen- oder Venusstunde.

Pulver für gute Laune

- 1 weiße Kerze
- lila Talkum
- Zimt
- Tonkabohnen
- Patschuli
- Vanille
- Lavendel
- Gardenie
- Kuskusgras

Diese Mischung soll alle guten Geister anziehen und helfen, übersinnliche Kräfte zu verstärken. Wenden Sie es am Körper an (mit Öl) oder am Altar: Dort verbrennen Sie es mit Weihrauch in einer Räucherschale. Mischen Sie es mit heiligem Wasser oder Öl, um Kerzen zu salben. Füllen Sie es in einen Beutel und legen Sie diesen zwischen Ihre Ritualgewänder. Bester Zeitpunkt: sonntags, montags oder mittwochs zur Mondstunde.

Erfolgspulver

- 1 goldene Kerze
- goldenes Talkum
- Veilchenwurzel (erhält den Erfolg)
- Weihrauch (für Glück)
- Kuskusgras (für Glück und Geldzuwachs)
- Sandelholz (für gute Wünsche)
- Goldflitter

Diese Mischung hilft, diejenigen zu vertreiben, die Ihrem Erfolg im Wege stehen, außerdem verhindert es Klatsch und üble Nachrede. In eine Kerze eingearbeitet können Sie es bei Zaubern für eine bessere Stelle oder eine Gehaltserhöhung benutzen; es hat auch bei Geldzaubern Erfolg. Bester Zeitpunkt: donnerstags zur Jupiterstunde.

Wenn Sie einige der aufgeführten Kräuter und andere Zutaten nicht bekommen können, schauen Sie in Ihrer Speisekammer nach oder erfinden Sie eigene Mischungen. Viele Supermärkte haben heutzutage Abteilungen für Pflanzen und Kräuter. Wenn Sie Zauberpulver aus frischen Zutaten mischen wollen, schneiden Sie sie in ganz kleine Stückchen und lassen sie trocknen. Bei Früchten und Gemüsen benutzen Sie einen Mixer. Legen Sie die Stücke auf Küchenkrepp, lassen Sie sie trocknen und wechseln Sie das Krepppapier öfters. Binden Sie Kräuter wie Koriander, Petersilie oder andere Blattpflanzen zusammen und hängen Sie sie an die Decke oder die Wand. Das mache ich schon seit Jahren so. Mein Vater hängt seine Kräuter immer an die Dachbalken auf dem Speicher.

Manche Magiere benutzen zum Trocknen auch die Mikrowelle. Dazu kann ich mich noch nicht durchringen, denn ich bin nicht sicher, ob dabei nicht die magischen Eigenschaften der Kräuter zerstört werden. Ich habe die Mikrowelle einmal benutzt, um die negativen Auswirkungen eines Vorfalls zu bannen, den ich nicht verursacht hatte. Ich schrieb die Angelegenheit auf einen Zettel, streute Kräuter in die Mitte, rollte das Ganze zusammen und ließ es 57 Sekunden lang (57=5+7=12=1+2=3) in der Mikrowelle schmoren: Puff – Problem gelöst.

Sicher finden Sie auch andere Substanzen, die Sie gern mit Öl und Talkum vermischen oder einzeln verarbeiten wollen. Mir fallen gleich vier ein: Salz, brauner Zucker, raffinierter Zucker und Honig. Beim Powwow streut man Salz auf den Weg seiner Feinde, in deren Fußabdrücke oder auf deren Unterwäsche (das ist kein Witz!). Honig, brauner und weißer Zucker sind ausgezeichnete Zutaten, um eine Situation zu versüßen. Man kann auch braunen Zucker und verschiedene Kräuter zu einem Heiltrank mischen.

Benutzen Sie Läuterungsmittel, um unerwünschte Energien aus einem Haus oder Büro zu vertreiben und um Ihr Instrumentarium oder Ihre rituellen Objekte zu weihen. Reiniger vertreiben oder ziehen die verschiedensten Energien an. Heutzutage haben viele Häuser Teppichböden: Verschütten Sie die Reinigungswässerchen also nicht gleich eimerweise, wenn Sie damit zaubern, sondern testen Sie sie erst in einer Ecke, damit Sie sicher sein können, dass die Mischung keine Flecken oder Ränder hinterlässt.

Reinigungswasser 1

- 4,5 l Alkohol (90 Vol.-%)
- ½ Tl Zitronensaft
- ½ Tl Portwein
- ½ El Lavendel
- ½ El Gewürznelken
- ½ Tl Zimt
- ½ l Wasser

Reinigungswasser 2

- 2 ½ l Alkohol (90 Vol.-%)
- 2 EL Lavendel
- 2 EL Bergamotte
- ½ Tl Zitrone
- ½ Tl Gewürznelken
- 4,5 l Wasser

Reinigungswasser 3

- 4,5 l Alkohol (75 Vol.-%)
- 6 EL Bergamotte
- 8 EL Zimt
- 4 EL Benzoin

Reinigungswasser 4

- ½ El Lavendel
- ½ El Bergamotte
- ½ El Zitrone
- ½ Tl Kurkumatinktur
- 20 Tropfen Palmöl
- 10 Tropfen Rosenöl
- ½ TL Neroliöl
- 2 Teile Alkohol (75 Vol.-%)

Reduzieren Sie diese Mengen proportional je nach Bedarf.

Literatur

Andrews, Ted: *Die Botschaft der Krafttiere*, Bastei Lübbe 2000
Bogen, Nancy: *How To Write Poetry*, Macmillan 1994
Buckland, Ray: *Advanced Candle Magick*, Llewellyn 1996
Cunningham, Scott: *Encyclopedia of Magickal Herbs*, Llewellyn 1985
Davis, Audrey Craft: *Metaphysical Techniques That Really Work*, Sun Valley 1996
Hadley, Josie: *Hypnosis for Change*, Selbstverlag 1985
Hansen, Daniel: *American Druidism*, Peanut Butter 1995
Hewitt, William H.: *Hypnosis*, Llewellyn 1986
Hugin der Barde: *A Bard's Book of Pagan Songs*, Llewellyn 1997
Klein, Victor C.: *New Orleans Ghosts*, Professional Press 1993
Kraig, Donald Michael: *Modern Magick*, Llewellyn 1990
Laurie, Erynn Rowan: *A Circle of Stones, Meditations for Modern Celts*, Eschaton 1995
Linn, Denise: *Die Magie des Wohnens*, Goldmann 1996
Lip, Evelyn: *Feng Shui – A Layman's Guide*, Heian International 1987
Lip, Evelyn: *Feng Shui For Business*, Heian International 1990
Lip, Evelyn: *Feng Shui For the Home*, Heian International 1990
Malbrough, Ray: *Charms, Spells and Formulas*, Llewellyn 1986
Matthews, Caitlin: *Celtic Devotional*, Harmony Books 1996
Obatala, El: *Creative Ritual*, Weiser 1996
Pajeon, Kala und Ketz: *The Candle Magick Workbook*, Citadel Press 1995
RavenWolf, Silver: *To Stir a Magick Cauldron*, Llewellyn 1995
RavenWolf, Silver: *To Ride a Silver Broomstick*, Llewellyn 1993
Slater, Herman: *Magickal Formulary Spellbook*, Magickal Childe o. J.
Slater, Herman: *The Magickal Formulary*, Magickal Childe 1981
Thompson, Janet: *Magical Hearth – Home for the Modern Pagan*, Weiser 1995
Valiente, Doreen: *Witchcraft for Tomorrow*, Phoenix 1978
Webster, Richard: *Feng Shui for Beginners*, Llewellyn 1997

Die International Wiccan/ Pagan Press Alliance (WPPA)

Die International Wiccan/Pagan Press Alliance grüßt Sie. Wir würden uns freuen, von jedem zu hören, der an dem weiten Feld positiver Magie und positiver alternativer Religionen interessiert ist. Bitte vergessen Sie nicht, jedem Schreiben an uns oder unsere Mitglieder einen adressierten und frankierten Briefumschlag beizufügen.

Die Geschichte der WPPA

Unser Verlagsunternehmen wurde 1984 gegründet. Damals wurden die meisten Rundschreiben noch zu Hause auf der Schreibmaschine verfasst. Nur wenige von uns besaßen einen Computer, und nur eine Hand voll von Herausgebern benutzte überhaupt Druckerpressen. Silver erkannte die Notwendigkeit der Vernetzung von Herausgebern als Möglichkeit, miteinander zu kommunizieren, Informationen weiterzugeben und mehr über die magische Gemeinde generell zu erfahren. Seit damals ist die WPPA sprunghaft gewachsen und umfasst alle Mitglieder der Gemeinde. Mit dem Erscheinen von Silvers Büchern stieg die Popularität von WPPA ungeheuer an. Wir können Silvers amerikanischem Verlag Llewellyn Worldwide nicht genug für die Unterstützung danken, die sie WPPA haben zuteil werden lassen. Silver hat immer daran geglaubt, dass man Erfolg auch teilen kann, und magische Autoren, Verlage und Reporter in ihren mannigfachen Unternehmungen unterstützt.

Treten Sie der WPPA bei; wir garantieren Ihnen, dass Sie Ihr Geld zurückerhalten, wenn Sie mit unseren Leistungen nicht zufrieden sind. In unserem monatlichen Rundschreiben, dem *Midnight Drive,* erfahren Sie alles über den Unterschied zwischen verschiedenen Rundschreiben und Journalen, über wichtige Fälle von Diskriminierung sowie Nachrichten, die für magisch Praktizierende von Interesse sind. Wenn Sie selbst schreiben möchten, werden Sie Unmengen von Informationen darüber finden, wie Sie an Verlage herantreten können. Die Jahresbeiträge belaufen sich in Europa auf 27 Dollar.

Die WPPA repräsentiert Verlage mit heidnischen Programmen, die speziell auf magisch Praktizierende ausgerichtet sind. Sie sind nicht mehr allein.

Black Forest Publishing
WPPA
P.O. Box 1392
Mechanicsburg, PA 17055-1392
USA

Register